# 民国年度出版时评史料辑编 第七卷

吴永贵 张学科 编

華中师範大学出版社

**新出图证(鄂)字 10 号**

**图书在版编目(CIP)数据**

民国年度出版时评史料辑编. 第七卷/吴永贵,张学科编.—武汉:华中师范大学出版社,2018. 12

ISBN 978-7-5622-8426-0

Ⅰ. ①民… Ⅱ. ①吴… Ⅲ. ①出版工作—史料—汇编—中国—民国 Ⅳ. ①G239.296

中国版本图书馆 CIP 数据核字(2018)第 263955 号

**民国年度出版时评史料辑编　第七卷**

©吴永贵　张学科　编

---

**责任编辑:**魏耀武　　**责任校对:**缪　玲

**封面设计:**罗明波

**编辑室:**学术出版中心　　**电话:**027-67867792

**出版发行:**华中师范大学出版社

**社址:**湖北省武汉市洪山区珞喻路 152 号

**电话:**027-67863040(发行部)　027-67861321(邮购)

**传真:**027-67863291

**网址:**http://press.ccnu.edu.cn　　**电子信箱:** press@mail.ccnu.edu.cn

**印刷:** 武汉中科兴业印务有限公司　　**督印:** 刘　敏

**开本:** 710mm×1000mm　1/16　　**印张:** 28.75

**版次:** 2020 年 8 月第 1 版　　**印次:** 2020 年 8 月第 1 次印刷

**字数:** 430 千字　　**定价:** 129.00 元

欢迎上网查询、购书

---

# 目　　录

## 1941 年

## 1942 年

## 1943年

# 1941 年

# 论现阶段的中国出版活动

林觉夫

## (一)长足进展的新兴企业

提起出版事业，很容易令人想起隋唐盛世的木版印刷，然而那已经是历史的往事了，给中国未来的出版业打下基础的，决定中国出版活动路向的，却完全是近几十年的事，换句话说，离开了近代印刷术和近几十年来中国的革命运动和新文化运动，出版事业波澜壮阔的景象是难以想象的。

回头瞻望一下近几十年的中国出版界，虽尽多浮沉兴衰的迹象，然而基本的路向是分明的，出版事业正以急剧的速率向前迈进着，从一九零一年《辛丑和约》签订到一九一八年新文化运动开始之间的十七年，由于革新运动的抬头和民国的肇造，对教科书和宪法典籍的普遍要求已经大大的刺激了当时的出版业，使出版活动和市民层的商业行为紧密地联系起来，形成一种崭新的新兴的企业。以后，经过了新文化运动时期和图书馆运动时期，人为的努力，时势的推移，更使出版活动长足进展，一日千里。王云五先生说的：“在短短的四十年间，中国出版物的数量或者抵得上过去的一千多年。”绝非夸大之语。

实际上，近代中国出版界中，王云五、陆费伯鸿、张菊生、张静庐诸出版家的事业史，简直就是一部廿世纪中国出版史的缩影，他们的激荡的甚至屡蹶屡起的生平，说明近几十年来中国的出版活动虽然在苦难的环境中，却很能弯弯曲曲地发展向前，而且在若干时期，更跨着可观的“虎步”。

出版企业在一般企业中是有特殊的意义的，在半殖民地半封建社会的经济状态中，吴荪甫先生（姑且借用这《子夜》中的典型代表我们的民族企业家罢!）的纱厂被帝国主义资本打得落花流水，王云五先生的商务印书馆，却于吃了日帝国主义的炸弹之后，仍能欣欣向荣，蓬勃开展（商务印书馆遭劫后复兴五年间的新出版物，种数当于“一·二八”以前三十五年全部出版物百分之八十五)。正说明出版企业受制于帝国主义的侵略资本者较少（自然半殖民地半封建的经济结构，绝不是发展大规模的、健旺的出版业的经济基础)，被革命势力文化浪潮所影响者较大，唯其近几十年来中国的革命运动，表现过历史的高潮和低潮，文化运动也在错综复杂的境况下，迂回曲折地前进，出版事业在表面上便有时呈现着起落兴衰的状态，然而基本动向却是日有进展的，如果商务印书馆的活动，可以作为中国出版事业的一个缩影的话，那么该馆的发展正充分说明中国出版事业的扩大。试列举一项数字，自商务印书馆创立迄于战事初起，恰满四十年，前三十年的出版物约共五千七百种，一万三千三百二十二册，后十年的出版物约共九千六百五十四种，一万八千零零三册，如以最近十年而论，则前五年的出版物为二千六百十四种，四千四百八十册（即自一九二七至一九三一)。后五年的出版物为七千零四十种，一万三千五百二十三册（即自一九三二至一九三六)。发展的速率显然是很可观的，“商务”在战前数年间出版物种数约占全国总出版物种数的百分之五十，从这个数字以概观其余，说我们的出版企业日有进展，该是没有疑义的（上列数字见去年五月王云五先生在香港无线电台的广播报告)。

战前中国的出版活动，彰明较著的特质是：

第一，偏在的。由于沿海沿江的大都市，尤其是上海，作为战前经济的重心，是一切大规模的经济行为的汇聚点，战前的出版活动，便有百分之八十五以它为根据地，编辑和印刷的机关，麇集在闸北和公共租界的东区北区，称为文化街的四马路，不仅是上海的，也是全国的文化街。其他百分之十五的出版活动，分配在平津港汉各都市，在全国文化粮食的供应上，靠着正常状态的交通条件，前者有着决定作用。

第二，纯粹商业组织的。一般的出版机构，多由出版商一手经营，他沟通印刷商、书商、著作者三方面的关系，从事社会的出版活动，以完成自己的商业行为，半官性质和作家合作性质的出版机构，一般的很少很少，北伐时代随着革命军所到之处畅销一时的《三民主义》或《中山全书》，没有几本是由政治部或政府主持的出版社印行出来的，换句话说，完全由出版商一手打理，近代有名的“尚志学会丛书”、“共学社丛书”、“北京大学丛书”，“创造社”、“文学研究会”的出版物，以及大型的杂志刊物，也没有几本是由作家合作的出版机构印行的（创造社出版部则仅仅有过一段短促的历史）。换句话说，也仍是由出版商一手打理。

第三，复杂的散漫的。因为百分之九十以上的出版活动操诸出版商之手，出版商又各有其读者对象，各有其社会，角度与出版路线，诚如张静庐先生对各书业同业公会组成的分析：“有完全以买进卖出为主要业务的木版书商碑帖商；有各家不同的版本，然而都没有著作权的石印书商，有将新的旧的图书，给它穿上西装的标点书商，有专将杂志上新闻纸上所发表的文稿编纂起来，似乎有著作权而实际却没有著作权的准出版商，有纯粹的学校用书或侧重于教科书、工具书的教科书商，有各有各的目标与信念、各有各的出版路线的新出版商。”这样，书业公会构成的复杂与紊乱，反映着出版活动的复杂与紊乱，距离一二世纪以上，代表各个时代各个社会层的书刊，所以能骈然杂陈，自然源于中国社会构成的复杂性，这种复杂性在出版界方面便是以各式各样的出版商为其喷泉的。在这样的出版活动的领域中，主要的特征是散漫竞争，前者的各行其是，使计划出版只是一句空话；后者的征逐奔竞，一方面使同样的出版物充斥市场，形成物资的浪费，另方面使未开垦的出版领域长久荒芜（虽然也有小部分的出版商在做着进步的拓荒工作），形成出版物性质的偏在。

第四，内地方面。较大的州县据点，虽也有印刷业与简单的印刷设备，然而印刷的仅仅是地方公报商标招贴一类的东西，简直说不上出版活动上的文化意义。

这是战前中国出版活动的一幅轮廓画。

## （二）激流中的出版活动

抗战使出版活动发展到一个崭新的阶段，而且在若干限度上起了本质的变化。

每一次革命的高潮，便是出版活动蜕变的时节，我们已经有过几次历史的教训了！辛亥革命振兴了教科书业，刺激了一般的出版活动，固然轨迹昭然，而最露骨和明白不过的，却是民国十五年北伐，北伐发动前夜，新文化运动虽然已经有了几年的历史，浪潮虽然也已经从北平激荡到全国每一重要地区，然而且看着那时作为举国出版活动中心的上海的出版姿态罢！一方面是标点书商投机取巧，江湖奇侠传、会帮小说、趣味主义读物投合闲倦的市民层的脾胃大批涌上市场，另方面是“礼拜六派”的《红》杂志和《紫罗兰》丛书回光返照地大肆活动，新文化书刊，只好在塞窒的空气下踏着沉滞迂缓的脚步了！然而北伐的旌旗一举，这畸形的趋势为之急转直下，那些消闲书籍标点旧书渐渐地消减与没落，新文化书刊才真正地大大抬头，上海出版界虽在孙传芳、李宝章等的高压之下，仍能大量地出版《三民主义》、《建国大纲》以及一切进步的新文化书刊，每一架印刷机器都紧张地在转动着，出版公司捞一把大财的真的比比皆是，这说明了进步的革命战争最能提高文化事业，推进出版活动。

承北伐期出版活动空前热烈的余绪，导引了以后若干年间的社会科学运动和图书馆运动，为中国文化事业做一番深化和广化的工作，综观这一出版活动空前蓬勃阶段的前因后果和来龙去脉，我们真得感谢正义性的革命战争对于民族和文化的赐予。

抗战对于出版事业的刺激，情形也相类于北伐，但抗战是全面性全民性的战争，所加于出版事业的影响比较北伐的更深更广，又因抗战是艰巨的长期的革命伟业，这时期的出版事业虽然必将被推进以达到历史美丽的远景，但也必须接受时代赋予的磨炼——无限量的困厄与苦难。

在几年的战斗中，我们的出版活动遭遇到怎样的困厄呢？

第一，是出版机构的被摧残，出版重心的被占领或威胁。在武汉退出以前的十六个月中，民族工业遭受到严重的损害，出版事业最主要的物质条件是印刷机器和印刷原料，这方面的损失，虽然没有和纺织业等一样精确的统计数字，但如上所列举的事实，中国的出版物百分之八十五在上海印刷，大多数的编辑印刷机关又遍设于现在沦为战区的闸北和公共租界的东区北区，那么出版业遭受摧残的巨大是可以想见的，不少有历史具规模的出版机关的收缩或关门，大大地削弱了出版力量。而出版重心和出版据点（平津粤汉等）的被占领或威胁，更使出版业遭受巨大打击。

第二，是物价的高涨和交通的困难。随着战事发展，物价高涨和交通困难都成为出版事业的重大威胁，前者使成本提高，利润减少，例如截至去年年底止，白报纸每令从三元六角涨到一百元，涨价率二十八倍（土纸也涨了四倍半），印工从每令块半涨到十二元，涨价率八倍，只此数端，可见书价的提高还不及物价的高涨，也就是说出版业的战时利润是比较战前低落了！交通困难方面，一来影响书刊的发行，二来增加书商的运费，据桂林书商的统计，二公斤的包裹，战前邮运费一角半，现在是一元零四，增加了七倍，凡此，都使一部分以出版为纯粹商业手段的出版商徘徊却顾，或且“另图高就”，从而削弱了出版力量。

上列二项是我们战时出版活动物质上的主要困难，不仅影响以出版为纯商业手段的出版商，也同样地影响了另有其他意向（革命意向、文化意向、其他）的出版工作者，抗战前期的出版活动，较受限制于前者，去年以还以至现阶段的出版活动，较受限制于后者。

然而唯其因为我们的革命战争是进步的、正义的，我们乃能在困厄的环境中产生新的力量，克服劣势。

在物质困难的解决上，我们看到了如下的进步：

第一，建立新的出版重心和据点。印刷机器虽然遭受重大的摧残，然而靠金华的海道和香港的陆道，继续补充的却不在少数，同时，从前散置在各较大州县的印刷机，现在也大多数被搜集起来，从事较有意义的出版工作了！时至今日，如果说内地据点的出版事业还有若干困难的话，我们敢断言印刷机决不是一般的困难了。出版活动据点方面，上海重心虽遭受空前破坏，但靠出版家和若干方面的努力，现在已局部恢复了规模可观的出版活动，如重庆、桂林、香港间同时成为战时中国出版活动的新的重心，而无数量的出版活动的次要据点，昆明、贵阳、成都、衡阳、金华、洛阳、西安、赣州、龙关、永安，也都一一屹立起来，活泼的姿态是还非战前偏在的情势所可企及的。

第二，在解决出版原料的困难方面，土纸运动是近代中国出版史上值得大书特书的一件事，白报纸，在今天已经成为奢侈品，土纸运动的兴起，使我们的出版活动在物质困难的环境下打开一条出路，同时反大大地刺激了土纸工业，现在经济部和温溪造纸公司合资百万在四川嘉定创立的新闻纸制造厂、铜县纸厂、嘉定纸厂、乐山新蜀纸厂、龙章纸厂，以及云南、江西、浙东诸地的纸厂，都可加工制造，而且日有进展，现在土纸的自给已经绝不成问题了，如果技术能够渐渐改进的话，今后我们的出版事业是可以永远脱离对洋纸的依存关系的。印刷原料纸之外就是油墨，国内若干合作工厂已经有自制的优美油墨出现了！这种工业上的成就对战时出版事业的助力是非常显明的。

就在这样的物质基础上，我们的战时出版活动渐渐表现出与抗战初期不同的姿态，较大型与较基本的书刊的出现，固然是文化工作者出版商主观的努力与抗战形势客观的要求，但显然是以这种物质基础为根据的。

现阶段的出版活动是有其特质的，从这种特质中我们可以看出出版事业上进的和蜕变的轨迹：

第一，是出版商净化。出版企业的战时利润不及其他企业，战时读者的进步，逼使目光如豆投机主义的出版商转而谋他，标点书商也渐渐没落，出版商的净化，使出版界一般人士类皆能齐一步骤，为共同的目标努力，不若战前的你诈我虞，倾轧纷争，在出版活动上比较能够从大处着眼，适当处着手。

第二，是出版机构性质上的进步。正如前面所说，战前的出版机构多数是经商业的组织，出版商据以进行自己的商业行为，抗战以后，由于动员的逼切宣传的急需，一般出版物或由工作者之手，或通过政治部，政府编委会纷纷刊行问世，起先也许只有出版而没有组织，渐渐地，一般的出版机构像雨后春笋般成立起来了！在一般出版组织中，最值得注意的有二种，一是政府主办的，像浙江的国民出版社、桂林的文化供应社、福建的改进出版社、广东的新建设出版社等等，几乎成为各该地文化运动的主要支柱。另一种是作家合作性质的出版社，像张庚、贺绿汀的戏剧音乐出版社，桂林的南方出版社以及元含诸人计划组织的出版社等，前者的意义在于增加出版工作的政治动力，后者则可以摆脱若干商业关系的约束（虽与后者的比重现在还是十分微弱），对于出版活动的前途，各有其重大的意义。

第三，是出版活动的普遍化、广泛化。新的出版重心和出版据点的普遍建立已如上述，这使得出版活动空前的普遍和广泛，在人事方面看，千千万万的新人踏进出版领域，从出版物看，最富有普遍性的杂志出版量达到空前的高度，据估计全国杂志在一千五百种以上。

这几点特质都是好的，它使我们的出版活动向前跨进了一步，比较接近出版计划化、民主集中化的境地，从这境地出发，我们不难望见一个宽广健全的出版活动的新前途。

但是仍有若干严重的战时出版的人事问题，横在我们前面，因为还没有一个全般的严密的出版政策，某一类出版的重复，专门性书刊的贫乏（如自然科学书，以一向努力此道的商务印书馆而论，战后出版量仅及总出版量的百分之九，弱于其他书店，对这一类冷门货，更多停刊的了！建设性质、学术性质的书刊，出版量亦甚贫乏），情形还极普遍，现阶段的出版机构既加强了政府的决定力，一般的出版组织又都能为抗建而奋斗，抗战更给我们培植了有利的形势和新成长的力量，这种偏向的克服是可能的，而且必要的。

出版活动遭遇的新困难体现于人事关系上的，一表现于作者的困苦，二表现于印刷上的操纵，三表现于若干出版商的徘徊却顾，四表现于书商的关门改业，这四种人是出版活动前后关联的四个环节，缺一不可，上述种种情形，我们不能说它很普遍，但也不能否认其局部存在，在抗战期间，吃苦是任何人都应该的，但吃苦超过一定的限度，从而削弱整体的力量，则是必不应该的，在现在的社会体制下，营利是可以的，但营利超过国家民族利益的限度，从而危害整体的发展，则是必不可以的，因此，对于直接影响出版活动的出版过程诸人事关系，我们一样的需要调整、改造与匡导。

## （三）需要一个出版政策

因此，一个健全的出版政策的确立，是完全必要的，出版政策应该是文化政策中关于出版工作方面的具体策略，它必须是大公而严正的，全般而深入的。抗战建国纲领中，有过这样的规定：

> 在抗战期间，于不违反三民主义最高原则及法令范围内，对于言论、出版、集会、结社，当予以合法之充分保障。

其中有关出版的部分，该是战时出版活动的最高指则：这指则在不断发展的情势中，需要有具体的曲折入微的应用，今天我们已经有了全国性的文化事业委员会，更普遍建立无数全省性的政府文化领导机关，这已经逐渐接近文化政策的确立和执行的地步了！一个大公、严正、全般、深入的出版政策，应该是我们文化政策中一项重要的构成。

我们的出版政策应该是能够调整与扶植一般的出版活动的，对于印刷机、油墨、纸张等出版原料，统筹分配，排除偏在现象，各内地的政府出版机构应该加强在全国出版活动中的比重，适切地开辟各地出版活动的进路。调整解决出版过程的诸人事关系，对作者大量地奖励与培植，对出版商斟酌情形加以补助和指示，防止印刷商的操纵，然而也为他们尽量解决困难（那该是一个进步的统制方式），扶植作者、出版工人合作性质的出版组织，开拓与出版活动息息相关的运输路线和发行网等等。

让我们的出版活动朝着三民主义新中国美丽的文化园地，飞速向前，一日千里！

（载《新建设》1941 年第 2 卷第 3 期）

# 抗战中出版界的成就和趋势

钱克显

“七七”抗战到今日，恰恰已经过了四个整年，在抗战的巨浪中，旧的落伍了，新的向前进，腐化的被新鲜的所代替。过去的中国从来没有打过这样大规模的战争，在这空前的大战中，一切都是在飞跃的进步中，中国也由次殖民地的地位而成为举世瞩目的国家。经过了四年的苦战，把我们的国家从最艰苦的阶段中拯救出来，中国必胜的信念虽是一开战就很坚强的深入民心，现在经过了四年的锻炼，不但这种中国必获胜利的信念几已成为全世界思想清明的人士所共有，而且中国在这四年中已打稳固了取得胜利的基础，日本全部败北只是一个时间问题而已。

在军事方面，敌人每次所发动的攻势，都被我们的忠勇军队给以迎头痛击，日寇军阀不但不能再进一步，就是日寇已侵占的地方我们也在部分的克复，这种形势处处表明了日寇的没落而我们的新生，日寇在这种垂死的挣扎局面下，正给我们一个很适当的准备时期，我们可以说现在已是大反攻时期的前夕了。

我们抗战的持久和奠定胜利的基石，在表面上看来是完全受军事力量的支持，实际上，军事的力量只不过是物质力量中的一部分，和物质力量同样有着重大作用的，还有精神的力量。物质的力量可以拿军事来作代表。以这个为中心，一切物质力量都围绕这个中心而加强了效能。在精神力量方面，可以拿出版事业作为中心，一切精神的力量都向这个中心集中，在宣传战中出版事业是其中最重要的一环。

一切力量的配合就构成了整个的国力，在胜利接近的紧张阶段，出版事业必然要配合着当时的军事政治等形势的发展，这种调和及配合的切当必然的可以起着缩短胜利时期来临期限的作用。

出版事业在这次抗战中，是立下了不少卓越的功劳，我们回顾这四年中的出版界，我们感觉无限的欣慰，无穷的希望，现在让我们粗枝大叶地来考察四年来出版界的情形。

因为我们的抗战是受了日寇军阀的长期侵略被迫而起的，所以一旦战争起来，大家的情绪非常悲壮。大家都要一吐蕴蓄在内心的仇恨，因此在抗战的初期出版界立刻就蓬勃起来，这种出版界的活跃，在鼓励抗敌情绪和动员民众这方面是有很大的作用，但是因为出版物如雨后春笋，良莠不齐，这就予日寇军阀所雇用的第五纵队和少数昧于国情，提倡超越民族利益以外的主张的分子们以活动的机会，在这种情势下，表面上他们是不能公然反对抗战，可是这许多举动显然的是不合抗战的要求，而且这许多出版物必然会麻醉了一般民众的抗敌情绪，直接间接地妨碍了抗战。我们的抗战是生死存亡之争，我们的国家断断不能因为少数人的荒谬行动而陷于万劫不复之境。

因此在抗战初期出版界的蓬勃现象发生了恶劣的倾向，在战争时期决不容许有阻碍获胜的任何阴谋，因此在全国有自觉的国民的督促下，政府采取了一种很宽大公正的审查制度，这一种制度非但是在时间上说来是适合了战时保障了胜利的应有产物，同时我们还是可以由空间上来考察欧美国家，不论是民主国家，独裁法西斯或社会主义国家，在战时一律都有审查制度，绝无例外。

出版界在审查制度的运用下，慢慢的就产生了一个很进步的现象，就是庞杂的思想走向统一之路，使一切日寇的第五纵队和失去了民族自信心的偏激分子，失却了阴谋破坏抗战的有利环境。在另一方面，优良的出版物，主张抗战建国的出版物因为得到正当的扶持和保护，更能发挥了对抗战建国的贡献，因为这许多刊物能够正确的把握了抗战的需要，反映了国民对抗战的一切情绪，而且这许多出版物再也不像战前只是少数人的所有物，而变成深入民间启迪民众的工具。所以我们可以说审查制度的建立，并不始有一些日寇汉奸因为失去了破坏抗战的有利环境，因此胡说审查制度将妨碍了言论出版的自由，而是相反的更促，使出版物进步扩展，而且这种进步不仅是在量上的增加，在质的一方面也有长足的进步。就是说抗战初期的蓬勃只是量的增加，因为里面质的方面的不纯正，所以宣传的力量会发生抵消的作用；而现在一切出版物都向意志集中思想集中之路迈进，而宣传的内容也只有一个是国家至上、民族至上、胜利第一、军事第一，把各方面的力量，向一个一定的目标前进，这力量当然是巨大的，而其成就也一定是惊人的。

在今日不论是怎样的穷乡僻壤，每一个黄帝的子孙已没有一个不明了我们抗战的意义，没有一个不知道争取胜利的途径。不论男男女女老老小小，在今日没有一个不确信最后胜利就要来到。这一切都是出版界在四年中日夜辛劳的成果，而且这个事实也正很明白的告诉我们，出版界必须与日寇汉奸和其他一切妨碍抗战的分子搏斗，必须步调一致，冲破困难，完成出版界在抗战建国中的任务。

我们综观抗战四年来的出版界，有很明显的趋势如下：

一、由分歧庞杂的思想而趋向意志集中；

二、由量的扩展而趋向质的改进；

三、由狭窄的读者群，而趋向深广的民间；

四、由日寇第五纵队和偏激分子的阴谋活动而趋向溃败不为民众所信任。

出版界在这四年中虽表现了非常的业绩，可是他们所遭遇的困难也是非常的，现在在大后方的一切刊物差不多都是用土纸印行的了。出版界的艰苦奋斗，在最恶劣的物质条件下又加上日寇滥施轰炸下工作，一切都有办法。他们始终是在进步中支持着抗建的大业。这也象征着整个的中国是有前途，我们冲出了最危险的环境，不断进步不断改善，现在胜利已经在望了。

抗战四年来的出版界，是出版界最光辉的一页，他不仅激发了抗战的情绪，而且更担任了教育大众的重任。在抗战初期虽因为日寇的第五纵队窃废了极少数的出版事业而发生了思想庞杂的疵点，但经过四年来出版界的努力已大大的功过于罪。在今日大反攻的前夕，出版事业应该更密切的配合着军事部署，而尤其要注意的是，要坚决的打击日寇第五纵队和偏激分子投降妥协阻碍抗战的新阴谋。我们相信出版界在中国胜利的总的解决中一定能获得全面的胜利。

（载《民意周刊》1941年第15期）

# 出版事业的厄运

仓 吉

出版事业是文化工作的一种，在印刷术及造纸工业进步的今日，出版事业理应也有长足的进步。但是近年来，这部门工作受到极大的困难，或者可以说已经走到厄运。这个现象至少在中国如是。现在姑且用上海来做例子，说明今不如昔的现象。

出版工作并不复杂，它的工作历程是：从作者手中获得文稿，经过排印、装订，交给书商。这个历程中有四种人与出版工作有直接关系，一是作者，二是印刷所，三是纸商，四是书商。在中国近几年来，这四种人有的是大发其财，有的大倒其霉，而第五种人——出版者——也列入倒霉栏中。

出版者今日所遇到的厄运有属经济的，有属于政治的。分别说明如下：

一、属于经济的。所谓经济的厄运，就是成本过高，书价不能成比例的提高，甚至提高了成本的百分之二十至五十，销路就受大影响，于是事业停顿。出版工作的成本有：（一）稿费；（二）排印工；（三）装订工；（四）纸；（五）事务费；（六）资本利息。现在用五年来的市价来计价成本。五年来只有稿费没有涨价，其他各项，有涨到十三倍者，至少也在一二倍。请先看后列两张市价表：

**第一表 五年来的印刷价目**

| 项目<br>年份 | 排工 | 印工 | 纸型 | 浇版 | 制版 | 装订 |
|---|---|---|---|---|---|---|
| 廿六年 | 六角 | 一元五角 | 一角 | 五分 | 六分 | 七角 |
| 廿七年 | 六角（九折） | 一元五角 | 一角 | 五分 | 一角 | 七角 |
| 廿八年 | 九角 | 二元二角 | 二角 | 五分 | 二角 | 七角 |
| 廿九年春 | 一元四角半 | 三元二角 | 四角 | 一角 | 三角 | 一元四角半 |

续表

| 项目<br>年份 | 排工 | 印工 | 纸型 | 浇版 | 制版 | 装订 |
|---|---|---|---|---|---|---|
| 廿九年冬 | 一元六角半 | 三元四角 | 五角 | 一角 | 四角 | 同上 |
| 三十年新价 | 三元 | 四元加拼版费每方二元 | 一元（约） | 二角 | 五角 | 同上 |

说明：（一）排工单位小五号字每千字价；

（二）印工单位每令白报纸价；

（三）纸型单位三十二开大小价；

（四）浇版单位三十二开初版价；

（五）制版单位每方时价；

（六）装订单位平装每万页价；

（七）三十年新价截至本文执笔时，尚未完全决定，原因是工人要求增求工资的数目与增加印刷价成比例，劳资双方未曾完全谈妥，但大概是此数；

（八）拼版费数目相当可观，此费乃新增的项目；

（九）本表系书版组价目，至于报版、零件及彩印价目不在此限。

**第二表　五年来的纸价**

| 年份 | 白报纸 | | 道林纸 | |
|---|---|---|---|---|
| | 最高价 | 最低价 | 最高价 | 最低价 |
| 廿六年 | 三元 | 一元六角 | 一角 | 八分 |
| 廿七年 | 八元 | 四元二角 | 二角 | 一角二分 |
| 廿八年秋后 | 二十八元 | 十六元 | 一元 | 五角 |
| 廿九年 | 四十八元 | 二十二元 | 二元 | 一元五角 |
| 三十年 | 四十四元 | 三十八元 | 二元四角 | 一元八角 |

说明：（一）白报纸单位为一令，约合四十五磅；

（二）道林纸单位为一磅，每令最轻六十磅；

（三）纸类种目繁多，但出版界用途最多者为这两种；

（四）木造纸与道林纸同价，副道林纸约合道林纸八折乃至六折之价；

（五）白报纸如系卷筒纸切成令头平版纸者，可以照此标准折算。

从上面两张表上可以看到纸价涨到十五倍，印刷价的平均数也涨到六倍乃至八倍。为什么上海纸价涨得这么多？（比米涨价得多。）是否缺货呢？还是中国用纸量增加了呢？这两种推测都不是事实。五年来上海进口的纸除特别奢侈纸以外，并不减少。有人估计，照目前上海各栈房所有的存纸，以白报纸而论足够用十年，这个估计是相当准确的，因为白报纸最大的用途是印日报，其次印书，再次印零件。各大报馆的用纸是直接向欧美定货的，平均堆积有三年的货色。例如“八一三”以后，某大报馆因为销路骤减，存纸过多，于是大量抛出白报纸就可证明。至于印书因种种厄运，消费量日减；若运往内地又因交通受阻，去货不多。所以上海存纸的丰富充足是不成问题的。那末为什么货多反而贵呢？这就是垄断者操纵市价所致。传说，上海白报纸、道林纸百分之八十以上是握在三两人手中，这两种纸是出版事业必用品，而纸的大囤户利用上海环境，就为所欲为的抬高市价，正如米的大囤户不问市民死活，只知道操纵。不过米究竟是不可一日不吃的货物，而纸张就有可省可缓之处，所以出版家倘若被纸的囤户绞杀之日，也就是纸囤户自杀的一日。

其次是印刷价的抬高，其中也不无可以商讨之处。倘若为着印刷工人要求增加工资与米价成比例，因而抬高印刷费，那末今日上海的印刷费并不过分；倘若为着印刷所老板要求与米囤户、纸囤户同样获得过分利润，因而抬高印刷费，那末印刷所老板与纸囤户，同样是摧残抗建文化的罪人。

照目前的市价，来计算一本十万字中型书的成本，给读者作一参考：

（一）稿费，以每千字五元计算，共五百元；

（二）排工（如书眉、里封、版权等约照正文加二成），计三百六十元；

（三）校工，以每千字一角计算，共十元；

（四）制版（对面及其他），以八十吋计算，共三十二元；

（五）打纸型（如不打纸型此费可省），计七十三元；

（六）印工（包括正文、封面及一切零件），计一百元（因封面套色的多少稍有上落）；

（七）纸（以印二千本计算），内计：

（甲）白报纸（加放纸及衬底），计十三令　　共五百二十元

（乙）封面纸（用一百二十磅木造纸）　　计七十二元

（丙）道林纸（用六十磅的）　　计三十六元

共计纸六百二十八元（若加玻璃纸，便是七百元了）。

（八）装订工，计二十八元。

以上系造货成本，二千册书共计一千八百另三元。

一般书局对一本书的定价是造货成本的三倍乃至四倍。倘若照此计算，一本不到二百面（即不满一百小张）的薄书，定价至少是二元七角乃至三元六角。这个定价读者听了未免有些刺耳吧。但是出版人的血本至少一元八角。因为平常批发是六五折，又须加上烂账、欠账及其他佣金等等，定价十元的书，出版商至多收到五元乃至六元。

书究竟不比白米与黑煤（虽然它也是黑白镶成），定价贵了，顾客在架上翻了几翻，也只好放下手不买。这一来，出版者即使造货，也就造了呆货，一年造五百万字货的出版机关规模并不大，但是它第一年就得预备十万元的造货成本，五万至五万元①的开销。所以它至少要有二十万元的资本才得周转，试问二十万元在小本经营者是何等苦恼呀！况且这二十万元仅是第一年的周转金，到了第二年还得需要此数，第三年若限出五百万字，或者仍需此数，到了第五年，才得略略减少一些，但是五年的积累，至少至少也得五十万元的资本，才得周转。这个数目，还得恳请纸商与印刷所老板保证在五年之内不再涨价，否则倘若再如以往五年的涨价，那就非五百万元资本不可。一个每年出版五万字的小出版机关，竟需五百万元资本，这是经济压死事业的大厄运。

二、政治的厄运。出版事业至少对文化负有相当责任，与囤积白米黑煤略略有些不同，因此任何握政权的人对出版事业，都有些看不上眼（美其名曰“指导检查”，实际上是限止与根除）。这年头，出版事业受有极大的政治限制。我们能梦想秦始皇的焚书坑儒，我们也可以看到法

① 此处金额有误。

西斯各国的摧残文化的毒刑，我们更羡慕言论比较自由的英美各国的出版事业，但是我们也不得不代今日中国出版事业喊冤屈。

第一个政治的厄运也是最大的厄运，当然是日伪的两把利剑。它们只许人们谈“东亚新秩序”、“中日亲善”、“和平”、“反共”……“海淫海盗”、“打麻将”、“嫖妓女”、“帮票”等勾当。因此它们只许出版《肉蒲团》、《上海黑幕》、《春宫》……《××秘密》等书。出版家如抹尽了“良心”，到也可以做一次投机，发一笔独营生涯的小财。但是干出版事业的人多少有些文化根底，多少懂得中国民族解放的道理，也就是不愿意做毒害民族子孙的工作。因此日伪的绞杀文化政策，第一个被绞杀者是出版事业。

第二个政治厄运，也是不必有厄运，是中国的政府不肯开放民众运动，因此禁止人民言论自由、出版自由乃至思想自由。这个厄运也是很利害的。

依照国民党及共产党的党纲，是允许人民有思想、言论、出版自由的；依照抗战建国纲领第廿六项“在抗战期间于不违反三民主义最高原则及法令范围内，对于言论、出版、集会、结社当以合法之充分保障”。所以在中国一切法令上，我们可以看到中国出版事业是自由的。但是法令是一回事，执法者又是一回事，况且中国的政治是复杂到万分，所以出版事业也就在保障的法令之下而遇到不可避免的厄运。举几个实例如下：

（一）任何一本书必须向内政部登记，这是法令。我们倘若承认中国有统一的政府，那末有内政部登记证的书籍必可全国通行。但是事实上并不如是。一书本同时又要有中央党部的审查证，这就够麻烦了。又不仅此也，一本经中央核准的书，到了各省还得经过各省省政府的核准、省党部的核准甚至特务机关的核准。又不仅此也，一本书到了一县或某个部队驻军区域，又得经过县长、警察局长及军特务机关的核准。所以一本书倘若要想全国通行，至少有十次以上大小机关的审查与核准。这些审查与核准的标准又是那么不统一，甲方通过了，乙方说是有碍抗建国策，丙方又说不合三民主义，丁方又说……一关不通，关关全闭，于是禁止、搜抄，甚至勒令查封书店、拘捕贩售商人。这重重难关，层层黑幕，经营出版事业者大家都敢怒而不敢言。“谁说中国出版言论有自由！谁说中国出版言论有保障！”这是出版界的呼声。（政府官办的出版事业当然例外，但也有不尽统一之处。）

（二）自从国共摩擦表面化以来，对于讨论政治及社会科学的书报杂志，防止得如洪水猛兽，甚至讨论抗战建国、反汉奸、促进国共合作的言论，也列入反动黑牌。近来则愈演愈烈，将全国有历史有地位，而受青年拥护的某某等几大书店，勒令全部停业，并遣散店员，将来会演变到怎样程度，谁能料得到呢？

此外在内地出版新书登广告的困难，以及运输的刁难，甚至寄递稿件及通信、收账、汇款等等，莫不十分困难。上面几个例子，有的是人事的成份较多（如送各种礼品、人情及公开的贿赂等），有的则属于党派问题。无论人事也罢、党派也罢，受灾难者乃是出版事业，受窒塞者乃如饥如渴的青年大众。

今日中国的出版事业受了经济的与政治的两层厄运，是否会从此寿终正寝呢？这到绝对可以保证不会寿终正寝的，相反的，正可以长得茁壮而结实。正如一粒冬天的种子，落在岩石缝里，它的发芽果然困难，但是生命的力量催促它生长，寒冷与岩石是不能抑止它的，更不能毁灭它。今日经营出版事业，虽然困苦，但是在困苦中获得的果子是更觉得香甜，读者诸位相信这句话吗？请将昔年一折七扣的书与今日照定价加五成加八成的书本对较，那一种读得有味呢？倘若再将“寒夜闭门读禁书”的古话来体会一番，又怎样呢？高价的纸张与印刷残酷的禁止与焚毁决不能毁灭整个中国出版事业的生长。出版工作者再咬紧牙齿向前做去吧！再咬紧牙关向前做去吧！

（载《上海周报》1941 年第 3 卷第 11 期）

# 一个吁呼：从出版界走到读书界

吴梦蝶

从物价开始上涨这几年来，用定额货币资本来计算事业的资产，没有一种商业是不赚钱的。可是这里面也有例外，它在这货价高涨中反而是非常遭遇厄运的，那就是出版业。本报前几期登载着出版事业的厄运里，已经把事实说的非常清楚。如果进一步把它分析起来，则其理由如下：

第一，是购买力方面的关系。一般商品，不外两种性质：不是属于必需品便是属于奢侈品。必需品的价格不管如何高涨总有人去买它，它的销路跟市价是没有什么关系的；至于奢侈品呢，如口红、香水之类虽非必需品，但是购买者多属于有产阶级，购买力特强，价格的涨落对于销路方面也不生重大影响。惟有书籍这东西，说它必需品固然有一些相像，但是出版物的对象，大部份是青年，青年们的购买力大多数是不独立的，书价愈涨，则销路愈低，因此，为了推销上的迁就计，出版的成本可以无限制高涨，而出版物的书价却不能无限制提高。

第二，是交通上与政治上的关系。我国的出版业中心，因了设备上的关系，至今还是依靠着上海，其次则为香港，然而港沪这两处的读者是有限的，而出版物的印行，为了成本计算上的合理计，至少须以一千本为单位。因此，出版业如果要想收回成本，必须把出版物尽量推销到内地去。而内地呢，却也非常需要出版物的内运。这样，要求内地与港沪间的出版物自由流通，第一步必须先求两地间交通的畅达无阻，而我国战时内地对外的交通，则因事实上的困难，不是中途失去，就是中途延搁。这还不算，交通上的阻碍侥幸打破了，应该是可以畅销了，可是在出版地的港沪，在出版之前，要对字句经过一番考虑，到了内地，在字斟句酌方面，又要经过一番挑剔。有时碰到了当地官府的无理由寻开心，不但书籍后收，成本无着，就连千辛万苦的运输费用，一股脑儿石沉东海！举一个例，有的地方禁止“赤化”书，这是地方官吏的自由，不敢批评，但是禁止“赤化”书，有时连关于苏联的史地小书都莫名其妙地会被禁止流通。对于内容，他们是不问的。在这种冤枉帐之下，岂不是又是出版物的一种无名牺牲？要出版物的自由流通，岂不是又是一种阻隔？

第三，在这种重重束缚之下，出版业把出版物辛辛苦苦印成了，顾到了这个，又顾到了那个，薄利少卖，化了很大的成本，在出版之后，只收回了极小部份的成本，所有的资本都变了商品，资本较薄的书店，只要出了二三本书，就可以使资金完全冻结。依照一般生产工业的例，出品冻结，而资金不够的时候，可以把商品向银行里去押款，而出版业呢？主要原料是白报纸，在未印成书籍以前，是可以自由流通的，但在印成书籍以后，它的对象就只有读者。在需要的场合下，可以照定价加成发卖；而在不需要的场合下，则就是废纸。这样，出版业在出版物冻结的时候，除非是等出版物络续如数出清，方有收回成本，从事再生产的机会，否则就有坐以待毙。

这许多话，在《出版事业的厄运》一文里，已经说得非常透切。因此，其影响就直到到了读书界中，因为读书界也遭遇了厄运了。

前几天我受了一个友人之托，去买一本《春秋左传杜解》，为子弟作国学读本，这是一本非常普通的古书。最初到商务印书馆，恰巧逢该馆罢工，买不到。第二到中华，该馆说，读本一类书是不备的，只有仿宋大本，要卖二十多元钱，一计算，跟学生购买力不合，又跑到扫叶山房，书是找到了，但定价也在五六元以上。再退出了，找到旧书店里，也找不到。结果是空手而返。这里并不怪书店里定价太贵，也不怪大家不印古书，乃是指出书籍成本高贵与销路迟钝的畸形事实。书店要不蚀本，只有不印书，而印成了书呢，定价又不能不贵。书少，读者购买力又钝，于是书价尽管高，书店的销路依然还是没法推广。

买不到书，我索性在书摊上闲宕了，看到了一部《鲁迅全集》，从前预约价不过十四元，现在半成新的旧书，标价却达二百二十元之巨，真使人翘舌不下。我问店员为什么这末贵，他冷冷答道：“只要你有，我也要。”我也明知道书贾利用的是这部书的绝版，因此联想此外绝版的书，买书的就等于买古玩。可是试问个个青年学子，那里都有购古玩的同样能力呢？

举出这样极小极小的事件，这就指出今日我国文化界的一个严重情形！学者们口口声声地要学生修养读书，可是究竟要青年读什么呢？读“书”吗？“书”是进到古玩铺里面去了！究竟要青年们购“书”呢，还是购古玩呢！照这样下去，所有书籍，既成为古玩商品，则从书本上得来的学问，也势必至成为象牙之塔中的专有品，没有钱的人想要购书，力量上是够不到的了！说甚么普及教育！说甚么提高民智，岂不都是纸上的空谈，愈说愈远了吗？

谈论出版事业的困难，还似乎是我们大家站在文化圈内的自私行为，但是从出版事业给与文化上的影响而论，那末这个问题，决不是区区书店的立足问题，而是整个民族存亡的关键！所在上海到目前还是我国的出版中心，可是上海的读书界却已闹到这么重大的一个饥荒。这是谁的责任呢？似乎是出版界的责任，然而岂仅是出版界的责任！

不多几天，我曾跟一个出版家谈到这个问题，他以为解决之法，除了政治问题不算，目前最主要是，在出版业交通上与资本上的困难不能打通，所以他以为熟悉文化情形的人，应该大家负起了这个责任来，集合了资本，来办这件事，其方法，是把资本交给一家银行来办押汇，以融通出版业的资金，同时由出资本的机关来负审查出版物的工作，使出资人也不致成为放倒帐。这样，出版物的销路广了，资金周转的困难也解决了，出版界的生路有了，读书界的生路也有了。

我们想，上海在今日有许许多多的企业界文化界前进存在，他们一定也已看到这个困难，也一定知道这个困难发展的结果。我们自己是没有力量的，却愿意我们的企业前进能够把这个责任负了去。救救出版界，救救读书界，也救救中国战时文化的黑暗命运！

（载《上海周报》1941 年第 3 卷第 25 期）

# 从一月新书看全国出版界

方　舟

战时出版条件困难，新书出版不易，造成各地文化食粮恐慌的现象。然而这种现象显然是不平衡的、不简单的，甚且是很奇怪的。读看《读书月报》二卷八期《全国新书月报》第三号即二九年十一月号，内载最近出版新书九十九种：

首先从出版地域说，香港占二分之一以上（五十五种），上海亦占四分之一（二十四种），这，不但是由于港沪印刷材料的便利，政治上的原因也是不容忽视的！因为从港沪出版物的内容看来是充满抗日反帝思想的，它们是不顾殖民地的镇压而断然地出版了！反视国内，则只有桂林一地在撑场面，占出版物总数的百分之十八以上。其他西北某地则无统计，只能从港沪出版物的内容中可以看出是受了它的影响或竟是翻印本，数字似乎不会很少。其余倒是浙、闽二省，也算出版了一些。抗战首都的重庆，号为抗战文化之中枢，竟连了一本新书也没有！说是被炸惨烈，印刷困难，那是事实，但西南桂林和西北某地不是一样在这种情形之下，而且更接近敌寇，经济环境不是更加困难吗？为什么那边的出版却是朝气蓬勃呢？为什么它们反转有许多新书供应，依常理而论，难道会比香港之处于殖民地位和上海之敌伪横行的情形更坏些吗？为什么香港、上海又有那么多的适当抗战建国之需的进步的书籍出版呢？这应该是十二分值得我们出版界的当局赶快反省与勉力的吧！

再从出版的书店来看：计星群出版与经售的独占四十七种，居第一位。大时代出十三种，居次。商务出七种，居第三。世界及文供各出四种，读者生活出版社出三种，生活、新知、光明各出二种。其余以上海、香港各书店出版为多。从这里可以看出，若干著名书店的名字渐渐淡了。甚至生活等新书店的出版数字也在表示低落了，有人说在星群经售中占有绝对多数甚至全数，那么，为什么在今反而需要这样做呢？这显然不只是商业上的理由了！其他如大时代与文供等，或以经济上的优势，或以书店所在地不得已（如在香港），逃避帝国主义者的审查而出版，倒有蒸蒸日上之势，在这里，我们要向若干地方当局扶助抗战文化的贤明政策致最敬礼，我们更要向在港沪等险恶环境中，拼命为抗战文化而斗争的作家与出版家致敬！（所谓文化上的民族化、民主化、大众化和科学化，在港沪文化界已在热烈地讨论着与实践着了！）

最后从出版物的内容看，文艺占第一位，计五十九种，约占总数百分之六十（其中创作十一种，散文、杂志随笔十种，翻译十种，戏剧十种，理论批评二种）。这在战时当然不能说是十分“要不得”的现象，但也可以见到在港沪等特殊环境中所表现的现象，但是作家与出版家的这种动机，也许不只限于为避免运用正面作战的武器——如革命的理论书籍，而正是选中了这一更直接、更容易、适时适地武装民众的武器。但是在大后方，除了桂林等处以外，就连这一种武器也似乎给“遗忘”了！可怜书贾们只能翻印些旧书，甚至干脆地把从炸弹下保留的书本上加贴“增价×+成×+成”的字条，似乎把这当做“出版事业了”！

其余，新书表中，计尚有关于国际问题者十二种，社会科学七种，自然科学应用技术（包括语文、木刻等）十种，政治、哲学、财政等只有八种。显然，都显得非常荒歉！不够抗战建国现阶段的需求。特别是关于研究“三民主义”的读物，关于研究中外古今革命理论的读物，和有系统地整理与介绍中外哲学、文学、社会科学、自然科学名著的书籍，简直是没有！至于在推进大众文化扩大学习运动中急需的工具书的缺乏，甚至抗战三年半而无一本年鉴出版，使我们身居海外者欲知抗战历史而不得不查外国书报甚至敌国的年鉴，这更不只中国出版界的奇耻而已！愿祖国替中华文化争些面子！愿祖国替我们华裔争一口气！

（载《国讯》1941 年第 257、258 期合刊）

# 一年来的古城出版界

阿　茨

## 一、所谓“精神食粮”

文化，是一个国家进步的主干，有人观察国家的强弱并不从它的武力着眼，而特别注意到代表它精神的文化。因为文化确能代表着国民的传统风习和一般好尚，这种风习和好尚实在是推动国家进步的内在的主力。但，文化本身是一件空虚的东西，能表现它的不过是出版界的情形。

说起出版界来，我们很惭愧这个久已被称为“文化古城”的地方，并不如理想中那样的充实和美满。这原因看起来也很简单，用不着笔者在这里多说；不过，有几点觉得是预先该特别提出来的。

第一，出版界不发达的原因是有一部份人不屑于做这种事业，因为物价高涨，一切纸张和印刷工资都大量增加，而且有了限制。读者也很少肯花多量的钱去购买那些流行的出版物。这是出版界所以不发达的主因。所以，这一年来出版界全被几个有经济基础的刊物占领着，别的出版物真是稀少得可怜了。

第二，因为各地方的环境不同，出版物的内容也很有些异样。远地的出版物在这里很少见到，但是这一年来上海出版物，却大半在这里的市场上售卖着。它们的性质和本地的出版物不同：它们是侧重在西洋杂志文的翻译，那些西洋杂志文又是和国际情势有关，又能切合一般人的生活趣味。因此，在目下投合许多读者的口味，它们的势力远超过本地出版物之上，《西风月刊》的畅销便是一个最好的例子，所以也就影响到本地出版界的贫乏。

明白了这两点，我们就知道这一年来古城里出版界的衰落并不是文化落后的征象，而且，相反的是一个可喜的现象，那就是有一部份读者把眼光已经放开了。

## 二、读者的趣味

这里，首先谈谈读者的趣味问题。

上面提到，上海的介绍欧美时局、人生、社会的翻译文章，最投合普通读者的趣味。我们设想不但作为“孤岛”的上海是这样，就连这个文化古城也因无出版物可读，而有一部份人把兴趣转向那方面，但这话不过是就一小部份人来说。另一部份读者的趣味却不在那里，他们是充分代表着这个古城的特性的，他们生活在闲适和安逸中，国际大势用不着他们关心，自己的环境也许比西洋社会更自在，因此他们就沉湎于歌场之中，像是古老的北京人天天坐在茶馆里听评书，捧歌妓。因此，游艺性质的出版物投合了他们的口味，甚至一个名伶的一条狗，在他们都成了非常关心的谈资，一年来古城中有销路的出版物是这种性质的东西。这是读者趣味的第一类，也是比较普遍，然而却不见得高明的。

其次，我们才能谈到那些爱好西洋杂志文的读者。他们大部份属于走出学校大门刚刚到社会上做事的青年，他们受过最高的教育，知道欧美的许多情形可以做我们的参考；他们的生活也是比较安逸，虽不能像从前《论语》派那样在麻将牌旁，在沙发里都需要，却也至少是活得能够喘气的青年男女，他们要了解人生，可是也忘不了享受人生。因此，他们想获得一般的现代新知识，一些景慕的西洋风习，却更需要看一看美国式的爱情小说、好莱坞的恋爱喜剧。西洋杂志文是与他们的趣味多么相投的东西！这一类读者的趣味，的确比专门关心着剧人行动的读者进步得多，可是这趣味也还很有限制。

第三类的趣味是专就一般中学生而论。他们的趣味大概有两种倾向：一种是文艺作品，一种是软性的文字。爱好文艺原是一件很好的事，中学生里有不少的人是把兴趣放在这一方面的。他们虽然抛弃了那些充满毒素的武侠小说，和流行的鸳鸯蝴蝶派的言情作品，但是阅读上仍缺乏一个正确的指针，他们大部份只关心到现下的文艺。然而，为了种种的限制，目下的文艺界是异常可怜的。所以这种趣味不能得到一个正当的发达，在我们想来确是一件可惜的事情。至于那种喜欢软性新闻和文字的人，根本就是一种极应矫正的发展，是感情的动向，而不是理智的发展，我们该当以正当的道路代替了它。

最后，再谈到很少的一部份人，把趣味纯粹放在学术的研究上。这大部份是属于教授和学者。他们有一个很好的环境，专心致力于一个问题的研究或整理，不声不响完全靠自己埋首苦干的工作。这种趣味也许有人会说是“逃避现实”，是自己隔离开人生，然而在现在却也未必不是一件有意义的工作。不但教授和学者，我们也能在图书馆里看到许多终天穿着蓝布衫的青年，在那里刻苦的努力。他们的趣味很浓厚，然而投合这种趣味的出版物却极少，即使出版了，一般读者也往往不会注意到的。

这就是一年来读者的趣味，我们不妨称做游艺的趣味、西洋的趣味、学生的趣味和学者的趣味。但，这里有一个显然的特征，即是他们都摆脱现实，把心情都放在政情之外。

## 三、先由报纸谈起

进一步我们分别观察这一年的出版物。最好先由新闻纸谈起，因为新闻纸是差不多每个人每天都要接触到的东西。

报纸，在现状之下是有着出版的限制的。两三年来这里的日报永久是那几家继续出版。即大型的有《新民报》（晨刊和晚刊）、《晨报》；小型的有《实报》、《新北京》、《时言报》、《民众报》。另外一份《英文北京时事日报》。

《新民报》是一个比较大规模的报纸，印刷已很进步，读者也很多。《晨报》则和它相反，它是沉默的，走着缓慢的脚步，它的销数在本地报纸中恐怕最少。《实报》和《新北京》则是多少年来并行发展着，在一般市民中拥有极广大的读者。《时言报》所把捉的对象是一些商人，它以社会新闻、章回小说及戏剧投合他们的趣味。《民众报》是今年九月才出版的一个报纸，由武德报社出版，它的读众恐怕也不很多。至于《英文北京时事日报》在一般外侨及知识青年中尚维持相当的销数，因为它是此地的唯一英文报纸。

一般人对于报纸的趣味似乎很淡薄，他们很少关心到载在要闻版的事情，除非有了特别的事故，也正因为这个原故，小报的销路盛过大报，因为重要消息的记载差不多都相同。读者看报的目的实在于另外的味趣，所以，《实报》、《新北京》永久有大量读者的原故也在这里。

谈到读者对于新闻纸的趣味，我们所可以指出的有下面几点。

第一，欧战解说的文章，这是顺应着国际上异常的变化，使读者明白现势的作品。《实报》的《欧战》和《世界动态》属于这种，《新北京报》的“现代史料”也是这类的文章。

第二，游艺版，这是专报道戏剧消息，记载剧人生活的东西。《实报》的“大乐天”，《新北京报》的游艺版，是这类文章的地盘。这很切合居住在这城里的戏迷们，也因此增广了报纸的销路。

第三，生活常识，为一般家庭说话，许多切要的小常识在他们确属必需。《新北京报》的“家庭”和《实报》的“常识”，受着许多人的喜爱。

第四，章回小说，这是向来小报所以抓住读者主要的因素。尤其是过去的小报，全靠那些连载的长篇小说支持。现在的日报还都至少拥有三篇章回小说每天陆续登载着。较流行的作者有陈慎言、白刁、耿小的等人，他们的作品纯粹以消遣的态度吸引一般读者。

这是日报的普遍现象。自然每个报纸尚有它独自的特点，但是以上四点却是全都具有的。所谓独自的特点，我们还可以在下面指出。

《新民报》有意的提倡中国固有文化，对于旧戏有时介绍，电影则拒之于外，它每日拥有“太平地”半版，是副刊的篇幅。这是古城中唯一每日发刊的文艺副刊，可惜内容庞杂，水准也不很高。《实报》和《新北京报》的副刊则完全是一种书的考证文章和诗词作品，它们并不能以此抓住读者。但《实报》社会版的编辑技术很醒目，它的第三版，轮流刊载《青年问题》、《儿童》、《学生界》、《艺术》、《某夫人信箱》等期刊，尤其是后者有着不少的读者。至于《晨报》的周刊则较偏于专门性，少被人注意。《新北京》的特写有时具有浓厚的趣味，引动读者的好奇心。《民众报》则趣味偏重女人。这是可以指出的几个特色。

日报之外，还有几种特殊的新闻纸。武德报社出版的《武德报》是一个旬刊，已很有历史，它像是一个杂志，然而又有一半是新闻。《儿童新闻》也是武德报社编辑的旬刊，专给儿童读的。此外，武德报社不断有新的新闻纸出版。

最后，该提到两种特殊的报纸：一个是《戏剧报》，一个是《电影报》。前者是由朱书绅氏主办，即一般戏园的戏单，后者由李枕流氏主办，是一般影院的说明书。它仍除了在戏院、影院送给观众以外，也还有一部分在市上卖。它们都不以时事消息为主，而泰半是记载戏剧及影界的动静，并附有趣味的文字。这两种报纸，在营业上永远维持着定量的读者。这是这一年里两种特殊的报纸。

## 四、一般画报

画报是一种很流行的出版物。从前的《良友》、《时代》、《大众》

等都有过很多的读众。但是，在文化古城里画报的出版，决没有那样的兴盛，尤其是这一年。因为印刷费增涨，创办那种专以图画为号召的刊物，在经济上很难办得到。可是，我们如果稍留心一下事变后，古城里的出版物，又多半全是以“画报”为名字的，然而他们所谓画报者，其实是以文字为主，画不过仅亦是一部份而已。

事变后本地的第一个画报是《沙漠画报》，它创刊于二十七年四月，是一个私人办的周刊。起初对于图画相当注重，到现在出版了三卷，已经不是原来的性质。这可以说是应合读者兴趣的关系。最先它是以青年男女间的恋爱问题为趣味中心，所登的照片，也大半全是小姐，直到今年春天以后才改变了风格，那就是由趣味的而移向知识的，它尽量选载《西风》一类的西洋杂志文，以介绍欧美人生社会为主。这趣味显然提高了一些。但是，对于小姐，却还未放弃，每期仍有时装和小姐版。又从十月起增设了《某夫人信箱》专页，对于恋爱问题也由趣味而移向严肃的商讨！所以现在《沙漠》的中心是介绍西洋杂志文和解决青年男女问题，而且由“画”报移向文字了。

和《沙漠》性质相近的画报有《艺术与生活》，也是一个私人创办的刊物，出版于廿八年十月，半月一册。但到今年春天因为印刷费用和纸价大增，经济力很难维持，所以未能按期出版有时好几个月才出一册，这也是不得已的事情。这个画报同它的名字一样是以艺术和生活为主。所以它的画报一部份（其实，还是文字的份量远超过画的）登载的是中西名画、艺术摄影等艺术作品。文字方面则门类极多：文艺、艺术、电影、音乐、戏剧、生活知识、妇女家庭、贸易风、学生各项，因此每类的份量都极有限。它好像是求齐全，然而也正为这原故就难免显出杂乱。今后，听说它将以艺术、生活、文艺三大项为主，那前途是有希望的。

此外，有《长城》画报（半月刊），本年以大型的篇幅出版，但不幸后来停刊。这刊物像是仿照着从前的《良友》，画和文字综合，每种均有画片。但是因为制版和印刷的关系，外表上难满人意。文字内容也庞杂，缺少一个主要的趣味。

图画较多，印刷较完美的画报，是武德报社出版的《时事画报》、

《新中国》、《新秩序》等。它们虽都是小型的篇幅，但全用影写版印刷，比起铜版要清晰美丽。《时事画报》是一个旬刊，内容完全是图画；又是因为这些出版物本身的关系，好像在本地的读者也很稀少。

最后，再提到两种流行的画报，他们虽然表面上用“画报”的名字，其实所以号召读者的，并不在于它们的“画”，而是另外的一种趣味。

第一个是《立言画刊》，它的创刊已经有两年多的历史，每周一册。它的前身是《立言报》，那个报纸在从前是特别靠着戏剧报道而畅销的。从改为《立言画刊》出版以后，则更以京剧一项来获得一般戏迷的欢迎。它的内容除了有关戏剧的文字和照片外，别的不过是附属的一小部份，然而销路竟维持着相当的数量，也可见古城中一般市民对旧剧的癖好了。

第二个是《三六九》画报，是一个由进化社出版的三日刊，内容方面也很广，以趣味和知识文字开头，文艺及旧剧也占一部份篇幅。这个刊物的读者非常众多，因为是投合了普通读者口味的原故。他们读它的目的不是想得到一点什么东西，仅仅是当做消遣品看而已。有人说这是种低级趣味，实在也充分代表了一年来古城中小市民阶级的普遍心理。

我们希望这种趣味会慢慢提高，然而在现实下也不是一件容易的事情。

## 五、综合刊物

综合刊物就这个名词看，该是包罗万有的东西，适合各阶层的阅读口味。像前面所提到的几个画报已经是各类俱全的了。不过，综合刊物的意义至少要比画报严肃许多。画报不妨知识和趣味并重，而综合刊物则需要全是郑重的知识和研究的文章。所谓“综合”的意义，是以时事为主，学术、文艺居次，这是历来这种刊物的普遍现象。

事变以后，古城中比较大的综合刊物是在廿八年春创刊的《中国公论》。这个刊物以政论的撰述和翻译为主，另外有学术的文章，文艺创作和杂俎各项。它的立场是“北方的中国人”，故社论有时被一般人所欢迎，而少有说教者的气味。它的容量每期都很多，然而今夏以后时常脱期。往往延误一个多月，这实在是一件遗憾的事。

《中国公论》另外有一个姊妹刊物，即是创刊于今年二月的《再建》旬刊，这个刊物比起《中国公论》要偏重于学术方面，主编人的意思似乎是要掀起一个新的“新文化运动”，继续着五四时代，更谋新文化的再建，这是以民本主义做出发点的。它所刊载的文章大半都站在这个立场上。但是，这个刊物出了十七期以后，不知为什么原因却没有继续下去。

《新民报半月刊》是一个由新民报社发行的综合刊物，开头的政论和新民报的社论一致。以外的篇幅大半为戏剧、文艺、家庭等所容纳。内容也很庞杂，读者不算太多。

《反共战线》月刊，已经有许多年的历史，它也和一般综合刊物一样，不过论著部专特别多些关于共党的种种批评，文艺也占着一部份。今年夏天它已无形的停刊了。

此外，还有一种比较侧重国际政治的刊物，那就是《沙漠画报》副刊之一的《国际新闻》，这是一个月出一册，专刊载欧洲战局消息和论述的刊物，但论调多侧重德国，和《沙漠》本身的文章不是一致的。

另外，有几种综合刊物，它们的对象不是一般读者，而是特别的一部份人；又有一些刊物是机关官办的，它们的读者也很有限，这里一概不谈了。

## 六、妇女刊物

这一年里有几种专给家庭妇女读的刊物出版。本来，妇女也是读者中很重要的一大部分。《沙漠画报》原先就是想抓住一般妇人们的，可是后来趣味略有变易。《艺术与生活》中的《妇女与家庭》也不过是一少部分。因此就另外有妇女的刊物出版了。

第一个是《新光》，这是天津《妇女新都会》画报社在北京所出版的一个月刊，它因为以妇女做读众，内容多半偏重妇人问题的讨论、家庭生活、常识和文艺杂俎等，是一个以妇女做中心的综合刊物。它每月十日按期出版，然而却不怎样被人注意，内容殊少特别动人的地方。

第二个是《妇女杂志》，这是今年九月才由武德报社创办的一个月刊，也和《新光》一样，是妇女的综合刊物，不过它较《新光》偏重论说的份量，而少实用的常识。

这是两个比较大的妇女刊物，然而它们都不能如我们理想中那样的理论和知识并重。我们想象中的这类刊物该当是包括一切家庭和妇女的常识，一般的论文还在其次。但是和去年的《新妇女》月刊一样，这几个刊物在这方面的贡献都很微少，反不如《艺术与生活》和《沙漠》里面，以及报纸上的妇女家庭版来得有用。

提到妇女刊物，应该再特别说到《某夫人的信箱》，这原是在《实报》上刊载的关于男女间恋爱和婚姻的种种问题解答的文字，因此也就使主持者将力量放在妇女的问题上面去。《实报》有过一个时期出版《妇女之页》，到今年十月《某夫人信箱》更以《沙漠画报》副刊的形式，每周出版单页八页。《某夫人信箱第一辑》单行本的出刊，也维持到再版的销路。这在妇女刊物中是颇可注意的。《某夫人》所标明的态度是“用诚恳庄重的态度，解决青年男女的问题”，而她的基本立场是以基督教爱的精神来维系着一切新旧上的冲突，因此有人说是近于调和的主张。实际上，她所做到的至少是唤起了一般人对妇女问题的重视。但是所解决的问题，则是就事实范围内所能容许的谋暂时的解决方策。

## 七、青年刊物

这里所说的“青年”，大部分指的是在中学读书的同学而言。因为他们的环境和思想的关系，读书的趣味也和别的不同，所以有几种专供给青年阅读的学生刊物。

今年元旦时，青年俱乐部出版了《中国青年月刊》，一共出了六期，暑假时随着俱乐部本身的停顿而不再出版。这个刊物也是一个综合性质杂志，以时事学术、文艺为主，另外有一栏《学生园地》，刊登中学同学的作品。因为负责人的能力关系，使它在内容和外形都不能完整划一。

去年八月陈慎言编过《华光》，也是一个专给学生阅读的月刊，出了几期停刊。到今年八月后又陆续出版了。这个刊物拥有许多的同学，它每期举办征文，即是鼓励一般学生的写作能力，可是，因为编辑人毕竟是一个章回小说的作者，所以在意见上就难免有些距离。他们举办过文艺座谈会，所说的问题实际上是“不成为问题的问题”。所以这个刊物本身的意义，虽然很好但表现出来的就难满人意。许多作品很难说已经达到较高的水准。

此外关于青年的刊物就不很多。《新民青年》是新民会所主办的，外面不见得有什么销路。各学校中也许还有一二小型刊物。燕京大学新闻学系所出版的《燕京新闻》，是以新闻纸的形式每星期六出版一次，主要的是报道该校的活动，并有一些译述的文章。《燕大基督教团契旬刊》是由该校基督教团契所主持，报告宗教活动，有《燕园清声》一版，是文艺创作的地方。辅仁大学有《辅仁生活月刊》，也和《燕京新闻》性质相类，不过它以文字居主要地位，消息居次要了。另外，别的校刊因为读者有限，外面也难见到，这里只好从略了。

## 八、学术刊物

文化古城中学术研究的空气，原来就很浓厚。这一年来它们研究的成绩，也由几个学术性质的刊物上可以见出。这些刊物的内容都很丰富，但是因为有许多是专门的问题，不被一般读者所注意。然而，那些成绩都是不该忽视的。

关于语言文字方面有两个团体出版有定期刊物。一个是中德学会的《中德学志》（季刊），另一个是中法文学出版委员会的《法文研究》（月刊）。

《中德学志》原来的名字是《研究与进步》，今年才改了这个名字。它所介绍的是由德文译成中文的研究德国的文章和科学文艺作品。《法文研究》是以法国文学为主，每期分别介绍作家、选载作品和翻译的。

一般的学术刊物中有《中和》月刊，是今年一月新创刊的。内容大半是考证的东西，最后还附有章回小说。它的读者也很有限。

在学校里学术的研究刊物，应当特别提出的是《燕京学报》和《辅仁学志》。它们都已经有过很长久的历史，足以代表最高学府中学术研究的成绩的。它们撰稿者都是学校的教授和讲师，每篇文章在研究上都会贡献出一点新意见来。这两个刊物性质相同，都是半年一册，专门刊载关于文学与史学的考证和整理的文字。除了这两个学府中的代表刊物以外，燕京大学还有几种为同学主持的研究刊物，如国文学会的《文学年报》、历史学会的《史学年报》、教育学会的《教育学报》、经济学会的《经济学报》等。这些文章多半是学生研究的心得，有许多也是很可注意的。这种研究的精神，我们希望能够逐渐普遍起来，那不但是一种较高的趣味，而且一定会有许多惊人的成绩贡献出来。

## 九、文艺刊物

写下这一个题目，我首先发生了三种感想。第一，文艺在这一年中并没有很大的成绩，文艺刊物也空虚得很。第二，文艺被一般刊物视做附属的东西，虽然都设着这一部份，而内容不过只凑些篇幅而已。第三，报纸，报纸副刊原是很重要的文艺地带，可是这一年中，没有一个报纸开辟专刊文艺创作的篇幅。所以，这里谈文艺刊物须先抛开那些做为附属品的文艺，而专从纯文艺刊物说起。但是，纯文艺刊物是多么可怜呢？

记得在去年底曾宣传过要有一个《文艺杂志》出版，由一部份喜好文艺的青年主持，第一期的内容已见预告，然而始终没有能出版，想来倒是一件可惋惜的事。

事实上，支持这一年文艺界的刊物仅有一个《中国文艺》，因为它的宣传力很大，印刷很美，是一个比较不算太庞乱的文艺月刊。然而仔细看它的内容，则还免不了杂乱，如电影、漫画都列在文艺之内，谈《战争与和平》也视为文艺作品，多少总有些勉强。就是就创作来说，有许多也是很幼稚的作品。不过，这刊物出满两卷以后，到今年九月编辑者换了人。在内容上力求整齐，删掉了所有文艺范围以外的东西。已出四期，比较进步，然而创作本身却还是很贫乏的。也实在是一个普遍的现象，是现实下一个自然的结果。

《学文》月刊，是去年冬天创刊的纯文艺刊物，出版二期，以后不见动静。今年夏天，又出了一册三四五期合刊，这刊物像是承袭着从前《朔风》的性质，但也兼刊创作，亦极平凡。现在又不见出版了。

《覆瓿》是汇文中学同学所主持的小型文艺月刊，创刊于二十八年十月，以该校同学作品为主，也兼约文艺界人士执笔。但出到今年春天，内容逐渐贫乏，终于在“五月号”出版后，遂告暂时停刊了。

一般的文艺刊物就只这几种，外表上已可看出是多么寥落。好在，另外的两个学校内的文艺刊物尚可点缀着这点零落。那就是辅仁大学的《辅仁文苑》和燕京大学的《燕京文学》。

《辅仁文苑》是一个纯文艺季刊，创刊于二十八年四月，今年又出版了三辑，已出到第五辑。这是由辅仁大学教授及同学执笔，也约有校外文艺界朋友的作品。内容比较整齐，然而文章格调难免狭隘，这也是受着学校及环境限制的原故。

《燕京文学》是本年十一月才出版的一个小型文艺半月刊。内容侧重散文和诗歌。正和燕大在今年五月出版的《燕园集》相同，十足代表了“燕园”的作风。

（居住在古城里的日本爱好文艺的人，也有一个《燕京文学》出版，是一个日文的月刊。有一部份是翻译中国的创作，如冰莹女士的《新从军日记》、曹禺的《原野》都有了译文，另一部份则是日本人的诗歌和创作小说。）

## 十、其它

一年来古城中重要的出版物已经分别在上面介绍了，另外有几种专门性质的刊物，在这里补说一下。

关于儿童的刊物，武德报社有《儿童画报》的出版。

关于漫画刊物，有《北京漫画》，印刷较好，月出一册，趣味也还不很低级。月刊有漫画理论及介绍的文字。

电影刊物，新近有《华北映画》的出版，是由电影报社发行的月刊，也许因为初创的关系，内容及印刷均难满意。

此外，有专供给警察阅读的《警声》月刊和侨胞的《侨声》。北京大学农学院和中国联合准备银行、新闻协会等都有刊物出版，尤其是机关团体多有公报的发行，主要目的不是在供给一般人阅读，此外从略。只有《市政旬刊》一种，因为有时随报纸附送的关系，还有许多人留心。

## 十一、书店及书籍

在这文化古城中，出版新书业原来就不很发达的，事变以后更形冷落。有一个“东方书店”在二十七年末开张，曾出版过《朔风》月刊，也发行过一本《士与兵》的译本，此外就再没有出版物了。

今年，这里的书店，华北文化书局占有很大的力量，许多刊物都是由它经手发行的，尤其是武德报社的出版物，但是它本身所出版书籍，不过是选载武德报社刊过得文字像《欧战》等三四种。

今年出版书籍的有沙漠画报社印行的“沙漠丛书”，已经陆续读出了六七种，大半是偏重在趣味方面，尤其是一些流行的畅销书，李木翻译的《处世奇术》等虽在天津出版，在这里也有很大的销路。作为“沙漠丛书”的《结婚的教育》和《择偶术》也是这一类的书籍。在文艺方面，“沙漠丛书”中也出了三种，即王石子作的中篇小说《风》、赵今吾译的《女人们的故事》和张铁笙的《爱的故事》。这全是一些轻松的恋爱小说。尤其是《女人们的故事》充分代表了美国杂志中小说的精神，也就是《西风》一类刊物所提倡的作品。

真正的文艺书，今年印行得真少。即是像去年《晦明》、《三年》那类作品，也没有人出版。辅仁文苑社出版过一册赵宗濂的短篇小说集《在草原上》，是仅有的一部文艺书。燕京大学的《燕园集》是一个散文诗歌的合集。

另外，在书籍上我们就只见到低级的通俗小说了，尤其是武侠小说和言情小说，被许多人当做消遣的读物。在缺乏正当的出版物之前，我们怎样阻止这一种恶势力的潜入是应该注意到的一个问题。

## 十二、结语

检讨了这一年的古城出版界，令我们发生了下面两点感想：

第一，这一年出版界表面上好像很繁荣，其实内容都非常贫乏，很少有领导一般人向上的作品。

第二，一般读者的趣味仍是低级的，因此出版物往往投合他们所好，只求销路，而不顾及读者所受到的毒素。

所以，希望下一年的出版界在本身上需要一次彻底的澄清，尤其是读者该当有一种觉悟。我们的人生是该有目标的，要向着目标努力，不该停滞在消遣的日子里。要记住那一句名言："人生是给予的，而不是享受的。"靠了进步的读者，出版界才会有进步和出路。

二十九年十二月十日写完

（载《艺术与生活》1941年第15期）

# 四年来的上海出版界

采　公

四年来的上海出版界，不说则已，说起来真是凄惨！这里先举几种与出版界直接有关的事实，让读者对于出版界所遭遇的困难，有一种初步的认识。

## （一）一般制造费的比较

| 年份 | 白报纸 | | 道林纸 | | 排字工 | | 印刷工 | | 装订工 | |
|---|---|---|---|---|---|---|---|---|---|---|
| | 每令（元） | 比较（%） | 每磅（元） | 比较（%） | 每千（元） | 比较（%） | 每令（元） | 比较（%） | 每万（元） | 比较（%） |
| 廿六年七月 | 5.00 | 100 | 0.20 | 100 | 0.50 | 100 | 1.00 | 100 | 0.50 | 100 |
| 廿七年七月 | 6.00 | 120 | 0.25 | 125 | 0.55 | 110 | 1.10 | 110 | 0.50 | 100 |

续表

| 年份 | 白报纸 | | 道林纸 | | 排字工 | | 印刷工 | | 装订工 | |
|---|---|---|---|---|---|---|---|---|---|---|
| | 每令（元） | 比较（%） | 每磅（元） | 比较（%） | 每千（元） | 比较（%） | 每令（元） | 比较（%） | 每万（元） | 比较（%） |
| 廿八年七月 | 12.50 | 250 | 0.80 | 400 | 0.60 | 120 | 1.30 | 130 | 0.84 | 168 |
| 廿九年七月 | 30.00 | 600 | 1.70 | 850 | 1.40 | 280 | 2.10 | 210 | 1.35 | 270 |
| 三十年七月 | 50.00 | 1000 | 2.20 | 1100 | 3.00 | 600 | 5.40 | 540 | 2.60 | 520 |

附注：纸价系一个月内的平均价；工价系大小同业所付的平均价。

## （二）沪渝间运费的比较

| 年份 | 元/每吨 | 比较(%) | 路由 |
|---|---|---|---|
| 廿六年七月 | 40.00 | 100 | 由长江直达 |
| 廿七年七月 | 2500.00 | 6250 | 由粤汉路经汉口 |
| 廿八年七月 | 5000.00 | 12500 | 由越南经昆明 |
| 廿九年七月 | 10000.00 | 25000 | 由沙鱼涌经衡阳 |
| 三十年七月 | 15000.00 | 37500 | 由仰光经昆明 |

附注：

（一）这还是所谓官价，实际上还须外加黑费，数目不一，有时大得惊人；

（二）倘遇中途阻搁，又须外加栈租、保险、管理等费；

（三）运输时间快则三四个月，慢则一年半载，不能一定，因此，损失甚重照理也应加在运输项下。

读者知道，出版界第一需要原料，但原料的涨价，单就白报纸一项言，已经涨了十倍，其次需要发行，但运输的涨价单，就沪渝间的官价言，也已涨了三百七十五倍。因此，读者可以明了，目前出版界所遭遇的困难，真是空前所未有的。

当然，书报杂志也都已涨了价，但所涨之数哪有这么多呢？一般书报杂志的涨价，虽无确实的统计可以比较，但就笔者个人观察所得，大部分还只不过照原价涨起一倍左右而已；间有多少数涨起三四倍的；但无论如何，决不会有超过五六倍的。这种原因是很简单的，并非出版界故意要亏本，那是实在涨不起价。因为精神的粮食，毕竟没有像肉体的迫切，等到米也买不起的时候，那里还有人再买书报杂志看呢？

因此，“三百六十行行行出状元”。自从战事发生以来，几乎没有一行是不发国难财的。惟有出版界反而萧条不堪，凄惨万分。这也许是为了现代的出版家，已经被称为文化人，不再属于书贾之流，即无“行”可属，所以就不能再中“状元”了吧？

四年以来上海出版界所遭遇的困难当然还不止上述的种种而已。例如工厂的被毁，被占；职工的被迫被害；言论的被禁；文字的被讳；书店的抄查；刊物的没收；种种花样多着！多着！今日的出版界真是成了经济和政治两面夹攻的“三明治”（Sandwich）时刻在那里过一种夹墙弄里的生活。有时，他们真觉得有些透不过气来！

话虽如此，求生的力量是无可限量的。往往一粒微小的种子落在石缝里，结果会迸裂石块而长大成树。四年来的上海出版界也是如此。有时候看他们真像要窒息而死，然而为了求生的力量是无可限量的，他们仍在夹层里继续奋斗，要长大成树！请看下面的统计便可知道他们的努力。

**报章杂志在工部局登记的统计**

| 年度 | 登记种数 | | 停刊种数 | |
|---|---|---|---|---|
| | 中文 | 洋文 | 中文 | 洋文 |
| 廿六年度 | 六四 | 二二 | | |
| 廿七年度 | 三一四 | 三四 | 一二一 | |
| 廿八年度 | 三三七 | 四五 | 二四五 | 九 |
| 廿九年度 | 八六六 | 一二七 | 四五八 | 一三 |

附注：

（一）工部局办理登记，是起于廿六年底国军西撤以后，时间甚短，故是年登记数字甚小，而且没有停刊的。虽实际上当时因环境突变，自动停刊或迁移的很多，不过目前尚无法调查。

（二）廿七年度停刊种数因当时没有把中外分类，所以只有一个总数。

## （三）四大出版家的新书统计

| 年度 | 总类 | 哲学 | 宗教 | 社会科学 | 语文 | 自然科学 | 应用技术 | 艺术 | 文学 | 史地 | 总计 |
|---|---|---|---|---|---|---|---|---|---|---|---|
| 廿六年度 | 三一 | 一八 | 六 | 三一 | 二一 | 七 | 一五一 | 二九 | 一二六 | 二三 | 四四三 |
| 廿七年度 | 二五 | 一九 | 五 | 三二 | 三〇 | 一〇 | 三八 | 一八 | 五九 | 一八 | 二五四 |
| 廿八年度 | 二七 | 二一 | 六 | 三六 | 四三 | 一四 | 三二 | 二〇 | 六七 | 二〇 | 二八六 |
| 廿九年度 | 九三 | 一七 | 五 | 二五 | 二七 | 二三 | 五一 | 九 | 一二七 | 三九 | 四一六 |
| 总计 | 一七六 | 七五 | 二二 | 一二四 | 一二一 | 五四 | 二七二 | 七六 | 三七九 | 一〇〇 | 一三九九 |

附注：

（一）以上数字，系根据中华、世界、大东、开明四家的调查。但廿六年度开明全缺；中华亦只自“八一三”起，且系廿七、八年度并计的现在为便于制表起见，只得将中华的前三年度来一个平均支配，如此办法对于每年度的实际情形，当然要有些出入，但对于四年度的总计是不受影响的。

（二）以上数字，全系普通书，教科书并未计算在内。

根据英文中国年刊廿六年版所载，廿五年度六大出版家所出的新书，共计 1677 种，而现在四年总计仅得 1399 种，虽因商务在香港出版，正中在重庆出版，均未能列入，但即使列入，恐怕也不能挽回多少。虽然的，这是普遍的数量减少。

但话仍要说回头来，倘使我们以制造成本来计算，那不但没有减少，而且还可以说大有进步呢。因为现在的成本要比战前大起十倍；换言之，即现在出新书一种，无异等于以前出新书十种。那末，1399 种就变成了 13990 种，以四年平均，每年就等于出了 3497 种之多。何况这还只有四家的统计，所以我们就不能说他们不努力了。

此外，我们还知道这几年来，陆续新开的书店也不少。他们的规模虽然较小，但也都自出新书。除上述四家外，连老带新，一齐统计起来每年所出的种数，恐怕也大有可观呢。可惜这类统计，一时无法制成，只好等到将来再说了。

总之，四年来的上海出版界遭遇了不知多少的困难，那是事实。但他们毫不馁气，仍旧继续不断地努力，也是事实。因此，我们对于这些努力本位，而表面上看像吃力不好，并带有几分呆子气的无名英雄，实在应该寄予最大的同情和钦佩。

（载《上海周报》1941年第4卷第7期）

# 上海书店全盛时代

上海书店之编辑部，向有派系，鲁迅所谓京派、海派，固有分别，而海派之中，又分若干派，十七年间，海上书店，多如春笋，在福州路者，有美的书店（张竞生主持，旋即关门）、乐群书店、光华书店、昆仑书店、现代书店、北新书店（本在交通路，后迁福州路）、大东图书公司、光明书店、南强书店、新生命书店。在虹口一带者，有第一线书店、创造书店、远东图书公司，以上书店现大部皆已关门矣，而书店编辑部阵营之严正，除创造社外，则以神州国光社为最。该社总编辑为王礼锡（已故），实则王不常写作，文句亦不见佳，至胡秋索、孙淖韦、阳国锋、徐翔穆、彭芳草、梅龙彬辈，动即数人之短，著作无虚实，而对于理论之争辩，亦颇激烈，一言不合每致动武。梅龙彬又名梅电龙，其弟电夔，长于戏剧，因电龙之妻姓龙，遂以龙彬为名，熟识者又冠以梅字，乃呼之为梅龙彬。

（载《小春秋》1941年第9期）

# 死寂的出版界

上海本来是个文化的总汇点，文化的重心，但是这文化的重心在目前已不复存在了。

出版界是死寂下去了。

不是神经过敏，而是事实的昭示，纸价的飞涨，文人的改行，这都是在摧残着文化的本身。文章原所以报国，但是报国不成，而想为“稻粱谋”，但是稿费的提高，那里能同物价来作赛跑，因此造成孤岛上什志的寥若晨星。

在过去，文艺出版物差不多风行了全沪，但是目前这种趋势早已毁灭。

在上海出版的刊物，不是文化骗子贩卖着主义，就是文化商人摇着色情的幌子在贻害青年。在目前比较可观的刊物是《西洋文学》、《宇宙风》、《人间世》、《西风》、《上海周报》、《中美周刊》、《学习》、《健康》、《家庭》、《家庭理想》、《大陆月刊》、《正言月刊》以及些不定时的丛刊，但是质和量不若过去的精彩则远甚矣。

但是文化原所谓贵乎创造，茅盾过去一再说过，发掘新形式的创作方法，所谓新创造是什么呢？不拘泥于以往的足迹，但是亦不埋没过去伟人的勋业，我们接受遗产，但是并不是盲目的追从，而是具有批判性的接受。同时我们自己亦不忘记我们自己的力量、自己的创造精神、自己的进修、自我的批评以及不断的学习，建立起自己的阵营，对于文化“托辣斯”我们将要死命的进袭，我们承认“路是自己走出来”的“创造自己，自己创造”壮语，但是文化决不是小喽啰般的跟踪，结果结联成条尾巴而已。

文艺复兴的警钟似乎是该在此时此地敲起来了。

（载《理想家庭》1941 年第 3 期）

# 山东敌后的出版界

山东通讯社

不少文化战士，仍然在赶筑敌后的文化壁垒，这些壁垒，都是利用过去已筑成的根基而加强的。

随着中华民国三十年的春天，山东的文化工作是更加紧了速度，向前进展。

在过去一阶段，如果你能想到深秋的沙漠和草原，便可以想见山东的文化状况是怎样的寂寞和荒芜。

尤其是徐州失陷后，山东是从全国文化领域中隔离出来，一般文化从业者，大多数抓起枪杆，干了“游击之王”，再有少数的，为了无用武之地，也消声匿迹的退隐在其它工作部门里。

因此，山东的人们，都感到精神上的极端饥渴，对于精神食粮是迫切的需要。

当然在这里，帮助文化工作开展的必要工具，是极度缺乏，可是派专人到上海买来五管的收音机，不收中央广播电台的各项报告，而悠然的收听北京评戏的也大有人在，像这样的现象是拖着山东文化前途，向后转走着。

但也不仅是这样，不少的文化战士，仍然拼命的在赶筑敌后的文化壁垒，这文化壁垒，都是利用过去已筑成的根基而加强的。组成的份子，截止到今天，主要的共有：

（一）《正报》——这是这里有数的铅印日报，从二十九年创刊到现在，始终站在文化斗争的最前线，给予敌人、汉奸、反动份子无情的打击，它每天出刊八开张两版，约在九千字左右，内容和编辑，并不因为工作人员每日吃小米和豆子或高粱，而降低了水准，上至社长，下至报差，都过着最低的简单生活，但他们却怀有无畏的热烈情绪来开拓这荒凉的地带。

他们的印刷工具，起初是由胶滚手印（如同印油印那样），现在改用把组好的铅版放在稍加改良的石印机架上来印，最近他们花了将近两万元钱，购到一部精铅印机，这对于他们一年多的坚苦奋斗，是一种莫大的安慰。

（二）《阵中日报》——这是鲁苏战区政治部出版的四开铅印日报，消息社论都相当充实，副刊《前锋》每日登载青年军人写出的战斗生活记录，为这荒凉的文艺园地增加了不少的生气与热力。

（三）《山东公报》——这是山东省政府官办的一种石印日报，日出四开一张，四版约可容一万二千字，消息尚充实，唯官营色彩甚重，言论流于公式化，不适合战区民众之要求，同时它还有一个胶东分版，在海阳境内出版，因为工作人员与印刷——是铅印八开张——不同的关系，编排内容，倒比它的母身来得使人满意。

（四）《山东青年周刊》，它的出现是在二十九年的“九一八”，它以“拥护青年立场”的超然风度，执行青年文化工作者所负的任务，它时常以泼辣热烈的勇敢文字，揭发一切腐败、奢侈、不合要求的社会行为，它的大胆暴露反革命者的罪行，与树立正确的理论和歌颂神圣的事迹，已获得山东青年党的绝对信任，主持这个刊物的，仅是两三个富有文化工作热情的青年，他们不顾一切的在开拓着荒凉，创造着新生。最近，因了山东山区中的印刷事业，渐渐开展，山东青年周刊社已经蓄备适量的重磅书皮纸和瑞典新闻纸，准备在三十年的青年节，创刊《山东青年月刊》，这无疑的将成为山东最大的精神食粮仓库。

除去以上所说的报刊而外，还有很多的油印报纸、刊物，最有名的则有《二纵青年周报》、《抗战半月刊》等，真的，只要你一看到了它，你会觉得：这个玩意，铅印未免在某种条件限制下，反而有些呆板了。

文化工作是需要印刷机的完备，才能顺利的开展，在二十九年，仅仅在胶东有二架破旧的铅印机，发展到现在，除去鲁东文化社新添制了一部，阵中日报社新添了一部，山东青年文化出版社的“大八页”，在安装中，不久即可开工，而石印机、油印器，被文化工作者使用着的多在百部以上。

这一些出版机构的顺利开展，将直接的助长着山东文化界的发展，迅速的前进。

上面所报告到的，是山东文化界的一个概况，而记者所不知的，知而未便言的，还不在少数，就由这一些文化单位，筑成了坚强的精神壁垒，一点空隙也没有的防御着敌伪的进攻，同时也编成了盛炽的火网，突击着敌伪的神经心脏。

但，现有的精神食粮，仍然不能满足这儿人们的需要，大家都在盼望着大后方的文化友军，不断的援助与供给原料！

（载《新闻战线》1941 年第 1 卷第 7 期）

# 出版物伦理化的建议

殷 士

从来人们给予书报的位置是特殊优异的；有人誉它为日常的精神食粮或者是精神寄托；也有人誉它为传播文化、教育最完善的工具。——不错，书报对于人类社会确实是有着重要的与密切的联系，它影响于读者的实际生活心理方面，是比任何一切事物更为广大而且深刻。在能力上言，它可以（即使不能说是永远地，一定可说是长久的）模铸人类的思想行为，可以操持社会上一般的进退。

书报既是有着如上列的情势，那些服务出版事业（著作或印行）的人员，当然就有其重大的特殊的职责。他们应该站在平民的立场上，毫无色彩地向读者宣扬真理，而且要秉着正言匡时的宗旨，把社会一般思想对读者作剀切详明的指导，以促进文化与教育向上的发展，以维持现社会的纪律性。

然而，事实上却可惜得很，许多从事出版事业的人员，他们对于分内应尽的职责，似乎是久已忘怀，不再萦念了。尤其是一般投机的出版商，他们为了营业利润的增加起见，便专以迎合社会一般游堕阶级的病态心理，大量的印行违反伦理的书报，公开地陈列在各书坊销售。更可怜的，这种书报，竟被一些没有多大修养与训练的青年，和一些消闲的大众所欢迎着，做成他们每日不离的手卷。

根据事实的调查，这种书报的内容描写，非出于诲淫的或诱惑的，即出于过分的夸大与虚伪。现在把它较要的几类，粗略地分析来说说：

A. 武侠派的传奇：内容的情理，多属荒谬怪诞的，意志薄弱的人读了，常常会非非入想而与现实的社会隔离，甚且做成违反常态的行动。

B. 言情小说：内容多是以悲观为描写对象的，虽然在文学上也有其相当的价值，可是让读者们在阅读后，所受那灰色的蒙蔽却是不可想象的。

C. 恋爱小说：本来恋爱的小说并非不好的读品，因为崇高的伟大的爱，也是造物主赋予我们人类的。不过坊间所流行的小说，大多假借恋爱的幌子，实行诱惑，致使读者们当从不觉中产生变态的欲望，而发生犯罪的行为。

D. 侦探小说：读者常以其虚构的离奇曲折的谋杀案引为无穷的兴趣，对于刑法方面反而漠视，渐渐地竟把谋杀事件，看做很平凡的，甚且当是娱乐的一种。

对于上述几种有毒性的书报，其直接影响于一般民众及青年的“精神损害”，固不容我们漠视；其间接所遗予社会的坏恶种子，更不能不令我们起而抗议，以揭发其流毒，扫荡其现实的丑状！

我们认为这等出版界的罪恶，比出卖国家还甚。因为书报除了是民众的精神食粮、寄托和传播文化教育的工具外，它更可以代表一社会或一民族的思想。猥亵书报的流行，无形中就反映出整个社会或整个民族的堕落的严重化！我们更认为天下间尽有许多生财致富之道，何必一定利用到出版物为商品，以贻害及社会和国家？

是以我们为着清洁民众的思想，保护民众精神的健康，促进文化教育的发展，和维持社会的纪律性起见，对于那些病菌似的猥亵而违反伦理的书报是应该及早禁绝的。现在我们希望：

（一）负责出版事业的诸君，能认清分内的职责，自动纠正过往的错误，切实对社会负起应尽的伦理责任，不印行或著述或买卖违反伦理的书报。

（二）政府当局应采取严厉的态度，对于一般违反伦理的出版物，执行取缔；对于主持伦理化的出版事业者，予以嘉奖。

（三）公众团体或教会分子，联合组织出版物伦理化的协会机关，出版各项有意味的书报，代表时下违反伦理的书报以供给于民众；或者调查、评审各方面的书报，发动为民众作“采”、“弃”的指定分析，俾民众知道那是值得阅读的，那是有害的。

总之，不要让那些有害无益的书报，仅向一般民众的神经中枢输送，使大众的意志不致被麻醉，社会和民族的道德思想不致被消磨！

上述不过就个人的管见所及，随便谈谈，如果得着同路者共秉斯旨，在伦理的课题下，大家埋首这一章，为民众，为社会，为国家，多量产生良好的出版物，这是笔者无任祷盼的。

（载《醒心周报》1941 年第 1 卷第 9 期）

# 论出版三昧

柳存仁

出版事业，在从前是不大为人重视的，近四十年来始为大众所留心。但是，书籍之汗牛充栋，杂志之雨后春笋，还是一倡之于民国八年之五四运动，再导之于民国十五年之北伐，至民国廿四年间，可称为我国出版界的极盛时代。抗战军兴以来，刊物需要日亟，数量果因之大增，但过去四年之内，或因交通阻塞，运输困难；或因印刷窳陋，纸质奇劣，以及环境、人事等客观的和主观的困难，好的书报杂志，依然不大容易看到，而旧有刊物，能够继续维持的，也就算是难能。处此情况，身居海外，虽见新刊之日增，仍要说几句话：事关技术问题，愿摆摆精神粮食摊的朋友们，共同商量讨论。

看书报杂志，先看封面，次看内容，这是任何读者在书店里翻翻书的时候的不易之理，故一本书的封面，即要注意。近来因为物质条件的关系，硬布面、皮面，以及硬纸面精装的书籍已少，杂志亦仅合订本用硬纸面，甚或仍用平装，故精装的问题不是不能谈到，而是不必提出。至于平装书籍或杂志的封面问题呢，则至少有几点可以说说：

书籍常为蠹虫、蟑螂所蚀损，而封面的轴角书脊处尤甚，这是读者们最讨厌的问题。大约书籍封面，常用浆糊另贴，这里面的改良，多半不过是一点化学方程式的事情。舶来品的原版书籍，很少虫蚀，即鼠患也往往不能咬坏，想来也不过是浆糊胶水好一点，或者浆糊胶水都不用的缘故。我国出版界在创始的时候，这些地方完全模仿欧美，寒斋所存尚有若干当时商务印书馆、广智书局……出版的平装书籍，至今完完整整。今日的新书在坚固耐久方面实不逮当时远甚，虽然，论大量生产方面则过之。这是值得请王岫老、李叔翁、陆高翁、陶亢公和陆丹翁、大华烈士……他们考虑的一个未必很小的问题。

次论封面正身。封面者何？即书名、作者、书店三者的总称，加上装饰画而已。因为装饰画是用来装饰的，故可有可无，而有时则必美观是尚。最美观的封面，它的本身已经成为一个专门的艺术品，这里可以无需深论。至于普通的封面画，有一点要顾到的，即至少情调要和它的内容相配合。“欧风美雨”，必配以伦敦纽约瑞士的景色；“先秦学术”，万勿采用北魏石刻的雕饰；“九一八纪念专号”，不必画一座城墙前头站着个引车卖浆者流；“抗战版画集”，何妨来个天下第一雄关的木刻杰作，以类取，以类求，则作者欣然快意，读者亦心旷神怡。至于色彩的浓淡相宜，装帧的配衬适当，明眼人多能言之，尤其余事。杂志封面，则更须注明卷期年月，甚至定价多少，总期醒目提神，内容又足以副之，销路何愁逾万。

许多杂志期刊或选集，封面印出要目，特别是有所谓名家文章的时候。此事有利有弊。其利者何？名家文字确能卖钱，表而出之，当然引人入胜。然此必须名实相符，否则，虽是名“名”，实非名“作”，三言两句的一篇短文，特别的夸大宣传，总觉看了毛凛凛的，有点神经异常。但如文章确好，价值垂久，而初刊之时，题目和作者都埋藏在封里的老五号字之间，即使精明的读者不会忽略，也是书店老板的一种意内的损失。

次之论印刷，便要清清楚楚，不宜油墨污指，气味熏人，此是专论港沪等地的印刷；至于内地，则纸质粗劣则有之，而油墨污熏，似乎尚不多见。倒是此间印刷出版的书籍，常有油墨过重，字迹模糊，望之生畏的。最近我买到一册新书，内容甚佳，可惜封面的黑色油墨过重，在书店时已见几本胶在一起，撕开来相当麻烦，购回家来拜读一过，图案画立成黑漆一团，并且黏手甚腻，即此一端，可明吾为此惧。因为书报之妙，在其所发表的文字，文字之用，在其所寄托的字体，字体一模糊，则大太不分，鲁鱼亥豕，读者因之而发生误解，又岂能免？

再次论装钉，则贵用线钉，勿用铁丝，特别是书籍的装钉，铁丝久了必然生锈。又装钉宜紧，以免脱落，宜正，以免翻阅不便，两旁翘起。凡此都是线装较佳。不过，薄薄的一本半月刊、周刊，更须大量发行，时间又要准，脱期又要罚，则用铁丝机器装钉，物美价廉，吾无间言。

右论三点，封面、印刷及装钉，虽和书报的内容无关，但也并非是不值得注重的“末事”。更有一点，颇似是末事而实际上也不是的，就是定价问题。因为书籍杂志的内容外质，即使十美十足，倘若定价太高，那么读者们心有余而力不足，望望然去之者，当然大有其人，际此书价加五成加十成……以至加三十三成的呼声嚣然尘上之际，我愿提出薄利多售主义，总求书店老板，出版巨擘，举手赞成。夫出版本是一种高尚的文化事业，即使商业营利也是代表一种高尚的文化，但倘若书价太昂，弄得大家束书不观，自亦非生产分配之本旨。居今日而弄弄出版事业的，能把一本书报价格定得老老实实，抢购一空，一月而再版，四月而七版者，方是最懂得出版三昧的人。

（载《大风》1941 年第 99 期）

# 出版界旧事

张静庐

## 失败是成功之母

假使说“失败就是成功之母”这句话是真实的，那么王云五先生主持下的商务印书馆有其今日的成就（这是指其业务上的成绩，并非说它对于抗战有什么大不了的贡献）似乎不能不归于公民书局的失败了。公民书局是王云五先生一手创办的，在民国十二年，店址是河南路泗泾路口。它出了一套《公民丛书》，主编是他，撰稿也是他自己。每种都是薄薄一小册子，用四号字排印，差不多都是三四万言，大概那时候的读者还不大欢迎社会科学书吧，所以《公民丛书》的销行并不广泛，结果是宣告停业；就连这丛书的样书，也不容易见到了。

## 从出版商到影片商

说起电影，大家会联想到一位长袖善舞的片商周剑云先生。他所主持之明星影片公司是由交易所蜕变而成的，在国产电影事业的初期，明星是有其相当的成就的。但是周剑云先生还没有走进电影圈之前，却也干过出版事业，叫做新民图书馆，是和郑鹧鸪先生合办的，地址在交通路。五四运动后，他也是“鸳鸯蝴蝶派”中最早接受新思想的一个，民国九年曾主编过《解放画报》。后来这书店出盘给朱乃吾先生，改名为新民图书馆兄弟公司。

## 大鱼吃小鱼

在学校教科书的初期，商务印书馆对于这一行买卖，似乎还不及彪蒙书局和中国图书公司来得旺盛。大约已经是二十年以前的事吧，当我刚到上海时候，还记得彪蒙书局开设在四马路中央捕房的对过，而中国图书公司却坐落在商务印书馆的前面。后来不知怎样彪蒙散了伙；而中国图书公司的股票却大半落在商务的手掌里，结果变为商务的附属品了。不仅教科书的发行权被取消了，就连这座店基也给它迁移到四马路青莲阁的对街，让它光卖些花红柳绿的小说书，又过了不久就将这一块牌号也消灭得一干二净了。

（载《抗战文艺》1941 年第 7 卷第 2、3 期）

# 闲话出版界

越　樵

书长无事，邀请出版界朋友数位，在斗室中，泡一壶清茶，买一盒纸烟，闲谈中国出版界趣事。所谈各节，不涉各人业务。所以毫无生意计较，也无用钩心斗角。一席闲话，把白纸变书的秘事，揭发许多。书贾书商，公子玩票，政客纸弹，巧骗豪夺，破产发财，色色俱全；撫拾外洋渣滓，攒寻古书陈报，宣传重于实货，大鱼吞吃小鱼，标榜文化事业，实行掠夺勾当，样样都有；埋头苦干，书生自印著作，覆瓿盖缸，志士凑款出版，中外同感，确也不在少数。事非荒唐，言有证据，虽无触目惊心，民族存亡之大事，亦知小天地中大有戏法存在。约略记述，聊供读者姑妄听之之资料。惟有一事，请读者原谅，即所记各节，恕不披露真名实号，否则越樵有变为囚犯之虑。至于同人见闻是否周到无遗，更不敢自信，倘有珍奇琐屑，还请高明赐教！

“只要大爷荷包里有钱，拉几个穷极无聊的文人，写些不三不四的文稿，甚至叫他们抄一堆别人的文章，印行出版，再请更无聊的文人拉唱一会，更花上广告费若干，于是大爹便成为出版界红人。”这类“出风头”主义的作风，在十几年前的中国，盛行一时，四马路已经易主易帜的某中型书局就是一例。现在呢，从“出风头”而转为“养打手”，而培植政治资本。例如大老某某，既系皇亲国戚，又属当朝一品，国难财发足三五十万，清客篾片满堂满阶，于是斥其公子，倒出冷饭半桶，便是国币百万（约合港币二十万），在渝港沪三处设立书局，标名适合潮流，于是预支稿费，横开交际费（每月港币二千元），饿肚子的文人，不得不廉价售稿，但收据则有大小不同的两页，大亨文人，挂校阅之名，支付干薪十倍于稿费。这是大老投资，是培养实力，一旦在政治上有什么风吹草动，贪污将被揭发，可以嚓出清客篾片，说情讲斤头，于是遮盖了事。

清客篾片的见解，毕竟还是井蛙秋虫，这里便有一个有力的怪物了，这个怪物是逝世不久的中国出版界“二大王”，他本来是一个小学教师，当三十年前中华民国初成立之时，便摇身一变而做中国出版界的“二大王”，办一个坐第二把交椅的书局，十五年后，因为长期保守而落伍了，这时候突然被他发见一位教育界“奇士”，两人一谈便合拍，“奇士”献策救书局，主张奔走“权贵人物”之门，也就是五路财神之路，于是先走“人物”太太的阴路，送礼物，献美计，居然获得“人物”的接见，“人物”问那个书局有什么特长，“奇士”对以有设备完好的印刷所，这时候正当闸北遭灾，宝山路上毁灭无余，“人物”正要找一所印刷所印通用票子，于是答应“奇士”投资书局，但有一个条件，印刷票子。“二大王”见“奇士”献策有效，立即动手，派“奇士”与印刷部长去东洋考察印票子的工程，订购机器，三月成功，大建新厂，十年来，“奇士”挂一个编辑部长之名，不出一本新书，专替“人物”印票子，算是唯一的业务，十年来“二大王”倒也赚了千万以上的甜头，可惜因为工人接二连三闹工潮，活活的把“二大王”气死，“奇士”也因冰山倒掉，大有改行的准备，不知他是否会回到南京唱经楼再去闭户编什么百科丛书？

“奇士”与“人物”的妙计虽妙，毕竟改变了出版事业为印刷工作，这里又有一桩妙事比“奇士”更“奇”，比“人物”更“神”的勾当。前两年书业又因种种限制而更不景气，书业第一把交椅“大王”也摇摇欲堕了，“大王”是要撑持家业的，这是尽人都知晓的。正当这时候来了一个官办文化失败的机会，于是来一手官商合办的合作，方式照抄中国银行的改组。方策决定，先来肃清，第一步肃清内部思想不稳份子，用“调口岸”的巧计裁人，于是一大批又一大批的裁去了不稳份子，接着是进一步投资与统制。半年来听说双方内部都有矛盾，还未正式合作，这样就急坏了“大王”，深怕驼子跌筋斗，两头不着地。

官事不好办，与官场合作，好比抱狐狸睡觉。聪明人自己动手了。那末材料从何来呢？经费从何来呢？就有两条路。一条路是找些外国最下流的杂志趣闻，翻译到中国来，说什么东南西北风，天地人王的世界、房间，倒博得一般有闲人的口味，于是生意兴隆，发些小财。另一条路去发洋财，把中国小脚辫子书、齐花园假山之流的作品，写成外国文，迎合外国人好听东方奇事的口味，于是什么北京人、南京神的一类书在西洋大出风头，版税一抽是几十万外国钞，于是文化大亨飞机往来国内外，名流大名称得震天响。但是对流落外国的穷文人同胞，一毛不拔！

说起纸张，倒又有一个故事了。这是发过东洋纸大财的书局老板，可惜这位老板又不在人间了。说起来有写打死人式，暂且搁起。

最有趣的是发动读者邮购，吸收读者现金，作为自己周转金。此举如做得好，确是一件出版界有意义的办法。欧美书局大都有图书目录的调查期刊，也就吸收了千百万的现金。中国也有人做过，可惜得很，中途遭故，事遂中止。

书生经营出版事业，几乎没有一个成功的。书生为着气不过老板的剥削，自己经营出版，但是资金不充足，办货不内行，同行不熟悉，没有生意经的噱头，所以到结果虽然货真价廉，反而弄得货呆资本干。在此道中失败的作者，倒也中外一辙，每年终有几个乃至几十个。

书业暂搁，且说报章杂志。与其说报章杂志是宣扬文化，毋宁说是宣传政策、歌颂功德。试看全世界那个报章杂志不是有后台？几曾见得一个立场正确，说老实话的报章杂志能够维持得很久？

报章杂志在欧美是极明显的政党宣传工具，丝毫不放松。尽管一面让人民可以自由谈话写文章，但是大资本、大机器，便到处压倒一切，人民的自由说话，也就由可奈何它，可是在各种情形比较复杂的国家里，便只好变样了。第一，就是政党们必须假作正经，不便自己出面，什么大报纸只好暗中着手，实际上控制了大报纸的实权而在外面还要宣称“某报主持有人，某人是实业家与文化界毫无关系”。在主编者也不便直率地为政党护短，也只好大处帮忙，回护政党，小处批评政党，似乎该报是一个人民的喉舌。实际呢，这个到是唯一无二的政党的机关报，是政党最出力的机关报。这是最最聪明的办报人，也是死后可以获得最大哀荣的报人。

其次，是不满政党的作为，打算与政党抬杠子。一抬两抬，不得解决，于是政党光火，来一手袭击。袭击分软硬两种，软方法是用帮助的方法取消你的报纸出版，或是收买，或是假借名义停刊，这就要看政党的当时是否对该报有什么需要而决定。硬的方法，就是先布置报馆内部几个重要份子，接着来一粒子弹，送主持人归天，于是再来接收，再来整理，再来继续开办，如是，这个报纸也就挂商人的牌子而成为政党的宣传品。

另一种聪明办法是政党花上少数津贴费，叫报纸做呐喊工作。不过这类报纸大概是二三流报纸，力量既小，身价也低。

对付不同主张的政党报纸的手段，那便是老实不客气的扼杀。扼杀的方法很多。控制通讯社，不发通讯稿，检查稿子，故意迟延或任意涂改文稿，限制寄处，不许登出版广告，发表出版消息，不许商店去登广告。到最紧要关头，便实行绑杀编辑与一切工作人员，在街上撕毁报纸，殴打报贩，更发出诬蔑的印刷品，说某报某刊物是什么什么，是警告购买该报的读者，甚至逮捕读者，认为什么什么。目的就是必要把不同政见的报章杂志，一概消灭，于是一个政党可以称雄。这种种卑劣的手段，倒也世界通行，在南欧洲与欧洲中部都有发现，亚洲近来也有发现，并且大有青出于蓝的气象。

不谈政治，便说风花雪月，捧戏子、妓女、舞女，说表兄妹的恋爱，讲吃醋的故事。这也是报章杂志的一格，倒也可以生意兴隆，虽然得不着名利双全，倒也敲得着大批竹杠。一桩女人的秘密、一个大亨的小房子、一个阔市侩的鬼买卖之类的新闻，只要给这批报人获得，先送一个信去，这个信或托熟人带去，或去一个电话，便是百求百中。万一不中抬举，先来一次小尝试，那就有斤头可讲，至少广告是可以源源送来。听说某大商业报的广告就是这样拉得的，所以甚至一个工厂失火烧死人的新闻，也只要急登长期广告，可以不发表。聪明自有聪明手，小报大报如出一辙。

更有一个方法是发洋财的，那便是近乎买办勾当了。譬如一票外国或本国大商品要做出牌子，就与报纸订一个广告合同，要报纸尽宣传之责。报馆老板便来一个讲斤头，就是吃干股子若干，做到某种程度，再有若干干股子。因此法而发财的报人，中外也不少。不过这种机会是可遇不可求，极不容易多得。

这里就要谈到广告公司了。这个玩意儿，更是花样百出，可惜出版界中人对于此道尽是外行，知焉不详。只有一句话，就是广告公司与报纸是孪生兄弟。此中戏法，改日再说。

杂志与报纸相差无几。受压迫是同样的，玩花样也是同样的。一个有力的杂志，施展起来不亚于一个报纸。在欧美一本杂志销数在几百万份颇有几十家，在中国一个杂志销上十几万份与最大的报纸也相差无几，这类杂志在过去几年数见不止一见。

最最苦恼的是有头脑的文人办杂志了。办杂志要有五个条件，一要有好文章，二要有资本，三要会经营，四要会宣传，五要销路好。这五个条件中，文人自办杂志只有一个条件可以办到，就是有好文章，其余四个条件，便是一窍不通，缺少资本，不善经营，不会吹拍，又要受贩卖人的欺骗，甚至还要受到莫名其妙的政治压迫。所以文人自办的杂志，几乎没有一个杂志不是弄到焦头烂额，蚀本关门大吉。这种情形，又与文人自办书店，自印著作，同蹈覆辙。

出版界朋友倒不是百分之百的市侩，也有头脑清晰的朋友。所以大家喝茶抽烟，谈到气愤处，也都有些忿忿之慨。不过大家也都想到，愤怒是没有用处的，还是努力做去。“出版界的成功是偶然的，失败是意中事。文化事业本来不能超然独立，既不能自建桃花源，也不能自掘坟墓，这是整个社会中的一个水泡泡。”这是闲话出版界的结论。于是主人端起茶杯，作官场送客之大礼，并口占短诗，歌颂出版事业，诗曰：

责任重似两重山，一片黑白显正反。世间末枝莫过此，花样百出骗饭碗。花样百出骗饭碗，兴亡得失颇有关。谁若看轻这末枝，好比平空去投环！

闲话终了，宣告散会！

（载《大陆》1941 年第 2 卷第 5、6 期）

# 书肆源流考略

古时书无刊本，劬学之士，恒向人借钞，故得书甚难。至书肆之设，实肇始于汉，至宋而盛。或谓昉于五季，盖未考焉。

扬子《法言·吾子》：“好书而不要诸仲尼，书肆也；好说而不要诸仲尼，说铃也。”此为“书肆”二字见于载籍之始。

《后汉书·王充传》：“常游洛阳市肆，阅所卖书，一见辄能诵忆。”又《刘梁传》：“梁宗室子孙，而少孤贫，卖书于市以自资。”此皆汉时有书肆之证。

梁元帝撰《金楼子》："遣州民宗孟坚，下都市的书。"所谓都市，即书肆也。又梁任昉《答刘居士书》："才同文锦，学非书肆。"此皆六朝时有书肆之证也。

唐柳玭家训序言："在蜀时常阅书肆鬻字书，小学，率雕本。"又吕温《衡州集》中《上官昭容书楼歌》："君不见洛阳南市卖书肆，有人买得研神记。"又张籍唐诗："得钱即了还书铺。"凡此皆唐代有书肆之明证。

宋朱翌《猗觉寮杂记》载："唐末益州，始有墨板，后唐方镂九经。"按自唐以来，蜀中实为我国文化之中心地，观后唐冯道李愚奏称："吴蜀之人，鬻印板文字，色类绝多。"语可知。又南唐书《鲁崇范传》有"吾非书肆，何估值以偿耶"之语。此皆五代时蜀中及吴多书肆之证。盖南唐受吴禅，奄有吴地也。

宋代坊刻，有书林、书堂、书铺等名种。前有建安余氏，后有临安陈氏，最为著名。其他坊贾之较著者，为建宁之黄三八郎书铺、临安之尹家书籍铺、闽山阮仲猷之德堂、四蜀之崔氏书肆、咸阳之书隐斋、建阳之麻沙书坊、汾阳之博济堂等。至建安余氏之勤有堂，肇始于唐，至明未替，实为书林之最古者。而临安陈氏之书棚本，初则为陈道人书籍铺刊行者，继为陈解元书籍铺刊行者，亦相传数世，为藏书家所珍异。此为宋代书肆之大概情形。

元时坊划，见诸传本者，约有四十家，而尤以建安虞氏之务本书堂、郑氏之宗文书堂、杨氏之清江书堂，均自元迄明，数世不替，成鼎足屹峙之势，诚书林之硕果也。金源分割中原，平水地当要冲，为书贾所萃。其时吴越闽亦多书肆，较著者，有杭州刘世荣之勤德堂、董气翠严精舍、刘氏日新堂等。明代坊划之书，见宋元为尤多，而以燕京、江浙为盛，胡应麟云："今海内书凡聚之地有四：燕京也，金陵也，阊阖也，临安也。闽、楚、滇、黔，则余间得其梓；秦、晋、川、洛，则余时友其人。"此可见书肆之分布，遍于中国矣。

清初坊刻，宋南为盛。王渔洋云："近时金陵、苏杭书坊，刻板盛行；建本不复过岭蜀……京师（北平）亦鲜佳手。"叶德辉亦云："按文简（渔洋）时，金陵、苏杭刻书之风，已远过闽蜀。”乾嘉之际，藏书家如卢文绍、鲍廷博、孙星衍、黄丕烈、顾广圻、阮元等，校刻之书，亦多出金陵书贾，刘文奎、文楷兄弟之手。而寄寓吴中之书估钱听默，设一肆于市曰萃古斋，素精鉴赏，故所罗致，多系珍本，为书林之佼佼者。至是时坊刻之佳者，当推苏州席氏之扫叶山房为最。洪杨之乱，市肆荡然，迨乎中兴，官书局逐代替书肆，勃然兴起。曾文正首于金陵设金陵书局，于扬州设淮南书局，同时杭州、江苏、武昌、广南等地继之，经史赖以不坠，官书局之功也。至私家书肆最多之处，厥惟北京之琉璃厂、苏州之护龙街，为最著云。同光之际，海通渐开，于是欧西人乃挟其铅印石印等术，有在华设立书肆者，即中国旧籍，亦得赖以广播，文化之推进，其功诚不可没也，据王韬《瀛濡杂志》云：“西人设有印书局数处，墨海其最著者。……墨海后废，而美土江君，别设美华书局于南门外，造字制板，悉以化学，实为近今之新法。”又黄协埙《淞南梦影录》云：“英人所设之点石斋书肆，独擅其利者四五年（时在光绪初年）；近则宁人之拜石山房、粤人之同文书馆，与之鼎足而立。”此为今日沪上各书局之权舆。

事变以前，上海实为全国文化之中心，书肆林立，最著者，为商务、中华、世界、开明等。事变后，此各书肆，大都因受纸张印刷飞涨之影响，或缩小范围，或维持原状。至新兴书肆，则为三通书局，其规模亦不小云。至于苏地，观前街亦为书肆荟萃之地，有小说林文怡书局、商务分馆、东吴书局等，专营中小学校教科书及仪器文具等营业，亦甚发达。经兹事变，小说林乃停闭，商务则改为立达书局，惟文怡独存，东吴在重行建筑中，较之往时，营业有一落千丈之势。而专以经营旧书为业者，如护龙街之文学山房及来青阁等，又有西中市之扫叶山房，及专售佛经之玛瑙经房等。据书业中人称，生涯之佳，反较前为胜云。

（载《政治月刊》1941 年第 2 卷第 2 期）

# 精神食粮荒

李　质

纸价是一直往上涨，薄薄的一本书，动辄卖到一元钱以上，即是旧书吧，也得要照定价加上几成。这年头，大家买大米都吃不饱肚，谁还能抽出闲钱来买书呢？书，成为有钱的人底消遣品和装饰物，还能说得上是大众的精神食粮吗？

这自然是一件值得重视的一件事。虽然，街头有报纸张贴着，有图书馆开放着，但是报纸上的智识是不够的，图书馆的开放仅在日间，而不能出借的，试问日里有职业的人，到哪里找他的精神食粮去！街头的租书摊，仅有的几家出租小说的旧书铺，他们出租的，不是神怪的图画小说，便是下流的作品。这些是大众的精神食粮吗？

精神食粮荒，他的不良的后果，自然比米荒的后果严重，所谓有志之士者，却有捐款修理游谳地，装新庙里的佛像，没有一个人发起组织一个大规模的图书馆，替民众解决一点"荒"的苦痛。这是怎么说！

不单是南京，一切的地方都是如此。劫后的民众，家舍成灰，米麦难求，固然是一个难关，而精神食粮这样缺乏，恐怕比什么问题都严重吧！

（载《新东方杂志》1941年第1卷第4期）

# 精神食粮的供应问题

蒋　焕

在内地，因为交通工具不大便利的原故，无论是物质的或精神的一切供应，平时就感觉不够充分。自抗战军兴以后，由于战争状态的继续存在，此两方面的供应，多少均受到限制；再加上大量战区同胞的西迁，西南、西北各地如广西、云南、贵州、四川、陕西、甘肃等省均有供求不能平衡之感，尤其是沿海一带的人民，感觉最为敏锐。

关于物质方面的供应，因为内地各省资源丰富，尤其是四川，号称天府之区，农作物如米的生产，除去年收成稍逊外，三年来风调雨顺，均得丰收，矿产的蕴藏量也极大，各种金属大体都有，虽然由于加工制作的技术稍差，质的方面尚未能臻于完善，但是总还不至于有问题。如果奸商不囤积，不居奇，物质上的供应，是比较容易解决的。譬如拿吃的米来说吧！有时觉得平价购来的不免稗子和稻壳太多，艰涩得难以下咽，临餐时似乎兴趣减少，但它还可以维持。至于精神食粮方面的供应，就不像这样简单，也不如这般的容易了。

精神食粮的供应，始终是一个不大被人注意的问题，其实，这是绝顶的错误，人类所以被尊称为万物之灵，其灵的最高表现，就是在他除享受物质生活，及参与社会生活外，还有他一种特殊的至高的精神生活，主宰着人类文化的发扬与进步，在整个人类史的发展阶段上，有他的决定作用，人类如果仅仅注意到物质上的享受，那还只过了人生的一小半，因为肉体的生活，不但是人类，就是其他一切动物，范围广一点说，即其他一切有生命的东西，不论他享受的方式如何，都具有同一的意义。就这一点说，人类虽然也有他独特的技能，如能有极美好的烹饪方法，现代化的建筑，空中、水底的交通设备等，其中除一小部分为其他动物的本能外，大部分是他们所不能领悟的。可是这还不够说明人类的“灵”之所在。人类之所以“灵”，其核心就是在于过一种无形的精神生活，它是一切生活的源泉。譬如一天不吃肉，是常事，衣服穿差一点，也没有什么。但如果一个看惯报纸的人，一天没有看到报纸，便觉得这亦不好，那亦难受，这一天的生活，便像闷在葫芦里不透气似的，许许多多不良的反应，时时在这一天的生活中流露出来了。有人或许以为这是一部分人的事，大部分的人民决不会有这种感觉，这在我国文盲较多，人民知识水准比较低下的情况下，固也是事实，不过这不是正常的现象，在教育普及的欧西各国，以及我国教育比较发达的各省市，就得到事实上的证明了。

精神生活既是人类生活重要的一面，我们要和物质生活同样的满足它，就在于精神食粮的能充分供应。在重庆，照理说，一个战时首都的所在，各种各样的文化人都散布在这山城的中心和四郊，他们或她们都是精神食粮的产婆，此种食粮的生产、制作和运销，想来都可得到比较满意的成效，似乎是不应该再有食粮恐慌的问题发生的。事实上精神食粮的供应，是极为贫乏。诚如最高宣传当局在今年重庆市第一次文化界月会中所说的，“数量既不足，质量亦欠佳”。我们在跑进供应此种食粮的铺子里面，挑选了半天，似乎很少有新生的出品，国外出版的以及我国战前发行的书籍，现在因为交通的困难，不便运来，就是有成本，也是贵得不敢问津，三年半的战争过程中，不用说，也会有几本新著问世，但为数极为有限，谈高深理论的专门研究著作，固然鲜有产生，就是目前最感需要的一般国民读物，似乎也只零零碎碎的出了几种。重庆以外的比较大一点的各省县市的书铺里，或书摊上，也只七零八乱的摆放几册二三年前尘埃满面的册子，至于穷乡僻壤，除有几本《七侠五义》外，大时代的丛书是见所未见的。就是在重庆，也很可怜，要想找一些有意义的读物，真是凤毛麟角。这种由于精神食粮乏贫所感受的痛苦，每一个知识份子，都共同感觉到此过程度实在吃磺米之上的。

书籍之外，杂志的出版，在精神食粮的供应上占有重要的地位，这好比是此种食粮中最重要的应时“杂粮”，但是这种“杂粮”能够按期种植按期收获，而能按期见面的实在不多。在种类上说，数量原属不少，可是现在因为印刷和经费的困难，停刊的停刊，脱期的脱期，“编者的话”里总少不了“本刊因故未能按期出版，谨向读者诸君致歉”一类的语句，就是能维持下去的，也多半采用两期合刊的办法。至于质量的方面，优秀的固然也有，但一般说来，似乎欠佳，一篇内容雷同而标题相异的文字，常在不同的杂志里出现，普通的所谓专论，也只东扯西拉不着边际的说了一些，连“言之有物”的作品也是不可多得的，此种种不能引人入胜及体念环境需要的文章，实在是精神食粮的一种大“歉收”。我们知道精神食粮的供应，原在相互提供自己对人对事对物的“研究心得”、“观察结果”等等，彼此参考，或带有一种启迪作用的，如果只空喊了一阵，所收的成效便少了。

图书馆的设立，本来是每个城镇的必要设备，因为它是精神食粮的仓库。在这里，供给人们不少种类不同的资料和读物，精神食粮的取给，多半是这仓库供应的，所以这是必不可少的设备。可是重庆各图书馆，不是迁乡，便是关闭，这无异是精神食粮的“囤积”。现在虽则战时为避免空袭损害，一部分珍贵的书籍，虽是应该妥当疏散，但是一般普通的书本，似乎不应该把它束置高阁吧！因为前面已经说过，人们绝了粮，无论是精神的或物质的，一样会使他们枯萎和凋谢的。前天报载中央图书馆重庆分馆，有不久开放的消息，我们虽觉得已是迟了一些，但这无异是在精神上的一次“大献粮”，我们希望各团体各机关的图书多多充实并尽可能的开放，也就是使“囤积”精神食粮者，尽量把货“抛出”的意思，救救一般发生精神食粮的恐慌者吧。

为着使大众普遍获得新鲜的精神食粮，我们也希望一切关于提供精神食粮的产妇们，克服当前的一切困难，努力加紧生产。在量的方面，能够不断的增加，更希望他们和她们在加工制炼的时候，切实注意实质的改进，至少要做到“言之有物”的一点，使这个贫乏的精神食粮的“大荒年”，□□的挽救过来。要完成这伟大的任务，于是第二个推广的问题便产生了。在这方面，我们尤其不能忘记的是前线的士兵，和前后方生活在精神沙漠里的同胞们，他们差不多过着饥饿线上的精神生活，最最需要这种精神食粮的接济。我们希望负有这个伟大使命的文化驿站，多多负起推广的责任来！在各地建立分站，把大批的精神食粮运到前后方每一个角落里去！

三年来的抗战，诚然使大家的精力集中于对外民族斗争上，但我们要问：战争真的使人们不能产生大量的优秀作品吗？不是的。战争真的仅仅需要军粮问题的解决吗？也不是的。精神上的食粮，在现阶段，不论是前方后方都是□待供应的。

一九四一・一・一

（载《国讯》1941 年第 270 期）

# 由读书想到精神食粮缺乏

徐获权

## （一）读书是每一个国民的基本权利

《读书通讯》第 21 期胡秋原先生写了一篇《论读书》的文章，内中说到："读书是每一个国民的基本基格，基本权利和义务。读书不是特殊职业，只是一切职业的准备工作。士或文化人之成为特殊阶级，完全是文化落后的标志，教育不普及的结果。在文化落后的部落，只有巫者和僧侣识字。中国文化落后，于是士大夫成为特殊人物。这种士大夫惟一出路是做官，如《官场现形记》的作者所说，无农工商之苦，却坐享农工商之乐。读书人既无生产能力，往往成为贪污的候补者。在现代国家，人人必须读书，只有士农、士工、士商，或农士、工士、商士，绝无四民之首的士。"

胡先生这种说法，意在纠正过去两种错误的观念：一种将读书看做个人富贵尊荣乃至升官发财的手段，所谓"学而优则仕"、"万般皆下品，惟有读书高"；一种将读书作为消遣，作为一种骚人雅士的精神游戏，所谓"好读书不求甚解"。

读书成为特殊阶级之权利，或者成为特殊阶级之享乐以后，学问一变成为少数人的专利品，结果亦必使得学问内容陈腐空虚，于是在平时有"士为四民之首"的艳羡。一到世乱国危的时候，便有"百无一用是书生的"之叹息了。

其实学问无不起于实际的需要，学问原来发生于生产过程之中，并为增进人类福利之工具。现代文明之发达，谁都知道是科学的功劳，读书无用只是学问堕落及误入歧途之结果。许多人将学问、事业看作两途，其实这不过由于所谓学问只是新旧八股之类，学问不成学问，而事业也不成事业了。如读书人只是空谈的、苍白的神经衰弱者，不过是社会和学问的病态现象。所谓"无事袖手谈心性，临危一死报君恩"，不是读书无用，而只是读无用之书而已。然而真正学者，上自周孔，下至顾黄王颜诸人，无不文武兼备，学能济世。真正读书的人，一定能真正做事。正是为了读书之后，事才做得更好，读书才有必要。

读书有更实际、更崇高的目的，就是为了要明理，即明白自然社会之理。使我们成为一有用之人，使我们得以有所贡献于人类社会幸福之增加，人类文明之进步，这才是读书的目的。而以目前而论，国家地位如此之危险，同胞生活如此之痛苦，我们读书就是求救国济世之知识与能力，以求造福国家和社会。否则人生百年，何必费心力于书籍呢？

中国过去将学问分为经世之学、义理之学、考据之学、词章之学，其所指的大概是政治学、经济学、哲学、史学、文学。其实哲学、史学如无经世之价值，应无存在之必要。一切学问无不是适应社会及人生之需要，改进社会和人生的。颜李学派说："吾儒之学以经世为宗"，这是不错的。一切学问，以经世为目的，皆以国家富强民生安乐为目的。我们抱着这个目的读书，才不致误入歧途，浪费精力。

## （二）反读书运动的两种错误倾向

当"九一八"事变之初，一般学生相率提倡离开教室，奔赴战场。这一口号提出的理由是：读书固重要，救国更重要，如果要等到书读好了，再来救国，国早已亡了；亡了，还有什么书给我们读，如果国救了，不怕没有书可读；那时读书才是真读书，那才是读书的本义。

彭双龄先生认为这种似是而实非之论，好在只疯狂了短短一些时间。不久还是自己打转来读书的好，从此认定长期抗战，决定于文化，书读好了，可以供前线或后方各种需用，是非常直接的，并非间接的或不救国的。距此后不久，政府在"临全大会"上决定了抗战建国纲领，说明文化与教育在抗战中的重要性，并晓谕学生安心读书，做抗建准备。至今想来，假如当时没有这种伟大国策的正式决定与发表，如同抗战后最初几个月内的情形一样，这抗战是多么的空虚而危险！（氏著：《文化建设的基本建设在那里》，载《行健》第三卷四期。）

因此，胡秋原先生也说："所谓读书救国之事，毫无意义。读书无忘救国，救国无忘读书，也是无味之谈。读书是救国之手段，救国是读书之目的。这是一件事之本末始终，不可分开的。学生时代是救国事业的训练时代，谈不上真正救国。即使进行救国运动，亦不过是实习性质。到了真正做事时代，虽然结束了学生生活，也必须随时读书，增加工作之能力。”（引见前）

再末，云彬先生在《文化通讯》第十四期上指出，从“七七”抗战过后，因生活的急剧变化，青年们感觉到书本上的知识不能应付现实生活环境。于是“向生活学习”的口号提出来了，以为只要过的是紧张的斗争的生活，自会获得丰富的知识。懂得正确的理论，因此他们认为生活第一，书本子不妨暂时抛开。初不知社会关系，是最复杂最隐秘的，仅仅靠丰富的生活经验，未必能洞察社会的复杂与隐秘。更未必能够看清社会的发展方向，倘使没有基本的理论认识，结果还不免模糊影响，无所适从的。而要有基本的理论认识，则非乞灵于书本子不可。读死书固然不是办法，但不读书更不是办法。譬如我们要明白中国现在的社会是什么性质的社会，就应该从中国史及世界史中去研究探讨。但如果不懂得历史的发展则性，只埋头去读二十四史。无论你把历史读得怎样熟，都无济于事。反之，如果你只懂得一些理论，而不去读中国史及世界史，那你对现在的中国社会就不能有清楚的认识。历史如是，其他各部门无不如是。总括一句话，就是茅盾先生所说的“学习和生活应当并重，两者应当互相补充”，所以要谈学习，根本就不应该抛弃书本。

## （三）精神食粮缺乏之原因及其补救办法

要读书，而苦于没书读，得不到书读或不能买书读，自然就感到精神食粮的恐慌与缺乏精神食粮。缺乏之原因，《贵州日报》七月二十九日的时评指出有两方面。从量言：一、印刷材料来源不易，技术工人难于招雇，往昔数日可以印成之书刊，今则非数星期不可，以致印刷工业无法开展，以适应社会需要；二、书价昂贵，一般均无力购买，有书无法推广，亦等于无；三、交通困难，运输不易，当地出版之书籍，往往不能推及他地。从质方面说：一、物价上涨，写作者因酬劳有限，生活不安，无心写作，此亦同时影响于量之增加；二、书业力求成本低减，对于选材标准无形降落；三、不良份子有意破坏，乘机推销不正确之书报；四、邮寄不便，报章杂志到达外埠有时间性之文字，均成明日黄花，不能与社会民众以适时之提示。而目前问题最严重者莫过于，各级学校之教科书与参考书，不独不能供给学生需要，更因不能供给需要而价格亦更昂贵，往往超学生之负担能力。

此种现象，该报认为实在是文化进展之莫大障碍，亦为当前急待补救之问题。补救的办法，该报提供以下六项意见：

第一，建立中央编印机构。编印事业需要有健全的人才、充裕的经费、完备的设备，更与适合国家之需要而设施，以阐扬三民主义，推行国策。在此种条件与需要下，只有运用国家的力量，建立中央编印机构，聘请各种专家编印各种问题丛书，内容简明扼要，笔法生动，定价低廉，然后才能大量供给国民所需要之精神食粮。

第二，奖励文化出版机关。为使文化事业发展，精神食粮大量供应，对于文化出版机关，政府似应有奖励办法之规定。如各县地方报纸之出版，政府应设法供给材料，经费缺乏，应酌予补助，一面固可助成出版事业之发达，同时更可加强管理之效能。最近教育部为推行《国民教育指导月刊》，除补助经费外，并供给全国性之稿件，此实一良好办法。

第三，充实各地图书馆。图书馆为精神食粮之宝库，可补个人力量之不足，而购藏大量图书，以应一般需要。惟目前我国图书馆事业，尚不发达，藏书固不多，分布亦多集中省城，设备方法尤待改进。故今后图书馆事业之动向，似应注意于：一、各县普设县立图书馆；二、省立图书馆应加强其辅导设施；三、重视读书指导；四、举办乡村巡回书库；五、藏书应分散，据点宜多；六、公共图书馆应与各级学校图书馆取得联系，然后精神食粮调剂之效，方能尽量发挥。

第四，举办各种学术公开研究。学术演讲与公开研究，亦为充实食粮之要策。关于科学者，可由科学馆、图书馆及其他学术研究机关、专科以上学校，联合举办公开学术讲座；关于抗战者，可由党政军新闻机关联合召开座谈讨论会等；关于经济财政等，可由社会教育机关特约专家公开讲演，以灌输民众经济财政知识。凡此对于社会文化，均有深切影响。

第五，备价收回教科书版权。目前各级学校教科书，不独价格昂贵，且存货不敷分配，远道学校，每不能如期购得教科书。其原因实由于各大书局印刷厂多在港沪，转运内地困难，成本加重，售价涨至五六倍。此种问题不解决，影响教学效能、教育前途至巨。故最好由政府备价收回版权，准许各省翻印，以资补救。

万一书籍版权收归国有，有其困难，该报在八月十三日的时评里，又补充其次的办法，政府即应筹措一笔经费，按照各级学校学生的数目，分配各校专作购买公用教科书的用途。这样，各级的学生，都可以轮流的使用学校供给的书籍。自然书籍的损坏，有时也很可观，为使公用书籍可以使用长久计，各校当局最好将购买的书籍加装封面，即每套书籍使用时间，必可延长，而公家的损失，自然也可以相对地减少。教科书公用办法，欧美平时就采用了，抗战的中国，如不采用施行，更待何时！

第六，日报杂志化。日报每日出版，分布普遍，其吸引力实在一般书籍杂志之上。故各国对于新闻事业之发展，莫不集力推行。我国新闻事业，尚在初步发展，为增进对于文化事业之贡献，在新闻消息外，应酌登与时事研究有关之论文，而使日报杂志化。

## （四）目前一般读书的趋势

四年来抗战的结果，四年来敌人破坏摧残的成绩，中国的教育不但没有毁减，而更逐渐进步了。中国青年的精神不但一点没有沮丧，反而更特别的焕发起来。赵显先生在桂林《大公报》专题讨论中国教育大势时，会根据教育部的统计，认为在四年抗战的过程中，自由中国各级教育部都有了全面的进步：旧有的破坏了，新兴的随后就建起来了，而且新建设进步的速率，超过了敌人破坏的程度。

（载《时论分析》1941 年第 37 期）

# 桂林邮局停寄书刊问题

德

抗战以后，我国文化水准较高、交通较便、商工业较发达的东南各省都相继沦陷了，随着抗战的关系，不但军事上向西南、西北方面转移，就是政治、经济、教育、工商、建设等各部门都移其重心位置至后方。

地处偏僻，交通不便，文化比较落后的西南、西北各省，在抗战中，由于政府的埋头建设经营，各部门都朝向着进步的方向去，在西南方面，湘桂、黔桂、滇缅诸铁路的兴筑与完成，各种大小工业的勃兴，商业的繁荣，都是抗战以后一种极好的现象，然而有一点，我们感觉尚引为不尽满意的，便是文化粮食的不够与分付不均，这不但后方各小地区如此，就是成为西南重镇的桂林和昆明，也莫不皆然，这虽然由于物质条件的限制，但是此种困难我们为着抗建，为着文化的绵延，不能不寻求其克服的方法，因为各地区得到文化粮食的供给，犹如人之四肢得到血液的贯注一样重要。

目前的桂林，早已成为全国文化中心之一，文化事业有蒸蒸向荣的趋势，以桂林为轴心辐射至黔桂、湘桂、粤桂、滇桂、边境的地区，其文化粮食的供应最低限度须仰给于桂林，而最近桂林邮局以运输困难为词，突有停寄各地杂志及印刷品之事，桂市书业公会曾一再请求变通办理，邮局亦曾解答五点，关于第三点“凡火车、轮船、民船通达地点以及汽车通达地点，印刷物无限制收寄”。吾人以为交通便利之地点固当无限制的收寄，交通困难之地点，亦当设法补救，原因邮局今日已成为文化流通网之中心，灌输思想，传播文化为其重要任务之一，若邮局长期实行停运，则今后交通不便之地区，已宣布断绝文化粮食矣，其影响国家前途至为浩大，吾人为国家前途计，不得不提出呼吁，请政府当局予以特别注意，即社会人士亦应同起共鸣，以求此事有迅速而合理之解决也。

（载《前锋》1941 年第 1 卷第 8 期）

# 从书价谈到普及图书教育

严文郁

百物高涨声中，书价也成问题了。去年教育部拟定抑制书价办法项，通令各省市遵照办理，但迄今书价有增无已。港沪运至内地的书，其涨价情形，尤足惊人。即此下去，势必读书人都买不起书了。所以此一问题又有讨论的必要。

德国现代文学家多马士曼说：“书籍是血的物质。”著作家绞尽脑汁，从事写作，有时毕生精力皆寄于斯，谓其著作是用血写的，也不为过。全民战争是要动员各种人力物力才能得着胜利的，所以文化人的产物——书报杂志——对于抗建工作的重要，是没有人能否认的。作家的思想欲求发扬，要赖出版家和书业界来做媒介的。因此经营书业的人不比其他的商人，他们的事业是超越商业范围，而达到智识、思想与艺术的境域的。出版家及书业经营者对于人生与时代的贡献比作家还要宏大，他们不是精神动员运动中的独奏者，而是这个乐队里的指挥者。所以值此大时代，出版家和书业经营者应该认清责任，努力完成其所负使命。

近年来，在欧美也常有人讨论书价问题。数年前德国科学期刊价值奇昂，金元国家的文化界都感觉担负太大，要求减低，否则退订。德国书业公会终毅然予以退订，且予国外订户百分之二十五的折扣，以示优待。美国文化界对于本国的书价亦大肆攻击，谓美国人普遍的有汽车、收音机与新式浴室，欧洲人虽不多有这些东西，但多藏有书籍。美国书籍平均每本在二元与三元美金之间，于是大家疑问：何以百货店能产生十分钱的货物，而无便宜的书？一个女作家说：“高的书价足以阻碍著作的流传，我宁愿少收版税，将书价由三元减至一元，俾大众可以得其内在的思想。”在承平时代，美国舆情尚有减低书价的要求，我们抗战紧急关头，书价暴涨得驾乎一般人购买力之上，岂能不想救济的办法？

查书价高涨的理由，不外三种：（一）成本加高，如纸张印刷不断上涨；（二）运费加重；（三）汇水上升。这三种理由都是不可否认的事实，若是能够遵照教育部的办法改用土纸，由港沪移至内地发行，一部分困难可以解决。但是我们认为教育部的办法不能解决全部的困难，所以成效甚微。兹就管见所及，提出几点积极的想法，以供探讨。

一、政府成立国立印书局，印行各级教科书。教科书原须经政府审定核准，然后发行。因发行书店太多，内容非常庞杂，程度鲜能划一。且各学校采用的课本不同，转学发生困难。每年各级所用课本不一样，兄姊所用过的书籍弟妹不能继续利用，经济不宽裕的家长，都感觉这是一种浪费。倘若政府整顿教科书，由国家出资印行，廉价售予儿童，岂不经济得多？此一办法苏联实行已久，颇有成绩。在沦陷区敌人对于奴化教育的课本也很下功夫，大花本钱。现在许多人穷得缴不起学费，如何能花重价去为儿童购买书籍？政府的辅助是刻不容缓了。

二、学术团体办理出版部，印行专门学术著作。这种工作在战前已经实行过，但嫌不够，现在几乎停顿。各机关如因一己的力量不足兴办出版事业，大可群策群力以图恢复。各庚款董事会与其零星辅助少数著作的印行，不如指拨巨款，联合各学术机关，如国立编译馆、中央研究院及各大学，大规模的与有计划的出版专门著作。就翻印西书而论，与其牺牲国家荣誉让少数书贾发财（美国出版界近二年对翻西书大事攻击，多少影响友邦对我们抗战的同情与援助），何如文化界以私人名义成立机关，本宣扬文化、发展学术的宗旨，用正当的手续求取外国出版界的谅解，来从事翻印，结果必较现在坊间所售的要便宜，一般大学生及作研究工作者定可受惠不少。

三、社会人士发起书籍合作社，购买一般读物。在欧美书社（Book Club）风靡一时，美国为数已逾半百，最著名的有每月书选社（Book of the Month Club）及出版联合社（Literary Guild）。此种书社组织很简单，入社并不纳费，每月社中选定名著一种介绍于社员。凡当选的书，其出版者以六折售与书社，由书社转售与社员。每一社员一年之中挑购四种书籍者，社中赠同样之书一册作为红利。购书越多，利润越大，如是社员与非社员为所得同一书籍所付之代价大不相同。近来在美国除了独立的书社外，很多百货商店如纽约的 Macy 公司也开书社部，廉价出售各种书籍，以广销路。抗战期间我们各种合作事业突飞猛进，书籍的合作售购是值得提倡的，尤其在书价高涨的时候。

四、减低邮资，以利寄书。现在沦陷区（如平、沪）以及香港与内地不通邮包，寄书根本办不到。在内地寄书（印刷品）也以半公斤为限，过此则按信件收费。这不但阻止书籍的流转，且助增书价。政府若能撤销寄书的限制，减低邮费，则书价可望下落。先前在美国寄书，每磅收费五分至一角三分美金，新闻纸及杂志每磅仅需一分五至两分。一九三八年十月罗斯福总统应全国人士之请，减低书籍寄费至与新闻纸相同。一九三九年六月又延期二年。在签署法案的时候罗总统发表谈话谓："美国国库每年寄运新闻纸及杂志，要损失九千五百万元。我今又扩大此种损失，予书籍寄运以同样的辅助，在德国或其他的地方人们焚书愈多，我将愈益利用我们的地位去推广出版品的发展。"以美国人经济力之雄厚，政府尚且如此减轻人民负担，使易于吸取精神食粮。当书价高涨的时候，我们贤明的政府，应有同样的举措才好！

五、改良生产，减低成本。出版界不要处于被动的地位，应该自动的研究廉价出售。其方法为：1. 增加产量——市上所售书报多供不应求，刊物很快售罄，过期不能补配，倘使大量印行，比较经济。2. 改良体式——美国近时有人发明袖珍本（Pocket Edition）名著可用二角五分钱得之。其方法为缩小开数，少留边栏，采用廉纸，改变装订等。我们的出版界倘能多加研究，发行国难本，未尝不是利己利人的善举。

以上所说都是关于书价问题。至于书价一时不能大减的时候，我们不应该让读者大众望洋兴叹，一定要设法解除他们的智识的饥荒。救济的方法只有计划广大的图书馆网。帝俄时代俄国政府不注重书籍，据说"怕人民头脑里产生了过多的问题，咀嚼着他们的心灵和理智，甚至减少他们的阳寿"。革命后的苏维埃政府反其所行，努力于图书馆事业，至一九三四年全国有图书馆三万九千五百四十四所，藏书一万九千三百万册。苏俄五年计划容易完成，教育普及也是重大因素之一。其他欧美先进国家，无一不对图书馆教育相当的重视。

最近教育部颁布《普及全国图书教育暂行办法》，令仰各教育机关及学校切实遵照施行。这不啻是一剂良药，叫我们患文化贫血症的民众得着拯救。该办法中有值得我们注意的几点，如：

第二条：各省市已设置省市立图书馆，应即设法充实其设备，发挥其效能；其未设置者应于民国三十年度内一律设立。各省市至少先设立一所，并须依经济能力、地方需要，逐渐增设。

第七条：各级图书馆，除遵照辅导各地社会教育机关《图书教育办法大纲》之规定辅导图书教育外，应设置书报供应总站、分站、支站，办理各图书室及书报阅览室书报，供应事宜。

第十六条：各级教育行政机关，应尽量鼓励私人或私法人设立图书馆；并得比照捐资兴学办法，呈请中央予以奖励。

以上几条都是促进图书馆事业的好办法。倘能严格施行，对于大众读书的供应，不无小补。但我们仍然感觉上项办法有一最大的缺点，就是经费问题。以往图书馆事业陷于静的状态中，就是因为提倡不力，所谓提倡不力，指经济没有确切的办法，所以口头尽管提倡，效力还是微乎其微。此文政府虽具决心，但仍有一向的缺点，如：

第十二条：图书馆经费，省市立者每年不得少于三万元，县市立者每年不得少于二千元，乡（镇）书报阅览室每年不得少于五百元。其分配标准应依照《修正图书馆规程》第二十六条管理。

按该条例之规定，图书馆经常费分配之标准：“薪工不得高于百分之五十，事业费及图书馆购置费不得低于百分之四十，办公费占百分之十。”具体的说，省市立图书馆每月至多有一千二百五十元，作为职工薪资，至少有一千元的事业及购书费，在物价高涨的时候，区区之款是不够开支的。

我们再看《修正图书馆规程》，省市立图书馆设有馆长一人，馆长之下设：总务、特藏、研究辅导三部，采编、阅览二组。每部组设主任一人，干事若干人。可见职工不在少数。虽然“馆长可兼一部或一组主任而不兼薪”、“各部组之全部设立或合并设置，须视地方情形决定”。但如是规模之机关，决非每月一千二百五十元所能维持，况馆长主任及干事的资格定得相当高的。

再就购置费言，书报价格高涨的时候，每月一千元能购书几何，订报纸杂志若干份？书报还不能相当的添置，哪有经费去办辅导工作，书报供应？最后二百五十元的办公费也是与事实相差得远。

县市立图书馆及乡（镇）书报阅览室的经费也还是战前所订的标准，现在已大大不够了。经费既是少得如此可怜，想这些机关在社会有所活动，恐怕不能吧。

所以根据经费一层来替民国三十年度以后的图书馆算算命，它们不是因营养不足而夭亡，就是半身不遂，气息奄奄的陷于不死不活的状态中。我们贤明的教育当局，如若确报决心，提倡图书教育，则非提高经费标准不可，否则一纸公文，仍无补于实际。

社会的进步就是靠人类思想的发达。所以应该奖励广大的读物流传到国内每一个角落，救济人民知识的饥荒。在书价与书荒正闹得紧张的时候，我们的呼吁希望能够得着政府与社会的垂听。

（载重庆《大公报》1941 年 5 月 29、30 日）

# 上海的旧书业

陆醉石

书谁都不能否认，它是人生最重要精神食粮的供给者。笔者素喜阅书，可怜在此百物高昂书价叠增的当儿，为了经济的胁迫，不得不使读书欲常常闹着饥慌。在这孤岛令人窒息的气氛里，而不能获得适当的精神食粮，确是一件万分遗憾的事，但遗憾究是遗憾，不能以此餍足读书欲望。跑跑图书馆呢，好的东西，难得轮到，就是借到，可是要在一个短短的时间内，要悉心体会一本书籍内容，实有“力所不逮”之感，因此对于旧书发生爱恋了。它虽“败絮其外”，但内容未尝因此减色，可谓“金玉其中”，所以常常乘着暇时，光顾各旧书店，以低廉的代价找寻心爱的书，往往能“如愿以偿”。在新书店内一经绝版便无法找到，而旧书店却往往可以发现。为了“价格廉，种类多”的关系，购者众多，旧书店的生意也兴隆起来，书摊书店之设立如雨后春笋。

上海旧书摊书店的分布情形，主要集中区有两处，一是四马路中段与河南路，一是卡德路，其他如善钟路、辣斐德路和亚尔培路一带也有几家。

四马路有上海书店，他们收卖种类尚多，但高价值书籍似不太多，美华书店与上述相仿。春秋书店善本少一点，惟售价尚属公道。传薪书店大都注重木版书，所以新版书甚少。河南路一带在救火会对面有书摊，靠近商务有一书店，书摊拥有书籍甚多，西书因不谙版子，故老版书甚多，靠近商务的上海旧书商店，拥有的书籍很不少，但西书多于中书，所以购者水平甚高，价格较大，别家不敢收进的书籍他们却愿收进。西书如此，中书亦然。

现在已届开学时期，一班莘莘学子，奔波旧书店颇为忙碌，深愿各新旧书店“大大减价”以接济孤岛精神食粮，想负有文化职责的书店老板们定能慷慨的牺牲一下。

（载《申报》1941年9月8日）

# 上海旧书买卖

甄春英

新书一次接着一次的涨着价，涂改着定价，增加着成数，本来买几角钱的要买到几元，一倍、二倍的加上去。

开学了，少不得又要添二本新书。跑到新书店里，伙计拿出你所要的书来。薄薄的一本，但是他要你七八元钱。

太贵了！想起那七八元钱你未免有些肉痛。但不买，上课时候没有书，不成！

那么怎样办呢？

对了，去买旧书吧！这至少总可以便宜些。

那么我们来谈谈旧书吧！

## 得“天时”的旧书生意

“八一三”以后，有一个时期，上海的街头巷尾出现了不少的旧书摊。

摊上的书有的有一些水迹，有的还是很新，也有一大叠都是盖的“××藏书”，或“××图书馆”的图章。这些都是劫余的东西。

这些劫余的东西很使几个旧书摊老板赚了几个钱，于是有几个振振作作开起旧书店来了。

这样劫后孤岛，又多了不少旧书店来“繁荣”市面。而且因为新书价贵的缘故，旧书的市面也确实“繁荣”了起来。虽然这“繁荣”的里面是渗透了读者的血与汗、泪珠与叹息的。

## “地利”与“书和”

这时代该是旧书扬眉吐气的时代，但是一个旧书店老板要他的事业“繁荣”，仅有“天时”是不够的，他还需要“地利”与“书和”。

凡是邻近学校区域的旧书店都是以贩卖教科书为主的，卡德路一段有近十所大中小学，那边一段的旧书摊也都以经营教科书为主要，书架一大叠一大叠的封面黯淡的书，大部不是新学制高中课本，就是现在学校中通用的三角几何、葛氏三角、泰纳的 *Correct English*、谈明的化学、金氏物理等等原文与翻译、原版或翻版的本子。

四马路一段是有名的文化街，聚集在那儿的大大小小的旧书店与旧书摊，也是教科书与一般的小说与参考书并重。像上海旧书商店之类规模比较大的旧书店，为得“地利”起见也不得不设在四马路的邻近。

霞飞路近亚尔培路一段，善钟路海格路一段，静安寺路西摩路以西的一段，都有一家至数家的旧书店与旧书摊，它们大抵都是只售西书与外国杂志，顾客大部是外国人与高等华人。外国人与高等华人住在这一角的最多，它们开设在这一段，当然的也还是为了得“地利”。

有了“天时”与“地利”还是不够，还有“书和”也是不可或缺。

所谓“书和”就是要有一般顾客所想买的书，也就是市面上流行的走运的书。

这一点是最使旧书店老板皱眉头的了。一般的好书是很难收得到的，而脱手又是非常容易。

假使书架子上没有这些“好书”撑场面，想想看吧！有一个顾客来了，他巡视着各书架，全都是陈旧的、灰暗的不值得一读的书，它泱泱然走了。下次走过他还会走进来看一下子吧！

不，当然不会的！“这家书店没有什么好书。”他会得这样想或对他的想进来的同伴这样说。

做一个堂堂正正的人，需要真实的本领，开旧书店也正同做人一样，要成功一家生意兴隆的店，他需要好的货色，人家需要的货色。

## 从新书到旧书

从新书店的神采焕发的新书，到旧书摊上涂满灰尘，精神不振，黯黯无生气的旧书，这中间的一番经历也实在曲折离奇。

大部分的书都是这样，给买客很钟爱地买去，自己看或是送人，然后把它竖立在书橱里，受长期徒刑。

书的主人死了，或者他要出门远行，再或者他实在没有办法支持这昂贵的生活费用了，于是书就入了旧书商人的手——大半旧书店里的旧书都是这样来的。

旧书商人常常到拍卖行去拍买旧西书，外国人要回国了，很多把他的书同家具一同送到拍卖行去的。

但是还有一部分是旧书商人向偷书的贼收来的。这种贼当然不一定是“读书种子”，但大部分都要衣服穿的像个“读书种子”，才能混过书店伙计的耳目。

有一次一个人向新书店买了一本书，回去的路上，遗落在电车里，拾到的人把它卖给了旧书店，旧书店伙计于是拿了那发票的价目，向顾客证实它讨的售价并不大。这大概是旧书店数千百本书中极少遇到的一个例子。

## 卖与买的斗法

一个人挟了一大叠破破烂烂的旧书，走向旧书店，把书在台上一放："这些书卖给你们！"

旧书店主于是把袖口拉一拉，一本本的翻起来，这些都是陈年宿货，以前学校中的教本，不出名的小说。他说："不要！"

随手把书向桌子上一抛，转过头，理也不理那卖书的人，自管自做他自己的事。

旧书是一门最势利的行业，他趋炎附势向热门的书走。假使他拿的是一本流行的字典，那么那老板又是一副嘴脸了："要多少钱？"

"你说，你肯出多少？"

卖书的不大清楚市价，他说得少，怕自己吃亏；说得多，又恐怕要被旧书店老板奚落，他所以要探旧书店老板的口气。

"你说，你卖掉书当然要你说价；你向我们买，那么我们说价钱！"

精明的老板晓得自己碰到个不知市价的生手了，他当然不会错过这赚钱机会。

于是卖书的说了个价钱，那老板必定要回价又回价。他挑剔这字典的每一个缺点，说版子老了，封面这样旧，"喏，这里，还缺掉一角！"……等等，还故意做出冷淡的态度。

在这样的做作之下，生意时时会成交的。一个欣然拿了钱走了，自以为做了一件合算的交易，但书店老板带着胜利的笑容，把书插上书架，他通常总是要加一倍，甚至于二三倍的价钱，再把这书卖出。

常常有从小偷或旧货商人那儿化几角甚至几分钱收来的书卖到几元钱的。旧书生意是利息最好的生意！

## 最低与最高

他们每本书都有一个最低的脱手的价钱，有时候老板出门收书去了，伙计当然不可能知道每本书的价钱的，于是老板在每一本书的背后或封里，写上那个价格的暗码。通常流行在一般同行中，他们是以

"口、成、工、比、才、完、寸、本、金"。这九个字代表一至九十九个数字。但是这切口是太普通了，这妨害了他们赚得比最低价钱还多一些的余利。于是又有人用别种暗码来代替那切口，我们看见那些旧书的封里写着奇奇怪怪的字母，就是要多赚读者钱的特意想出来的暗码。

"好书"的容易脱手无形中增加了它的价钱，使它的价格逐渐与新书接近。当今旧书摊上最贵的书是翻版书，因为有翻版的大抵都是有人需要的书。有时卖得甚至比新书还贵，不比新书贵的比新书只便宜"一些些"。"只要比新书便宜一些些，这书总有人要买的，因为多少总能便宜一些些的呀！"这是旧书店老板的哲学，靠着这哲学，他能剥下穷读者的钱来使他自己变肥！

但也有在旧书店中找到便宜的时候，那是需要沙里淘金的在一大堆旧书店老板看不起的烂书中去找，找出后，那市侩是不知道这书的价值的，他也竟然会甘愿脱手，少敲你一些竹杠。

总之，旧书的买卖，正像这社会中其他的买卖一样，人在这买卖中间变成势不两立的冤家，你骗我，我也作假，互相欺骗，也互相想占对方的便宜。

只有同学们自己互相把旧书来交换，或如女青年会里办的旧书买卖。买与卖直接交涉，或纯粹为同学服务，这中间才能减少那一层市侩的渔利。使买不起书的同学，减轻一层负担。

（载《海沫》1941年第1卷第8期）

# 旧　书　摊

陈东阜

近来颇喜欢去蹓旧书摊，原因不外是想买几册便宜书。即或买不到手，也总可以翻阅内容，记记作者的姓字，站在那里练练"涉猎"之学也是好的，反正闲着没事。

其实旧书摊上的东西也真少得可怜，费半天功夫未必检出一本稍可一读的书！——因为以中小学校的旧课本为多，要不然也只是一些什么年鉴或统计表一类的印刷物，若想买托尔斯泰底《艺术论》和莎士比亚的全集，那可就算费了事，也许让你受了急。

“有莎士比亚底戏剧集吗？”有一次我这样向书摊上的伙计问过。

“哦，莎士比亚……”他惊奇地看着我，口里喃喃念着这陌生作家底名字，思索了好一会，“没有，先生不看京剧大全吗？”

我早就走开了，免得再教他们左右为难。我想，假如问他们买《□□剑》之类的小说，大概会有吧。

所以当我到旧书摊去买书，只好自己伏下身来寻找，一本一本的读着破旧书皮上的字。这当然很费时间，有时伙计不耐烦起来，于是问我要什么书，但是告诉他们又有什么用呢。还不是让他们搔头皱眉吗？这时我便无言地走开，虽然明明知道要吃白眼，却也顾不得那许多了。

有时书摊上的伙计对你特别客气，给你把书本子找了一大堆，任你随意挑选，这一来就不怕你再不买了。“人有面，树有皮”，拘之于情面不得不买两本，爱看与否还是另一个问题。我底一部分不大喜欢读的书籍，都是这么买的。

年来书价飞涨，照原价加五成还不算，还要加邮运费二成，而且书店的老板们又把原价上贴了封条，私自增加了定价，所以买新书已经成为我的畏途——问问价钱而不买，嫌贵，不免有失长衫人的体面，所以最好还是蹓旧书摊。

（载《新天津画报》1941年第5卷第19期）

# 旧　书　摊

## ——无病呻吟之一

罗暟岚

如果你问我：生平嗜好甚么？我的答案很简单，一“字”以蔽之，曰：书。

说起来，这似乎是很风雅的事，不愧书生本色，但是实在说起来，却充满了十足的寒酸气。你想：世上令每个人都喜欢的东西多得很，如金钱，如功名，如女人……那个不爱？我独喜欢这几本饥不能当饭吃，寒不能当衣穿的书，岂不是生来就注定了要当书呆子？但是，既然说是“嗜好”，古人且有“嗜痂”的，也就管不得许多了。

我不仅嗜书，而且嗜旧书，只要这书价钱便宜，又是我所喜欢看的书，不管版本，不管好坏，我便买了下来。因买旧书，与旧书摊便结了不解之缘了。每到一个城市，我首先要打听的，是旧书摊。

这坏习惯，似乎是二十多年前，在长沙读书时养成的。那时并没有人把节约当作一件事来宣传，记得同学中穿皮鞋的都很少（有拉链的皮衣更未尝梦到），实在也无提倡节约的必要。我们对于那三四角钱一本的教科书，都觉得太贵了，四处搜寻旧书代替，玉泉山成了我们猎书的场所。因找旧教科书，而看到别的许多旧书和旧杂志。第一次读到梁任公的文章，便是在玉泉山旧书摊上一本《新民丛报》上面。学校里没有图书馆，要不是玉泉山的旧书摊，我能读到这类文章的机会，恐怕要推后好几年。

到北平后，这坏习惯因为环境的孕育，更猖獗了。北平是文化城，这类旧书摊不独多，而且店主似乎也有文化气味，很客气，尽你翻阅，并不时时拿眼睛睃着你，像防贼似的。有时和你谈谈某书的版本，比大学里教目录学的先生还熟练，还清楚。不绕着弯儿唬人，也不故意拉长调子混钟点，这就够痛快，是不是？你要是和他有了交情，遇着好书，自己买不起的时候，可以借故带回去，看上三两天，再还给他，他也漫不在乎。反正是旧书，再加点指印在上面，也坏不到那里去。万一在你那儿遇到买主，活动广告不比呆摆在摊子上强么？大方中透着精细，我就爱北平人这股劲儿。

像琉璃厂一带的旧书店，我是不敢问津的，比不上有钱的收藏家和日本人，遇着好书，肯出大价。在那些地方，就是一本不大值钱的书，好像也非开出一个吓人的价目，不足维持其身份似的。我常涉足的地方，倒是东安市场及大街上偶然摆设的地摊。市场内一个叫丹桂商场的地方，几乎尽是新旧书铺，中文书之多，不用说，西文书亦不少。有一些外国人走了，把洋书论斤称给这些文化商人，内中有不少我们用得着的书。过期不久的外国杂志，很便宜的买得着。我有一个朋友，用不到十元的代价，买到了近十年的全份 *Asia* 杂志，装满一六辆洋车，把它拉到家中。

在海外留学的五年中，我课余的时间，几乎完全消耗在旧书摊中。纽约有一条街上，两旁除三两个杂货铺外，几乎全是旧书店。美国一切都讲科学化、标准化，讲求效率，不许浪费时间，店铺的旧书也是分门别类排列着的，稍大一点的铺里，还印有详细目录，一看便知，连价目都不用问。美国商人虽会做生意，但仍不及中国人的聪明，这句话至少对美国卖旧书的商人用得着。有一位中国同学，在同一条街上，他从这家旧书店买了一本书，即刻卖给另一家旧书店，能赚三两角钱。把赚来的利润，充实他私人的图书，三年后，他用三个五尺见方的箱子装书回国。

但是，这类洋财也不是每个留学生都能发的。要看你门槛精不精，懂不懂行市。买旧书最难的是讲价钱。你非得有耐心，跟他“蘑菰”不可。眼力也要精明，沙砾中不是没有金子，你比店主更识货，入宝山就不会空回了。话可又说回来了，你得懂得“机”，“机”者时机也。譬如跟他“蘑菰”价钱，也要适可而止，到一定的时候，就要当“机”力断，马上买了下来，免得别人占了先。有一次，我看到一部《狄更生小说全集》，皮面金字，印刷及纸张都不错，却缺少第一册，同时我凑巧在另一旧书店里，发现了这缺少的一册。我以为决没有人愿意出重价买这部不完全的集子，店主虽把价钱减到最低的限度，我仍然跟他“蘑菰”。过了一些时候，那部集子却给别人买去了，同时那缺少的第一册在另一旧书店里也失了踪。我才知道天下聪明人不止我一个，至今还后悔不已。

书买多了，保管颇成问题。在这非常时期，不用说了，城市里怕轰炸，搬下乡又不方便。整箱的下乡，人家以为那沉重的箱子里定是财宝，要是书，那还值得郑重其事的疏散下乡吗？说不定引起别的事端。即使在平时，像我这糊口四方的江湖客，这笔搬运费就够瞧的。好在我的藏书，大半已毁于天津炮火中了，谢谢日本人，替我减轻了许多累赘，要我自己来焚书，那比自杀还难。

近年来，僻居乡曲，几不知人间魏晋，遑论购买旧书。去秋来辰溪后，满以为学府所在不乏旧书摊。第一次进城观光后，竟大失所望，略像样点的新书店仅有一家，更不必谈旧书铺了。最近和同学去沅陵公演，那儿颇有几家书店，小规模的旧书铺也有一两家，而且在一家广东人开的旧书店中，以五元的代价，买了一册久想一读的《李笠翁一家言》，总算不虚此行，聊过小瘾了。

美洲的旧书店，有如海上三山，可望而不可即，北平沦陷了，长沙的玉泉山也在"咸阳一火"中成了焦土，何时能再徘徊于那些破卷残书中，与旧书铺主"蘑菰"两角三角的价钱呢？言念及此，真不胜感慨系之了。

（载《湖南大学期刊》1941年新1期）

# 出版法制论

蒋益之

## 一

言论、出版和刊行这三种权利，统称为"意见自由"。近代各国的宪法，都把这三种权利，规定为国民基本权利之一。这是因为意见自由是可以使人民的思想沟通，智识促进，成为推进文化的原动力的缘故。而且事实上，意见的表达，全从蕴藏内心的思想而出，法律是不容易去制裁的；正好比古谚所说："防民之口，甚于防川。"然而现在的情形却恰得其反，政府对于人民的言论，著作和刊行，往往多所顾忌，深怕它防碍政府所施的政策，于是在宪法里确认了"意见自由"的原则以外，同时又制定了此项自由的条文，尤其是取缔刊行自由的特殊法律。这种特殊法律，就是出版法。

各国的出版法所规定的出版制度，各有不同，但如果归纳起来，则不外这样的两种：预防制度和追惩制度。预防制度又可分为检查制、特准制、保押金制、呈报制四种。其中以检查制最为严厉，因为无论什么出版物在出版之前，必得经过政府的检查机关加以检查，方准出版。这种制度在近代国家中，几乎可以说已完全没有，不过在政治不稳定，秩序很紊乱的国家，政府方面，往往以行政命令设立了出版物的检查机关，借以钳制政府目中所认为的“反动言论”。至于特准制度，对于出版物不再先予检查，只是定期出版物在创办之前，须先呈请行政机关，得其准许，然后发行。保押金制乃是特准制度的延长，它具有特准制度的意义而较特准制更为缜密的一种办法。在此制度之下，定期刊物的出版，须呈请行政机关准许，并须预交保押金若干，以备出版物在将来如有不利于政府者，即将保押金没收之。所以这种制度实际比特准制更为变本加厉。比较自由的自然是呈报制度。因为在呈报制度下，出版物只需向行政机关呈报，检查的手续是根本没有的。

另一种追惩制度，乃是在法治国家通行的制度。在这个制度之下。出版物既无须受检查，亦不必求特准，更不必向行政机关呈报，从出版到发行都是自由的。如果出版物有违法情事，那末在出版后依法追惩。

上述，可以说是各国出版法中所规定的出版制度的概况。

## 二

至于我国的出版制度是怎样的呢？这我们可以从过去的出版法制的沿革和现行的出版法制的意义中去看出。考查我国有关出版法制的律法，有民元的《临时约法》，民三的《约法》，民十二的《中华民国宪法》，民二十的《中华民国训政时期约法》，而特殊法的规定者，有民国三年四月二日的《报纸条例》，民国三年十二月的《出版法》，民国十九年十二月十六日的《出版法》等等。

现在我们所要谈论的，是后者——特殊法的规定。

特殊法的限制刊行自由的规定，是显著的，是民国三年四月二日的《报纸条例》和同年十二月四日公布的《出版法》。这些都是袁世凯控制舆论的有力工具。它们的内容是这样的：

《报纸条例》：规定凡定日刊、周刊、旬刊、月刊、年刊，以及其他定期刊和不定期的刊统称为报纸，在出版之前，得预先呈请警察机关的准许，并缴纳若干保押费，所以就制度的性质言，是兼采特许制和保押金制的，显然是严厉的预防制度。又对于报纸中文字、图画范围限制很严，计有禁止登载的事项八种：

（一）淆乱政体者；

（二）妨害治安者；

（三）败坏风俗者；

（四）外交军事之秘密及其他政务，经该管官署禁止登载者；

（五）预审未经公判之案件及诉讼之禁止旁听者；

（六）国会及其他官署会议，按照法令禁止旁听者；

（七）煽动，曲庇，赞赏，救护犯罪人、刑事被告人，或陷害刑事被告人者；

（八）攻讦个人隐私损害其名誉者。

八项条例之中，前三项的意义异常空泛，后五项则比较具体。所谓“淆乱政体”、“防害治安”、“败坏风俗”等含义极广，可以随执政者的主观态度而变迁。一切不能列入条例的规定，执政者都可借口而任意给予“淆乱政体”、“防害治安”或“败坏风俗”等的罪名，而控制舆论，摧残人民的言论自由，发表自由。

## 三

另一种《出版法》：这也是袁世凯的控制言论的工具。但此一《出版法》所管辖的是报纸以外的“文画图书”之类。全部条例凡二十三条，内容包括：

（一）出版之关系人；

（二）出版物应载事项；

（三）出版物的呈报；

（四）出版物地禁载事项；

（五）出版物的违法处分等。

其中三、四、五各项是值得我注意的。

关于出版物的呈报：《出版法》所采的制度，是预防制中最轻的呈报制，既不必得政府的特许，亦不必受政府的检查。呈报的官署是督察官署，形式，是一种普通的呈文，另附出版物两份，由著作人和发行人联络呈报即可。

关于禁载的事项可分为下列八点，是与《报纸条例》大同小异的。

（一）淆乱政体者；

（二）妨害治安者；

（三）败坏风俗者；

（四）煽动，曲庇犯罪人、刑事被告人或陷害刑事被告人者；

（五）轻罪重罪之预审案件未经公判者；

（六）诉讼或会议事件之禁止旁听者；

（七）揭载军事，外交及其他官署机密之文书图画者，但得该管署许可时，不在此限；

（八）攻讦他人隐私，损害其名誉者。

违法之处分：《出版法》中的规定的处分，有如没收，罚金，五等有期徒刑及拘役等。

这种《出版法》毕竟为人民所反对，而在十五年一月，由政府以明令禁止。自国民革命军兴，国民党执政以后，直至民十九年十二月十六日才公布《新出版法》，为现行法的根据。此法和民三的《出版法》比较，就范围言，民三年的《出版法》仅以报纸以外的文字为该法的范围，《新出版法》则是以新闻纸、杂志、书籍及其他出版品为范围，自较民三年的《出版法》为广。就制度言，亦和民三的《出版法》相同，不过以前的呈报机关是警察官署，现在则是内政部和中央党部。至于禁载事项的内容，违法的处分等，虽和民三的《出版法》有些出入，但其精神则还是一致的。

## 四

出版法的史的发展，以及它和新闻纸的利害关系既如上述，现在我们便应当来讨论：出版法的应否存在问题，以及其内容的规定问题。

有许多人是主张“言论出版自由”的，以为社会要有进化，首先应当使人类的思想有自由发表的机会。由于人类思想的自由发表，由于各种思潮的相继相成，便产生出思想的新的结晶，促进了社会的新的发展。所以他们主张思想自由、意见自由、言论自由、发表自由、刊行自由……他们主张向美国、英国、法国等新闻的自由政策学习，应当把检查制度彻底废除，认为对于言论出版的自由的原则，是社会全体利益的社会权利的保障。

另一些人则主张出版不应予以自由的放任，如果出版自由，言论自由，全国的新闻界成为无冕之王，政府既不得干涉，亦无能统制，在这种情形之下，往往会造成群雄无主的天地，因而会得削弱人民团结的力量，削弱国家对外的威信。为避免这种缺陷，国家惟有设法实施新闻的检查制度和统制政策，在这种制度和政策下，全国的人民意志得以统一，民族的力量得以增强。所以他们主张向德、意、日、苏各国的新闻政策学习，他们把言论出版界的自由的原则，认为是一种足以分散人民团结和国家威力的致命伤。

其实这两者都各走极端。我们以为出版法无论如何是需要的，我们应该知道：

> 报导与批判自由的伸长，成为推动社会进步的主要条件，不能不说是社会利益的一方面的要求。然而，如果同时对于“自由”没有统制促其放置着，由于被误用或被滥用，而妨害了社会秩序的平静，甚至于竟有破裂社会机构之结合的可能；是则为维持社会的秩序，而加适当的抑制，也不能不说是社会利益的另一方面的要求。(袁殊《新闻法制论》)

所以我们的结论是：过去的中国出版法显然是不合理的，太重于执政者的私利的。即使在北伐以后，新闻的检查制度虽若断若续地存在，但还谈不上真正的折衷的精神。我们要求能有顾到社会的两方面利益的出版法；也惟有这种出版法才是最公允的，有存在价值的。至于这种公允的出版法的如何造成，以及内容怎样，则非短短的本文所容论述了。

（载《政治月刊》1941年第1卷第1期）

# 略谈言论出版自由

左　平

人民言论出版的自由，本是凡为近代国家——而不是中世纪国家所必具的条件；也是专制或民主、愚昧或开化、发展或溃隳、光明或黑暗间区别的重要试石。历史事业的成就或失败决定于是否因人民能获得言论出版自由而反映出大众的意见；没有这一起码的条件，执行历史任务的机关——政府就不能在事业进行中，获取广大群众的支持，因而也就无法到达为大众所祈求的目标。

自然，在多样矛盾存在着的世界上，能够表达任何性质的思想的言论出版这两工具，必然是被任何一种立场的人们采用着，谁都要用这两工具来表达出各自的意见。因此，存在着复杂的矛盾的世界上，没有也不允许有脱离政治的绝对自由；只是说，在政治的基本方向已经确定了的前提之下，为争取这一政治目的，忠实这一政治方向的人们，言论出版上的自由是完全允许的。不过对于“脱离政治而自由”的主张，假如是表示着把在政治上的手段与在思想言论上的手段区别开来的意思，这与上述的解释是并无矛盾的，彻底地清除不忠于历史任务和政治目的的思想流毒，应该是依靠思想教育上的努力；这就更加加重了言论与出版自由的重要性，言论出版自由与清扫反动思想理论是不可分的有机体，前者必然成了后者的杠杆。

遭逢于一个最艰苦困难的关头的民族解放事业，只有全民族的力量足以克服危机；如果广大人民要求解放的进步意见，不能反映给领导当前伟大事业的上层人物，这就是民族解放事业的最大损失，必然会影响到整个革命的前途。事实是异常明显的，中国若是不能克服政治上倒退逆流与停滞不前的危机，不能进一步组织起斗争的力量，民族解放事业的艰苦还要加深，民族解放日子的到来还要继续延长。能够挽救这一不幸的局势、避免可怕的前途的，只有依靠于中华民族解放的号角，鼓动起广大的人民参加到大时代的洪流中去，并且更广泛坚固地组织起全民的力量，避免时局逆流的危机。忠实于民族解放事业的言论及出版物，正是这样的一把会发出洪大声响来的号角，是抗建的忠实宣传者、鼓动者和组织者。只有经过它们的宣传坚持战斗、巩固团结、博求进步的主张，才能动员和组织人民坚决地执行三民主义，才能拥护政府坚决战斗的国策，才能无情地揭破一切黑暗份子的投降与分裂的阴谋，才能彻底打击贪污的卑鄙堕落的行为。

因此，民族解放的言论、出版物就处于这样一种情形之下：一方面是广大的忠实于民族解放、忠实于三民主义的人们的极力拥护其自由发展；另一面则是惧怕民族解放、曲解三民主义的份子之千方百计的阻挠。后者明白争取民族解放的言论、出版之自由发展，将会掀起一支巨大的进步的洪流，一切的反动倒退逆流将不能不被这一不可抗拒的洪流，冲销并推拥着前进。这样就产生了年来中国战斗行列中某些份子绞杀残害人民言论、出版自由的阴影；到了时局特别严重的今天，这种现象已经成了极严重的问题。仗持正义、热爱国家的马寅初博士因为批判经济上逆流现象，要求政治上进步的设施被捕了，主张团结、坚持进步的抗战书报在严加检查通过以后甚至还免不了扣留，在“自由中国”发行这种抗战书报的生活书店除去两个支店暂时幸免外，全部遭到封闭的结果，合法的坚决拥护国内团结战斗的《新华日报》最近不止被迫的“开天窗”，并且遭到暴徒有计划的捣毁与破坏，坚决拥护团结与抗战，首先提出“主和者即汉×”口号的《救亡日报》在严重压迫下不得不于三月一日宣布了休刊，许多批评国内政治缺点和阅读进步出版物的青年在“失踪”以后被拘入了集中营。相反的，倒是许多反动的、倒退的、言论出版物却公开传播着，流行着。以自由中国如此的言论、出版情况来说，许多人叹息着十年内战时代，黑暗阴影的重新笼罩。这样的结果，当然使进步言论、出版物足以提高军队政治文化水平、发挥战斗力量，提高民族警觉性，扫除战斗行列中的叛卒和提高一切力量献给民族解放事业的能力遭受到执行上的困难；也就使这种精神与物质的两种力量不能体现。而没有这两种力量，最后胜利是不可能达到的。

伟大的军事家和思想家克劳塞维茨在他的《战争论》中关于战争说过如下的定义："大多数的现象——一半是物质的、一半是精神的原因和结果所构成。可以这样说，物质的现象好比一截木柄；而精神的现象，是由高贵的金属锻炼成的锐利的刀。"如果言论、出版的自由继续被践害，中国不仅将失掉"锐利的刀"，而且连"木柄"也将在远东侵略者所放的野火中被烧毁了。秦始皇焚书坑儒、满清一言兴狱的政治，以及十年来内战的思想。因而遭受外来侵略的历史教训，是值得一切顾全大局的人们深思的。

古今中外的历史证明，人民大众的意志是不可抗拒的力量；妨碍思想自由、言论出版自由是决无光明前途的，人民大众的言论与出版物代表着历史的要求与公正的要求，决不是任何黑暗势力可以阻碍得了的。因此，一切珍爱民族绚烂前途的人民与政府，应该在保障人民言论、出版自由的正确方针下，争取民族光明的前途；应该用严格的制裁及思想上的斗争方法来清除那些分裂、投降、退步、专制的言论及出版物的余毒。这就是说，为了争取民族解放、为了争取民权自由、为了求得民生幸福，而在目前的宪法未颁布以前，应该起码的实现中山先生在北上宣言中的昭示："应由政府竭力保障一切提供国家的言论及出版品，并鼓励人民以一切合法的办法表现对国是主张。"立即由政府实现"在抗战期间于不违犯三民主义最高原则及法令范围内，对于言论、出版、集会结社，当有合法充分保证"的诺言（《抗建纲领》）。实现"在三民主义及抗战建国纲领最高原则下保障思想自由"的主张（《五次参政会决议》）。

我们以为，这是挽救时局危机的先决重要条件，没有这些正确的措施，"集中意志，争取胜利"是不可想望的。局势是异常紧迫了，全国同胞应该以最大的力量来督促政府从速实行保障言论出版自由的措施。让我们再说一遍：摆在目前中国民族解放运动之前的有两条路、要不是不怕苦药不利于口，而从大众的言论出版中觅取光明的道路；就是因为无理的压制民众舆论的提出，而使中国在她斗争中丧失去"锐利的刀"以及"刀柄"。

（载《学习》1941 年第 4 卷第 1 期）

# 再谈言论出版自由

亦 寒

中国是一个所谓“民主”国家，专制帝王，早被打倒，而且现在正有许多人，在向所谓“民主阵线”里边挤。“真陆稿荐”的正牌博士胡适大使，且在历史上找到了中国的民治的因素，认为“中国民治性质之机构，已历数百余年”。照讲，中国言论出版之自由，乃是不成问题的，正无怪有人要认为：

> 现在有许多人都在闹言论不自由，恍如中国言论真是受了天大的限制。其实，中国言论是最自由的，那些闹言论自由问题的人，恐怕十之八九都是借题发挥，求达其言论的目的啊！（三月二十七日香港《国民日报》社论，见第二卷第四期《学生月刊·时文选读》，着重点是我加的。）

但中国的言论究竟是不是真正“最自由的”？那只有让我们来考察一下事实。据该报意见：“所谓言论自由，是言论解放的代名”，言论“仅有一定范围的自由，不能有无限制的自由”。“在干涉主义下的言论，普通都要受好几种法律的限制：其一，是受刑法的限制；其二，是受军法的限制；其三，是受警律的限制。”所以如此，乃是“出于保重国家利益，维持社会秩序，保障个人自由的要求”。“譬如现在中国正为国家的独立，民族的解放而战，为国家的民族利益着想，能容许少数人发挥其汉×理论么？如果有汉×在内地鼓吹其如簧之舌，替日本侵略者做分化中国，促中国内部发生叛变的工作，这也不该加以限制么？”

想来谁也不会否认，言论出版自由，不能是“无政府主义”的。但事实上的表现怎样？合法的言论机关遭受摧残，经中央图书杂志审查委员会审查通过的出版物被没收检扣。据《新华日报》发表之《我们对于无理检查的声诉》一文所揭示，依据“刑法”、“军法”、“警律”所限制的则是：孙中山先生批评袁世凯的粉饰民治“第一，民治不能实现；第二，为假民治之名，行专制之实；第三，则并民治之名而去之也”（去年双十节张发奎将军，纪念国庆要加强信心和加紧奋斗演词）。“×逆他们威胁或收买无耻之徒，成立国体，出版刊物，进行挑拨离间，以达分裂投降目的。”（去年十二月三十日该报社论）“至于外交问题，我们应当秉承抗战国策，坚持独立自主的原则，一面当竭力争取援助我们抗战最力之国家，一面仍当自力更生，不存依赖他人的心理。”（去年十一月滇主席龙云对记者谈话）“外援固所欢迎，但不必单相思，投入人家怀抱，而为人所齿冷。”（去年十二月十二日冯焕章先生对记者谈话）“任何国，任何民族，当此空前大难，皆不能漠视团结，而团结之道则在‘诚’。‘诚’为一抽象之理论概念，必有实物充塞其内，此实物为何，乃人民生存之基本权利设有充分保障而已。”以及“务求举国党派之真诚合作”（一月十一日章伯钧新春感言）等等被删除。其次是“冀中我军先后配合民众×万余人，向德石邯济各交通线大举破坏”（去年十月十日华北专电），其中“先后配合民众×万余人”一语被删。甚至连“团结反汉×，团结打××”（去年十二月十八日《重庆妇女界一个愉快的晚会》特写）亦被删去。诸如此类，不一而足。这里只是任便提了几项，只不过是全国言论机关所遭受到的几千百件中的几件罢了。还有，是无论任何出版物中“团结”、“解放”等词句均不准用，“团结”应改为“统一”，“解放”应作“复兴”。因此，会有检查老爷将文章中引用的中山先生的话“妇女解放”，也一律改作妇女“复兴”，以致闹出笑话。

是不是以上这些遭受限制的言论都是违反抗战，违反国家利益？能不能说孙中山先生的话也是“发挥汉×理论”、“促中国内部发生叛变呢”？我想这是不用我们来回答的。

可是另一方面，例如各种有害抗战，有损团结，发挥反动倒退的言论在前方、后方却公开存在着。“性交是男女最平等的表现”一类的话，公然在大学教授们所主持的刊物上出现，（见本期本刊播音）绝不遭受干涉。是不是“性交”是有助“统一”的呢？所谓“中国言论是最自由的”，如果指的就是这些，那可叫人哭笑不得了。

该报又提出苏联及英国的统制言论，说苏联“言论尽管自由，但没有赞美资本主义及托洛斯基主义的自由”，“苏联报章杂志的言论，不许违反共产主义”。言论自由，本来是应遵循一定的政治目的的，依照上引的苏联的例子，则在现中国言论自由所遵循的便应该是三民主义和抗战建国纲领，抗建纲领明白规定“在抗战期间，于不违反三民主义最高原则及法令范围内，对于言论、出版、集会结社，当予以合法充分保障”。在我们以上所举那些言论，有那一条可能说是违反三民主义和抗建纲领的？孙中山先生的话亦被删除，究竟是引用的人违反三民主义和抗建纲领，还是这种“限制”（无理摧残言论自由）违反三民主义和抗建纲领？我想读者是会想的。

至于说英国“在这一次战争中，却也勒令两家共产党的报馆停刊。其理由是因为那两家报馆连续刊登足以影响英人作战心理之文字”。关于英国战时这种动作，其性质怎样？意义又怎样？我们在这里不欲多事论列，但即使上述两报所登文字的确有影响英人作战之心理，那么以英国来比例中国，便必须是有影响抗战心理的文字才有理由限制。难道说中国人今天宣扬孙中山先生遗教争取民主，打击汉×，主张军民合作，主张团结，主张自力更生，这都是有影响抗战心理吗？诋毁诬蔑，司马昭之心，是路人皆知的。

抗战中的中国言论出版是必须自由的，因为中国的抗战，是反侵略的，反法西斯的，反独裁的，它具有着进步的、正义的性质，对外是要在这次战争中获得民族的独立自由解放，对内要在这次战争中实行民主政治，打下三民主义民主共和国的基础。所以中国抗战与政治的民主化是不可分离的。言论出版的自由，是推进政治走向民主的一个有力因素。因此它不仅是实现民主政治的一个基本条件，同时也是争取抗战胜利的一个必要手段。

四年来的战争已教育了中国民众，已使他们确信能够担当起中国革命胜利的任务，任何阻碍，都将被踢翻，一切压迫和限制，不仅是徒劳，而且只能当做某些害怕进步的人的哭诉。不要再说漂亮话吧！中国人民已经不能再接受欺骗了。

（载《学习》1941年第4卷第3期）

# 原版与翻版

鸿

自从外汇飞涨以后，原版西书已经有“一字千金”的现象，时势造英雄，翻版书在倾刻间夺取原版书的地位，我们学子还能有读书的机会。可是翻版总是翻版，无论如何改良，总不能和原版比一比。至于“翻”胜于“原”，却是不可能的一回事。朋友！我并不是要和你谈这书的问题，而是要和你谈一个更重要的问题。朋友，请你自己想一想：你的求学是原版还是翻版？

也许你不明白这问题的意义，所以我先来下个注脚。原版的求学，就是一切的笔记、报告、题目和考卷都是自己由教师，书上等等学问的来源，得了材料，融会贯通而写成的。如果你的功课是抄用上一班的同学们的既成之稿，你的求学就是翻版。

朋友，如果你的求学是道地的原版，我要恭喜你，我更希望你永远保持这精神，不论求学，做人，都自始至终保持原版的价值。

如果你是有翻版的作风。我希望你看下去想一想；自己去决定。

第一点是价值的问题。原版书的价钱大概十倍于翻版书。而原版的求学的价值却百倍于翻版者，因为原版的求学印象深而有熟能生巧之功，正如原版书之可以一本本的印出来。反之，翻版书只能在原版书出版后才能印出，而结果往往有模糊之弊，正如翻版的求学者，印象亦不能清楚而明发。而且原版书有错时翻版书亦只好将错就错，朋友，原版书值钱正如原版的求学一样。

第二是道德问题。翻版是不合法的事，正如翻版是犯校规一样。如果你是翻版的求学者，那你非但骗你自己，还骗你的家长，你的国家。而且，你终身亦只能在翻版的招牌下做人而已。朋友，你自己想！

可是虽然你的学问要原版，你所读的书尽可用翻版的，因为这是时势啊！

（载《两广会刊》1941年复刊第2期）

# 中国杂志出版概况

李　彦

要想研究中国杂志出版的史实，我们先不可不注意一下新文学运动，的确，中国的文学要不是起了一个大的革命，到现在中国文坛要变成怎样的？谁也不能预期那个可怖的事实。但是要明晓新文学运动的概念，则不得不推溯于五四运动。

五四运动是在北京爆发的，在中国已经成为文化上的一页最光荣的历史；这一次的变动，乃是中国学生第一次参加政治的一种活动。这一次运动的主要事件，固然是为了反对安福系执政人的政治方策的一种民众运动，但是因此却影响着中国的新文学的发展及新文学的传播有着极大的助力。因为在五四运动以后，一般的青年学子求知的欲望大增，对于欧美的新思潮新学说，都发生了浓厚的趣味；同时对于中国的传统观念以及因袭的旧制度，也都有着一个剧烈的反对，而树立的这块中国文学史上革命的大木牌。

中国的文坛便于五四运动的这一年的（中华民国八年）中改变新的路途，同时便新出了许多白话的报章杂志，如《时事新报》的副刊——《学灯》、《晨报》的副刊及杂志等不下四百余种，又创设成立了各种研究学术的团体，并由欧美书籍的大量翻译介绍，而打破了中国因袭的病态，开拓了中国新文学运动的一条新的路线。

当时最有成就的学术团体有文学研究会与创造社，由他们的引导实践，造成了出版界活跃的浓厚色彩，是中国出版界最鼎盛的一个阶段了。

在中国初次和读者晤面的一个完整的杂志，要算是《新青年》月刊，本名是《青年杂志》，是陈独秀所创办的一种非纯文艺的杂志，创刊于一九一五年九月十五日，主要的撰稿人有谢无量、高一涵、李亦民等人；主编者陈独秀，以他自己的文字发表最多，差不多都是批评文化的文字，惟乃系用文言。及至一九一六年九月一日，由二卷一号起改名《新青年》，才稍有改变。直至一九一七年，蔡元培任北京大学的校长，陈独秀任文科学长，《新青年》月刊遂由私人的刊物变成了北京大学的公共刊物了。这个时期的基本撰稿人有李大钊、温宗尧、刘半农、胡适等。那时候胡适尚在美国，他常由美国邮寄稿件，他的《文学改良刍议》一文便是在《新青年》的二卷五号（一九一年一月一日出版）上发表。接着又发表陈独秀的《文学革命论》，以响应胡适的论调，自此以后讨论文学的文字才渐渐地增多起来。于是《新青年》月刊遂形成了中国新文学运动的一个急先锋的杂志了。

《新青年》因之便震撼了全国的文坛，各地的学子也闻风响应出版了许多新的杂志。后来胡适由美国回国任北京大学的教授，《新青年》由陈独秀、胡适、周作人、朱希祖、钱玄同、刘半农轮流任主编；再撰稿人又增加了鲁迅、沈兼士、潘家洵、孙伏园、郑振铎等。

《新青年》不仅是提倡新文学的重要刊物，同时它对于新文化思潮的介绍与传播更有着不能泯灭的功绩。如对于“孔教问题”、“家庭问题”、“妇女问题”、“贞操问题”、“道德问题”等都有极前进的见解，超过了一般人们的思想。在当时他们崇信着两位导师：一是 democracy（民主政治），一是 science（科学），在当时的确是能使旧道德迷信观念，整个地发生了动摇。

统上观之，《新青年》月刊在五四的前后是全盛时期，及至一九二〇年以后已变成了陈独秀的宣传共产主义的杂志了。其中因胡适等人为了主义不同的缘故，也便相继脱离了。后来《新青年》不能容于北方，又改在广州出版，可是不久便又停刊了。最初由上海群益书店出版，每期二角。

《新潮》月刊是在一九一九年一月创刊的，是北大学生罗家伦、傅斯年等所创办的，在新文学运动的初期，也要算是一种很重要的刊物。特约的撰稿人有周作人、胡适、郭绍虞、叶绍钧、潘家洵、孙伏园、鲁迅、俞平伯等人。该刊在提倡新文化运动方面，也有着不可泯灭的伟大功绩。由北大出版部发行，每期三角。

《少年中国》月刊创刊于一九一九年七月一日，是少年中国学会所出版的一种非纯文艺的机关杂志，内容多关于社会改造、文化运动、政治、教育、科学等部门。并于一卷八九两期刊为《诗学研究专号》，是中国提倡新诗运动最早发言的一个刊物。每期篇末都附着会务报告和会员通讯处及社内动态。撰稿者为该会会员；该刊初在北京出版，后由上海亚东图书馆印行，每期一元。

《小说月报》创刊于宣统二年，是中国最古老的一种杂志，最初是专刊载旧式文言小说的杂志，内容体裁和后来的《小说月报》竟完全不同，当时的主编是恽铁樵和王蕴章，已有林纾（琴南）、傅东华的翻译小说刊载。

一九二一年，文学研究会成立，《小说月报》由第十二卷起归文学研究会主编，内容也完全变更。主编沈雁冰（茅盾），基本撰稿人有郑振铎、周作人、冰心、耿济之、王统照、瞿世英、俞平伯、鲁迅、许地山、庐隐、顾颉刚、孙俍工、邓演存等人。内容范围已不是完全刊载小说的一种刊物，论文、诗、戏剧、散文、介绍、批评等也都是《小说月报》所容的部门了。一年后沈雁冰辞去主编，由郑振铎继任，曾出版俄国文学及法国文学研究专号，是介绍俄法文学概况最早的一个刊物。后来撰稿人阵容更为加强，有徐志摩、王鲁彦、沈从文、许钦文、敬隐渔、徐霞村、赵景深、黎锦明、施蛰存、朱湘、巴金、张天翼、胡云翼等。对于各派别的论调都予以采纳，是言论不偏不倚的一个文学杂志。上海商务印书馆出版发行，每期二角。

《文学月报》是一九三二年六月所刊的一种最有力的文学杂志，特别注重创作，主编者周起应。撰稿者有蓬子、冰莹、茅盾、鲁迅、郁达夫、田汉、洪深、魏金枝、沈端先、方光焘等人。由上海光华书局出版，每期三角。

《现代》月刊创刊于一九三二年五月，是现代书局出版的一种纯文艺杂志，是当时所谓“第三种人文学派”发言的机关。主编者施蛰存，基本撰稿人有戴望舒、欧阳予倩、苏汶、杜衡、茅盾、巴金、老舍、李金发、叶灵凤、穆时英、张天翼、高明等人。内容特别注重于文学论战，是中国提倡文学论战最新最活跃的一种文学杂志。由上海现代书局出版，每期三角。

《现代文学评论》月刊，于一九三一年四月十日创刊，内容以新书批评为主旨，是建立正确评论的中心杂志，创作与翻译的材料也很多，是中国最初出现的一本有价值的评论杂志。主编李赞华，基本撰稿人有李青崖、傅东华、谢文逸、汪倜然等人，上海现代书局出版，每期三角。

《新时代月刊》创刊于一九三一年八月一日，内容范围完全容纳纯文学作品及翻译。主编曾今可，撰稿人有袁牧之、杨昌汉、钱君匋、崔万秋、顾仲彝、沉樱、徐悲鸿、巴金等人，特别创刊文坛消息栏，全国文学运动之活动可一览无遗。上海新时代书局印行，每期一角五分。

《奔流》月刊是一九二八年六月二十日创刊的，系鲁迅和郁达夫主持的一种文艺月刊。由鲁迅主编；撰稿人有白薇、林语堂、杨骚、柔石等，每期除文艺作品外，更介绍世界著名的图书。上海北新书局出版，每期二角五分。

《大众文艺》月刊，是郁达夫独资创办的，一九二九年初次与读者晤面，主编是当然的郁达夫，撰稿人有张资平、叶鼎洛、邱韵铎等。曾发刊《新兴文学》专号，对于提倡新兴文学的功绩甚大；因此于一九三〇年六月一日，为中央党部禁止出版。上海现代书局出版，每期二角五分。

《太阳月刊》于一九二八年出版，由蒋光慈主编，为一种纯宣传普罗文学的杂志；撰稿人有钱杏邨、萧红、萧军等。上海春野书店出版。

《橄榄月刊》系南京路线社出版的机关杂志，专刊文艺作品。撰稿人有毛一波、何乃黄、刘季尊等，完全为另一路线的人物。

《南国月刊》是在一九二九年五月一日出版，由田汉主编，提倡新写实主义的一种文学杂志。特别注意话剧的研究、理论及实践的文字，尤注重于话剧本的介绍。撰稿人有陈凝秋、左明、左天锡、黄素，多方系南国剧社的社员，所以刊登的戏剧文字是比较有力量的。在一九三四年八月由中央党部禁止出版。由上海现代书局印行，每期二角五分。

《新流月报》创刊于一九二九年，由蒋光慈主编。内容侧重创作文字，但亦为宣传普罗文学的刊物。出至四期时便停刊了。上海现代书局印行，每期二角五分。

《现代小说》月刊是一九二八年一月创刊，由叶灵凤主编，是纯现代小说的刊物。撰稿者有钱杏邨、向培良、洪灵菲、戴衍万、楼建南、潘汉年等人。也是提倡新文学的主要刊物，一九三〇年三月受中央党部命令禁止出版。由上海现代书局出版，每期二角五分。

《新文艺》月刊，于一九二九年出版，内容高唱新写实主义，撰稿人有杜衡、施蛰存、刘呐鸥、林疑今等人。

《文化批判》月刊是一九二八年创办的，和《创造月刊》、《太阳月刊》同是当时鼓吹革命文学的刊物。撰稿人有李初梨、冯乃超、朱镜我等人，他们都是后期创造社的重要人物，对于革命文学的提倡有很大的功绩。由创造社出版部印行，出版不到一年即停刊。

《萌芽月刊》，创刊于一九三〇年，和《拓荒者》同是左翼作家联盟的机关杂志。创办者是冯雪峰和鲁迅，只出版了五期便停刊了，撰稿人有蓬子、魏金枝、傅桁等。

《拓荒者》月刊，于一九三〇年出版，由蒋光慈主编。撰稿人有钱杏邨、华汉、叶灵凤、洪灵菲、成绍宗等人，惟出版五期被禁停刊。

《北斗》月刊是丁玲于一九三一年九月二十日创办的，是一种纯文艺的月刊。执笔者有蓬子、冰心、茅盾、叶圣陶、林徽因、郑振铎、巴金等人。上海潮风书局出版，出版数期后被禁停刊。

《贡献月刊》是上海嘤嘤书屋出版的文学杂志，一九二五年创刊，注重翻译文学。撰稿者有李青崖、陈醉云、柔石、孙福熙、傅雷等人。每期三角。

《泰东月刊》是泰东图书局出版的杂志，创刊于一九二七年，偏重于创作文艺。撰稿人有王南坡、巴克、祝秀侠、邬孟晖、孟超等人。

《创造月刊》，创刊于一九二六年三月一日，主编者是郁达夫与成仿吾。是中国新文学运动史实上，功绩最大的一个杂志，月刊的内容是季刊和周刊的集合体，特别注重于创作文艺。撰稿人有郭沫若、梁实秋、何畏、郑伯奇等人。一九二八年十二月停刊。上海创造社出版部印行，每期三角。

《戏剧杂志》月刊，一九二九年九月出版，内容完全是戏剧的创作和翻译的文字；有理论、剧本、消息等栏。主编欧阳予倩，撰稿人有胡春冰、赵如琳、顾仲彝等人。是广东戏剧研究所的机关刊物，是中国最有力，富于研究探讨的戏剧杂志，由上海神州国光社印行。

《孤帆月刊》，一九三二年江苏真茹孤帆文艺社出版的文艺杂志。主编者章石承，撰稿人有鸥外鸥、胡公硕、曾今可等人。每期四分。

《读书月刊》，一九三〇年十一月创刊。顾凤城主编，内容除文艺外并有各科学术。撰稿者有赵景深、谢冰莹、升曙梦等人。上海光华书局印行，每期二角。

《新月月刊》，一九二八年三月十日创刊，由徐志摩、罗隆基主编。基本撰稿人有胡适、潘光照、梁实秋、沈从文、闻一多、陈西滢、凌叔华、余上沅、饶梦侃等人。对于新写实表派示不满，同时对于感伤派、颓废派、唯美派、功利派、标语派、主义派等文学都加以相当的抨击，他们对于创作思想所标榜的两大原则是"健康与尊严"，由新月书店出版，每期三角。

《前锋月刊》，一九三〇年国庆日创刊，为提倡民族主义文艺最有力的一个刊物。从创刊号《民族主义文艺运动宣言》一文中看出了他们所持的态度。撰稿者有陈抱一、傅彦寿、谷剑尘等人。上海现代书局出版，每期三角。

《南风月刊》，一九三一年三月创刊。撰稿人有叶灵凤、缪崇群、朱之倬等人，由上海光华书局出版，每期三角五分。

《狂涛月刊》，一九三一年出版，系暨南大学学生陈建侯等发起创办的，内容完全系互相研讨学术。撰稿人包括复旦、持志、大夏、正风各校的同学。

《文艺生活》月刊，一九三一年创刊。由姚蓬子主编，撰稿者有叶绍钧、沈起予等人。上海联合书店出版。

《中学生》月刊，一九三〇年一月出版，是中国第一个最完整的中学生杂志。由夏丏尊、丰子恺、章锡琛、顾均正主编，由上海开明书店印行。

内容偏重各种科学的研究方法[①]，适合于大学生研究学术的刊物，撰稿人有周作人、巴金等。

《现代文学》月刊，一九三〇年七月创刊。由赵景深主编，内容系研究创作、批评、翻译等类的文字，执笔人有谢六逸、钱歌川、黎锦明、梁遇春、马彦祥等人。

《中国新书月报》，一九三〇年十二月创刊，专刊出版界的新闻与批评。上海华通书局出版，每期六分。

《北国月刊》，一九三三年一月出版，完全是刊登文艺作品，并没有任何主张。撰稿人有叔寒、古柏年、叛徒等人。

《艺风月刊》，一九三三年一月出版。由孙春苔主编，撰稿人多半是杭州的艺术界闻人，有汪佩虎、陶今也、王潜远、荆有麟等人，出版地区是杭州。

《文艺茶话》月刊，一九三二年十二月创刊，是小品文的杂志，撰稿人章衣萍、李朴园、曾仲鸣、孙福熙、雷圭元等人，由上海中国美术刊行主编。

《文艺杂志》月刊，一九三三年四月十五日发刊。内容是介绍各种不同主张的稿件，但注重于大众化的文体，并呼吁反帝口号。撰稿者有宋之的、孙席珍、张露薇等人。北京西北书局印行，每期二角。

《新大众月刊》，一九三三年四月出版，纯文艺性质，撰稿人有谢村夫、田农、炎煌等人。

《文艺月刊》，一九三三年四月出版，主编者该社。撰稿人有罗浮、曹葆华、吴组湘、穆木天等人。北京立达书局出版。

《红黑》月刊，一九二九年创刊，沈洪文主编，撰稿人有丁玲、白丁、沉默等人。上海该刊社出版。

《一般》月刊，一九二六年一月出版，撰稿人有刘熏宇、丰子恺、陈之佛等人。上海开明书局印行。

---

① 此句前疑有文字脱漏。

《华严月刊》，一九二九年一月出版，瞿世英主编。撰稿人有庐隐、于赓虞等人。北京华严书店出版。

《新女性》月刊，一九二六年出版，是章锡琛辞去商务印书馆出版的《妇女杂志》主编以后所办的杂志。撰稿人有胡愈之、章克标、胡仲持、徐调孚等人。上海开明书店印行。

《摩登月刊》，一九二九年出版，田汉主编。内容着重戏剧和诗歌，执笔者有郑重、阎折梧等人。上海该社出版。

《火山月刊》，一九二六年出版，该社主编，上海光华书局印行。

《洪鸣》月刊，一九二五年创刊，浙江嵊县章焕文主编。

《婴宁》月刊，一九二五年创刊，长沙婴宁学会主编。

《荆野》月刊，一九二五年创刊，开封第二中学征实学社编辑的文艺刊物。

《银砂》月刊，开封爱好文艺的人所出版的，撰稿人有叶鼎洛、赵景深等人。

《文艺新地》月刊，一九三二年四月一日创刊，是叶沉、张泽厚合办的一种左联作家有力的刊物。

《武汉文艺》月刊，一九三二年六月创刊，由该社主编，撰稿人有陈西滢、倪贻德、苏雪林等人。由江汉印售馆出版。

《黑猫月刊》，一九三一年九月创始，编者范钧，出版地杭州。

《大夏月刊》，一九三三年秋创刊，上海大夏大学出版，由该校教授黄仲苏主编。撰稿人有陈伯吹、程天复等。

《青年界月刊》，一九三一年三月出版，主编赵景深，内容偏重文艺，兼及其它论文学术。撰稿人有郁达夫、梁遇春、徐霞村、周作人等。上海北新书局出版。

《真善美月刊》，一九二七年一月出版，是曾孟朴和他的儿子曾虚白主编。撰稿者有傅红廖、邵洵美、叶鼎络、高建华等人。上海真美善书店出版。

《文艺月刊》，一九三〇年创刊。是南京中国文艺社所出版的刊物。内容分诗歌、小说、戏剧、近代文艺思潮、散文、书报介绍批评。撰稿人有金满成、缪崇群、陈梦家等。

《南风月刊》，一九三三年元旦创刊，上海暨南大学南风文社主编。撰稿人有顾仲彝、温梓川等人。

《微音月刊》为上海该社出版。撰稿人有沈起予、老舍等人。

《草堂月刊》，一九二三年在成都创刊，是草堂文学研究会的刊物。出版四期则停刊，又改出《浣花》，不久也停刊了。

《火焰社刊》，一九二三年在汕头出版，该刊以创造新文艺，整理旧文学，介绍世界文学。主编蔡心觉。

《爰美月刊》，一九二四年冬创刊，出版地绍兴。

《流露月刊》，一九三〇年在南京出版。撰稿人有屠凝冰、韩起、马子华等，拔提书店出版。

《现代学生》月刊，一九三〇年十月出版。刘大杰主编，自二卷一期改由章衣萍主编。上海大东书局出版。

《文学月刊》，一九三三年七月一日创刊，是一种最有价值纯文艺刊物；撰稿人都是当代著名的文艺作家。上海生活书店出版，每册三角。

《小说月刊》，一九三二年十月出版，沈从文主编。撰稿人有张鸣春、高植、陈梦家等。杭州苍水书店出版。

《剧学月刊》是南京戏曲音乐院北平分院研究所编辑。一九三三年一月创刊，内容多是关于旧剧的研讨，对于话剧的理论文字也很多。主编金兆朴与程砚秋。

《新叠月刊》，一九三三年一月在上海出版。

《彗星月刊》，一九三三年一月在上海出版，主编项德言，撰稿人有穆时英、孙席珍、余慕陶等。

《絜华半月刊》，一九三二年由张资平创刊，反对普罗文学。

《马来亚半月刊》，一九三一年春在上海出版，内容宣扬南洋文化，主编朱梅子，撰稿人雷今可、巴金等。

《幻洲半月刊》，一九二六年秋在上海出版，主编叶灵凤。因刊登不避权势文字，为当局禁止出版。光华书局印行。

《南华文艺半月刊》，一九三二年一月在上海出版，主编曾仲鸣。因在第十四期刊载娄子匡的一篇文章触犯回教徒，至第十九期被禁停刊。

《月波半月刊》一九三一年春在太仓出版。

《文艺半月刊》，也是月波社同人创办的文艺刊物。

《客窗半月刊》，是镇海的《镇海报》和《四明日报》的刊合订。

《蔷薇半月刊》，也是客窗社同人编辑的，附《新闻公报》副刊。

《苗圃半月刊》，镇江中学的学生会编辑，是《镇报》的附刊。

《论语半月刊》，一九三二年创刊，林语堂主编，林语堂赴美后由陶亢德主编。是提倡"幽默文学"的刊物。撰稿人有邵洵美、俞平伯、刘半农、老舍等人。上海中国美术刊行社出版，每期一角。

《乐群半月刊》，一九二八年创刊，张资平主编的文艺刊物。上海乐群书店出版。每期二角。

《艺术信号半月刊》，一九三三年发。北京辅仁大学学生孟嘉主编，内容是综合的介绍批评艺术各部门。

《趣味半月刊》，一九二六年六月创刊，谢六逸主编。出版地点上海。内容刊载趣味小品、生活写实等。

《疏星半月刊》，一九二五年六月出版，北京出版，文艺性质。

《活力半月刊》，一九三一年五月在广州发刊，内容文艺艺术。

《威克特雪半月刊》，一九三二年在济南出版。

《醒狮半月刊》，一九二五年创刊。太原山西大学曙社编辑。

《青萍半月刊》，一九三一年在杭州发刊。主编丁泪鸿。

《星花半月刊》，一九二四年北大婴孩社出版。

《诗学半月刊》，一九二三年创刊，北平诗学研究会刊物。

《诗》半月刊，一九二三年春创刊，上海中华书局印行。

《知》半月刊，一九二四年八月发刊，朱自清编，上海出版。

《中州文艺半月刊》，一九二四年创刊，天津南开中学于庚虞编辑。

《诗学半月刊》，一九二四年十一月创办，南京东南大学编。

《月潮半月刊》，一九二四年在南通发刊。文艺刊物。

《长风半月刊》，一九三〇年在南京出版。文艺刊物。

《湖光半月刊》，一九二四年在长沙出版，文艺刊物。

《麦华半月刊》，一九二四年湖南雅礼大学的刊物。

《微光半月刊》，绍兴第五中学师范部出版。

《溅沫半月刊》，民国十五年在厦门创刊。

《霜剑旬刊》，河南大学文科主办，文艺刊物。

《白华旬刊》，一九三〇年在苏州出版的文艺刊物。

《童灯旬刊》，一九二五年九月在南通出版，系儿童读物。

《流云旬刊》，一九三一年在杭州出版，文艺刊物。

《榆林旬刊》，一九二四年在陕西榆林中学出版，主编王森然。

《姊妹旬刊》，同上。

《火球旬刊》，一九二四年八月创刊，由北平劳动文艺研究会主编。

《白月旬刊》，一九二四年九月问世，在宁波出版。

《星野旬刊》，一九二四年冬创刊，是武昌《江声日报》的副刊。

《艺林旬刊》，武昌师范大学国文系编辑，十四年创刊。撰稿人有郁达夫、胡适等人，初附于《北京晨报》副刊，后由武昌时中合作报出版。

《文字旬刊》，民国十二年六月创刊，北京文学研究会编辑，附于《晨报》副刊。由王统照主编，撰稿人系当代知名作家。

《新少年旬刊》，民国十四年夏，北京少年卫国团发表意见的园地，附于《晨报》附刊。

《南国周刊》，一九二九年夏创办，田汉主编，内容的文艺与戏剧，并为南国剧社的机关志。上海现代书局出版。

《北新周刊》，一九二六年七月由北新书局发刊，孙福熙编。

《滂沱周刊》，一九二八年出版，太原文艺学社主编。

《现代评论》，一九二四年冬出版，陈西滢主编，系文艺与批评的刊物，现代评论社出版。每期八枚。

《寒雁周刊》，一九三一年发刊，《镇海新闻公报》的副刊。

《狂飙周刊》，一九二六年上海出版。光华书局刊行。

《文学》周刊，一九二六年创刊，系北京《世界日报》的副刊。

《野火》，一九二六年创刊，宁波出版。

《火花周刊》，附于长沙《民国日报》。湖南热潮文艺社论。

《南鸿周刊》，一九二五年在四川重庆出版。

《岭东构筑周刊》，一九二五年在北平出版。

《青光》周刊，是青岛出版的一种文艺刊物。

《白火周刊》，济南白火文艺社编，附于《民国日报》。

《语丝》周刊，一九二四年创刊北大，新潮社主编。

《文艺》周刊，一九二五年创刊，河南中州大学学生刊物。

《沉钟》周刊，一九二五年创刊，北平浅草社编。

《晓风》周刊，一九二五年创刊，广州协和学校出版。

《文字周刊》，一九二五年出版，广州《民国日报》附送。

《开展周刊》，杭州出版，娄子匡主编的及普罗文艺刊物。

《文艺新闻》周刊，一九三一年出版，执笔人有蒋仲云、马彦祥等，内容多件传递文艺以及文化的报告与批评。

《微笑周刊》，一九二三年河北翼第六师范编辑。天津《民意报》附刊。

《晨光周刊》，一九二三年在广东发刊。

《翠湖之友》，一九二三年云南府出版，系云南唯一的文学刊物。

《文艺周刊》，南京中国文艺社编，随《中央日报》附送。

《国语周刊》，一九二六年创刊，每日随《京报》附送。黎锦熙主编。

《戏剧周刊》，北京《京报》副刊，凌霄汉阁主编。

《民众周刊》，北京《京报》副刊，刊载民间故事歌谣等。

《妇女周刊》，北京《京报》副刊，北京国立女子师范大学编。

《儿童周刊》，北京《京报》副刊。

《莽原周刊》，一九二四年出版，未名社编辑。鲁迅主持，也是《京报》副刊，后独立改为半月刊。

《文学周刊》，一九二三年创刊，北京缘波社编。内容新旧文艺并载。

《古城周刊》，一九二七年，天津出刊，由姜公伟等编。

《努力周刊》，一九二二年出版，胡适主编，讨论古史的刊物。

《彩虹周刊》，一九二四年在汕头创刊。

《东光周刊》，一九二四年在奉天创刊。

《鸡鸣周刊》，一九二四年长沙第一中学学生刊物。

《文学周刊》，一九二一年创刊，文学研究会刊物。最初附于上海《时事新报》副刊，后在上海改为由文学周报社发行。

《黎明》周刊，上海复旦大学学生会刊物。

《晨报副刊》，于一九一八年十二月附《晨报》创刊，是五四运动勃兴期的有力刊物。而且发表了许多文坛不朽的作品，如《阿Q正传》等等，主编孙伏园。一九二五年由徐志摩主编。

《绮红》，一九三〇年出版，中国大学学生会编辑的。

《少年时代》，一九三一年出版，儿童读物，彭芳草主编。

《绿》，林微为主编，倾向于唯欧主义的刊物。

《睿湖》，一九二九年出版，燕大国文学会编。

《戏剧与文艺》，一九一一年创刊，熊佛西主编。

《青年文艺》，一九三一年在上海出版，王尺一主编。

《小学生》，一九三一年一月出版，陈伯吹编，北新书局版。

《新学生》，一九三一年出版，汪馥泉编，光华书局版。

《红光》，山东慧明师范讲习所编。

《心波》，一九二六年出版，河南中州大学编。

《澎湃》，一九二四年创刊，云南新亚书局版。

《飞霞》，一九二五年在河南出版。

《晨光》，一九二五年创刊，宁波浸会高级小学生出版。

《艺术春秋》，一九三一年在广州出版，主编何厌。

《现代艺术》与《万人杂志》，出版地广州，主编何厌。

《诗刊》，一九三一年在青岛出版。

《文学导报》，一九一二年上海左联作家创办。

《潇湘绿波》，一九二五年在长沙出版，赵景深编。

《谷风》，一九二五年在潮州出版。

《乌鸦》，一九二六年在长沙出版，是《民国日报》的副刊。

《一九三一》，主编林疑今。

《爝文》，北平义社于一九二三年创刊出版，蹇先艾主编。

《飞鸟》，一九二四年在湖南出版。

《诗坛》，一九二三年在天津出版，主编赵景深、焦菊隐。

《我们的七日》，一九二四年在上海泰东图书馆发行。

《骆驼草》，一九三〇年在北平出版。晨钟社编，周作人等撰稿。

《星星》，一九三三年在四川泸县出版。

《启明》，一九二四年在奉天编。天津《民意报》出版。

《白杨文坛》，一九二四年在吉林编，天津《民意报》副刊。

《心华》，一九二四年在云南出版。

《春的华》，一九二四年在古邳出版。

《云波》，一九二四年六月在昆明创刊。

《一片》，一九二四年在杭州出版，片月诗社主编。

《玄背》，一九二六年在天津创刊。

《火坑》，一九二六年在绥远创刊，杨令德编。

《雪花》，天津出版，何小川主编。

《新文艺》，一九二九年出版，林疑今主编。

《学生杂志》，民国三年创刊，商务印书馆出版，朱天民编。

《中国诗刊》，一九三一年春创刊，徐志摩主编。

《创化季刊》，一九三三年出版，上海中国文化协会主编。

以上共计是一百九十二种，当然，这并不能完全包括了全国杂志的出版确数。同时，也并不能算是一个对中国杂志出版史的整个的调查：因为在笔者从事调查的时候，手边自然难于找到每一种杂志的全份来参考研究。所以有的杂志据记忆所及，给予它一个轮廓的概说；有的因不能整个研究该杂志的余部分，所以只记下了出版地域、书店名、编者名及撰稿人等。只此在一百九十二种的调查过程中，也已经费去了相当时间与精力。因为，我觉着这也总算是中国出版史上的一个小小的史的记载，所以大胆地作了这一件工作。其中独立出版的自然可以归入于杂志史的；但是附于报纸副刊中的，它对于中国的新文学运动也总不算是完全无功的，因此就能寻到的材料，也把它们列入了杂志史中。

还有一点要声明的，这一篇文章，在出版的年限上，本来想着用逐年的调查方法，后来终因为调查的时候，一日之中不一定就能够找到完全为某年的出版物；也许是遇到了很多年限复杂的出版物，便不得不随便记载了下来；因此，年限是很复杂的。如能允许的话，当再继续调查，更新整理，也算是整理新文学运动之史的工作了。

本文记载年限自一九一五至一九三三的十八年的杂志出版的记载，内容有遗漏，当于整理时补记。

（载《国民杂志》1941年第11、12期）

# 在北京出版的几个学术杂志

端木致宁

杂志比书籍富时间性，故最足以表现某地某时文化的趋向、现状、深度。我国最近数十年来编杂志的风气很盛，几乎每个中学均有定期核刊，大学尤甚。至如一般刊物，其普遍之广，种类之多，都是人所周知的事实。近来出版的刊物虽然数量激减，但在这负“文化城”盛誉的故都，仍然光华郁郁，时放异彩。今仅就关于人文科学及一般读者认为在学术上有重要性的几个学术杂志略加列论，以资介绍。

（一）《辅仁学志》——辅仁大学辅仁学志编辑委员会编辑，所载之文多关于中国历史、语言、文字、宗教、哲学、美术、金石等著作或译文。每年出二期。取材甚严，每期均有名作。如八卷一期之《语录与顺治宫廷》，以语录所载之材料，择钩史实，是史材一大发现。其文目为：

甲、《憨璞语录》三部。甲、推荐木陈，乙、结交内侍，丙、太后参禅，丁、费隐不遇。

乙、《茆溪语录》二部。甲、董后住处，乙、董后设灵处，丙、景山大道场，丁、董后火化，戊、顺治出家，己、顺治火化。

丙、《玉林语录》三部。《玉林语录》湖州本载有顺治十七年十月十七日及二十六日两次御建景山孝庄皇后陟天道场，及十一月初八奉旨为保母说法等事。此等记载于雍正时尽削无遗，今又发现，故弥珍贵。

八卷二期有《宋江三十六人考实》，据作者说：“此篇之意，在援引史传以明稗官小说街谈巷议之所由来。”复根据《宣和遗事》、《龚圣与赞》、《水浒传》、《七修类稿》、《诚齐乐府·豹子和尚自还俗》杂剧，制定宋江三十六人名号次第异同表。取材丰富，论断严紧，诚为佳作。

九卷一期有《切韵考办误》内含声类考辨误，论广韵之声类等。又有《张石琴与太谷学派》，内含张氏事略，张氏师承及太谷学派，周太谷与李龙川，张氏思想内容及太谷学派之学说，太谷学派之政治思想，太谷学派之礼节与习语，太谷学派末流及一般人之误认等。

同治五年黄崖教匪一案，哄动全国，曾引起种种传闻奇说。所谓黄崖教匪者其学派创自石埭周太谷，其门弟子遍江、淮、齐、鲁、陕、甘。其学贯学六经，旁通老释，而自辟门户，时时纬以理术，尊良知，尚实行。张行严、卢冀野等对之均有研究，但本文著者刘厚滋氏秉承家学，见地与取材，尤高一筹——著者为刘鹗、钱云先生之裔，钱云为太谷学派中之高足弟子。

由上数列，可见该学志内容之一般。

（二）《燕京学报》、《史学年报》、《文学年报》——燕京大学出版。三刊内容均甚充实，名著数见。但缺乏个性为其共同缺点。刊物名称虽异，但文章之性质无显著之差别。如《燕京学报》二十期载的《明大诰与明初之政治社会》、《南宋亡国史补》、《春秋周殷历法考》与《文学年报》第三期所载的《祖庙与神主的起源》、《中国的封建制度》均应载入《史学年报》。至如《燕京学报》二十期所载的《陶集考办》、《古剧四考》、《宋金元戏剧般演考》均应载入《文学年报》。《燕京学报》所载之文有《牟子理惑论检讨》、《风雅韵例》等。《文学年报》有《再谈关汉卿年代》、《释朱》、《文笔再办》、《庐陵学案别录》、《庄子考证》、《朱子文学批评》、《刘子斠注》等。《史学年报》有《宋代制举考略》、《卜辞所见之殷代家族制度》、《顾亭林之经济思想》、《清三通之研究》、《清史稿纂修经过》等。

（三）《古学丛刊》——北京古学院编辑。内分学篇、文篇、艺篇、专载、杂俎、插图数栏。第八期有《说文识小录》、《春秋晋地考》、《水经注勘误小识》等。第九期有《名法之学起源于春秋考》、《唐末迄清取士科目考略》等。此刊物颇有特点，装订为我国旧式的线装，文章完全不用标点，即我国原有之句逗亦发而不用。字大墨真是其可取处。所附之插图如古墨照片均甚可贵。

由以上几种刊物之内容，可见我国现代学术界，考证之风是多么兴盛。

（四）《中和月刊》——这个刊物也偶有老释，如第一期的《清初东南沿海迁界补考》，第二期《虺》，第三期《河套民族变迁考》、《京师城内河道沟渠图考》等，但其一般的材料都比以上所举的几种刊物较为轻松。总观该刊，可得以特殊印象，即"寓学问于趣味"是。这个刊物很有些出色的文章为其他刊物所不及，如二卷二期之《明代北京八绝》、《辛巳述往》、《庚子诗鉴》、《拳变系日要录》、《续孽海花》（连载）、《霞飞自叙》（连载）。二卷三期有《北京典当业》、《道情》、《彝斋漫笔》、《上坟船》、《再续孽海花》、《养和室随笔》等。

观上种种可见这个刊物够上"文情并茂"了。

（五）《国学丛刊》——国学书院第一院编纂组编辑。其第一期内容有《论语集释》、《万里长城考》等，行文严整，取材丰富。惟《中南海自在观音菩萨法像考略》文尾有："是骑狮观音之威灵感应，尤为捷速。北京得此坐镇，消灾致福，饶益众生，可断言已。谨详考传布，凡我士庶，发菩提心，具一切愿者，皆可前往瞻礼而祈祷也。"云云。是非治学者之口吻，故其内容空疏宜矣。

（六）《中国公论》——北京中国公论社编辑。这是一个综合刊物。关于政治论文有：《世界的将来——联合、毁灭》、《论美国所以迟迟未参战的原因》等。关于经济有《西北的经济现状》。关于科学有《关于公路桥梁及涵洞设计之研究》。关于哲学有《宇宙本体与"〇"的性质》。关于文史有《梁鼎芬先生评传》。还有国际述评、青年与妇女、文艺、杂俎、插图、国际小言等栏。

（七）《教育学报》——教育总会编辑，第七期的要目有《于复兴东方文化之旗帜下吾人对于西方文化应取的态度》，主张对西方文化做积极的承认、深刻的研究、系统的介绍、精密的批判，并且自己要自主的创造。所言颇是。《顽童教育问题》是从Readers，Digest译来的。内容极好，可惜简略，如再具体再详细则对当父母者之帮助必愈大。《“大日本史”与中国史学》也是一篇译文，内容充实。由该文可见日本学术受中国影响深到什么程度，为一有价值之作，译笔亦通顺。《古今典籍佚亡禁毁考略》列举政厄、禁毁、兵火、火灾、水患、摧残六项史实，引证扼要，无友蔓语，然读之仍颇动人，读后不禁击案为古籍惜。《墨经今释》亦佳，惟未载毕，不能评论。《百里教务分类法》系教务行政上一个创见，颇有用处。此等创造，各学校间或有之，而如此类有系统之发表则不多见。

（八）《图书季刊》——北京图书馆图书季刊编辑部编印发行。内容包括：论著——如《宋刊残本水经注书后》、《驳萧散孚记皇甫诗正集旧抄本》、《国会图书馆所藏善本书叙录》、《稼轩词编年笺注序》、《抄本靖康稗史七种》、《石门铭校考》；书目——《南北朝算学书志》；书评——《清儒学案述评》、《读近译道德经三种》；图书介绍；期刊介绍；学术及出版消息；附录。论著之文，均甚精博。其他各项因材料丰富故比私人之图书介绍等数量较多，消息较灵。

（九）《法文研究》——中法文化出版委员会出版。这个刊物与在下面论及的《中德学志》，和以上所述各刊物迥乎不同。我国目前的学术刊物，大致都沉于古书古史材料之考释，而这两个欲以崭新的姿态、有力的笔锋，专作法国、德国学术之研究与介绍。

法文研究的内容很纯粹，完全注意文学，不杂其他，每期第一篇均介绍一位法国著名的文学作家，如第六期为拉布律叶尔（Jeen de la Bruyire），第七期为巴莱斯（Mavrico Barre's）。在介绍作者身世、思想、作品之后，便翻译该著者的作品。这个办法极好，虽然不是对某一作家作完全而有系统的介绍，但是总比只译一篇小说，诗或散文好得多了，因为最低限度读者对于作者的影子已可得个轮廓。

每期均有书评及中文选读。第六期书评有郭麟阁评石民、张友松合译的《曼侬》（Manon），第七期有倪令仪评钱公侠译《圣安东尼之诱惑》，李健吾译《圣安东的诱惑》（*G. Elaubevt La Touation de Saint Antoine*），所指正之点颇是。中文选读是将中文名著译成发文。此两期所译的为《孔雀东南飞》、李斯《秦刻石文》六篇。将中国名著向西洋介绍使是刊一大特色。

（十）《中德学志》——中德学会编辑。这个刊物与法文研究又不同了。后者是以文学为主，而此刊注重人文科学各部门。其范围之广，及所研究之问题的深度，尤非《法文研究》所能及。他的特点是专门介绍中德两国学术。但是据所出版的这些期来看，其中十分之九都是译述德国著名学者的文章，遍及于哲学、文学、政治、经济、汉学、史学、诗、小说（后取消此二门）、地理、文字等等。译笔大致都很好，有些篇简直看不出有生硬的痕迹，德国的哲学及其他论文就是读原文也颇艰深，而今将它译成中文，如果以读小品文的标准去量它当然是不应当的。

其中有价值的文章很多，如菲希特《告德意志国民书》（连载），这篇文对于唤起德国国民之精神及对德国之复兴有重要关系。《歌德与释勒通信选集》（连载），这种直接材料对于研究歌德与释勒大有帮助，很可珍贵。只是译文有难解处很多，随便一翻几乎页页可见，如二卷三期四四七页。“如果现已作毕了的小家务不去扰我，我定不会那么快地同你分别。”这是一句极普通的话既不是谈学问又不是谈哲理，但是什么意思呢？除了这个通信选集而外其余的译笔都颇通顺。兹举各期要目以示内容之一般：二卷一期有《来勃尼兹与中国》、《猎人家内的一宿》（小说）、《头纱》（小说）、《国民经济学》等；二卷二期有《德国现代哲学的特性》、《裴迪南》、《李希霍芬传》、《日尔曼入作战之战术与战略》等；二卷三期有《雷凯特的哲学》、《以政治人格为教育目的》、《中欧之德国生活区域图》等；二卷四期有《国民性与文化》、《德国小说之艺术》等；三卷一期有《处事箴言》、《一九三三年以来德国之统计》、《一九三三年以来德国的法律兼政治哲学》；三卷二期有《石太因》、《政治论》、《大城市的问题》、《法律学的现状》、《世界人口增减问题》、《德国之劳作服务》等。除论著之外，尚有书评及德国学术消息。最近两期所评的书有《德意志大联邦教育之主动者与统治者》、《分类字汇》、《明清画家印鉴》、《德国诗中所表现的中国》。

以上所举的这两种法德学术机关所编辑的杂志，有一个共同的优点，即他们始终的本着学术的立场，没有丝毫的“霓虹文字”。这或者是主编这两个刊物的中、法、德三国学者之所致。在现在的国际情形之下，这种精神极为难得，所以可贵。其实这也是三国学者聪明之处，否则一带宣传色彩，则读者便要望而却步了。况如互相警戒，尚何能有学术沟通之可言？

总之，以上所述各刊，各有其特色，或解释旧学，或发现史料，或将中学介绍西方，或将西学译入中土，姿态缤纷，而对于学术之贡献则一。今者国际纷争几遍全世，在故都之学者仍肯埋首学问，此种精神实堪敬佩，本文不仅介绍且致敬仰之意焉。

（载《新东方》1941年第2卷第6期）

# 略论上海出版的有关家庭妇女的刊物

晶

如若我们注意一下上海妇女界的读书生活，我们就可以看出来，她们大部分是图画刊物及连环图画一类小人书的主顾；另一部分是黄色新闻性质的小型报的主顾，另一部分是《现代家庭》、《家庭月刊》、《健康家庭》、《上海生活》、《健康生活》、《永安月刊》、《小姐半月刊》等一类刊物的主顾；一小部分是《妇女界》、《中国妇女》、《大地儿女》、《女铎》等刊物的主顾。从上边所列举的现象，读者不难想象出上海中上阶级以及中等阶级妇女的生活和思想的轮廓了。

在目下上海出版的专供家庭妇女阅读的刊物，或以家庭妇女为主要读者的刊物，除极少数外，大多数有下列的缺点：

（一）取材过于偏重都市里中上家庭妇女的生活和她们的需要。

（二）有关抗建的作品太少；我们很难在那些刊物中，发现到什么有关提高民族意识或使妇女知道，目下中国所处地位以及内地妇女动向的作品。

（三）有闲阶级的趣味过于浓厚，许多材料过于不切实际，甚至可以说是无聊。

（四）过于注重广告，有时广告的力量反把发行刊物的本来的目标掩盖着了；例如以提倡健康家庭及健康生活为目的刊物，反大登特登其补药的广告；及如一个注意向妇女界宣传提倡国货的刊物，竟大登其外国货的广告；试想这样，将要产生出甚么样的结果呢？恐怕谁也会猜出所生的结果一定是与原来的目标正正相反的。

（五）从外国杂志中所翻译出的材料，有许多是不合国情的，更有许多是对中国妇女有写的。

（六）有关儿童的材料太贫乏，太落伍；对于教养儿童的观点与主张，有许多地方竟可谓荒谬到极点。

总之，笔者对于现下在上海发行专供妇女阅读，或以家庭妇女为主要读者的刊物的人们，表无限的敬意，因为他们没有忘记了上海以及其他都市中的中国妇女；笔者对于他们处境的困难亦表示相当的原谅；但笔者仍希望他们能注意到笔者所提出的各点，并在可能的范围内予以纠正和改进；更不要忘记家庭妇女的生活是要与国策相酌合起来的。

（载香港《大公报》1941年1月20日）

# 精神食粮：报章和杂志

萧凯莱

也许我们一整天可以不吃东西，而并不觉得怎样饥饿，但当一个正常的智识分子，被人夺去一天读书的权利的时候，他必定感到异常的苦闷和心焦。所以，有许多人称一切优良的书籍为“精神食粮”。实在是很准确的。

但我以为这“精神食粮”四字，对有时间性的报章和杂志而言，当更为确切，每个有理性的读者想必同意我的话，而对这二种读物的重要性，也必定毋庸我多啰嗦而早已明澈地了解，可是有一些青年，却常把报章和杂志混为一谈，这显然是对于他们的根本性质还未有充分的认识。而我今天要写的，也就是这一些些。

现在便把它们的最重要区别叙述如下：

形式方面：报章多用大而散页的白报纸印成，杂志常以较小而较多的纸张汇订成册。

时间方面：报章多每天发行一次；杂志则有星期的、半月、一月的，甚至一季的一年的多种。

内容方面：报章是一般的、大众的、综合的、多样的，而杂志范围较狭，每一刊有每一刊的专门和特著的内容，例如科学的、文艺的、游艺的……

记载方面：报章记事有时间性，每有紧急事件发生，常出“号外”以示报道迅速；杂志记事无时间性，常因欲集中讨论一主题而出版“特辑”或“专号”，例如本刊先后所出版的“成功人特号”和“职业选择专号”等。

署名方面：报章的记事者匿名；杂志的记事者必写明其姓名或笔名于题目下。

表现方面：报章所记的是事实的摘要；杂志所记的则是有系统的叙述和解释。

组织方面：普通报馆的编辑室、印刷所、发行部必集合在一处，杂志的编辑室、印刷所、发行部则多分离。

采集方面：报章当局每在各地设通讯网和采访员，杂志则有特约撰述人，但亦容外稿。

推销方面：报章多由派报处或报贩贩卖；而杂志则多由书店售出，但亦兼由报贩出卖者。

以上所述，报章方面自然是单指报纸的新闻版而言，副刊不在内，因为普通登载在副刊上的稿件多不含新闻性，而其质殊相近于杂志里的作品，换一句话说，就是它在久后并不会与新闻稿件一同而变成陈腐，它是依附于时代，不是依附于事件，虽然有些副刊稿件也常带有时间性而随同社会情势的盛衰而盛衰。

（载《自修》1941年第155期）

# 谈民众读物

刘子亚

## 一、民众读物的需要及现行民众读物的检讨

国民教育实施以后，可以让儿童和青年失学民众一样受到基础教育，能识字，能读书。既然能识字读书，则他们的求知欲，也必随之增高。就教育方法上讲，必须应用此种成绩，使之从阅读中继续受教育，完成国民在建国过程中应备之种种修养。而实现继续教育的工具，就要靠民众读物了。

提起了过去的所谓民众读物，即是指（一）词句鄙俚；（二）多别字、俗字及简体字；（三）售价便宜；（四）唱本；（五）连环图画，及（六）内容尽是神仙鬼怪、才子佳人的什么连环图、十字句、时调、滩簧、戏考、宝卷、旧小说……在街头巷尾，普遍流行，大有人手一卷之势。但一考查其内容，则处处诲盗诲淫，崇尚鬼怪，虽间或有暴露社会罪恶，表扬侠义精神之处，然究敌不过邪恶的暗示。令人读了不是萎靡不振，就是邪念丛生，将来教育愈普及、识字读书人愈多，而中淫盗迷信之毒的人，也就与年俱增。其影响与社会者，如何重大！

在抗战前就有些民众教育机关，感觉到现在流行的民众读物之流弊太大，苦无适当之民众读物，为实施语文教育的工具，于是也自行编辑了不少，如江苏省立教育学院的《劝农谈话》、《农业浅说》、《民众科学问答》、《民众卫生小丛书》、《民众自卫小丛书》、《日本研究小丛书》，中华平民教育促进会的《平民读物》，浙江省立民众教育实验学校的《新民小丛书》，以各省民众教育馆出版的种种民众读物等，种类也不算少。但结果大多因为内容枯涩、语句沉长，配不上民众的味口和需要，终究得不到读者，所以终于失败了。此外向这方面努力的，是顾颉刚氏所领导的通俗读物编刊社。他们的工作范围，是（一）联合演唱艺人施以各种训练及鼓励，同时设法淘汰有害思想风化之旧有歌曲；

（二）搜集各种通俗物予以甄别检定，其不良者是请当地政府取缔之，同时宣传该社新制读物；（三）编制通俗歌曲改为图书，灌输现代常识、科学思想、历史故事等。曾经编刊的通俗读物有两种：一、《民众通报》。目的在用通俗文字介绍民众以有系统的国内外政治经济知识及一般科学常识，俾明了世界大势及中国现处地位，庶知所惕励奋起图强。二、丛书。丛书分甲、乙两种。甲种是以代替《七侠五义》、《小五义》、《施公案》等旧小说；乙种是以代替《哭五更》、《妓女悲秋》、《小上坟》等旧唱词。甲种丛书内容略分自然常识、社会科学常识、历史地理演述、名人传记、故事小说等数类，乙种丛书体裁约分大鼓书词、旧剧词、话剧词、俗曲小调、常识杂要，内容与甲丛书同，总共出了七十余种。此外还有通俗图画，曾出有历史故事类、妇女生活类、儿童教育类、大众生活类、爱国故事类、破除迷信类多种。该社经五年的努力，颇惹起社会上的注意。抗战发生后该项工作大受影响，近来不多见其出品了。

教育部自二十五年起，也自行编辑民众读物，其目的在使具有民众学校毕业程度之民众，能从广大简易而富有趣味的读物中继续受教，借以发扬民族意识、培养国民道德、灌输科学常识、增进实用智能。二十七年并于教科用书编辑委员会之下，特设民众读物组，专司其事，编辑种类暂分为三种：一、《民众常识文库》，为补充民众常识之用，内容包括常识、社会、自然、修养、应用五科；二、连环图画，为灌输识字不多的民众常识之用，内容分科与民众常识文库相同，用浅明生动的图画画成，所插文字均浅近而扼要；三、《民众文艺》，为供给民众休闲阅读之用，以涵养心性激发民族意识为目的。举凡古今名人嘉言懿行、爱国史实和民间有价值的传说，皆选为题材。体裁包括小说、故事、剧词（平剧、昆曲、话剧）、鼓书、歌词（山歌、道情、莲花落），及小曲、小调等。除以上三种外，为适应抗战需要，增加非常时期民众丛书，借以坚定抗战意志，补充抗战常识。总计数年以来，业已印出二百七十五种。推行方面，每种印一万册，分送中央有关机关，如军事委员会政治部、中央宣传部、各省教育部直属各机关、各社教工作团及各省教育厅，由其转发所属各单位，再转达于民众与士兵。

## 二、今后改善的途径

由上所述，可知一般文化教育工作者，以及最高教育行政当局，皆已深感民众读物之需要而予以注意，并从积极方面着手编辑新书，用以代替旧的。不过这件事体很重大，非少数人力所能奏效的，单靠部编的每种印一万册传布于全国民众与士兵，又何济于事呢？纵然能大量印行，但以当前之交通状况，流通上也大成问题，试问将怎样散播到穷乡僻壤，每一个角落里呢？而且各处的风俗习惯不同，文化程度不同，部编的每种读物，是否能适合各处民众的味口而受欢迎呢？怕的是也成问题。于此，作者以为要使民众读物能适合民众的需要，并且能大量的产生，就要由各省教育当局分负其责了。

至于各省应如何着手这件工作，约略分为以下几个步骤：

（一）整理——过去不良的民众读物，既有上述种种之流弊，自应禁止发行。但以现在流通的情形看来，设竟认真审查，恐怕大多数的民众读物都应受严厉的取缔，如果这样实行起来，一道命令，便可把许多害人的读物，一扫而空，根深蒂固的毒菌，一起毁灭，倒也痛决。但这许多劳苦大众，生活枯燥而且辛苦极了，偶有闲暇休息的机会，他们的疲劳，必须调节，他们心灵必须有所寄托，无非是倾向娱乐的方面，花几分钱就灯前月下，租借几大闲书来阅读片刻。总算是他们暂时的消遣，是他们的无上安慰，这样消遣和安慰方法，在低级社会中，总算得是上乘的。若因读物的内容有诲淫诲盗之流弊而查禁，试问仅剩的一小部分，如何能供给他的阅读，和应大众的需要？所以不良的民众读物，故应取缔，但在没有产生好的代替品以前，须要一个补救办法，免得旧的不好的取消了，新的好的还未产生，以致有青黄不接的流弊。这个补救办法，就是把所有在坊间流行的民众读物，一齐搜集整理。其内容优良合用的，酌予奖励和补助；其内容大体妥善，只有一小部分须加修改即成优良读成物的，加以修改之后，令饬再版发行，凡经整理修改认为优良之民众读物，应由主管机关发布，并奖励各书局再版，或其他机关选用。

（二）编辑——整理旧的读物既只是一种补救办法，那么，我们看创作新的自然比取缔旧的还迫切，尤其在国民教育日益普及的情形下，更加需要。可是问题就在新的既为替代旧的而编，究如何编法才能达到我们的目的呢？起码要具备以下两个条件：第一，消极的无诲盗诲淫、提倡鬼怪、提倡迷信的流弊；第二，积极的激发民族意识、养成善良风俗、补充公民常识，以奠定复兴民族之基础。因此编辑的主旨，就应定为以下三项：一、发扬民族精神；二、培养的国民德性；三、增进实用智能。其次关于编辑的原则，最好是“旧瓶装新酒”，就是说，利用旧的形式装进新的内容。分析来说，可定为以下几项：一、文字必须浅明通俗；二、取材必须依据民众日常生活及其有限常识之基础；三、文体宜多变换，例如游记体、歌谣体（五更调、金钱柜之类）、旧小说之章回体、鼓书体、戏剧体等，皆可酌量选用；四、宜多附插图；五、宜采用歌谣；六、应注意引起兴趣；七、应注意诱起读者奋发向上之心。再次，要谈到的是编辑的种类。照现在民众读物缺乏的情形，非有大量优秀的作品，不能满足需要。但以目前的人力和财力，要想达到目的，谈何容易，所以只有各省就其社会情况，当前需要，分别缓急，分别性质，分期着手。在这里不举列门类了。

（三）推行——整理与编辑之外，推行也是一件极其重要的事，因为要想收到效果，非得广为流传不可。推行之方法，一方面可用行政力量，令发各县中心学校及国民学校，作为在校学生之补充读物，并传达各该乡镇的民众。同时令省县各民教机关，陈列展览，以便民众阅读，并应接洽或训练其施教区内书唱人员，广为演唱，以资流传。另一方面可用社会力量接洽教育机关、文化团体，及各书肆代销，并欢迎各机关各书肆索赠及仿印。

## 三、结论

总之，改善民众读物，是一件迫切而重要的工作，尤其在推行国民教育以后，更应特别注意，应该有计划的整理，大量的创作，切实的推行，务使优良读物，广为散播，人手一卷，家喻户晓，妇孺皆知。否则教育日益普及，读书识字的人日益增多，因之不良读物的流传必定更普遍，而淫盗迷信的毒菌，也因此散播更易，分布更快。则国家民族的前途，将何堪设想！

三〇·一〇，于恩施湖北省立图书馆

（载《社教通讯》1941年第1卷第10期）

# 民众读物与社会教育

老　向

社会教育的意义，各界人士能道之。民众服务为社会教育的主要教材，直至今日，似尚未引起各界的重视，诚为憾事。

中国的读书人，有几个不曾看过《三国演义》的？中国民众有几个不曾听过《三国演义》的？这部民众读物使一般民众诵读，演讲，蕴成戏剧，制成歌剧，百读不厌，百演不厌，百唱不厌。无形中使大家得到一部分历史知识，知道忠佞贤不肖的标准，知道古代的军事常识，知道“文臣当如诸葛亮，武将当如赵子龙，交友当如桃园三结义”，这是何等丰富的社会教材，教育的作用是何等的伟大，其他如《精忠说岳传》，如《水浒传》，如《彭公案》与《施公案》，如《凤阳歌》与《孟姜女》，无论长篇短什，莫不或好或坏的在民间普遍的教育着民众。可惜这一类重要的社会教材，却被历来的教育家所忽略，因而产生下列的结果：

（一）向来的民众读物自生自灭，好坏参半，有的是劝忠说孝，有的却是诲盗诲淫，有的也谈“尽人事”，有的却专主“万般由命不由人”。因此，旧有读物在民间的教育作用也就有正有反，不能显示一般教材应有的功能。

（二）旧有民间读物被牟利商人居为奇货，被敌伪汉奸视为利器。商人对民众不惜“投其所好”，尽量编印下流读物，向广大的民间推销，敌人汉奸则尽力利用旧有版物之缺点，作为欺骗麻醉民众之宣传工具。

由于这两个显著的恶果，近年来社会上有识之士，都知道这种埋没已久的宣传利器，是时代的需要，因此不断的呼号着“文章下乡”与“文章入伍”，政府机关和学术团体亦多起而影应，争着聘人才，筹专款，专心一志的编印民众读物，以期普遍的深入民间，这当然是空前的好现象，然而检阅这几年的民众读物的成绩，却觉得距离理想尚远。

（一）人才缺乏，是编辑民众读物的机关与团体所共同感觉到的。因为这种人才具有民间生活的丰富经验，且能了解民众的心理，知道民众的需要。同时，文字必须通俗，笔调必须生动。如此，方能期深入浅出，适合民众口味。此种人才，在今天本已可遇而不可求，各大学校并没有通俗文艺这一课程，据作者所知，只全国文艺界抗敌协会曾有过两次短期的通俗文艺讲习会，成效未著。而且民众读物包罗万象，所需要的编辑人才，不只是通俗文艺家，还需要有文艺修养的科学家、哲学家等。至于边疆的民众读物，读者更需精通边疆文字，熟习边疆风习，经此更难物色了。

（二）经费缺乏，也是编印民众读物的致命伤。年来因为物价高涨，生活困难，私人的学术团体，原来从事于民众读物之编印者，竟不能不忍痛停工。从事编辑的文士，也不能不忍痛搁笔，另谋他图。各机关原有民众读物的编印预算，仍多拘囿于区区成数，无从发展。而需要读物作精神食粮的中国民众，以全数的二分之一计，约为二万万五千万。每出一种书，以一百人共阅读共总一册计，则每种需印二百五十万册。减半再加折扣，每种印一百万册，普及民间，未必算多。然而试问哪个编印民众读物的机关，能有每种印一百万册的预算？“豚蹄穰田”，所持者狭，自难满足时代需要之奢望。

此外还有一个更大的缺点，是从事于编印民众读物的各机关，似乎没有一个明朗的一致的认识。同时描写一个抗战的英雄，往往因为见解不同，重心有异，而在民间的力量会彼此抵消。例如《周建章独守三山峰》这段英勇战绩，我曾见过三册不同的民众读物描写他。其他不论，单就三山峰在哪一个省说，就有安徽、江西、湖北三种地点相异的说法。这对同一地方的民众，必然的会引起怀疑，会减轻教育的意义。

这不过是极微末的一点，大的方面，彼此也不免有见仁见智，甚至于背道而驰的地方。这个缺陷，在编印读物的时候，彼此没有联络是一；政府对民众读物不像对大中小学教科书似的那么重视，没有预筹一个统一审查的机关是二；而从事编印民众读物的各机关缺乏一种共同的认识，是一切分歧的原因。

个人以为任凭民众读物自生自灭的时代应是已成过去，我们应该看民众读物是“唤起民众”的有力工具，是社会教育的主要教材，其主旨是在贯彻我国社会教育的目标。我国社会教育目标如左：

社会教育必须使人民认识国际情况，了解民族意识，并具备近代都市及农村生活之常识，家庭经济改善之技能，公民自治必备之资格，保护公共产业及森林园地之习惯，养老却贫防灾互助之善德。

如欲贯彻此项目标，便应充分利用民众读物作为社会教育的工具，积极方面，培植搜罗民众读物的编辑人才，募筹印刷巨量的民众读物的经费，有人才有经费，则民众读物的质与量自易达至理想的地步。消极方面，复严格取缔违背国策不合时代的民众读物，如此，对于社会教育的实施必能收事半功倍之效。

（载《教育通讯》1941年第4卷第41、42期）

# 谈儿童读物

许达明

上海儿童图书馆终于开幕了。而这一事件的筹备时间也不能算不长。记得在儿童节那天，他们曾经举行过一次儿童读物展览会，邀集过各书局参加陈列，和藏书家的加入展览。

但在这里，我以为儿童读物，在质与量上还要有更大的进步。在今天，写儿童读物作家的确很稀少，而原有的作家也不免要和时代一同进行。

我们的要求并不过高——能进步而正确当然最好，但至少也该以正确的观点来写不含有毒素的。

诚然，儿童读物的领域，它决不是仅仅限于童话一种，其他像儿童剧、歌谣，甚至连环图画等等，没有一种不是儿童读物作家的领域，而增加作家人数的产生方法，我们以为在小学教师中间应该最多，因为他们最接近儿童，对儿童的爱好和个性等的了解是比较深刻的，对这一项人才的选拔，我们认为是不能忽略了的。

至于连环图画的问题，只是内容上的改变，这形式不成问题的。我们希望一般社会团体能在这上面多下点功夫，如果能把这一吸引大量儿童的连环图画搞好，那是最大的功德！

末了，还得喊出，儿童图书馆应与日俱新，成为儿童们的精神粮食宝库。

请先生们救救孩子吧！儿童读物的阵容必须在今天更广大更结实，我们千万不可忽略了儿童！

（载《申报》1941 年 7 月 14 日）

# 论课外读物

芳　草

## 一

在十一月号的《新东方》的青年信箱里，刊载着编者答复一位青年的信，这信里，讲的是青年课外读物问题。事情是这样的：一位在学校里读书的青年，是编者的朋友。他把国文教师开给她的课外读物目录寄给编者，请他代买一下。这书目里连苏曼殊的《断鸿零雁记》都开上，编者就以很凶狠的态度复一封信，指明这是一件贻误青年的事。一封信公开地刊载于信箱栏，注意青年问题的读者，也许对这个问题已经引起了注意。

学校青年的课外读物以及不及学校的青年普通读物，应该是什么书，原是一个很严重的问题。一则一个人在青年期的感受力比任何时期都强；一则青年的光阴非常宝贵，无论是在学校里念书的，或是失学的，都应该多读一些书，以做将来做事业的准备。但是应该读些什么书呢？若是任青年自己随便去读，那恐怕所收的效果不及所损失的大。这是很明显的，一个好好的身体，若是乱吃神药、泻药、毒药，不生病也得生病。书，在广义上，原没有什么不好的，但是在青年人却不这样。

过去，我记得曾有许多学者们注意到这个问题，而且曾很热烈地讨论过。“青年必读书”一类的名词，有时还可以在许多旧杂志里发现。可惜我手头没有这类书籍可供参考，不能引证许多名言大论，凭着我的记忆，那时的讨论，在起初固然在青年的身上着想，一到后来，各人争持自己的主张，难免有些意气用事，并不见如何客观地来检讨这个问题。

最近几年来，或许是紧接着兵荒马乱之后吧！根本没有人注意到这个问题，当然连凭着意气的讨论也没有。难道青年读物的问题解决了吗？还是根本不需要注意到这种问题？我想两者都不会对的，大概这个问题给教育家们偶然地忘记了。

青年信箱里这封信，引动了我的注意。我觉得若是个个青年都去读《断鸿零雁记》一类的书，嘴嚷着“蛮苦格”，其毒害并不亚于请他们吃鸦片或是海洛因。既然没有人来提出这个问题加以讨论，让我做个开路先锋来引起一个头罢。

在这里，我得声明一下。我不是名教育家或是什么学者，所以只愿意做个开路先锋引起一个头来。谚云“头难头难”，是说起头困难，我就做一回难人。至于结论，我决不会举出什么标准书来的。手头参考书半本都没有，引经据典是办不到了。好在讨论一个问题，讲的是理由，不一定要引经据典来吓人的。

还有，我这里讲的大体偏重于学校青年的课外读物。倒不是重视在学校里的青年，反而忽略了失学青年的教育，我以为学校青年的课外读物，失学的青年当然一样读，这中间没有什么界限的。所以学校青年课外读物的解决，也是青年普通读物的解决。

## 二

现在，且拿我自己的事情来做一个实例。我的父亲是很爱读小说的，家里所藏的小说，从大字木版的《金瓶梅》一直到字小如蚁的《绿牡丹》都有。当我跟我的伯父读《诗经》和《左传》的时候，已经有能力读小说了；于是自己在书架上找来读，越读越有味，甚至于废寝忘餐。《诗经》和《左传》的生奥，越显得小说的可爱，反在没有人来管我的事，任我尽量的吞食。读《左传》和《诗经》不过是敷衍门面，全副精神都放在小说上。

《红楼梦》以至《薛仁贵征东》都曾在我的脑筋里留着位置，因此我的思想也跟着所读的书而乱转。读《红楼梦》我想自己是贾宝玉，读《西厢记》自己是张君瑞，读《七剑十三侠》何尝不把自己比成成玉龙。我学做诗，学填词，学打拳，学写字，都无非是想把自己造成某书中的主人翁。洁白的脑筋里充满着封建的浮滑的思想，即是在行为上也往往表示出来，譬如要在雪里吟诗啰，对花悲叹啰，那里还有个纯洁的青年的样子。

接着，进了学校，我还是抱着一肚皮的“才子佳人”、“英雄侠客”的思想。幸好所碰到的先生都很好，他们把许多青年应该读的书介绍给我读，即是没有介绍怎样好的书，也没有叫我读《断鸿零雁记》的，我渐渐地觉到从前思想的错误，竭力地纠正自己。究竟过去的印象太深了，一时改不过来，时时有残余的有毒的思想在脑筋里作祟，不知不觉地产生一些青年不该有的念头。即是现在，有时还发现这些状况。

记得有一天和几位教师在谈着天，话题转到《儿女英雄传》上，我不知怎样地说出我想做书中的安龙媒。这话引起一位教师的注意，马上纠正我思想的错误。过后我分析一下我刚才的思想，的确很可鄙。安龙媒之所以无意地成了我所仰慕的对象，无非是因为他做官，有两个老婆而已。自从到学校里以后，我的确没有这样地有意的仰慕过，这不过是残余的有毒的思想在着作祟。这是八九年前的事情了，现在想起来还是毛骨悚然。

写了这么一大段，并不是在叙述自己思想的历程，而是以自己的事情做一个实例，证明课外读物对青年的思想上的影响是多么的重大。也许可以这么说：我现在的能够写写东西，是得力于所读的小说，这个我也承认。可是在我思想上精神上的损失，比较起来，的确“得不偿失”。如果我的思想歪曲了，要写作能力有什么用？何况写作能力的获得，也不一定要这一类小说的。

## 三

由于上面斯述的经验，我深切地了解课外读物对青年是怎样重要。

如果我进学校碰不到很好的教师，或是不进学校，那么我的思想将永远在才子佳人的圈子里打转。即使我有毅力学诗学词，学写字，造成自己做一个道地的才子，试问对社会有什么益处，不过多一个吃饭和养儿子的材料而已。和我有同样境遇同样觉悟的青年当然也有，而钻在这个圈里伸不出头来的青年却也不在少数。是谁的责任呢？拯救已入迷梦的青年和防止这样事情的发生。

在学校里的青年，似乎对于学校排定功课不及课外读物的感到兴趣。这是和强迫与自动是很有关系的。青年的敏感性，拒绝强迫的教育，在自动的阅读上找他的精神出路，是一种必然的现象。所以课外读物的重要性，实在不亚于化学、物理与数学。我们在这种强制性的教育制度下不能加以改善，惟有因势导利的求得一种比较良好的结果。况且如果课外读物的不良，不但收不到训育的效果，相反地，教育的结果，仅仅是造成许多废料。

课外读物的不良方面，既然如此。它若是被人好好地利用，其辅助教育的力量是有不可思议的巨大。一个青年若是时常阅读科学新闻、科学故事一类的读物，我们可以知道他对于学校里理化科目是一定有优良的成绩的。如果我能够在很小的时候，就读《富兰克林自传》一类关于德性修养的书籍，那我的思想不会像现在一样地时常有危险发生，而对于我过去的品行，也不会弄成一团糟。

潜移默化的力量，产生于自动的模仿；我们在社会里学校里，不能尽如人意的造成许多可以给青年模仿的模型，那也只有在青年兴趣所在的读物里想点方法。这总是不会有什么错误的，我们放着许多值得模仿的模型在青年的面前，让他们自动地选择。

老实说，无论是德性上，某种事物的兴趣上，都应由青年自动去找寻去觅取，强迫的注入，徒然得到意外的反感。教师应该是指导者，而不是注射者。而要青年自动地去学习去寻求，死板板的公式与冷冰冰的课室，有什么用呢？

在现在的教育制度之下，惟有课外读物是青年的自动学习的启发者。但是读物的不良，会把青年启发到错路上去。

## 四

课外读的作用，概括起来说，可以分为下列三项：

一、扶助德性的修养；

二、帮助智识的增进；

三、帮助文学技术的进步。

虽说是这样的分为三个大类，但是没有一本纯良的课外，是专向一个大类进行的，至少是对于其他以二类有较次的帮助。譬如《化学奇谈》一书，应该归于第二类的读物。而其文字的技术和家庭间亲切的描写，对于文字的技巧和德性的修养，也有相当的益处。其他的例子很多，不胜列举。

所以这种分类的方法，仅指出其偏重的一面。

青年是纯洁的盲目的，他们的选择课外读物，是只凭着自己的环境底驱使。在现在，大教育家们在着翻译，大文学家在着写“妹妹！我爱你”的小说，都没有想到这些上头，所以没有一种经大家选定的公认的青年标准读物。固然有许多书的封面上印着花花绿绿的字，什么“标准”，什么“青年读物”，什么“青年必读”，但是谁定的标准？想到这里，难免不教人想到书店的生意经上去。即是经什么博士选定的，但也没有经过许多学者的检讨，诚意的公认，至少会有某一种的偏见。

读物的标准既这样地难寻，难道青年便因噎废食地除上课以外不再读书吗？不，绝对的不，这责任应该在他们的教师身上。

教师是最接近青年的，而且也获得了青年的信仰。他观察每一个青年的品行学问，他知道每一个青年的缺点和长处。借着课外读物以抑制青年缺点的扩大，扶助长处的萌芽，惟有教师是最好的指导者。每一个教师都应该拿点良心出来，不要轻轻地把责任往地上一丢。甲青年是缺乏教学的兴趣的，应该选一些关于数学的课外读物给他读；乙青年喜欢说谎，应该选一些关于德性修养的书给他看。在教师是指导的时间所费很少，在青年这一辈子都受益于这里。

但是，教师如果马马虎虎地指定几本书给学生读，不管学生有益没有益，有害没有害，这个样子的指导学生读书，等于把学生推到深渊，让他们死的死，活的活，教师至少要考虑一下，自己不能解决的，和别人讨论讨论。为着自己的马虎与怕难为情，断送许多青年的前途，为什么这样忍心呢？

## 五

在前面我已经说过，我这篇东西是一个开路先锋，仅仅想引起许多关心于青年的先生们之注意，至于选定什么标准书，引用某阔人的名言，觉得犯不着。综结了上面，我提出的是：

一、青年课外读物的重要；

二、教师在这里责任的重大。

我的要求是：

一、教师是不要马虎地指定课外读物；

二、学者们对于这事的关心，多多地加以公允的检讨；

三、文学者不要仅是花呀月呀，可能地翻译或创作一点青年的读物。

末了，我再说一个事实：

有一天，我在一家旧书店里买书，这书店是兼租小说的。忽然来了三位女同胞，衣襟上挂有三角的校徽，一望而知为女学生。她们不是来买书，而来租书。我注意一下，原来都是老主顾，按月租的。选好了，一个租张恨水的《满江红》，一个租李定夷的什么青年，一个租平江不肖生的《江湖奇侠传》。她们拿在手里，和原有拿在手里的三角板、外国历史等等文具与书籍，相映成趣。我不忍再看下去，掉脸走了。

又有一个事实：

在一条马路上的旁边，摆着一个出租连环图画的摊子。三位小学里的学生，大概是放学回家，书包都没有放，大家兴高采烈地在看《黑衣盗》。我想：这一天的功课，大概白学了。

像这些例子，到处都可看见。

文学这样的拙劣，开路先锋做得好做不好原是一个疑问，但是我的热忱，也许能得到学者们的青睐。就此打住，我等待新的消息！

（载《新东方杂志》1941 年第 4 卷第 6 期）

# 补救教科书荒的几种具体办法

鲍云柏

教科书荒，已成各县普遍现象。在边区县份，不但是“荒”，而且是绝对无处购置。一般人认为是很严重的问题，但我认为并不稀奇，更无所谓严重。何以故？第一，因在此抗战时期，教科书，将无处购买，是在吾人意料之中；第二，因为教科书荒是有具体的应付办法。不过，在未讲教科书荒的补救办法以前，教师对于教科书应该有三种认识：

第一，教科书虽是教师施教时一件利器，但不是唯一的利器，而是给教师参考用的。教师决不能完全依赖教科书，且必须充分灵活地运用这利器。在必要时，因时代、时令、地理种种关系，还要选择切合自己需要的教科书。真正优良的教师胸中应有一套富有适应性的、完善的、合理的教科书。所以教工同志应该认识教科书荒并不是怎样严重的问题。

第二，一般的教科书，是抗战以前编的，有关抗战材料尚未搜集编入，故不合抗战时期的需要。且各书局所编教材，因营业关系，是有全国性的，而实际内容偏重于沿海各省之情况，未能完全适合川省民情。因此，即使能买到教科书，亦须斟酌选择；现在既不易买到，更无用焦急！

第三，要打破过去一般依赖教科书之观念和习惯，而能决心采用有效的补充办法。兹将各种办法分述如次：

1. 抄写。中高年级学生，皆能抄写，教师在课前，将应教之教材先抄录于黑板上，指导学生利用习字或自修时间抄写。这样不但能练习书法，且能使学生对于新的教材自己预习一遍。在抄写时，对于生字生词，难句，自己标明符号，待教师讲授时，略略提示或讲解，就可完全明白。

2. 借旧书。在此抗战时期，处处应该节约，一天要做两天事，一钱要当两钱用，难道一本书就不该给两人读吗？且养成爱惜物力节约的习惯，亦同是学生应有的美德；不过借旧书往往未能全班借到，必要时仍须另行设法。

3. 教师自编教材油印讲义，或石印活页教材。这在设备完善的城市学校也许尚能做到，在乡村学校根本不可能，且油印石印材料甚贵，因此讲义，和活页教材价值亦就不赀。

4. 利用小黑板。查各学校有大黑板者甚多，而对于小黑板之设置和应用，皆未能注意，并且有一部分学校有了小黑板，尚未能充分应用，甚至弃而不用，岂不可惜？小黑板比大黑板的应用更广，第一是小黑板移动灵便，第二是小黑板可两面应用，第三小黑板比较经济。倘无教科书，先将教材抄录于小黑板上，就可上课，读法或练习皆可随意运用。

5. 采用山东省寿光县小学教师赵树声所发明的水印办法，用中国毛头纸或普遍糊窗纸用毛笔蘸紫色颜料分划成版，版上下各铺同样之纸各一层，污以清水，用木棒，由上面槌之，一切书画即渗入所印之纸上，往复用原来之版，如前法槌击，每版可印五十份。缺乏教科书的地方，小学低年级用教材，可采用此水印办法，酌量翻印，以应急需。

6. 采用卡片教学法。卡片教学是低年级最有效、最合理的教学法。教师制一套生字和生词的卡片，全班学生无课本亦可上课，且比单靠课本教死书容易进步。倘使全班都有课本，亦该依照所用课本制一套，因卡片教学，能增进学生兴趣，加强学生记忆，学生对于生字生词的印象更深刻，所以有课本而兼用卡片教学，必能收事半功倍之效！在外省流行甚广，川省各县尚未能普遍采用，兹特将卡片教学法分述如次：

（1）轮流认读。指导全班学生站立成环，教师手持卡片，立于适中地点，儿童轮流跑至教师处，认读一字，能读者通过，不能读者，将卡片□给他。轮流认读完毕，对于不能认读之学生，再行指导认读。

（2）听见便交。将全套卡片分发给全班学生，然后公报领袖一人，领袖读一字，儿童交一字，至交完止。

（3）迅速搜寻。将生字卡片排列于卡片架上，或黑板上，学生分组立于卡片架前，教师读一字，学生取一字，以多取者为胜。

（4）听讲故事。将卡片分发给全班儿童，每人一张或二张，然后教师讲故事，讲到什么字，学生便交出什么字，故事讲完，卡片也交完。（注意故事内容要与卡片内容配合。）

（5）见字表情。教师手持卡片，举一字，全班学生表演一字之意义；不出声音，团体表情或个别表情，在练习时可随意运用。

（6）卡片填字。用数张卡片在黑板上纵列或横列成句，随意脱落一字，例如“我喜欢〇”，指导学生持卡片填补，不通者共同改正之。

（7）闪烁默写。先令学生预备铅笔白纸或石板石笔，教师持卡片命儿童注意，举手一挥（不要太快，并且要使全班都能看到），儿童立即默写所见之生字或生词。次数随意决定，练习完毕，收集默写成绩，订正错误。

（8）其他带游戏性质的使用方法。如认读法、积发法、收送法、找对法、竞赛法等，可参考《教育通讯》丛书潘仁先生所著《卡片在小学教学上的使用》一文，指示极详尽，颇有价值。

至于卡片的制作，能用土纸自己裱糊固佳，倘因时间，经济关系，而不可得，可尽量利用废物，如旧信封、旧对联，都可以加以整理改制备用。

以上各项补充办法，系视导所至向各校教师讲述的几点意见，明知浅显平实，但能合乎实际应用；简陋之义，在所不免；抛砖引玉，幸教育同仁指正！至于视导同仁对于已知之教师能劝其广泛采用，未知者多方介绍，则尤所欣幸！

三十年三月二十九日于�连

（载《国民教育》1941年第2卷第6期）

# 对于教科书问题之我见

刘光华

“中华民国之教育宗旨，在于发扬民族精神，培养国民道德，训练自制能力，增进生活智能，以造成健全国民”。此为五五宪章第一三一条之条文，亦即中央历来所定之方针，国人对之，当极赞同；但欲达到此目的，必须注重中小学教科书之编订与其内容。世界各国对于中小学教科书之编订，大都由最高教育行政机关负其全责，而我国中小学教科书，向皆由商业性质之书店编刊发行，教育部不过加以审查而已，因之商务、中华、世界、正中各书局均有此类教科书出售，甚至一个书局对于同一科目，发行数种教科书，尤以小学教科书最复杂。其内容又多有“狗说”、“猫说”、“牛说”等等不合我国儿童心理之故事，致常有儿童质问教师曰：“我家的狗和猫怎么不说话呢？”而教师一时瞠目不能解答，前年在湘西闻某村小学教师，答曰：“这种所讲的，大概是洋狗洋猫啊！”至今传为笑柄。推其结果，势必发生下列三种弊病：

第一，各种教科书内容不同，难易不一，难期一致适合教育宗旨；

第二，学生转学他校，与原校所用书籍各异，即在同一学校，亦往往有因原书缺货，或教师易人，而改用他种者，致使程度不易衔接，学生感觉困难；

第三，在此抗战期间，学生迁徙非常，转学或借读者甚多，原有书籍不能作用，又须新置，非特书荒不易购得，且于学生增加无谓之负担。

故教育部应尽先网罗专才，根据中小学课程标准，自编中小学教科书；或以业经审定之各种教科书为资料，重加整理，妥订一□，自行印刷，规定价格，发交各书店分销。盖小学为义务教育，中学为普通教育，各科教科书必须低价出售，以轻学生之负担，而利教育之普及，民间书店系以盈利为本位，徒限制其价格，则纸张印刷具极恶劣，反于儿童之心身有害也。

若谓我国版图辽阔，各地民情风俗互有差异，不宜以一种教科书通行全国，则当斟酌情形，划全国为若干区，分别编订教科书，指定某种适用于某区，以求地方环境之适应；而现行各种教科书并无此项作用，亦不能因此为之宽容。

至于专科或大学为高等教育，贵在研究，尤贵有研究之自由，绝非中小学所可比得，课程标准如果制定，即可由各教授依照标准，自编讲义，似不必由教育部编订教学用书。因：

一、科学进步，日新月异，教授本其平日之所学，继续加以深刻之研究，其讲义便要改善补充，与时俱进；部定教本则成为刻板文章，自虽年年改订，易于落伍，而在社会科学方面为尤甚。

二、自编讲义，全由教授个人负责，可助教授进修，以期内容之充实，若用部定教本，则其责全在教部，懒散之教授必不努力研究，只管照本说法，年年如斯，反有阻碍学术进步之弊。

三、登报征稿，应征者除各大学之现任或曾任教授外，恐亦无多，而同一科目之著作，各有特长，审查时殊难定其取舍，况负审查之责者，不外此一班人物，又未必能期其评定之公允确当乎？

四、所谓名教授多自尊大，为防落选损誉计，必不愿以其讲义应征，而临时为取得千字十五元之稿费而应征者，又断难多得有价值之著作；倘以应征书稿过少，而降低标准选择，则其害更不堪设想矣。

故教部征稿作为大学参考书则可，以之为教本，则尚有细加考虑之必要。

（载《抗战月刊》1941年第3卷第7期）

# 教科书的改进问题

丁晓先

## 一、教科书改进的需要

为什么抗战，怎么样建国？归根结底是我们国家现代化的问题。因为我们国家现代化的程度速率太差，所以被侵略，所以有这一回抗战，我们要革除我们被侵略的命运，要争取抗战的胜利，只有加紧建国的工作，把我们国家建成一个现代化的国家。

现代化国家的条件，在经济方面要运用高度的科学、技术以谋农工生产事业的发展，在政治方面，对外要获取与并世各独立国家平等的地位，对内要实现国事为人民共同主张共同管理的民主制度。现代国家所需要的教育，就是教导国民获取科学的知识与技术，由基本知能的领受，以至于高深的进步的学术探讨发明，以应建国工作经济方面的需要；教导国民养成争取国家独立自由必需的民族意识，与运用民权管理国事必需的国民道德，由基本训练的服行，以至于正确理论的认识与信仰，以应建国工作政治方面的需要。简括言之，就是所谓科学教育与国民教育。而一切适应抗战需要之战时教程与特种训练，实在也逃不出这两者的范围。

所以，合乎抗战建国需要的教科书，应该是合乎科学教育与国民教育需要的工具。已经的教科书固已有一些皮毛的点缀，根本上则与建国工作的经济政治的需要相去甚远。例如上面所举兵役与禁烟这两件事，在过去，教科书只有些国民应服兵役与烟毒为害剧烈的笼统叙述，而关于当兵卫国的英勇与光荣，烟毒危害于个人的科学分析，危害于国家的事实统计，兵役禁烟如何实施的办法与原则，以及由实施役政禁政而来的各项政治经济的兴革，等等适合儿童或青年心理与当时当地环境的深刻动人的描写，详切服人的剖解，□都付诸阙如。一般教科书都是万宝全书式或是某一学科大全式的抽象概括的记录，无论编辑者、出版者、审查者、选用者都只着眼于缺漏、错误、挂碍等消极事项的避免，少有人注意到积极方面如何适切此时此地的需要，以求出色见长的大胆尝试与格外帮助。

虽然，这是由于国家政治、经济的实际需要之捉摸不定，以及教育与政治、经济的缺乏联系，并非尽是教育方面，教科书方面努力不够的缘故。因为国家政治经济的建设法不能单靠教育来推动，教育工作没有政治、经济的建设做凭借是事倍功半的。编教科书者决不能臆造政治经济的建设程序，由杜撰以求出色见长；即使大胆为之，也是近乎痴人说梦，不免流于空洞虚伪的。

抗战的到来，无情的揭晓了我国以往各方面的混沌、分歧、顽固、散漫、松懈等等的流弊，明朗的指示了我们国家争生存求进步的前途，以及建国所必备之自力更生各条件。这揭露与指示，也就批判了教科书以往之缺失与今后必要的改进。扼要的说，就是以往教科书与国家政治经济的建设缺乏联系，而今后必须力求适当的配合：以往是这种需要及其实现的路子漫漶不清的，而现在都明显的呈露出来了。所以，我们应该竭力把握住这个改进的最好时候，积极努力——有志者应尽力设法开拓其工作的园地，关系方面宜各从其便充量予以必要的协助与支持。

## 二、优良教科书的诸因素

教科书的改进，除了上述由于环境的需要，必须与政治、经济的建设相配合以外，另一方面，由于其本务的需要，对于教育学术与实施的原理原则，又必须充分注意，对于以往教科书编辑方面值得继续的良好传统亦不宜任意放弃。

教育学术与实施的根基，离不开心理学。心理学的研究，唯有与儿童青年以及其他教育对象接触有素者其成就最是确实可靠，局于书本及偶然的实验工作者未必能得确切的认识。要使教科书与教育学术及实施的原理原则适合，最好是产生于实际教学场所的教科书，即由实地试验编成的教科书，其次是编成后经过实验而修订的教科书。没有教育经验者，即使他熟习心理学或有写作的天才，其成绩虽自有其特色，而在实际教学上未必是最适用的工作。曾有一位大学校长，他为兴趣与机会所驱使，编成了一部在民族主义方面，或者说是在国民教育方面，颇有出色见长之处的小学国语教科书，结果因为未能获得一般学校普遍采用，而使他走进教室去重下实地试验的工夫。这就是教科书编辑工作与教学经验不可分离的绝好例证。

风行一时的教科书，固未必就是优良的教科书，然而优良教科书必须要获得一般学校的普遍采用。要使教科书获得一般学校的普遍采用，编辑方面的技巧，也是一个必须注意的条件。编教科书并不是一种简易轻便的工作，对于写作方面的例证、裁剪、用语、修辞等，以及印制方面的版式、插图、校对、装帧等等都必须有控制自如的熟练技巧，然后与政治经济的建设以及教育学术的实施适当配合的内容材料，才会由实用、经济、生动、美好的形式表现出来，而受使用者的欢迎。所以编辑室经验对于优良教科书虽不是决定的因素，至少也是必备的因素。曾有出自倡导初等教育改进的著名小学的一部自然科和一部算术科的教科书，即因缺乏了这个因素而未能获得一般学校的普遍采用。当教员是一种专业已为人所公认了，编教科书也应该成为一种专业，我以为很值得我们大声疾呼的提倡与宣传；有了此项专业训练的人，自身应该葆爱他的经验努力深造，社会也应该尽可能的会继续工作，勿任埋没，勿予暴尚。

最后，得提及一个颇足以影响教科书进步而尚未受人注意的附带问题，就是教科书商品化的流弊。诚然，教科书会因本身的商品化，在自由竞争中获得了相当的进步。但是一般出版商人欲由推广手段以垄断市场的独占观念，以及少数教科书著作人为着维持其版税原则而不顾改进的阈国观念，都足以给教科书进步前途以相当的阻碍。例如我国疆域广大，地理环境不一律，而只有全国通用的教科书流行，适合地方性的教科书虽颇有需求，却绝少供应。这一种进步的迟迟不至，教科书商品化与有力也。还有教科书的流布颇受商业作用的支配。大出版家较次的教科书往往是胜过了小出版家较好的教科书；各方面的教科书研究工作，又颇受上述独占势力的影响。有势有力的出版家与著作人，可以自由庇护其出品和获得宣传推广的机会以致好教科书很容易被埋没，而次等货居然可以睥睨一世。我并不主张对于出版商的教科书营业目前就加以绝对的取缔，我认为凡是助长进步的力量必须加以维护，不可抹煞，凡是阻碍进步的力量必须加以节制，不容姑息。所以，对于教科书商品化这个问题的回答，我希望教育行政方面能够在审定制度中，加强其合理指导与积极控制的作用。

## 三、提议

总结以上所述，为适应抗战建国的需要，今后教科书的改进：

（1）原则方面要与国家政治经济的建设适当配合；

（2）实际方面要与教育学术实施的原理原则相适合；

（3）技术方面要延续以往教科书编辑上的良好传统；

（4）教育行政方面要加强合理指导与积极控制的作用。

（载《贵州教育》1941 年第 3 卷第 5 期）

# 我们需要的国文教材

林

我们需要何种国文教材，的确是一个不易解决的问题。一方面要顾到自身的兴趣，一方面要为升学就业作准备，同时国文又是训练我们思想的重要工具。稍一不慎，很容易使我们走上歧途。

现在许多学校都采取了经史子集之类，以为国文教材，这当然也有它的理由。因为目前各大学的国文入学试题，往往偏重在这一方面，学校当局欲使每一个学生都能顺利的考入大学，不得不如此做。回忆在五四运动新文学朝气蓬勃的时代，这种经书之类是被认为朽腐陈旧之谈，但现在却一反以往的态度，的确使人感到矛盾。

当然，我并不反对读古书，反之，我也很赞成这样。不过我们决不能按照从前的旧法子去读它们，以为它们的说素一概是对的。要知道古今时代不同，也许古时认为天经地义，在我们却认为荒谬可笑。总之，我们不妨读古书而有现代化的头脑，明确的判断力，以辨别是非免得受到坏的影响。

所以我们需要的国文教材是要新旧参合的，趣味和实用各得其宜，像在读《论语》、《孟子》之外，加些文艺作品以及诗词歌赋之类。总之是要能建立正确的意志，训练敏捷的思想而不流于枯燥呆板，能陶冶性情，增加趣味，而不入乎空虚浮泛。以上不过是我个人的偏见，希望大家能加以指正。

（载《大地女儿》1941 年第 8 期）

# 从国文教材的革新谈到各科教材的革新和国家编印的图书

吴有容

国文教材之急应革新，有容于《中学国文教科书革新刍议》一文，略陈梗概，且为全国教育界所公认，毋庸有容再赘，有容以为各科教材之急应革新，亦为目前极严重之问题，敢与全国关心教育各界一商榷之。

查《抗战建国纲领》，有："庚，教育，二十九，改订教育制度及教材，推行战时教程，注意于国民道德之修养，提高科学的研究，与扩充其设备"之规定。所谓教材之改订，大部分应属于各科教学用书也，当无疑义。又查全国各级学校，现所采用之各科教学用书，不外商务、中华、世界、正中等书局出版者，考其印行时间，多数系抗战建国以前之版本，其不能适合抗战建国之精神也，亦无疑义。——战后新书，寥若晨星，供不应求。

有容以为各科教材之选择与分配之适当与否，统一与否，对于民族精神之兴衰，国家事业之隆替，关系至巨，不应假手于图书营业者，为复杂分歧之编著，应由教育部遵照《抗战建国纲领》，重新规定各级学校各科课程标准，选聘全国教育专家各科专家，组织教育用书编辑委员会，审慎编印，通令采用，为大时代青年奠定基础，以发扬民族精神，增进教育效率，而收“意志统一”、“精神集中”、“抗建胜成”之效。

有容以为教育乃国家百年大计，抗建乃复兴民族之唯一国策，目前之抗建责任，固在吾辈，将来之抗建责任，则不能不属望于现在与将来之青年。故关于教育制度与教材之改进，实为刻不容缓之要图，切望教育行政当局，为适应时代之措置，俾全国青年，均获完善教育之机会，以共赴将来抗建之重任。

有容对于各种图书之编著，犹有不能已于言者，吾国与学数十年，“文化”、“思想”、“科学”种种落后，原因虽极复杂，而政府不注意于大中小学教学用书，及其他各种图书之编著，一任图书营业者，为鲁莽灭裂，复杂分歧之编纂，实不能辞其咎。有容以为，应将中央编译馆，扩充其组织，避聘各科专门人才，专心著述编译，不许兼职，预计一年之内，即可完成若干适合“时代”、“国情”、“教学”之课本，三年五年，则大学专门，均有完善之名著，所有全世界著名新书，均能于最短期间内译供国人研读，十年之后，吾国“文化”、“思想”、“科学”必有长足之进步矣！盖大中小学各科教学用书，欲得其系统繁然，阶段衔接，思想统一，精神集中……各种“文化”、“思想”、“科学”巨著，及各科参考书、大辞书等等，欲得其网罗万有，巨细靡遗，条理分晰，完全美备，其精神财力之艰巨，断非图书营业者，与少数之书局编辑人员，所能胜此重任，且图书营业者，权子母，较得失，必绝对不能成此艰巨。此有容所以主张必用国家之财力，集全国学者之精神，以完成之。考诸古今中外，文献可征，吾国明之《永乐大典》，清之《康熙字典》、《佩文韵府》、《四库全书》，此国人所共知共见者也。

又此种国家编印之图书，定价务极低廉，注解务极详尽，以节省青年之经济与时间，亦为不容忽视者。

又此种国家编印之图书，应遍给各省市县及各学校图书馆，以供众览，使贫寒无力就学或购书者，均得自由研究，收效之宏，更为读者所共喻者也。区区愚诚，伏祈政府当局，全国学者，加以观察，并促其实现焉！

民国三十年一月十六日在福建省政干团

（载《国文月刊》1941 年第 1 卷第 8 期）

# 我对于编辑边疆小学国语教科书的几点意见

王文萱

边疆教育之能否发展，系于教材的关系很大，而现在最切要的教材，又为小学国语教科书。

我们知道如果不把下一辈的边地儿童和青年供给他们以适当的精神食粮，陶冶其性格，培养其国家民族意识，再由此精神，产生出力量，创造出新的社会，就没有方法达到民族至上，建国必成的境地。千千万万第二代的青年们的好坏，都会受到教材的影响，亦足以影响到国家民族的前途。所以这工作是艰巨的，如果做得好，不独福利边疆青年，同时福利国家民族。

我对于编辑边疆小学国语教科书的意见：第一点，我认为从事于这种编辑工作的人，除了其他于编辑教科书的技术以外，还需要具备三个条件。（一）对于边地的风土人情，要有相当认识和了解。（二）仅仅对于整个国家教育方针的了解似乎还不足够，还需要了解国家对于边疆的政策以及国际上对于我们边疆的动静。（三）对于边疆儿童青年们的心理象征，也需有相当认识。因为边疆各有各的习俗信仰、语言文字、社会环境和历史背景，因此，适于内地的教材，不一定适于边地，就是适于边地这一个区域的教材，不一定适于另一个区域，所以编辑者必须具备上述三个条件。否则，就怕会选择些不很适宜于边疆的材料。

第二点，选择材料的范畴问题，我认为国语教科书是一部综合自然科学、社会科学二部门的综合教材，所以材料的范围应涉及这二个部门，可是材料取舍的标准，应该依据三民主义，同时与国家对于边疆的政策合拍，并应适合边疆的需要为原则，举凡违背了这个原则的教材，无论教材本身之好坏，均应摈弃。可是应该注意到系统的不紊乱，如果不能明确的指示出一个中心思想、一个系统的话，反使儿童们迷惑得不知向哪里走好。

第三点，教材分量的分配问题，就是说，那类教材应该多些，那一些可以少些，关于这一点，我认为应该针对着现在边疆最切迫的需要而定。现在边疆有二个最较重要的问题：一个是所谓“民族自决”问题，一个是愚贫的问题。前一个问题的存在，可从我们痛苦的经验中印证出来，并且可以从对外对内两方面来解释。从对外来说，不仅我们的敌人，就是其他列强，也都曲解其义，并且滥用这个名词以号召挑拨，冀分割中国，从对内来说，遍地的青年们也往往会误会其义，在以往这一点并没有问题，因为中国人的头脑里根本没有欧美味的偏狭民族观念，亦绝无尊卑之念，有的仅是文野之别、大同平等之念，所以明清两代国子监内的边地学生，绝无今日边地青年那样不正经的观念，而是“诚心向化”、“忠君爱国”的。所以我们对于因这个“民族自决”口号而诱发的错误，应该加以矫正，予下一代儿童的一个明白正确的合理观念，使他们认清中华民族是不可分裂的，是整个的，确立中华民族至上，中华民国至上的基本信念，所以关于这一类教材的成分应该多些。

后一个问题，可以说是整个中华民族的通病，但是往往边远僻塞地区里的人民，因为交通的不便，社会公共设施的缺乏，现有宗教的保守，以至在知识方面，益显得落后，在生产方面，也较落后，因而益见愚贫，所以应该多灌输些有关改进生产的知识和增进健康的卫生知识，可是有一点值得注意的，就是需要顾到当地现时的环境及现代知识之灌输，可是在方法上应该采取渐进的步骤。譬如说对于还在游牧生活里的人，如果想灌输些工业社会知识的话，在他们听来，也许会像听神话似的，也许会毫无所应，我认为有关上述两点的材料，应占三分之二。

第四点，语文应用训练问题。如求适用于蒙、藏、回文流行的区域计，在各区域内使用的教科书，一书内将有三种文字符号，一、国文，

二、注音符号，三、当地文字。因此有二个比较重要的问题发生，一个是国文与当地文字一行行的对列呢？还是个别排列？我的意见认为另一页个别排列为妥，因为可以减轻学生精力的分散，同时在印刷技术上也可免除困难，例如藏文是从左至右的，回文则自右而左，而国文是从上而下，再则排印校正时，也均可免除困难。

另一个问题是怎样减轻学生的负担，又怎样达到推行国语教育的目的，对于前一点我还没有这种经验来解答，对于后一点个人有个理想，并且也曾因实行而收相当效果了的，就是利用注音符号为推行国语的媒介，缩短认识国文的距离，增加认识国文的速度。换言之，注音符号为边地语文与国语的沟通桥梁。

在翻译蒙、藏、回文的时候，在技术上也会有许多值得讨论的问题。

复次，教科书上的插图的制作，其困难一如教材的编制，无论内容、分量、大小、地位、色彩，乃至线条，都需适合边情和当地风味，否则就失其教学效果了。

我认为要编一部比较完善的边地小学国语教科书，固非易事，就是编一部不甚完善的，也怕不是易事，其他的教科书亦复如此。

（载《教育通讯》1941 年第 4 卷第 19 期）

# 1942 年

# 抗战五年来之教育与文化（节选）

麦　青

## 四　新闻与出版事业

新闻与出版，为文化事业重要部门之一，负有教育民众、启迪知识、发扬文化之伟大任务。我国的新闻出版事业，仅有数十年之历史，基础脆弱，进步迂缓。虽经五四、五卅等运动，予新闻出版事业以重大刺激，然由于政治、经济诸种社会条件的限制，并无惊人之进步。

七七民族解放战争爆发以后，中国政治局势起了全面之基本变化——乃中国政治经济文化一重要转变时期。中国新闻出版事业于此时期开始，亦激起划时期之转变。抗战五年以来，中国新闻出版事业，已从旧时狭小范围解脱，奠立新生之基础。兹将其概况，分述如后：

### 一　新闻出版事业发展之趋势

五年来新闻出版事业发展之趋势，可以划为三个时期：

第一时期，抗战爆发至武汉撤退。此时期政治局势之特点：战争激烈的在沿海、沿江地带进行，敌人之炮火，摧毁了经济中心之天津、上海等大都市。南京、广州、武汉沦于敌手。全国民气蓬勃，政治上宣传鼓动及民众动员工作亟为需要。适应此种客观情势，集中于天津、上海等地之报纸，分向内地迁移，由集中而分散。内容：战事新闻占据重要地位及分量，与战争无关之社会新闻几近绝迹。舆论以分析战局、发扬民族意识为中心。副刊以传播军民英勇事迹、报道战时常识为中心。全国各政治立场不同之报纸言论，统一于抗战目标之下。战时新闻变化迅速，报纸均缩小篇幅，采取精编主义。简报、街头壁报、号外在此时期拔地而起。新闻机构应战时需要增强其机动性，新闻记者活动场所已由繁华之都市转入烽火之战场。

出版方面，在此时期，内容偏重政治性、军事性。大部之学术性图籍几乎停止出版。即以全国规模最大之书店商务印书馆为例：其于战前所出版书籍向以工具书、学术性书、技术性书为主，此时亦不得不改变原有方针，除重版书外，所出新书之比率，战时读物及政治性书占该馆新书百分之四十三强。其余如中华、世界、生活、上海杂志公司及新起之出版社，均有战时丛书出版，篇幅不大，出版迅速，适应战时要求。而战时刊物于各地如雨后春笋，内容注重时事问题，专门学术性之杂志亦多改出战时刊：减少篇幅，缩短出版时间。以三日刊、周刊为多。此类出版物缺少全国性之统计数字，据一般估计，种类范围缩小，出版册数增加。

第二时期，武汉撤退至欧战爆发。此时期政治局势特点：广大地区沦于敌手，游击战争在敌后展开。政治上一方面有长足之进步：南岳会议曾有政治重于军事之决定。一方面敌人施以华制华之阴谋，抗战阵营中一部分败类汪精卫之流，公然降敌。欧战爆发后，海岸封锁，经济之困难开始严重。此时期，大型报纸集中后方都市，如重庆、成都、昆明、桂林各地，形成拥挤现象。各地方性小型报纸、敌后游击报纸、阵中报纸，数量大为发展。地方报由两广到绥远不下千余种，即就晋西为例，敌后之油印、石印报有七十余种，出版份数竟有达一万二千份者。而军事委员会政治部，为供应部队新闻消息，自廿七年试办五个阵中简报后，陆续发展为三十六个扫荡简报，向南北各线出动，创立中国新闻史部队新闻工作之新页。此时期新闻内容，已侧重政治经济消息之报道、现实问题之检讨。对于事实，已由消极批评转为积极建议，针对敌人以华制华阴谋，反奸反和平运动成为舆论重心。由于战地新闻工作之开展，中央社、国际新闻社、民革社及报馆等通讯网之普遍建立，报纸上具体性之通讯颇多。惟地方报纸大都地方行政机关及动员会所举办者，反映民众生活及舆论甚少。

出版方面：由于内地物资技术条件之限制，出版数量减少。内容由抗战问题扩大于实际问题之学理研究，通俗化运动一度在出版界展开，桂林文化供应社文化室图书之编辑、通俗读物社《通俗文艺》之出版，均为较著者。书籍运输困难增加，但由于较大书业商务印书馆、生活书店、中国文化服务社等发行网之建立，各地精神食粮尚不恐慌。政治部书报供应站之举办，对于战地文化食粮之供给便利甚多，惜为时甚短，即行停办。综合性刊物渐少，专门性之刊物增多，出版时间已由三日刊、周刊转变为半月刊或月刊。

第三时期，欧战爆发至太平洋战争以后。国际形势占主要地位，中日战争相持。经济上困难更多。此时期，报纸所用纸张均为土纸。地方报限于人力、财力，数量有减落之势。新闻内容偏重国际问题、经济生产问题，国内政治战局反居次位。国内通讯因交通困难，若干通讯社停办等事，已无第二期之热闹。副刊有恢复战前形势之倾向。后方都市畸形之繁荣，低级趣味性之小型报又有出现。

出版方面：书籍纸张印刷趋劣，书籍内容由国际问题，转向文艺性、科学技术性。战前学术性书、文学名著之翻版重印颇盛行，书价增涨惊人，有超战前数十倍者。地方刊物数量减少，脱期成为常象，定期刊物丧失时间性之特点。

总括以上概况，中国新闻出版事业发展趋势有下列特点：出版据点由集中而分散；内容由单纯而普遍、由浅近而深入；印刷由进步的物质条件到退步的物质条件。

## 二　新闻与出版中心之迁移

战前中国主要报纸，大都以帝国主义势力强大之沿海、沿江都市作为根据。华北之天津、华中之上海、华南之香港，执着中国新闻事业之牛耳。这些都市，在经济、文化、人口、交通上，对于新闻事业的物质条件，远非内地所能及。据统计，战前，华北以天津及北平为中心，新闻刊物在八十种以上。华中以上海、南京为中心，新闻刊物在二百种以上。抗战爆发，天津、北平首先陷敌，华北中心失去，因事起匆促，甚少撤退，物质设备殆全沦入敌手。迨至上海战事爆发，南京失陷。上海、南京之报纸事前有所准备，分别向香港及内地分散。华北创刊之《大公报》，由天津移沪，“八一三”后，亦迁香港。全国最老之《申报》亦于战后迁港，后又搬回上海。上海最优秀之小型报纸《立报》，为最早迁港出版者。武汉未撤退前，武汉一度成为新闻中心。其后各报则纷迁西南后方，重庆、昆明、贵阳、桂林各都市成为全国性新闻中心，如《大公报》、《扫荡报》、《中央日报》、《新华日报》、《时事新报》等之移重庆，天津《益世报》之移昆明，《武汉日报》之移贵阳，《扫荡报》及《大公报》之出桂林版，随抗战创刊之《救亡日报》由广州撤退，迁桂林出版。据统计大型报分散各地之情形如下：湖南二十六家，河南六家，四川二十四家，广东六家，云南五家，重庆十九家，桂林四家，福建四家，浙江四家，陕西十四家，江西九家，甘肃七家，西康二家，新疆一家，青海一家。

新闻中心迁移之影响，最显著者为：一向行销商业化都市之报纸，迁移后密切与内地接触，行销区域扩展，文化得以普遍；报纸之迁移，需要纸张甚多，促进大后方各地造纸工业之发展，及造纸技术之改良。惟各报之迁移，缺少全盘之调配，亦形成拥挤竞争之无政府状态。

出版业，在战前百分之九十五集中上海，乃上海优异之物质条件所使然。战争使上海与广大之后方隔离。出版家亦只得携其机器内迁。如商务印书馆除保留其上海出版中心外，又在香港及西南后方建立两中心。其余如正中书局、生活书店、新知书店、上海杂志公司亦均迁重庆，重庆遂亦成为五年来出版业之中心。

惟二期抗战后期，战争形势使中国复分为西北、西南、东南三大区域，广西居于西北与东南交通之要冲，桂林遂亦成为重要之出版业中心。且由于纸张、印刷技术条件之优越、太平洋战前与香港交通之便利，更为促成桂林为全国出版中心之优良条件。

至于各省小出版业，亦各按特殊情形，成立中心据点：如浙江之金华，有国民出版社；福建之永安，有改进出版社。

以上为五年来新闻与出版中心迁移之概略。

## 三 新闻审查及图书杂志审查机构之设立

基于战时军事上之必要，为防止国防秘密泄漏及违反抗战国策言论之传播，政府遂有战时新闻出版检查制度之确定及检查机构之设立。

新闻审查与图书审查是分别执行的。新闻检查由战时新闻检查所负责，各报馆所有新闻稿，均应于事前送检，经检查后发回付排，检查所认为有违新闻检查条例之处，得扣除或删改之。抗战初期政府对新闻纸、通讯社之申请登记，亦曾于民国廿七年九月廿二日为五届中央常务委员会上通过《抗战时期报社申请登记及变更登记暂行办法》，凡报社、通讯社无内政部登记证者不得发行，其迁地发行者需要从新登记，领取新证后始能发行，如报社设备低劣，内容简陋，得随时取缔。五年来新闻检查制度，对于杜防敌伪言论，指导舆论，自有其功效。然一方面对于新闻事业之发展、舆论之伸张，亦不无妨碍之处。中国新闻学会为全国新闻记者之团体，民国卅年六月间该会成立宣言中，曾指出此点，略谓："言论指导，原只限于方针，新闻限制宜不出乎枢密，至于一般施政，则至宜多加研究与批评……痛念多年以来各省地方官吏，大抵漠视报界应有之地位，施政不欲发表，我全国地方报纸，除登载公文外，几乎完全不能尽其职责，军兴以来，全国同胞，服膺军事第一之大义，服从政令，努力抗战，然一部分官吏，亦未尝不假借战时统制之名义，更杜塞民意之伸张……所愿政府动员全国报人，予以便利，加以保障，普遍调查，据实讨论，遮几唤起民众热情，发扬庶政积弊……倘使讳疾忌医，粉饰为政，良好政令不能收其功，人民疾苦不能伸其意，使少数官吏借口战时掩盖一切，则同人诚恐虽有伟大公忠之领袖，与无量数爱国人民，而抗战大业依然不免严重之障碍。"此亦可代表全国新闻工作者，对检查制度的亲切之言。

至于图书刊物之检查，在廿七年十二月以前，原取事后检查制度，由各省市党部及省市政府，根据民国二十六年八月十二日第五届中央常务委员会第五十次会议通过之《检查书店发售违禁出版品办法》及《图书杂志查禁解禁暂行办法》办理。出版物之原稿在出版前无需送审。至民国廿七年十二月二十二日第五届中央常务委员会第一〇六次会议修正《战时图书杂志原稿审查办法》，图书杂志审查已改为事前检查。中央组织全国最高审查机关中央图书杂志审查委员会。由中宣部、军委会政治部、行政院、内政部组织之，各省市成立图书杂志审查处，办理各该地方图书杂志审查事宜。出版机关印行图书杂志，除自然科学、应用科学之无关国防者，及学校教科书应送教育部审查外，均须送地方审查机关审查许可给证后，始能印行。至纯粹学术，无关政治思想者，可于出版后送审，但此办法后又经修正，任何出版物均须送审许可始得出版。出版后如仍发现不妥之处，禁止发售，限制更严。

总括五年来新闻出版检查制度之实施，于消极之检查执行甚严，于积极之指导任务未免忽略。学术思想之发扬宜有最高限度之自由范围，在不违反抗战建国最高原则下，政府宜予以宽大之便利。而战时印刷运输等困难增多，检查手续之简便、时间求其迅速，已为出版事业迫切之要求了。

### 四 五年来新闻出版界的奋斗

新闻出版事业在抗战建国任务上，有着辉煌之成绩，本身亦有长足之进步，皆新闻出版界工作同人艰苦奋斗之成果。

新闻出版界，在敌人残酷之炮火轰炸之下，坚持本身之任务，表现英勇无畏之战斗精神。新闻从业员出入战地，置生死于度外，为工作牺牲者数十人，如萧韩渠、张幼庭、李尧卿、潘美年、陆从道、李密林、孙家杰、范觉陶、刘治平、张慕君等均为工作直接间接死于敌人炮火炸弹之下。汪逆降敌以后，对于上海新闻界施行毒害，上海新闻记者以坚强之战斗精神与之周旋，坚持正义，保卫精神堡垒，英勇之事迹，直可惊天地而泣鬼神。《大美报》朱惺公首先被害，杜炳昌被绑，张似旭、邵处白、顾执中被刺殒命，临难不苟，大义凛然。内地报业，五年来不断遭受敌机轰炸破坏，廿九年重庆报业被毁最为剧烈。《中央日报》、《大公报》、《益世报》、《国民公报》、《新蜀报》、《新民报》、《商务日报》先后遭害，或全部焚毁、或印刷厂被炸、或营业处破坏，所受损失诚然不少。但各报馆都能打破难关，继续出版。深入敌后采访，新闻记者亦有光荣记录。如陈克寒之深入晋冀察，立波之游冀，范式之入鄂南，刘尊棋、陆诒、秋江之入山西，《救亡日报》叶文津之横贯北方，国际新闻社记者任重之潜入镇江、南京，皆为不可磨灭之英勇行为。至于散布各地之地方报从业员、敌后游击报之从业员，所表现之艰苦精神，非笔墨所能尽。

新闻出版界，克服所遭遇物质上、技术上以及精神上之困难，运用粗陋低劣之工具，提高出版之数量与效率。大报之机器及物资设备常遭敌机摧毁，国际交通线失守，外国新闻纸来路不易，不得不改用土纸。

至地方报、游击报物资困难尤多。因为印刷困难，想尽方法使一张甚坏之蜡纸，支持印到两千五百份以上；没有纸自己造，没有油墨自己造，为节省人力、编辑、印刷、发行，竟仅由一二人兼顾，此类情况为所有敌后报所共同者。

新闻出版界，克服昔日之散漫纷歧风气，努力于同业之团结，以集体力量求事业进步。二十年春季，武汉成立两个新闻记者团体，一为记者协会，为职业组织；一为中国青年新闻记者学会，为学术组织。青年新闻记者学会自成立即以“团结学习致力抗战宣传”为主旨，团结全国新闻记者。除总会之外，成立十八个分会、九个通讯处，拥有一千二百多名会员，散布在国内一百五十家以上报馆，占全国报馆百分之九五以上。该会在二次参政会中间，向大会提出决定整个新闻工作方针之《战时新闻政策》，当场通过。廿七年在重庆举行大规模“全国报纸、期刊展览会”。并曾组织“战地书报供应队”、组织“华北战地工作队”挺进敌后，开始游击区新闻工作。为培养新人，曾于桂林举办“战时新闻工作短期讲习班”、香港举办“新闻学院”。至民国三十年重庆又成立中国新闻学会，通过救济失业记者等案，并出版会刊。其他各地新闻记者均有地方性之组织，如桂林有桂林记者公会，成都有成都新闻记者协会，衡阳有衡阳记者公会，浙江有浙江新闻记者学会。至出版界虽缺少全国性之组织，联络似甚松弛，但各地方书业均有公会，书业联合广告之刊行、运输困难上之协同解决，亦均表示若干协同之精神。

## 五　太平洋战争爆发后之新闻出版业

去年十二月七日，太平洋战争爆发后，香港陷敌，上海租界被敌占领。香港新闻业——二十余家报纸，五年来对于海外宣传，号召侨胞抗战之工作，遂告停顿。而上海在艰苦环境中，坚持正义之《华文报》，亦丧失最后堡垒。战时中国新闻事业两特殊据点，自是不复存在。

出版业方面：商务印书馆及中华书局在香港均有设备完善之印刷工场，五年来利用香港物质之特殊条件，尚不断出版书籍，供应内地。香港陷落，该馆即被敌人查封，上海方面商务、中华、开明、世界等书店财产工具，亦被敌人控制。

以上诚为中国新闻出版事业之损失，但亦足以刺激今后大后方新闻出版事业之发展。

此时，中国新闻出版事业所起之影响最显著者：一为港沪新闻出版事业从业员，撤退至后方，使后方新闻出版业获得充实力量之机会。一为出版事业蓬勃发展之现象。

目前，西南都市桂林已成为全国出版之中心。出版社数月来增加十余家，刊物在三十种以上。新书除文化供应社经常出版外，各小出版社亦有出版。桂林在物质交通等条件上，均有特优之点。如纸张供给方面，毗邻之广东、湖南均为土纸产地，印刷方面，海外及战区撤退之机器及原有印刷工场，均足运用。

抗战进入第六周年，胜利虽近，困难益多。策动人心，鼓励进步，新闻出版事业之任务，更形重大。政府若能善为辅助，奖励发展，新闻出版必能发挥更大力量。

（载《建设研究》1942 年第 5、6 期合刊）

# 战时出版物的供应问题

叶祖灏

“世界诸民族文明之进步，每以其每年出版物之多少衡量之。”国父已几乎当之。我国出版事业，自清末以迄于今，数十年来，日有进步，又以五四时代新文化运动及国民革命成功后，更呈突飞猛进、欣欣向荣的景象，一时出版物之多，真如雨后春笋。抗战以来，此种高潮，顿趋下降，据统计：抗战前每年出版物的最高额达九千余种，抗战后逐年递减，至去年全国出版物只达三千余种，仅及战前三分之一。此种数字的锐减，非年来我国文化事业，真正倒退，实因受战时各种自然条件的限制，与一时无法克服的困难所束缚，有以使然。即此少量的产品，亦我出版界同人，所殚精竭虑与艰苦环境相搏斗所换来的些微收获。其来之不易，视之当益觉珍贵，如何对此少量的产品，充分利用，普遍流通，直接以发挥出版物本身的最高效用，间接以促进民族文化的发扬，则战时出版物的供应问题，实为迫切亟待解决的问题。

谈到战时出版物的供应，不仅在编辑印刷方面感到“稿荒”、“纸荒”……而有“难产”之叹，即在发行方面，亦因囿于环境，限于交通，使出版物“冻结”一处，充塞一地，他处则“望风怀想”可望而不可及，致呈畸形偏枯之象。故此问题，在生产方面，固为重要，在分配方面，尤不可忽视。关于前者，本文暂略而不谈，关于后者，仅就管见所及，分述于后。

（一）战区。现时出版物供应最感困难的为战区，而需要大后方精神食粮供给最迫切的亦为战区。关乎此，我们过去会利用军邮及其他办法以寄送书报，然军邮仅限于小包邮件，数量究属有限，当难满足一般喁喁之望。今后之计，余加强军邮的组织，以发展其功能外，必须于战区或接近战区内建立一经常供应机构，以就地取材，就地编印，就地发行。则物力财力俱可经济泰半，产量既可增多，而供应上的重重困难问题，亦均可迎刃而解，其余粉碎敌伪麻醉奴化的宣传，更事半功倍。

（二）海外。当海路畅通时，海外出版物的供应，原毫无问题。自太平洋战事爆发，香港沦陷，滇缅路被敌切断后，国际通路，仅恃空运，出版物的供应，自成问题。然海外物质等条件，不仅优于国内战区，抑且优于国内后方，其本身既无困难存在，若能于国外侨胞集中地带，设一供应机构，仿国内战区的办法，就地取材，就地编印，就地发行，则此问题，自易解决。

（三）后方。后方出版物的供应，原无多大问题。自邮局以交通困难，限制重量，仅附加车费后，大量出版物的寄运，亦颇感困难，尤以寄往边远省份或交通不便区域为甚。问题的症结，都在乎此，此而若得解决，则后方出版物的流通供应，当无问题。固然，战时交通的困难，当为吾人所共认，但此关系民族文化与精神国防的出版产品，在平时为举国上下的精神食粮，在战时更为思想战、精神战、宣传战的利器，所谓“笔枪”、“纸弹”者是。应使其无径自走，竞相传诵，方可发挥其本身的效用，若因限制其运递，而致束诸高阁，堆集仓库，饱虫蛀之腹，非特人力、物力、财力等于虚掷，亦非“惜物”、“致用”之道，欧美各国，对于书报等印刷品的寄费特廉，手续特简，正为此故。想我高瞻远瞩的主管当局，定能排除万难，对此限制办法，有以改善，有以餍吾人之望。

总之，出版物供应的最大原则与最大要求，为“普遍深入”，我们亦悬此为最高鹄的，努力以赴。所谓“普遍”，所谓“深入”，以空间言：希能由后方以至前方，由国内以至国外，由文化中心地带以至边远省份，由通都大邑以至穷乡僻壤……以对象言：由机关团体以至个人，由士兵以至民众，由智识份子以至社会各阶层。能如此，则出版物的供应，始可谓尽其最大的能事。目前只要能把客观几种的困难克服，想做到这种地步，当不甚难。濡笔至此，实寄以无限的殷望。

（载《出版通讯》1942 年第 8 期）

# 王云五先生论述出版事业

本月二十一日，王云五先生来团讲《中小学教科书与补充读物问题》。首道中小学教科书编印之经过，略谓：教科书之编印，外人多谓首创自商务印书馆，实则其肇始，当推基督教会于一八七七年在上海组织之学校教科书委员会；惜其所出版之书籍，多为宗教之经典及自然科学，遭受当时一般士大夫之鄙视，故影响甚微。商务图书馆创立于一八九七年，最先印刷之教科书为南洋公学之蒙学教本，以后得张元济等先辈之加入，设置编译所，始有计划、有系统的印行各样教科书，其最先出版较为完整之教科书，为《最新初等小学国文教科书》（一九〇二年）。

次道中小学教科书改进之意见，略谓：商务出版教科书至今已四十年，中间虽迭有变更；然察其内容，则鲜有进步，此殊盖一般教育界所深切注意。商务出版之小学教科书，先后已有无数套；然较强差人意者，仅有最先出版之《最新初等小学国文教科书》及最后出版之《复兴教科书》二种。其原因乃在于编书时无充份之准备时间，而多为抢生意之“急就章”之故。至于中学教科书，从前因缺少专门人才，亦颇多缺憾，年来专门人才较多，虽日见进步；但进步之程度，仍嫌太缓。外国一教科书之定稿，均经过长时间之编纂及多次之增削；然出版后，部分修正别有之，全部改造则不多见。每一部书，有短处，亦有长处，全部改造固可剔除旧有之缺点；然极难防止新缺点之发生。再吾国学制之时有更迭，其影响于教科书之编印者亦甚钜；余相信一种学制之施行如能继续至一二十年，而教科书之内容则两三年修改一次，必有较佳之教科书出版。教育部不久即将有国定本颁行。国定本之颁行，其利在避免一般出版商人，因商业竞争而编印若干粗制滥造之“急就章”，而其弊，则在失去竞争机会，不能予教师以选择之自由耳。余意，小学教科书，不妨由国定；因编纂小学之某一种教科书，皆非某一专家所能胜任者，国家有充足之财力，可延▨合力经营，自可编印较佳▨之□□者多，故仍须由各出版家聘请专门人才编印，在自由竞争选择之下，或反可得较佳之教材。

再次述中小学补充读物编印之经过，及其改进意见，略谓：教科书只保一种求知之纲要；欲使学生之知识不断增加，自须赖乎其他之补充读物。商务印书馆编印之补充读物，以前有《少年丛书》、《时代丛书》等，自余于民国十年入商务印书馆担任编译馆长后，又编有《万有文库》、《小学文库》、《儿童文库》等分类丛书。教导学生，启蒙其自动求知能力，较诸强迫灌输知识，更为重要。故编印补充读物，其形式切忌呆板，其内容则必须详细轻松，使学生视读书为一种享受，一种权利，而非一种责任。此仅就编印丛书一方面而言，欲使读者之趣味长久持续，尤须有求于学校之教学方式。余以为现行于大学中之毕业论文制度，亦同可移用于中小学。毕业论文之内容形式，固可因各级学生之知识程度不同而不同，但此制度则均可适用；盖有一定作论文之课目，即可养成学生搜集材料之习惯，以及启发其翻阅参考书之兴趣，学校教育之目的不仅在传授学问，而在教导其寻求学问之方法也。

最后论出版事业与国力之关系，略谓：□□□一个国家之强弱，最重要者，不在于海陆空军多少，人口多少，土地大小，而乃在于出版事业的盛衰；盖由出版事业中，可视出人民之知识水准如何，教育程度如何，趣味嗜好如何……，凡此种种乃正所以积成国力之重要因素也。我国现在全国一年出版之总数，尚不及英国一家出版公司一年出版总数三分之二，言之至可痛心云！

（载《中央训练团团刊》1942年第154期）

# 打破出版事业的难关

志　平

抗战以来，后方出版事业曾有过一时蓬勃的发展，文化机关、学校和文化人的向后方转移，抗战在各方面所引起的知识要求，社会教育工作及军队政治工作的建立和扩大，青年运动及一般民众运动之展开，大批训练机构的建立，以及机关部队研究工作之提倡，都给出版事业的发展很好的条件。出版事业虽然也遇到许多苦难，但终于发展了。不但在量上增加，并且在质上提高了。抗战理论与实际问题的研究，随着抗战的实践而深刻化，同时，适应着广大读者的要求，通俗读物的数量激增，在形式上亦逐渐向更适合读者要求的方面发展。新的出版中心如重庆、桂林也建立起来了。

文化建设是抗战时代重要建设部门之一，出版事业是文化建设的中心部门，抗战以来，出版界对于抗战的贡献是伟大的，它供给读者以精神武器，指导着抗战的实践，交换和综结抗战工作中每一部门的经验教训。虽然如此，但是就在最蓬勃的时期，也还感到精神粮食的恐慌，不要说在偏僻的农村和正与敌人肉搏着的前线，更不要说在敌后游击区与广大沦陷区，就是在后方各城市中，在学校和文化机关中，都还感到这种情形。出版事业的发展，即在最蓬勃的时期，也落在客观需要之后，并且落后得很远。抗战对后方出版界所提出来的任务，大部分并未完成。

上海，原是战前出版事业的中心，最大的出版机关十之八九集中在上海，抗战以后，一部分移到后方，一部分移到香港，但还留着一部分在租界里，冒着敌伪的重重压迫，紧紧把握住自己的岗位，尽着文化抗战的责任，留在孤岛上苦斗，常常对汉奸文化作可歌可泣的斗争。香港的出版事业扩大了，特别是对南洋各地尽着教育侨胞宣传抗战的作用，和汉奸宣传斗争；这两个出版中心，对大后方的贡献很大。当大后方出版界供不应求的时候，上海、香港补充了力量，有一大部分教科书是以这里来的，而对敌伪动态的分析，国际局面的报道，理论的介绍，国外资料的搜集整理，上海、香港的出版界是一个桥梁，而且成为后方的文化事业的有机部分。

早在太平洋战争爆发后以前，大后方出版事业已经从蓬勃的顶点消沉下来；它遇到种种的困难，不能维持向上的发展。太平洋战争爆发以后，更加在危机的状态中，我们不得不严重注意。大后方的出版界，非但要肩起原负的重担，并且要肩起上海、香港出版界先前所负的重担。而在加紧全国总动员的时候，在积极准备反攻培养新力量的时候，出版事业的危机，是不能丝毫忽视的。

现今所遇到的第一个困难，是印刷条件的不够，造纸工业在抗战期内固然有些发展，但远不能配合需要，非但纸价飞涨，而且质地的改良也太慢，而囤积居奇的风气，早已侵入纸业，有时简直断了货。印刷厂也一般地不够用，有些期刊简直找不到地方印；现有的厂都是很小规模的，生产力不高，出货慢，而印出来的东西，有些模糊不清，读起来令人头痛。印刷厂看来很可以赚钱，但是因为百物飞涨，资金有限，常常陷于周转不灵，而且囤积居奇成为普遍风气的时候，有些厂主，为保证原料来源多得利润，与其用全部资金从事生产，倒不如多囤些油墨纸张。以致到了现在，办理出版事业的人往往感觉到非自己先办个印刷厂不可，对印刷厂的人往往感觉到非先囤纸不行，这不能不说是出版事业发展的桎梏。

第二个困难，是邮递的限制。一百公分以上的印刷品，在铁路轮船不通的地点，停止收寄，这个限制，已快有一年的历史。虽然经过各方面书业不断提请撤废，终无效果。邮政当局固然有它的困难，但总该想个比较合理的解决办法。出版业看到辛辛苦苦印刷出来的书刊，一捆捆堆在机房里发霉，远地的读者看到新书出版，寄钱来买，还不得不把钱退回叩头道歉。出版业和读者，连这一点便利都得不到，于是对文化运动精神动员科学建设这一类美味，只有愁眉苦笑。一面有些也算热心的人，为了书店抬高定价，纷纷议论，骂他们营利主义，缺少服务心，通过决议一律限制起价。书店图利，其实也无可厚非。在出版地点，因销路有限，印量减低自然提高了成本，非出版地点，来路困难，运费繁重，自然提高了卖价。邮递的限制不撤废，则除了极少数书刊，经过中央文化驿站各地分站，能得到各地公私运输机关免费尽速寄送外，其他书刊，就步步困难，无异作了自我文化封锁。

第三个困难，是稿件缺乏。这个现象似乎可以用来作为紧缩出版事业的理由，例如工厂缺乏流转资金，以致停工的现象也可以被用作紧缩工贷的理由一样，然而真正关心抗战文化的人，总该明白这还不是应该节约的部门。物价飞涨，许多作家研究者都不得不忙着生活，找个饭碗，把许多时间精力用在别处，而写作就变成副业。出版事业既在缩减中，于是就维持下起大批作者而给以稳定的生活，作者只能于疲劳之余榨出几滴心血来换几文“始终稳定”的稿费。研究的时间减少了，稿件也就难保其充实。出版困难，比较长期的写作计划也就无法进行。

有了这三个大原因，再加上读者购买力的降低，集体研究的不发展，“机关即学校”这口号始终未能兑现，文化教育经费在整个困难的预算下难有大量增加。于是文化建设主要机构的出版事业，其能维持现状已难乎其难了。

出版事业的重要，当然无人否认，而问题不在于否认或承认，在于是否能真正解决其困难。解决困难的方法也无需远求，而在于如何实行何时实行。所有的方法，如开办文化银行融通出版界资金，扩大造纸工业，增设印刷厂，保障作家待遇，撤销邮递限制，充分保障言论自由，纠正过分的审查……诸如此类，都有人提过讨论过，现在是做的问题。但是在做之前，在未解除困难以前，为着抗战文化建设，为着精神动员，总还该把这个严重问题，时时提出，以促其解决吧。

不屈服于难关，就该打破这难关，出版事业的落后现象，不能任其长期存在的！

（载《新建设》1942 年第 3 卷第 5 期）

# 出版物的营养和滋味

印维廉

我参加了一个出版社的工作。虽然这个出版社的历史很短，经费很少，但是既然做了这种行业，也就不能不知道这种行情。我时常去请教一些同行的前辈，问他们那一类书的销路最好，最为读者所欢迎。答案几乎是异口同声的："文艺书，软性书！"事实上我也时常到各书店去实地考察，除了一二家老气横秋的书店而外，一些新开的书店，在书桌上陈列着的，大都是一些文艺书和软性书，例如什么《风流女间谍》(女间谍而加上风流，已经够软性了，还要在封面上画上一个露着膀子的风骚女人)，或者是什么"内幕"、什么"私生活"、什么"风"、什么"梦"之类……这些书，重庆出版的已经不少，而从桂林运来的尤多。至于社会科学、自然科学以及其他一些比较硬性的读物，都是放在书橱的偏僻黑暗地方，好像故意回避读者的视线似的。

大家都说图书杂志是人民的精神食粮，如果这个前提不错的话，那末我们现在的精神食粮，在取材方面，就有商量的余地。一切的食粮，都是以保持人类生理的和心理的生命健康为目的，所以不论精神食粮或物质食粮，都有一个绝不可移的原则，那就是以营养为主。固然，为了增进食欲，有时不能不注意味道，但是味道仅是刺激食欲，使营养品很顺利的吃进去，它的本身，绝不是最有利的营养品。我个人的想法，在一切食物当中，有所谓维他命A、B、C、D，或者是蛋白质、脂肪质、淀粉质、钙质之类，这些就等于精神食粮中有所谓历史、地理、政治、经济、哲学等等；至于书刊中的文艺书和软性书，那就相当于食物中的糖果点心之类。固然文艺中往往也有很伟大的作品，可是这些伟大的作品，它的内容一定是科学的、社会的或是思想的，而绝对不是"软性"的！——如同那些轻盈得像"风"，空虚的像"梦"，以及"风流"、"内幕"、"私生活"一类的东西。

人类本就有爱吃糖果的天性，同样也有爱好文艺的天性，尤其是那些趣味横生的软性读物，更是无上的消遣妙品。然而我们必定要把主要食品和次要食品弄清楚。糖果的味道再好些，总不是主要的食品，我们总不能拿它来当饭吃。有钱的人，已经有了足够的营养，不妨多吃一些糖果，以刺激胃部的消化；没钱的人，他选择食品，第一是要有营养，这样才能维持生命和健康。一些人民对于食粮的选择是如此，精神食粮也未必例外。王礼锡先生留英多年，曾经写了一篇文章，谈到英国人的读书风气。在英国，不论是政府的官吏也好，商店的伙计也好，马车夫也好，女佣人也好，重要工作一停止，立即就人手一卷，尽心细读；这种良好的读书风气，实在是令人钦佩。可是你假如一考查他们手中书刊的内容，百分之九十是文艺书，是一些消遣品的文艺书。法国人也有这样的嗜好，除了爱读消遣书外，并且还喜欢清谈，“沙龙”之风大盛，“我们太太的沙龙”成了一个很时髦的名词。我们不必去批评他们的结果如何，至少他们是偏重味道，这等于公子哥儿在酒醉饭饱之后，多吃一点糖果来消遣。富裕的国家，又在承平的时候，这种现象本来难免的，

再看我们敌国日本。日本天生就缺少文学熏陶和幽默的美感，那副势利卑贱面目可憎的样子，一见就令人头痛。然而我们一考查近年来日本出版界的动向，就知道销行最广的并不是文艺书，也不是社会科学或哲学书，恰恰相反，是那些最枯燥无味的应用科学书。在这里我们得到一个认识，就是日本人虽然没有懂得人生的真谛和做人的道理，然而他们却有丰富的求生常识和应付物质环境的本领。

文艺书并非不可读，甚至有时候于人生还有很大的启示；这就好像糖果对于身体有时也很有帮助一样。我并不反对吃糖果，同样我也绝不反对读文艺书。不过它并不是营养丰富的精神食粮，尤其是以趣味消遣为中心的文艺书。读书固然是一件乐事，可是读有用书的时候，出需要下一番苦功夫。从前苏秦“读书欲睡，引锥自刺其股，血流至足”，虽然他读书的动机并不高尚，然他如果不下那番苦功夫，也不能取得卿相之尊。如果我们不去努力研究有用的科学书，而只晓得睡在床上浏览软性的消遣品，纵然寒窗十载，结果还不免“百无一用是书生”。因为这些书的味道虽好，可是营养并不丰富，不能当作唯一的主要的精神食粮。不特此也，味道好的东西，有时还含有毒素；在上海附近有一种毒

性的鱼头，叫做河豚，其味最鲜，可是每年因吃河豚中毒而死者，不知凡几。在消遣文字中，如张质平的三角、五角乃至多角恋爱的小说，以及那些躲在象牙塔上鼓动青年走上暴动毁灭途程的普罗作品，不知戕害了多少有为的青年男女。这一些书，其流毒千万倍于河豚，而味道并不鲜美，所以我们阅读这些消遣品时，要谨防“病从口入”的名言，而千万不要毫无选择，认为不论什么书刊，都是开卷有益。

最理想的事物是营养丰富而味道又可口；最理想的读物是内容即精美而文字亦畅达。如果两者不可兼的话，那么我愿奉告我们的同行，当可取营养而舍味道。因为出版商与其他的商人到底不同，除了赚钱而外，国家还有一个重大的任务给我们。所以我们不能讲投机，投读者之所好；不必处处去猜测读者的心理，迎合读者的兴趣。我们要激发读者的向上心，指示他们人生的途径。因为人类本来有一种好逸恶劳的天性，趋易避难的本能，这种惰性本来是人类的缺陷，我们绝对不能推石下井，增加和扩大这种缺陷。况且现在是战斗中的中国，在战斗中的中国出版界，更不允许有这种不良的趋向。

在物资条件如此艰苦的情况下，出版界还是这样的蓬蓬勃勃，我们出版界同仁艰苦卓绝的奋斗精神，在抗战史上是写下了辉煌的一页。而国人求知欲的亢进和追求真理的热忱，更可象征民族前途的光辉。不过我们如果一边倒的抢着印刷软性的文艺书，则又未免令人兴“虽多何益”之感。出版事业是精神国防的主要支柱，我们可以从出版事业中看出这个民族的精神生活，也可以反映出他们的心理健康，由于这种精神生活和心理健康，更可以窥测他们前途的盛衰兴废。所以我虔诚的向出版界朋友们呼吁，不但有毒性的出版品我们要拒之千里之外，就是营养太少的精神食粮，不论它的味道如何鲜美，还是不要收印。出版界同仁，都是靠此为生，如果说不以赚钱为目的，那是欺人之谈；但是赚钱固然要紧，而一个国家民族的心理健康，更是要紧啊。何况那营养充实内容丰富的出版物，绝不会完全亏本的，有时恐怕还要赚的更多的钱，那末我们又何必舍本逐末，只讲味道不注意营养呢！

（载《中央周刊》1942年第5卷第7期）

# 总动员后的出版界

潘公展

《国家总动员法》实施以后，中枢有两个新机构成立，它们的职掌的和出版界有相当关系：其一是国家总动员会的文化组，其二是中央党部的中央出版事业管理委员会。笔者以为这两机构的诞生，当于在实施总动员的原则下，指导那些原来负有执行管理印刷出版业务的主管机关，行使它们的职权，使今后的出版界确实配合国家战时的需要，达成它们所应负的任务。

然则在总动员原则下，战时的出版界所应负的任务是什么呢？笔者以为不外两点：（一）为供给精神食粮；（二）为巩固精神国防。战时的出版界，对于国家民族的为功为罪，就要看它们是否能确尽这种任务，以及尽到什么程度。

《国家总动员法》是脱胎于九中全会的《加强国家总动员实施纲领案》的，而这个决议案的通过，其唯一的理由，乃是认定我们“必须集结全国任何一人一物，悉加以严密组织与合理运用，使成为一坚强之战斗体系，以保持战力之雄厚，贯彻战争之胜利”。所以总动员实施后的出版界，依常理说，也必究应使出版界的一切人力物力有紧密的组织，合理的运用，使各地出版界成为一种供给精神食粮和坚固精神国防的战斗体系。但是我们试看，目前的出版界是否确已向着造成这个战斗体系的大道上开始前进呢？如果有什么有现象会阻碍着它们动员前进，我们必须尽力予以廓清。

先就供给精神食粮说。大家只知道物质的食粮要节约紧管制，可要在印刷机件和纸张俱告缺乏、排字印刷工资非常高昂的情况之下，还很少人提及精神食粮也应该有合理的管制。但须知惟其能有合理的管制，才能有合理的供给。甲地可以有许多种大同小异的日报杂志，而乙地、丙地可以没有一种报，没有一种杂志。编辑部只顾编撰，却没有顾到排印房能否出版。出版社只顾印书，却没有顾到邮政局能否寄递。邮政局虽然勉强收寄，而事实上缺少船车运输，往往堆积搁置。有时费了很大的力量而减少其效果，将图书杂志运到前方，预备供给知识饥荒的军民，却发现大批书籍堆置在某机关的墙隅壁角。这极不合理的情形，徒然耗费印刷出版界的力量而减少其效果。其原因往往发生于出版界彼此之间或出版界与其他机构之间不能有严密的组织与适当的配合，即就出版界中的一个机构来说，某些书店也未必都对精神食粮尽到正当供给的责任。明明纸张价昂，排印工贵，却偏偏有些书店还要翻印那些《结婚的爱》啊、《性的知识》啊、《魔术大观》啊、《处世艺术》啊、《致富捷径》啊、《留东外史》啊、《海外缤纷录》啊……一种的图书与书籍。明明民族战争，大敌当前，却偏偏还有些印刷所要出版那些鼓吹“唯物史观”啊、“阶级门第”啊、“几万里长征”啊一套陈腔滥调的小册子，甚而至于想秘密印刷一些不利于国家民族的宣传品。所贵乎精神食粮者，是要这些食粮对于一般国民的精神有所补益。如果吃下去的是可使我们沉沉入睡的麻醉品，或是可以使我们慢性中毒的毒物，那么还不如没有这些版的精神食粮，似可勉维我们民族的生命。

尤其要紧的，我们的战区和后方，各省市的大中小学有多少？学生所需要教科书应该有多少？出版界有无作通盘合理的供给计划？一书之费，动辄几元价贵姑且不说，甚至有了钱也没处买。“食无鱼”没甚稀罕；“读无书”还成什么学校？然而出版界怎样？领导出版界的又怎样？是否动员了全部或大部分的印刷力量与纸张材料，先来尝试解决这个迫切的问题？出版界以外，政府与社会是否也都尽了全力来共同解决这个重大问题？其次，教科书而外，总不能没有参考书？旧学的商量，新知的探讨，专家学者以及教授们又那里可以没有供其研究的图书？即就工具书籍而言，一部《辞海》，三册《辞源》，都已经要卖到三四百元，穷愁之士，固已望而兴叹。至于外国文的书籍，新出版的已感无法输入，就使旧存的也日少一日，好学的人只好有心向往，徒唤奈何。但也没有听到动员了什么大量的人力、物力，在规定的期间，尽量从事于有系统的翻译和影印的工作，如果说，从一国出版界的动态，可以看出一国文化的趋势，则此时我们出版界所映出来的文化现象，实在有不能使人可以充分乐观的地方。为什么？因为我们正当的精神食粮太缺乏，而不必要的书刊还是无限制啊！

但是，就巩固精神国防一点来看，我们应当感谢这几年来出版界的相当努力。出版界的人士，不问是作家，是编者，是排印工人，一般的说，都要站住“民族至上，国家至上”的大前提之下，宣扬国策，唤起民众，共同向着国家的公敌——日寇，和民族的败类——汉奸，作艰苦卓绝的斗争。我们的作战武器不如敌人，但我们的列祖列宗所传下来的民族意识，足以补武器之缺陷。我们的物质工具不如敌人，但我们的领袖所领导起来的抗战精神，能济物质之不足。而这些民族意识的灌输，抗战精神的鼓舞，至少有大部分都得归功于著作家与出版界在艰苦险恶环境之下的奋斗，上海、平津、香港、新加坡乃至其他沦陷区域内新闻记者和文艺作家抵抗那威迫利诱的斗争，或慷慨捐躯，或转辗脱险，可歌可泣，书不胜书。举凡有血泪有生命的文章，一字一句都是建筑国家精神堡垒的坚石。著作人和出版界在万分困难的物价条件之下，能够认清其使命，为巩固国家的精神国防而努力，实在是可以大书特书的。

由上所言，出版界在抗战期间确已有了相当的贡献，然而就国家总动员的意义来讲，如果责备贤者，还是觉得不够。我们该检讨既往，策励将来不背国家的政策？究竟一切言论、出版、著作、通讯等等，是否都以争取军事胜利为唯一前提？是否完全以集中意志力量为其最大任务？如果以往还没有完全做到，则今后无异的必须继续努力，使其完全做到。笔者以为出版界如能自动自发的对着这个“坚强之战斗体系”的方向努力赶上去，则《国家总动员法》的第二十二条、二十三条，政府自无强制执行的必要；反之，如果出版界在总动员法实施以后，还梦想着享受无政府下的自由，则终将有一天证明此种玄想之忧为错觉。政府为集中意志力量计，为争取军事胜利计，为保障民族国家计，在必要的条件下，自当于适宜的时机，对于出版事业加以严密的组织，应以合理的管制，使其人力物力确能为国家的教育文化宣传方面尽其最善的努力。到那时候，我们才可知道中央出版事业管理委员会和国家总动员会文化组织成立以后的出版界，一定对于国家民族有更大的贡献。

（载《新新新闻每旬增刊》1942 年第 4 卷第 30、31 期）

# 出版界之过去与将来

杨光政

## （一）

中国新文化的勃兴，可说是以出版事业为基础的。举凡革命主张的鼓吹，世界思潮的介绍，现代文学的提倡，新兴艺术的引进，科学精神的展开，哲学理论的探讨……其所持的工具，莫非为报章、杂志、书籍，凡此无一不属于出版事业。

这不但在中国是如此，在世界其他各国也莫不如此。盖因近代印刷术的发达，差不多成了压倒其他一切的文化流传的工具，所以出版事业也成了促进文化的主要动力。

在还没有文字以前，文化的流传，主要地是靠口传、摹绘和表演等。在已有文字而印刷术尚未发达之前，文化的流传，主要地是靠笔录和抄写。现在是印刷术达于登峰造极的时代，一篇文章、一幅图画、一册书籍，可以在极短的期间，几千几万地印刷出来，遍布各地，传之久远，而把革命家、学术家、文学家、艺术家……的思想，发明和创作，公知于大众。作为人类生活进步之指标的人类的复杂而日新月异的经验，因为有了出版事业而得以更迅速地流传，更广泛地散布，更长久地保留，而更有交错相生的积累。不差，将来要是电影或其他的科学手段发达至于极点，说不定会超过出版事业而成为文化流传的主要工具；但是至少在目前和最近的将来，比出版事业更为便利的文化流传的工具，还没有成长。

所以，今日的出版界，实负有振兴文化、革新文化的最大任务，进一步说，亦即是负有指导人生，创造人生的最大使命。

这种任务，这种使命，是已经由出版界负担起来了。要是在过去没有蓬勃滋长的出版事业，则无论用口述，用表演，用誊写，用摹绘，一切文化的产品决不能有如今日一般迅速普遍的流传，决不能有如今日一般积累浩瀚的保留，而国民的思想、知识和生活，也就决不能有如今日一般地进步和提高。从这一点上说，出版界的功绩是不能抹杀的。

## （二）

不过，因为今日是资本主义的时代，所以出版事业也带着商业的性格；因为今日是自由竞争的时代，所以出版事业也陷于无计划的状态。尤其是中国的出版界，缺点很多，兹略述如后：

第一是因陋就简——以最少的成本换取最大的利润，这原是经商的一般原则。而中国的出版家，又是大都资本有限，无力亦不愿以巨额的成本费之于文稿的编著、接收和出版上。因为他们不具备完备详尽的参考资料，以致所编的出版物往往内容贫乏；因为他们不能迅速地甚至利用航空邮递以购置远地的书报，以致所取的材料，往往有失新鲜；因为他们不聘较多的专家以事集体的研讨，以致所出书报中的分析论列，往往不能精确。而他们待遇文人，又多刻薄，作家们为免枵腹之忧，就没有余裕去作详尽的研究、周密的推敲，致其著述，每多草率。此外，他们又大都不愿出版过于专门的书籍，因为这类书籍虽然价值高贵，但是销路未必广大；他们也大都不愿出版工程浩大的书籍，因为这类书籍虽为参考所必须，但是恐怕蚀掉老本；至于有系统有计划的大规模的丛书，则须付以莫大的人力、财力和物力，他们自然不能出版了。然而，即是为中国民众所必读的《国父全集》、《中国国民党史》、《中国革命史》等，也迄今尚未有过材料详尽、编制精密、分析确当、印刷完善的集子，则未免是太可憾了。这原因便是由于出版界的因陋就简，而不求精深之弊。

第二是投机失调——出版物的对象是读者，为求出版物能够畅销，便须奉迎读者的兴趣。而出版界对于读者兴趣所在的考察，则又根据出版物的销路。因此，他们看见某类书报销路广大，就大家去出版这一类的书报；迨别一类的书报销路风行时，于是大家又纷纷改弦易辙。因出版界的唯知投机，于是出版事业成了读书者兴趣的尾巴，跟着读者兴趣的转移以定其出版物的性质，而致形成了一窝蜂的现象。结果，出版事业失了指导读者的效用，而文化的发展也失了平衡。例如当读者的兴趣偏于文艺时，大家就都致力于出版文艺作品；而读者对于各种文艺作品的性质，其偏好又有所转移，于是今年流行恋爱小说，明年流行普罗文学，后年又纷纷改出“国防”作品。等到读者的兴趣转向于社会科学时，出版界乃又以其力量集中于社会科学书报的出版，而任文艺界沉寂下来。有时看见辩证法时髦，于是你出一册《辩证法概论》，我出一册《辩证法入门》，他出一册《辩证法 ABC》。因见翻印古书能够赚钱，又有许多出版家乃把老古董搬出来翻印出版。出版界既然唯知投机而形成一窝蜂的现象，因此所出的书报，性质果属相同，内容亦都类似，甚至互相摹拟，互相抄袭，互相重复；然则在其中能有多少是确有价值的呢？

第三是崇拜偶像——成名作家的著述，大概总要比较地成熟，出版家的乐于出版，自属理所当然。不过，有许多出版家把成名的作家视作偶像一般地崇拜，纷纷地求他写稿，拉他编书，逼得他应接不暇，引起他图利之念，于是或则草率从事，或则雇人代庖，以致他的所编所著，量固丰富，而质却降低了。出版家所有求于成名作家者原是他的名，而因为中国的一般文化水准低下，读者的鉴别力薄弱，于是作家的编著愈多，他的名亦愈振，这样乃更加强了他成为出版家所崇拜之偶像的威力。若乎无名的作家，则虽有价值连城的作品，但出版家因其名望不能号召读者，就大都不愿轻易接受出版。结果，少数的几个成名作家，差不多成了文坛的霸王，以他们有限的人力和才知，垄断着全国的出版界，如此，中国的文化自少新的发展，进步也就滞缓了。

第四是粗制滥造——粗制滥造较之因陋就简，为弊更大。后者或许是因为出版家限于人力、财力和物力而然，并非完全出于故意，他们所出版的文化产品或许也会经过一番苦心，虽然不能成为完璧，但是对于读者至少还有点益处。但粗制滥造则不然，这完全是由于出版家的急于牟利而不顾文化前途的一种举动。举例言之，如出版标点古书，很多不管标点之是否确当，更无闲加以科学的整理和系统的编制，以致不但毫无新的意义，而且甚至错误百出。再如抢译外人的著作，为求抢先出版，于是或则对于意义和修辞无闲加以斟酌推敲，或则派给数人分译而对于风格与笔调不去加以统一，结果同一册书的前后文字往往格不调和。等而下之，更有东剪西贴拼凑成书者，有不顾文化价值而出版什么《××百日通》、《会考指导》等胡乱编成以应时者；甚至有为迎合低级的趣味，而不惜拿已有的神怪故事、武侠演义、色情小说，改头换面，换汤不换药，以事诲淫诲盗者，这种出版物简直是以精神毒素来麻醉人心了！

上述四点，是出版界所有比较显著的缺点。至如私党利用出版事业以张其旗鼓，遂其野心；官办出版事业之敷衍塞责，演成官僚文化；一般地缺乏公正的批评，而多作无谓的谩骂；凡此种种，亦不能不说是出版界的瑕疵，惟在此地不遑详论了。

## （三）

以上所述出版界的弊端，自然并不是全国普遍的现象——也有一部分出版家是的确注意到文化之前途的，也有一部分出版物是的确在文化史上占着相当地位的，否则，中国的文化恐怕还不会发展到如今日一般的地步了。不过，中国的出版界也的确有着著述的弊端，而且还相当地明显。我们为使中国的文化能有迅速顺利的开展，因此不敢不指摘出来作求全的责备。我们要勇于承认，而且改革此种缺点，以展开出版界的光明的前途。

谁都知道，出版事业不但是一种牟利的商业，并且也是一种提高国民精神生活的文化事业。在今日成为文化事业之基础的出版事业，对于国民精神的兴衰，也就是对于民族国家的存亡，显然具有密切的影响。因此，笔者第一要希望出版界在牟利之外，更要力求有利于文化事业的展开；大家在促进文化这一基本范畴之内以牟利，才能同时使文化提高起来。

其次，出版界的自由竞争，往往浪费了许多的人力、财力和物力。例如几家书店出版性质相同、内容类似的书籍，以及抢译同一册外人的著作，这岂不是重复？因为重复，排工、制版等，就未免有所浪费——至少从社会的意义上说是如此。而且，因为竞争，于是力量分散；因为抢先，于是无暇详审；循至结果，所出书报虽多，但是精密完善的却是很少。因此，笔者认为出版界应该组织起来加以编制，予以调整，竭力免除竞争，而使各自发挥其特征。尤其在资本都很有限的中国出版界，最好每一出版家都认定一个部门，出版其专门的书报——或为文学、或为哲学、或为科学、或为国故、或为社会问题、或为国际知识、或为年鉴、或为辞书、或为儿童读物、或为妇女读物等等，这样就不致有互相冲突之虞，而可免竞争之弊了。

第三，是希望每一个出版家设置一个健全的编审部。对于参考资料的搜集，要完备而迅速，并且随时加以整理编制。关于编审的工作，人才要众多，做事要认真；为使出版物内容完善，应当实行集体的合作。审阅外稿，态度要公正，不应以作家之有名无名为标准，而当以作品的价值尺度。有名作家的著述，未必都是杰作，如果有不周到处，还得与他们商酌修正；无名作家的著述，未必一无可取，如果确有价值，理应接受出版。至于收到不成熟的作品，最好在审阅以后加批意见，借使作家因此而能获进步。这是为读者负责，同时也是为作家负责。只要是精心之作，是不致因作家的有名与否而影响其销路的，否则世界上如何会有一鸣惊人的作家呢？要是每一个出版家各自出其专门范围内的书报，那末这个健全的编审部是不难建立起来的。

第四，是希望出版家能够提高对于作家的待遇。一般出版物有量多质弱的现象，这显然是因为作家的待遇太薄，不能不靠多产来维持其生活之故。作家们既忙于多产，就无余裕去深思研究，就无空闲去修饰改作，然则如何能写得内容充实详尽，编制完善精当呢？不但如此，而且还有许多作家，因见卖稿的生涯过于穷困，只好掷笔改行，然则出版界如何还能真的振兴起来呢？为安定作家的生活，为使作家能以其全副的精神用之于精心杰构的著述上，则出版家非提高对于作家的待遇不可。而且对于作品的报酬，不应以其字数而定多寡，而应以其价值而定高下才是。

此外，出版家自应革除浮泛浅薄、趋好时尚、迎合低级趣味等只讲牟利手段而不问文化目的的习气；反之，要注意于文化发展的平衡，知识之深入与普及，以及出版事业的计划化与时代化等。

（四）

假如出版家果能做到上述的希望，那末中国的文化运动未始不能一新面目，而更加蓬勃起来。

不过，在此资本主义的时代中，出版家恐怕未必愿意不顾以最小的成本换取最大的利益这一条经商的原则吧？那末，要他们认真地致力于文化的促进，要他们免除相互间的自由竞争，要他们建立起健全的出版部，要他们提高对于作家的待遇，就恐怕不大容易做到了。

为此，笔者主张由国家来创办一个力量集中的出版机构——“中国文化局”。由中央政府拨出公款，集中人力、财力和物力，不以牟利为目的，去振兴中国的文化！

中国文化之衰落，至今日而益甚；我们眼见那许多不三不四、诲淫诲盗的出版物，不禁为中国的文化忧，为国民精神的消沉忧，为国家民族的前途忧。如果真的有心救国，那末由国家的力量来创办一个作为促进文化之主动力的“中国文化局”，以大规模，有计划地出版营养国民精神的图书杂志，岂不也是一件救国的急务吗？

附言：关于设立“中国文化局”的意见，笔者曾作《现阶段的中国文化运动》一文刊于《经论》月刊第二期；后又作《中国文化向心运动》一文刊于今年三月十五日《新中国报》上，尚请关心文化问题者参阅指正，共同讨论为幸。

（载《杂志》1942 年第 9 卷第 5 期）

# 出版节约与调济

萧文哲

## 一、本问题之认识

《中央日报》与《扫荡报》，原系日出一大张，自日昨联合出版，改为日出一大张有半，可省纸张油墨印工与阅报时间及报费各四分之一；然察其内容，丰富胜前。因思渝市出版界实有节约与调济之必要，即节省不必要之出版，移其节余出版力扩充必要出版之事业。

必要出版之事业有二：一为传布新闻与政令之报纸与公报，二为阐扬学术文化之图书与杂志。前者因新闻与政令有限，出版本有限度，而现实各报纸与公报，往往新闻重登，政令复载，浪费物资，应加节约；后皆因学术文化之阐扬无穷，其所露出版力亦愈大。今皆渝市出版店社，堆积稿件，未能出版者，比比皆是，使在渝（其实全国）人民，缺乏文化粮食，发生精神枯涩，其影响学术文化不能长足进步，实乃国家之最大损失。

渝市未能充分出版图书杂志以满足学术文化之需要者，其主要原因，由于出版力薄。渝市铸字制版及印刷场所，无论大小，总计不过五十四家，其中铸字制版者，仅有上海华丰印刷铸字所、重庆文店丽华制版所重庆总所两家，前者系十七年二十月分设，后者系二十八年十一月创办，规模粗具，出品极多。其余五十二家，不能印纂图书、杂志者，居大多数，其能之者，仅有下列十九家，计大东书局印刷厂、中华印书馆、文渊印书馆股份有限公司、正中书局印刷厂、安庆印书馆、京华印书馆重庆分馆保证责任、重庆市沙坪坝生产印刷合作社、军委会政治部印刷厂、重庆文化书馆股份有限公司、重庆新蜀报印刷厂、重庆实记集成印刷所、时代日报印刷出版社、时与潮印刷所、商务印书馆重庆分馆、华南印刷股份有限公司、新民报社印刷工厂、新新印刷股份有限公司、汉口新快报印刷所、汉口培文印书馆等，然皆规模不宏，出版力微。

渝市印刷，力薄如此，而印刷所需纸张油墨与工人，又皆极感缺乏。以言纸张，渝市造纸厂所，仅有上海龙章造纸公司重庆工厂、川东公司造纸厂、四川造纸厂、国立四川造纸印刷职业学校造纸厂、溥泉纸浆造纸厂五家，然皆土法制造，出品不多。以言油墨，渝市制造油墨场所，仅有大业油墨厂与竟成化学厂两家，均系小量生产。以言印刷工人，多系临时招雇训练，技术欠熟，素质更差。在此种情形之下，出版力薄，不言可喻，而况分散浪费，尤使供不应求，此渝市出版业必须节约而妥加调济者明矣。

节约调济之法多端，而集中报纸与公报之编印，并移其节余之力以补助图书杂志出版，实居首要者也。兹分论之。

## 二、集中报纸编印

报纸之功用有三：一为传播新闻，二为发表舆论，三为登载广告。新闻广告登载于同一区域内之各报者，类皆千篇一律，即或各报因性质与立场不同，取舍新闻与广告有别，然而事实之表现，至多亦不过仅有详编多少之异耳。至于发表舆论，各报容有不同，而其根本立场，仍在维护抗战建国之大业。今渝报纸，大者有《中央》、《扫荡》、《时事》、《大公》、《益世》、《国民》、《新蜀》、《新民》、《新华》、《商务》十家，除《中央》与《扫荡》已联合出版外，余则各自编印，各自发行，试将以上各报，综合而比观之，其所载明内外重要新闻，无报不同；所登广告，相同者十有七八，不同者仅居二三；所刊社论专论等文，各报固多不同，然而同一要人之文章，重见于各报者，不知凡几。同一新闻，同一广告，甚至同一论文，同由各报单独编印发行，其浪费人力物力与财力，以渝市十家报纸计算，将及十分之九，此渝市报纸必须集中编印者一。

报纸是人人之耳目，无不欲遍观各报纸，冀能多得见闻；是以报纸一经发行，便走天下。渝市十种报纸，平均每种每份日销三角，日购十份，即需三元，月需九十元，此就土报纸而言；若改购白报纸，日需念元，月需六百元。以今日阅报者之购买力言，除特官巨富，鲜有能毕购各报而阅之者。人既不能必毕购，斯不能满足其求知之欲望，在报纸销路，亦因之不畅，报纸宣传，亦因之减色，即使人能毕购，遍阅十份，其耗神费时于检阅之间，亦不知浪费几许矣。为减轻阅报者财力神力之负担，加强报纸宣传之功效，尤宜集中各报之编印，充实报纸之内容，使成本减少，售价降低，此渝市报纸必须集中编印者二。

集中编印渝市报纸之彻底办法，即将十种报纸，并为一种，成为合股公司，原有各报员工，平均择优留用，优其待遇；其余员工，分别介绍工作，或给资遣散。各报原有特色，悉予保留，即就集中编印之报纸，妥为分栏容纳。至于各报集中编印后所剩印机字粒，亦可集中调整，开办印刷工厂，承印图书杂志。

如以前述办法，过于彻底，未易实行，当思其次。次者何？即各报联合出版是也。《中央》与《扫荡》两报，既已联合出版，无甚困难，且称经济，今攘而大之，将渝市各报一律叠加，旧规可循，困难自少。（前年“五三”、“五四”轰炸后，各报曾联合出版）

如仍以联合十报出版，未属兼顾各报原有特色，不妨再思其次，即按各报性质相同相近者，分别联合出版，此必轻而易举，毋庸深思考虑者也。本此旨趣，以察各报，则《中央》、《扫荡》、《时事》三报，对党国之关系较深，注意党政军之事态亦较重，其性质与态度，均接近《中央》，自可联合出版者一。《国民》、《新蜀》、《新民》、《商务》四报，虽有重政重商之别，虽其维护党国，同具热忱，注意蜀事，皆胜他报，此其可以联合出版者二。《大公》、《益世》、《新华》三报，虽各有其立场，然其维护抗战建国之热忱，未有大异，自亦可以联合出版者三。如此联合出版，则渝市报纸由十而三矣，即可节省出版力与阅报者之负担十分之六七矣。

## 三、集中公报编印

节约调济渝市出版力之第二方法，即集中在渝机关之公报编印。在渝机关编印公报者，厥为中央政府各机关。

公报之主要功用，在宣传政令，并代替行文，而国府暨所属各院部会现在编印之公报，除未发行及已停刊者外，计有《国民政府公报》、《行政院公报》、《司法院公报》、《监察院公报》、《内政部公报》、《外交部公报》、《经济部公报》、《教育部公报》、《交通部公报》、《□□□月报》等十种，由各该机关单独编印发行，期短者半月一刊，长者三月一期，使须宣示之法令规章，自刊行之日起，至印成公报到达读者手中止，所历时日，少则二十日以上，多则百日以上，往往有失时效，致使较有时间性之法令规章，皆须单独行文，逐级转下，繁牍复抄，既费物力，层层承转，又延时间。且公报单独编印，同一法令，往往重复刊载多次，靡费人力财力不少。若将各种公报集中编印，资料既多，刊期可以缩短，每日或数日编刊一期，除密件或特种规章外，一切法令规章，统登公报，不另行文，既可节省繁牍复抄之劳费，又可增加代替行文之时效，其减少保管与调阅卷宗之劳，亦复不少。至于因集中编印而节省纸张油墨与印工，减少办理公报之人员与封发公报之物费，为数亦甚可观，此公报必须集中编印者一。

公报读者，为求明了整个法令概念及各种法令所定事项，必须购置各种公报，即为现行十种公报而论，除《监察》与《交通》二公报外，仅购其他八种各一份，每年约费四十元，且法令散见十种公报，查阅不便而费时。若集中编印，读者只须购置一种，每年仅费数元，既省费用，又便查阅而省时，此公报必须集中编印者二。

又集中公报编印，可以增进政治效率。缘以现行各种公报所印份数甚少，《行政院》及《交通部》两公报，各印二千二百份，《国府》及《蒙藏会》两公报各印一千一百份，《内政部公报》印一千七百份，《司法院公报》印一千五百份，其余各种公报各印二百至五百份，衡以我国推行法令之机关，除中央及各级党务、军事、司法、税务、审计及其他特种机关外，全国二十八省，七院辖市，二区，二地方，一百六十专署，约二千县市，五十余设治局，共二千二百数十单位，以现有任何公报份数，不数分配，既政令不能遍达全国。或曰，现在沦陷省县市须多，此诚事实，若以分配沦陷地区公报之数，移补中央及各级党务、军事、司法、税务、审计及其他特种机关所需公报之数，只有不够，绝无过剩，而况沦陷省县市仍多有保留其机关而必须购阅公报者也。若集中公报编印，增加份数，使中央以至于地方，任何机关至少各置一份，政令即可广宣、政治效率自然增加，其于法治之促进，定有补益。至于业务单纯机关如军政、交通、财政、侨务、司法等部会，仅需公报中之关系部分者，可由编印机关将公报分别分订与合纂，各取所需，两得其便，此公报必须集中编印者三。

集中编印公报之办法，约有五项：（一）各院部会公报一律停止单独编印，所有应登公报资料，统送国民政府集中编印国民政府公报一种；（二）各机关应登公报之法令规章，由各该机关抄送，并提稿端注明稿件重要性之程度，加盖印章，以明责任，此项稿件均须于每期公报出版期前数日送到集中编印公报机关；（三）凡府院部会署处之法令规章登载公报者，除特定外，均标明不另行文；（四）各机关仅需要国民政府公报中某一部分或某数部分者，须将所需种类及数目，先期通知集中编印公报机关单独分订；（五）公报集中编印后，所节省之人力财力与物力，移充学术文化编印之用。

## 四、充实学术文化之编印

渝市出版界中，惟文艺作者与刊物，以有政府襄助，出版书刊，比较为多。且有牟利之徒，竭力印行陈腔滥调或欲感之小说，如《留东外史》、《性的知识》、《处世艺术》等；亦有别具心机、秘密印行不利于国家民族之刊物者。至于其他具有学术文化研究之图书杂志，坊间反早凤毛麟角现象，即有编者，亦多积稿，不易出版。惟其如此，则编著者遂放弃编著，改就他业，其结果，非但一般参考图书杂志，日见其少，即学校必需之教本图籍，竟亦供不应求，食无鱼而鸣铗，读无书而致有提倡抄书之呼号。穷相如此，何能期望学术文化之进步？为挽救斯弊，不能不权衡轻重，先急后缓，一面集中报纸与公报之出版，同时将其节余之人力物力与财力，移充学术文化之编印。

虽然，此种节余力量有限，而学术文化出版所需者无穷，故为今之计，应将此种节余力量、先集结于下列各种图书杂志之编印：

（1）学校必需之教本图籍，尤其是小学与中学；

（2）研究自然科学图书杂志；

（3）研究抗战建国方略之书刊。

（载《现实评论》1942年第1卷第9期）

# 与文化有关系的纸的问题

苏国夫

第一，纸的问题之严重和原因。一月廿一日重庆《益世报》社论说："土报纸涨价之狂陡，令人可异。""土纸一项，原料采于国内，人工取于当地，今竟狂涨，实不可解。报纸是我们新闻界主要的命脉；没有纸，就没有报；这与没有粮食人民就不能生活，正是一个道理。目前重庆各报，因限于经济，已均采用土纸，而今土纸竟亦如此狂涨，甚至有行无市，购置无从，实在影响全体新闻界的前途。我们为了能继续执行宣扬国策的任务，不断供给人民精神的食粮，就不能不向当局紧急呼吁，对纸价的飞涨，要立刻加以制止。"

"有人说纸价的狂涨，是因为有人垄断囤积，这当然是毫无疑问的事实。我们先就事实，加以经济原理的分析：土纸的成本，不外原料与人工两项。原料方面，除了极少数的破布烂棉以外，大都还是木屑、竹皮与破碎旧纸，这些东西，在最近全未涨价。至于人工的贵贱，则又基于以下两项原则，一是人工自身的供求变动，一是粮价的变动。姑就四川一省而言，目前各地的粮价非但未涨，反多跌落。至于人工的供求，主要市场是在田间，而今正值严冬，秋收已过，小春未来，田间并不需人。故就人工本身的供求来讲，供给方面，实已较前增加。基于这两种事实，不仅未涨，勿宁反倒跌落；现在四乡人工低贱，确也如此。既然原料未曾涨价，人工又反行跌价，土纸的成本，当然不会增加。而今纸价狂涨，甚至有行无市，这其中一定是有人垄断囤积居奇，决无丝毫可疑。"

一月二十二日《新华日报》社论亦说："我们向政府呼吁，向一般纸商劝告，对于纸的供应问题，目前已到了相当严重的状态，应当急予解决。""对于纸问题的严重，一般社会人士亦许不大感觉到；但在文化界，尤其在新闻界，实在是非常痛切的。"

该报又说，"目前纸并不缺"，原因在于"居奇不卖。这不是有意同我们文化界，尤其是一日不可无纸的新闻界为难吗？就是说它是阻挠抗战宣传，恐怕亦不算过分”。

“现在的问题，还不是只在价贵，而且有无从买处的危险。”“在垄断居奇之下，这种危险是很自然的。试想，如果这种情形让其继续下去、发展下去，从事文化事业，尤其是新闻事业的我们，不是会更感到更困难，甚至无法从事抗战的文字宣传吗？”

“我们相信，对于与抗战利益直接相关的新闻事业，爱国同胞必能尽力帮助，政府必能扶持。我们处此境地，不得不发出紧急呼声，切望政府、切望纸商顾念民族利益、抗战利益，尽速设法来解决目前纸的供给问题。我们的希望并不奢，只希望纸商们切莫垄断居奇！”

重庆《大公报》一月廿一日社论说：“自前年秋季以后，为抗战大后方人人关心的粮食问题，因为社会一般注视与呼吁，及主管机关的策划与应付，业已渐告平稳。而现在抗战首都最主要的精神食粮——报纸，则因近两月来纸价飞涨，且少供给之故，大有来源断绝的恐慌。旬前国民参政会驻会委员会开会时，对于纸源、纸价问题之质询，便充分反映了这个问题的严重性。据我们所知，现在纸价和两月以前比较，已腾涨一倍以上，而同时期内工价和粮价均未上涨，且有部分下跌的事实，由此，也可知道现在纸价之上涨，与一般物价之波动，其原因不尽相同，而值得主管机关之密切注意。”

“就过去生产方面情形观察，纸的来源应该绝无问题。虽自前年秋冬以后，因纸的存底异常丰足，纸价未能与其他物价比例上涨，致有一部分槽户停止制造，但目前存底未并告罄，各地槽户又因最近市价之刺激，业已多半复业，故今日纸张来源之枯竭，绝非由于生产之不足，而最近纸价之暴涨，亦与生产成本之加重不成比例。所以酿成今日价格暴涨，来源缺乏之原因实甚简单。第一，土报纸之生产，系农村一种副业，每户每月产量，少或不足十令，多亦不逾二三十令，而主要产纸区域，又均距离渝市一二百里或三四百里不等，农民因本人产量较少，距离市场较远，故只能生产，不能运销。第二，由于第一原因之存在，于是纸的供给，不能不赖纸商营运。商人看利太重，往往忽视现代社会需要纸张之迫切，实与需要粮食相同，乃相率乘机操纵，企图厚利，而市场遂受严重之影响。第三，自政府取缔囤积居奇后，间有非专营纸业之囤户已受制裁者，但究为少数，且产纸区域，遍于农村，就地囤积，稽察不易，故非纸商之囤积操纵，未能绝迹。第四，产纸区域交通不便，有须挑负二三天，始能到达码头交付水运者，于是地方上不正当势力往往注视为利薮，索诈阻挠，无所不至，此种情形在产纸主要区域之梁山最为显著。第五，因为上述种种原因，消费者乃不能不赴产地购求，且不能不照贩户所要价值购求，于是更助长操纵囤积之风，物价日益腾涨，供给愈感不足。现在一般看法，有认为春节期间，槽户均将循例停工半个月以至三星期，消费者必须于春节前大量购进，以维持其业务，故最近二三周内纸价尚将飞涨者。又有认为春节以前无论纸商或非纸商之囤户，均需要现金，故须将一部分存货脱售，纸价不致上涨，但春节以后，则将暴涨者。这两种看法各有理由，究竟哪一种正确，尚待将来事实证明；但简单一句话，纸价一定看涨，则为任何人所不敢否认。”

同日，重庆《中央日报》社论亦说：“两三月来——纸价，继长增高”，“但上长之风，仍未稍止”。“依照目前趋势，若非设法平抑，恐将造成空前的新纪录。此一问题，不待陪都各报馆本身感受切肤之痛，即整个社会亦不应忽视。不宁唯是，纸价陡涨，直接间接，也会牵连到其它物价的腾贵。所以我们认为纸价问题值得提出讨论。”而且“两三月来，一般粮价及工资，均未上涨，独纸价有突飞的上腾，其中根本原因当然是有人在囤积”。

“报纸纸价的飞涨，既然是有人囤积，故取缔囤积，自为釜底抽薪之唯一有效办法。依据平时常态，每值废历年关，厂方与商家，大抵亟求脱货，换取现钞；所以纸价理应下跌。但是一经有人尽量购进，垄断居奇，则虽值年关，纸价不特不趋低落，抑且还会提高，所以囤积之不取缔，纸价势必更大，影响所及，不免有两种结果：其一，各种日报的订阅或零售费，必因成本陡涨而增加，此即添重了一般国民的负担，终必阻抑销路，减少读者，影响社会。其二，假使纸价过昂，若干报馆因为经费有限，收支不敷，势将无法维持。”

“上述两项可能的结果，不只是报馆本身的不幸，实在也是整体社会的损失。报馆本身的不幸，还是小事，整体社会的损失，关系才是重大。我们愿坦率陈述，一般日报是民众的精神食粮，一切国内新闻与世界消息，固然要靠报纸传递，而且法令的露布、政策的宣传、民情的传达，以及舆论的发挥，更有赖于报纸。所以社会愈文明，报纸愈发达，读者亦愈普遍。如英如美，虽贩夫走卒，莫不人手一纸，朝夕阅读。报纸的重要，在平时且然，何况正值国家民族，对外抗战、争取胜利的时候！一般日报既然是社会民众的精神食粮，则一般日报所赖以印行的纸张，自然即为此精神食粮的构成原素。它的重要性更不待言。我们上面所谓平抑报纸价格，乃整个社会的问题，并非仅报馆本身的问题，自非过言。”

第二，怎样解决纸的问题。重庆《益世报》一月廿一日社论说：“关于垄断囤积的事实，我们与各同业之间，都已获得确切而具体的情报。除一部分普通商人之外，还有许多在政治上、经济上有地位的人，也从事这种犯法的勾当。在目前，我们还不愿公布他们的姓名或机关团体的名称，也还不愿宣布这其中的真相。所以如此者，盖欲冀其从速悔悟，只获得合理的利润，就赶紧的供给市面需求；存心垄断，那更不可。要知道，维护新闻事业，固然政府有责；而一般民众，也有辅导的义务。尤其是在经济上、政治上有地位的人，对新闻事业非但不加爱护辅助，反倒垄断土纸，囤积居奇，这实在是对我们新闻事业的直接摧残。我们为了供给广大民众的精神粮食，我们为了广大民众的利益，决不能再事容忍，决不能放任此辈恶徒，无法胡为。所以，我们要向政府当局呼吁，请求从速调查纸价飞涨的真相，从速查明垄断囤积的实情，更要从速的执法以绳，严加惩处，苟欲全体报业不致中辍，必先平定了报业生命泉源的纸价，我们这一要求绝不过分。因为维护新闻事业，政府责无旁贷；平抑物价，更是战时政府的重要职责。何况最近纸价的狂涨，是由于奸人的垄断囤积，是这样的不合理？更何况政府统制物资以及负责平价的高级长官，对于这次纸价飞涨的内幕，业已深知熟谂？如果再没有有效的措施，这当然就是政府溺职，不但国法所不许，也为舆情所不容。同时，我们还附带再向政府请命：纸价固然要从速平定，其他的物价也要即时切实平抑。一方面因为物价的高涨，都有互相连带的关系；一方面我们决不是只望自己的问题得到解决便了，民众生活上的物价无理高涨的压迫，政府也应该速于解除。而且我们更坚决相信：只要政府肯认真去做，一定可获预期的效果。”

“在平时，报纸就是民情舆论的反映；在战时尤负有宣扬国策、鼓励军民的重任，所以国内国外的有识人士均谓：宣扬重于作战，纸弹烈于炮弹。我们知道本身责任的艰巨，一时一刻也不敢疏忽职守，自从抗战迄今，我们不惜人力物资的损失，一迁再迁，决不敢一日中断，为了节省人力物资，原来日出三张、五张，不惜减为一张半张；原用洁白的报纸，现在改为粗劣的土纸；我们固知多愧于读者的爱护，但也深知必能获读者的原谅，所以我们更要兢兢业业，为社会服务，为人民效劳。从前是如此，今后更必如此，可是，现在我们遭遇到不能忍受不能克服的困难，除望政府俯顾舆情，切实办理之外，还殷望着广大的群众，给我们有力的援助！”

“末了，我们愿诚恳的忠告垄断囤积的奸商歹徒：国家民族正遭遇着这空前的大难；前方忠勇的将士，吃不饱，穿不暖，洒尽了热血，去与敌人拼斗；后方的人民，也饱尝着颠沛流离的痛苦；你们反倒乘机渔利，坐发国难财，自己问问良心，是否有愧？何况严惩垄断囤积，律有明条，而我贤明的最高领袖，对此已经决定要断然处置。尽管你们能用种种力量，巨手遮天，但终也逃不过舆情的制裁。到不得已的时候，我们决不计一切利害，把这般犯法垄断囤积居奇的内幕，一一公诸社会；请社会民众的伟大力量，来制裁你们！”

同日重庆《中央日报》社论说：“报纸既然是社会民众的精神食粮，则取缔囤积报纸，当与取缔囤积米粮，同样重要。我们这种主张实在已有法令的根据。依照《非常时期取缔日用重要物品囤积居奇办法》，凡非经营商业之人或非经营本业之商人，大量购买指定日用重要物品者，称为‘囤积’。商人贮存而不应市销售，或应市销售而故意高抬价格，超过合法利润者，称为‘居奇’。有囤积居奇行为者，除没收其囤积物品外，并得依照《非常时期农矿工商管理条例》第三十一条的规定，处以五年以下有期徒刑，并科以所得利益一倍至三倍之罚金。上述日用重要物品，共分四类，即粮食、服用、燃料与日用品；而日用品中即包括纸张一项。由是以言，取缔囤积报纸，与取缔囤积民食，的确同样重要。”

“我们认为重庆报纸的纸价，实有立即平抑的必要。不但纸价太高，报馆也无法支持，且恐发生纸荒，无法印行。故政府对于囤积报纸的行为，应当迅速取缔，斯即对于违犯法纪的奸人，必须严厉惩处。我们相信只要铁面无私执行法令，纸价自会立即下落。同时我们更希望从事囤积的人们，幡然改图，各以社会民众的利益为前提，同为国家民族争胜利，而将积藏的货品，尽量抛出。”

“平抑纸价，除严厉取缔囤积外，复有两件事值得考虑：一是可由各报馆联合起来集资自办纸厂，一是由政府将纸厂改为国营，或以管制粮食方法管制报纸，或将报纸改成专卖。此皆正本清源、平抑纸价的彻底方法。但是无论如何，取缔囤积，乃为目前刻不容缓的急务！”

重庆《大公报》同日社论对于纸的解决，亦提供有具体意见：“今后报纸之需要，亦必将随时势之推移，更见迫切。本此意义，吾人对于报纸之供给，不能不盼主管机关速为有效的妥善的措施。今日之现状，绝对不容忽视放任。”

“据我们的意见，要解决目前纸荒问题，办法虽似相当复杂，实际并不十分困难。倘能办到（一）彻底禁止非纸商之囤积居奇；（二）彻底扫除阻挠运输之不正当势力；（三）严密办理纸商之登记，凡未经依法登记者不得营运；（四）严密办理产地纸张集中场所及市场存货之登记，禁止久囤不售；（五）详密调查各报馆及出版业之实际需要，凡运抵市场之纸须尽先分配于各报馆及出版业；（六）在办理上述各项时，须防止因纸商停止营运而致市场来源完全断绝，必要时并由主管机关直接办理运输；（七）在可能情况下限制不必要之消费。以上所述，虽卑之无甚高论，愿供主管当局之参考，倘得因此而使纸荒问题得以解决，那不仅报界之幸了。”

其后一月三十一日江西《前方日报》社论亦说：“目前江西有一个不可忽视的严重问题，便是粮价并未上涨，而白报纸的价格却继续增高。”

（载《时论分析》1942 年第 43 期）

# 纸荒问题

自前年秋季以后，为抗战大后方人人关心的粮食问题，因为社会一般的注视与呼吁，及主管机关的策划与应付，业已渐告平稳。而现在抗战首都最主要的精神食粮——报纸，则因近两月来纸价飞涨，且少供给之故，大有来源断绝的恐慌。旬前国民参政会驻会委员会开会时，对于纸源纸价问题之质询，便充分反映了这个问题的严重性。据我们所知，现在纸价和两月以前比较，已腾涨一倍以上，而同时期内工价和粮价均未上涨，且有部分下跌的事实，由此，也可知道现在纸价之上涨，与一般物价之波动，其原因不尽相同，而值得主管机关之密切注意。

就过去生产方面情形观察，纸的来源应该绝无问题。虽自前年秋冬以后，因纸的存底异常丰足，纸价未能与其他物价比例上涨，致有一部分槽户停止制造，但目前存底并未告罄，各地槽户又因最近市价之刺激，业已多半复业，故今日纸张来源之枯竭，绝非由于生产之不足，而最近纸价之暴涨，亦与生产成本之加重不成比例。所以酿成今日价格暴涨，来源缺乏之原因实甚简单。

第一，土报纸之生产，系农村一种副业，每户每月产量，少或不足十令，多亦不逾二三十令，而主要产纸区域，又均距离渝市一二百里或三四百里不等，农民因本人产量较少，距离市场较远，故只能生产，不能运销。第二，由于第一原因之存在，于是纸的供给，不能不赖纸商营运。商人看利太重，往往忽视现代社会需要纸张之迫切，实与需要粮食相同，乃相率乘机操纵，企图厚利，而市场遂受严重之影响。第三，自政府取缔囤积居奇后，间有非专营纸业之囤户已受制裁者，但究为少数，且产纸区域，遍于农村，就地囤积，稽察不易，故非纸商之囤积操纵，未能绝迹。第四，产纸区域交通不便，有须挑负二三天，始能到达码头交付水运者，于是地方上不正当势力往往视为利薮，索诈阻挠，无所不至，此种情形在产纸主要区域之梁山最为显著。第五，因为上述种种原因，消费者乃不能不赴产地购求，且不能不照贩户所要价值购求，于是更助长操纵囤积之风，纸价日益腾涨，供给愈感不足。现在一般看法，有认为春节期间，槽户均将循例停工半个月以至三星期，消费者必须于春节前大量购进，以维持其业务，故最近二三周内纸价尚将飞涨者。又有认为春节以前无论纸商或非纸商之囤户，均需要现金，故须将一部分存货脱售，纸价不致上涨，但春节以后，则将暴涨者。这两种看法各有理由，究竟那一种正确，尚待将来事实证明；但简单一句话，纸价一定看涨，则为任何人所不敢否认。

自抗战以来，各部门事业之经营，都感种种困难，而报业之困难特甚。单就纸价一端而论，战前西洋报纸每令只值国币三元，而现在之土报纸则每令即值一百一二十元，纸张品质，相差悬殊，价值乃高至三十余倍，而报馆业务，则除报道而外，更兼有宣传的、社会的、文化的意义，报纸发行，务期普遍，发行价格，决不能随纸价之腾贵而比例上涨，即其一例。社会一般每誉报馆为代表舆论之机构，我们窃感难于负此重任，时深惶愧。惟坦率言之，近年报纸对于抗战建国之宣传，确亦尝为最善之努力，而今后报纸之需要，亦必将随时势之推移，更见迫切。本此意义，吾人对于纸张之供给，不能不盼主管机关速为有效的妥善的措施。今日之现状，绝对忽不容忽视放任。

据我们的意见，要解决目前纸荒问题，办法虽似相当复杂，实际并不十分困难。倘能办到（1）彻底禁止非纸商之囤积居奇，（2）彻底扫除阻挠运输之不正当势力，（3）严密办理纸商之登记，凡未经依法登记者不得营运，（4）严密办理产地纸张集中场所及市场存货之登记，禁止久囤不售，（5）详密调查各报馆及出版业之实际需要，凡运抵市场之纸须尽先分配于各报馆及出版业，（6）在办理上述各项时，须防止因纸商停止营运而致市场来源完全断绝，必要时并由主管机关直接办理运输，（7）在可能情况下限制不必要之消费。以上所述，虽卑之无甚高论，显供主管当局之参考，倘得因此而使纸荒问题得以解决，那不仅报界之幸了。

（载重庆《大公报》1942年1月21日）

# 谈精神食粮

程新元

我近来不很买书，原因是：（一）书价太贵，一本书起码是几块，甚至于几十块，有一次我在书店里看到一本书，定价是七角，问起实价是十元零五角，要照定价加十五倍，靠薪金生活的人，维持物质食粮尚且费力，那有更多的余钱去买精神食粮；（二）精神营养贫乏，跑到书店里去看，架子上、台子上五颜六色，种类杂陈，量倒不少，质却不精，仅是些文艺、内史、外史、内幕、外幕以及 ABC 的书，要想买一本正正气气的理论书，却不容易买到。

青年们十个就有十个喜欢看文艺，因为文艺带有小说传奇的滋味，很能引人，至于内史、外史、内幕、外幕那一类的书，富于趣味，足可当做消遣。ABC 一类的书，只是一点普通常识，有些人想把自己粗制滥造成一个博学家，便用力向 ABC 的书堆里钻。因此这些书的销路畅旺了，作家和出版业为了迎合读者的心理和兴趣，便专在这些书上做工夫，结果是坊间的书虽“汗牛充栋”，而读者还不能“学富五车”。

我不反对看文艺，世界上若没有文艺，善恶美丑便不能区分，但是多看一些文艺的理论书，不要只是把文艺当做消闲品，试问喜欢看文艺的人，有几个肯埋头去看文艺理论书？书店里又有几个好的文艺理论书？至于内史、外史、内幕、外幕一类书，只可以增加我们茶余酒后的谈话资料，却不能启发我们的思想。ABC 一类书绝不能把我们造成渊博的学者。

读书不能完全偏重兴味，就等于吃菜不能专注重滋味，有滋味的菜不完全富于营养，同样，有兴味的书不见得对于精神上的营养有何帮助，现在有许多读者都不愿去看理论书籍，认为是干燥无味，殊不知这种无味的东西正含有充分的营养。生理学家和医生都在那里孜孜研究维他命，使人类在物质食粮上能获得多量营养素，希望社会生理学家也来充份地研究一下国民精神的维他命，也像食品维他命那样地详细分类一下，指导国民精神走上健康的道路。

青年是国家的中坚，国家的强弱安危全系于青年的双肩，青年们对于各种科学的理论都要按性之所近去努力探求和掘发，以冀有所贡献于国家民族，切勿以读书为消遣为兴趣，只贪求目前的眼福，而乱找些精神食粮来充饥，把肚子塞得满满的，而毫无营养，这样对国家、对个人都是个损失。同时也希望作家们和出版业不要仅投读者的所好和口味，拿些有味道而无营养，有刺激而无益的精神食粮来供给。现在印刷纸张都很贵，当兹国家实行总动员法，努力撙节物资的时候，也应该来减少一些不必要的书籍和刊物。

现在一般人已走上“饥不择食”的道路了，只求裹腹，不求营养这是个危险现象。政府、社会先进及大学教授应当来挽救这种风气。因此我主张：

（一）政府统制出版业当以节省物质，澄清书源。

（二）组织精神营养的指导机关，使每个读者都有选择书籍的标准和能力。

（三）普遍组织青年读书会，改变读书风气。

铲除无营养精神食粮，尤其是那些含有毒素的精神食粮。当兹扩大军中文化运动的时候，更须“谨防扒手”。我们对于精神食粮不求饱，只求精，不讲口味，只讲营养。全国青年对于读书应当要走向一个正确的方向。

（载《精忠导报》1942年第7卷第3期）

# 为国民精神食粮呼吁

□　人

谁都知道国民精神食粮的需要，并不减于物质食粮。因为精神食粮的丰穑，是一个国家文野兴衰的测准器，尤其在国运垂危全民斗争的时期，国民精神食粮的补充，更为重要。不过痛心的，是我们正在闹着严重的精神食粮荒。这一恐慌，象征着我国文化事业在战时的萎靡不振。可以看得出的，有以下几方面：（一）量荒，即书太少，不但新出的少，战前出的也不容易搜集。（二）质太差，除软性小册子充斥市面外，殊少学术研究和真正提高国民知识的写作。（三）因为书少，所以发生供求失调的现象。结果书店高抬价格，漫无标准。（四）纸价过昂，印刷太贵，有价值的著作不易出版。即出版，也因价值高昂，销路不广，因此发生精神食粮的恐慌。

在战时民气、士气多赖精神食粮培养，恐慌一生，其结果自然不言可喻，为求国民精神有健康营养，我们特提几点意见：

（一）政府应大量奖励并提倡学术研究工作，特别是有价值的著作，为求全国各界民众都得益处，研究范围，应力求广泛。

（二）不论公私出版事业，均应以服务社会为最高目的。

（三）为达成这种社会化的文化目的，政府应津贴印刷及书店。俾将书价减低，以轻读者负担。

为求国民精神食粮的补充，我们特诚恳呼愿，希望政府能赐采纳。

（载《田家半月报》1942年第9卷第17、18期）

# 著作家与出版者

盛　年

最近听说在桂作家发起“保障作家权益”运动，我们十分同情，并希望以发展文化事业为目的而寻出合理的办法。著作家和出版者是文化事业之两大支柱，缺一不兴。如果以发展文化事业为目的，两者不是对立的而是合作的。因而所谓合理的解决办法，并不需要“上穷碧落下黄泉”。

我们先得承认这样的事实：书店欺负著作家的事是常常有的，例如谎报印售数目，压低稿费或版税，延不支付稿费或版税之类。有无著作家对不起出版者的事？除掉极少数的名士派的人预支了稿费或版税而不交货，或粗制以塞责者外，书店方面吃亏的机会是很难得的。总之，出版者负著作家的场合远多于著作家负出版者的场合。

所以“保障作家权益”运动，大抵由于愤慨的累积，不能视之为要挟或苛求。如果出版者以发展文化事业为目的，岂独不应该欺负著作家而已，在力量可能内特别给著作家以便利也很应该。因为没有著作便无版可出，如何谈得到发展。

然而著作家方面，似乎也不妨考虑：一、纯然以谋利为目的的出版者固然不少，但未必只有这样的出版者；而扶植以发展文化事业为目的的出版者，本来是著作家的志愿。二、专注意于提高稿费或版税率之类，不一定能制止刻薄的出版者之刻薄，反会使忠厚的出版者站不稳，而忠厚的出版者之倒下，又非著作家所愿。三、照现在的环境，出版者实在很不风调雨顺，办法稍欠周密，便会抵触了发展文化事业的目的。因此我们觉得：由著作家和出版者依据现实，共同商订一种既可杜绝欺负行为，亦不妨碍文化事业的办法，似乎是必要。但我们不愿意渗进了丝毫仿佛是劳资谈判那种意味，而纯然是双方为了发展文化事业而虚心地从事实寻出彼此合作得更好的办法。所谓事实，自然牵涉得颇为复杂，例如出版的成本、销售的时间、书籍的定价等等。

只要是事实上做得通的办法，便应该照办；盖可为而不为，毋乃太远了“知其不可为而为”？

（载《文化通讯》1942 年第 21 期）

# 桂林文化巡礼

## ——蓬勃的书业

蓝　波

过去我写过一篇叫做《桂林文艺线》的文章，里面只粗略地把桂林的文艺刊物及文协活动的情形报告一下，当然，这在文化工作上并不足道的。不过，据朋友给我来信说，在外地的读者很需要，还鼓励我再就各方面，如出版界、书业、学校、印刷厂、报馆等继续写几篇。我那时也决定要继续写下去，但后来又因事离开了桂林，所以要写的计划也打消了。现在呢？我又回归这山城来了，而且还得朋友催促着要这类文章，所以也动笔写了。

现在，我要从蓬勃的书业说起了。

桂林，这是一个美好、媚丽、恋人而高傲的名字呵！尽管沐着春雨而欣欣向荣的桂林文化事业，受着各种的限制与困难，然而，它却抵挡不住桂林文化事业突飞奋进的进军，消除不了这么蓬勃的气象：文化界人士的埋头苦干，努力艰苦，忍耐和奋斗，配合当前政治任务的时代要求，使桂林文化事业仍然——不，更深广的展开，使它成为大西南的文化重镇，精神粮食的营造厂，新文化的大本营。我歌颂它美，我爱它媚丽，决不是游山寻柳，玩古抚今之名人雅士们的高雅，决不是“桂林山水甲天下”的盛赞者之口吻，只是对文化事业上这么点滴聚汇的新气象的爱慕。

虽说桂林是个山城，这不过是它底外形吧了，你能仔细数一数，文化营垒中的——书，有如何大的数目，全在桂西路，中北、中南路的一部份，单是开设门市的，总在四十家以上；而桂西路已简直成为人们口中的“文化街”了。还有古书摊、文化室、租书间以至不具外形的批发书业，真是不胜其数了。

现在不分等次，心到手到的杂扯下去吧。自生活书店奉令停业，新知书店因故停止门市而迁址后，两店的门面即刻换上了另一个招牌，那便是文化供应社及国防书店。

1. 文化供应社——社长是陈邵先，开幕后，业务即蒸蒸日上，注重书籍的出版，各方面书籍均顾到，凡政治、经济、文艺、青年读物、科学用书、民众通俗读物、基层建设理论及各种工具书图表都有印行。编辑有傅彬然、宋云彬、邵荃麟等知名作家。《新道理》、《文化杂志》都是该书店发行的。总之，它的业务的蒸蒸日上，那不无原因吧。而，文化供应社——这名字，它确会给西南的文化作了先导呵！

2. 国防书店——门面装潢美化，开业以来，虽不见得怎样生意兴隆，惟也并不落于别家之后。而顾名思义，其名为国防，以宣传国防文化为中心，殆无可非，举凡有关国防之图片绘画的展览，国防科学书刊之发行；这些对于国防建设的理论与倡导，自有不轻劳绩，惟门市似稍逊于文化供应社。《国防周刊》即该店发行，并经售有市妇女会办的《妇女岗位》、《小春秋》等。

3. 科学书店——说到它，外地读者并不生疏，这是桂市并无历史也无门市的一家，该店现已开设门市——编者看样子似乎是很老当，沉毅实际却很活跃，说它活跃就在于它虽无门面却是很有读者的一家。总经售有《科学画报》、《草》、《青年生活》、《新音乐》以及最近发行之中国旅行野杂志、什么风之类的桂林航版等八大杂志，销路居各书业冠。前者如《野草》的尖辣有力，《新音乐》的新劲，无怪乎读者之众，只是后者数种，看什么风之类，销路自是不错，不过，似乎有些不合时宜罢了。

4. 商务、中华、世界——这里，我们不能以此炫耀读者，更大经营、占有全国独霸权的历史悠远、商业繁茂、少出其匹的著名书局，桂林也有的是：商务印书馆桂林分馆、中华书局桂林分局，以及最近设立的世界书局桂林分店。那真是包括中外，不分古今，从精皮洋装到白宣线状，从大学教本到幼稚园读物，从古代杰作至现代新作，珍、贵、齐——真是应有尽有，包罗万千，不过，除了藉教科书发行权的扩大营业之外，其余倒不见得门庭如市、门槛为低的热闹情况。

5. 白虹、大公——最近，以崭新姿态出现的是白虹及大公两家。白虹是在中南路南端的一个名叫百乐大厦的商场内，书籍种类很多，也很充实，几乎哪一门书籍都有，在开幕的时候，它即以九折优待读者，而在它发出读者书上，即很鲜明地写着：我们书店如果认为是属于少数人，无宁说是属于全体读者，在印刷困难、物价飞涨、交通多阻、人事多故的目前，容或在出版及销售各方面，不尽如人意，但是，我们想多出几本值得大家看的书，少赚一些不合读者要求的利润，我们虚心的接受读者的批评，忠诚的为读者服务。

读者、作者、编者和出版者、经售者亲切地合作起来了，是我们唯一的愿望，而且我们愿以今后的实际工作来代替一切的言语。

由这信中，我们看出它是用什么的姿态站出文化线上来的，而读者、作者、编者、出版者、经售者，亲切地合作起来那是多么需要呵，我们谨以最诚挚的手伸出去，祝福它长大起来。现在该店出版的书已有田汉先生的《岳飞》、徐迟的《最强音》及《鲁迅诗集》、《写》（孟超作）、《我们的海》（司马文森作）、《奇遇》（秦似译）、《三天》、《伙伴们》（于逢、易巩作）、《女权论辩》贯等也将近出版了，据他们的负责人对笔者说，他们将艰苦地工作下去，该店发行《文艺新哨》等。

其次说到大公书店——大公书店，它不是《大公报》的分枝书业，明眼者自会了然，不过这诠解正如《大公报》的“郑重声明”一样的大可不必。书店装设美化，新书不少，名作亦多，堪称后起之秀！两家有新进气象。

三户、北新、开明、大时代、上海杂志公司——三户，原在中北路北端，不为人注目，生意平平，现迁新址，销路的加畅，自可预期。该店为武诗人冯玉祥先生所创办，早设于武汉，陷后迁此。书刊很为丰富，多有价值之新作。后者数家，牌子较老，曾一时为读者爱好，如北新、开明等，均曾红极一时，学生界均极热爱其出版的书籍，如开明的《中学生》、北新的《青年界》，均为抗战前最合学生口味的读物，《中学生》现在虽还出，但比以前也差得远了，大时代经售有《文摘》一种，该刊为孙寒冰创办，孙氏死了，但该刊销路仍没有减于当时。国际参考书籍也很多。上海杂志公司经售有《诗创作》。《诗创作》为胡危舟编辑，听说销路也不错，该店经售的杂志也营业很多，几乎哪一类杂志也有。不过概括一句话，几家营业都很保守，是不见得怎样起色的。

《新华日报》营业处，中国文化服务社——两家斜相对面，惟性质有异，也就各有千秋，各有读者，这里不打算给它评定荣衰了。

青年书店原系政治部创办，为三民主义文化之发行机构，规模很大，自备印刷厂，业务人员很多，足为书店界放一异彩。

供应书店——它之值得提出，不在它之规模与质量，而在他适应目前读物的饥荒，读者的穷困，而首创了这种半租半卖的新的营业方式，很为市内穷困文人的欢迎。除了一般新书之外，收买了不少名著小说、工具书更为读者租阅书之用。凡有相当保证或缴押金，只需低微的几毛钱，便可租阅若干时日。这未始不是战时节约的另一办法，不过，现在这类书业已先后成立多间，不为读者所珍视了。

其余还有拔提、前导、生路、新生、军民、建设、正中、南国、东方等数家，但因没有什么特别可以写的地方，因此也从略了。

还有出版社，期刊社很多，但受了篇幅的限制，只有在另外的文章内再写它吧。

最后，让我再提起一件事，显然的，桂林的文化是在蓬勃地大规模进展着的，但反映在另一边的却是损害文化的一面。最近邮局忽然宣布停止停寄边远省份的邮件，这据说是车运上的困难，即使这是一种理由，不过，站在文化的立场上来看，这至少是一种对文化事业的损害吧。而难道除这之外，不能有更好的办法吗？书业界不应该自己团结起来吗？团结就是力量，有了力量车运的困难就不算是一种绝大的阻碍了。作为读者的我们是等待着书业及交通方面的负责者给我们美满消息的。

一九四一，十二月末

（载《文化新哨》1942 年第 1 卷第 4 期）

# 新兴的文化城——桂林

茜　菲

桂林——本是一个简朴而寂静的山城，四处洋溢着农村的气息，一切的文化，都正在时代的摇篮里孕育着，然而，抗战的烽火，给他带来了都市的文明，也给文化穿上了新装。

自文化的中心——平沪沦陷后，大批的文化人向南行，也许是“桂林山水甲天下”这句话的效力吧，许多文化工作者，投到了这还静静地躺在漓江的山城。尤其武汉、广州失守，一般文化人，不是到首都去的，都荟萃桂林。在政治上，军事上，经济上，桂林也成了一个重镇；同时，生活程度比其他都市特别来得低，而且交通便利，于是，桂林市的一切事业，勃兴起来，文化事业，也显呈朝气。

太平洋战争发生，文化人更向内移。计现在留桂的作家有：茅盾、胡风、艾芜、王鲁彦、金仲华、千家驹、沈志远、聂绀弩等。巴金两月前到成都去，但不久要回来了。戏剧界方面有：田汉、欧阳予倩等。文化界平常很少叙会，桂林的文协，也许久没有工作了，两三月前，文协曾召集过留桂作家开过两次座谈会，讨论稿费和版税问题，并组织了一个委员会，负责向书店老板和杂志老板交涉，稿费每千字十五元至二十元，版税抽百分之十五，比较从前是提高了，但总比不上生活程度高得快。去年旧历八月节，刚好是长沙三次大捷后，田汉等曾发起文化人团圆节，开过一个晚会，聚集了不少文化人，将茶费开销所得劳军。团圆节后举行聚餐。今年的诗人节，桂林诗人特地泛舟漓江，追吊屈原，胡风等都有参加，大家还谈到十四行诗和古诗的问题。除了这些节令外，文化人便很少机会齐集一堂了。因为他们多半住在东江，平日生活，除了写作外，便是欣赏漓江朝霞夕阳，徘徊七星岩下的森林里，呼吸郊外的清风。很少有固定职业，拿到战时薪金的。也许会有人担心他们的生活，可是只要不过于苛求享乐的，每个人都有生活的方法。

有了这些文化人，而又交通便利，容易运输印刷上所需要的材料，尤其挨近产纸的湖南，出版界于是一天比一天活跃起来，出版社纷纷成立，出书较多的有文献出版社、今日出版社、明日出版社等。新出的刊物，有如雨后春笋，在呈请登记的，也正不知多少，目前销路较大的有《文化杂志》，是一个综合的刊物，论文内容所载，比较专门的国际、政治、经济、教育、文化等问题。也曾召集各经济学者千家驹、沈志远等，讨论“当前物价上涨问题”刊载，现已出至二卷五期，综合性的刊物还有《半月文萃》，每期差不多都有金仲华的国际问题专论，已出四期。拥有读者最多的，为纯杂文刊物《野草》，有鲁迅杂文之风，极受读者欢迎，已经有四卷三期的历史了。销路和《野草》不相上下的《中学生》，由宋云彬主编，是综合性质，但以中学生程度为标准，已出了五十七期。硬性的刊物只有广西建设研究会出版的《建设研究》和《时论分析》。前者是针对着广西的一切事业建设的建议，后者专就时事作有系统的分析。最能号召读者、出版的数量又最多的乃为文艺刊物。销路在万份以上的有王鲁彦主编的《文艺杂志》，执笔多半是名作家，巴金、张天翼、李健吾、老舍、艾芜、沙汀、芦焚、曹靖华、靳以等都有文章刊载，因此，吸引不少读者购买。文艺刊物中出版较先的有《文艺生活》，销路虽不及《文艺杂志》，但也很可观，已出至二卷三期。《创作》月刊今年一月在桂登记，已出了三期。在诗坛上因为荒芜了一些时，所以，《诗创作》出版，很受人欢迎，最初作者都不要稿费来支持这个刊物，现已打开了销路。《诗》本来出版了相当久，但中间因经费关系，停顿了一些时，最近已复刊至三卷一期了。最近创刊的有一个新散文的杂志《种子》。译文方面除了散见在各种杂志刊载外，还有《文学译报》，也出至三期。戏剧刊物只有田汉等去年创办的《戏剧春秋》，已出了二卷二期。妇女刊物只有新运委员会刊行的《广西妇女》和桂市主办的《妇女岗位》，可惜销路未广，又由于交通不便，很难推展到广西各县去。通俗读物最少，只有文化供应社出版的《新道理》，但已有相当长的历史，已出至四十六期，此外还有《青年生活》，儿童读物《少年之友》、《西南儿童》，在沪刊行的《新儿童》也决于十月一日在桂复刊了。《新工人》历史虽不长久，但因工人刊物极少，销路也还可以，最近桂林总工会正拟刊行《时代劳工》月刊。各种刊物的定价都在二元至三元左右，适合读者购买，在各地文化类粮食感到缺乏的今天，杂志在文坛上形成了重要的地位。

因为印刷条件好，桂林的报纸，也相当有生气，纸面印刷清晰，非常醒目。桂林现有日报：《大公报》、《力报》、《广西日报》、《扫荡报》；晚报只出半张的有《大公晚报》、《自由晚报》。四大报中，《大公报》已经是大家所熟识的。《力报》是湘人办的报纸，只有两年多的历史，但在编排和内容颇得好评，一向对文化界及学生方面消息，比较重视，因此，销路方面也主要在学生群里，副刊极得学生们拥护。《广西日报》是地方报纸，所以对省闻较重视。最近报容大加刷新，专电不少，副刊则以趣味化的小品文为中心，《扫荡报》和渝版的同一个系统，用不着介绍了。

（载《妇女新运》1942年第4卷第9期）

# 出版事业在广西

秋　飔

桂林从港沪南洋各埠沦陷之后，自然的形成了中国目前的第一个文化城。为了牠的印刷设备在西南中国最完备；也为了牠是由沪港（两个过去曾一度作过中国文化中心的城市）逃回大后方的文化人必到的第一个大城市。校计在桂林书业公会登记过的大小书店、出版社，现在共有七十余家。抗战以来一个城市的出版单位多至如此，大约还是第一次。但这些出版社，并不是因为桂林水土咸宜，所以能够这样茂盛，相反的，是他们正因为在许许多多的困难中生长，不然，恐怕数目还要多。

为了想解除不应有的困难，九月七日桂林市书业公会的七十九个单位，曾合起来恭请国民党中宣部文化事业处处长刘百闵、广西图书杂志审查委员会主任杨智、广西邮政管理局局长曾玉明，三个和他们所感到的困难最有关系的主要机关负责人，在乐群社餐厅吃晚饭。

对邮政，桂林出版商提出的意见是：（一）现在邮局指照印刷品代为寄递书籍的地方，只限于铁路可通之处和广西省境内各地，以致大大的限制了出版业的发行网；（二）书籍寄至重庆、贵阳、昆明，都须依照《小包裹寄递办法》办。即每一包裹重量限制一百克，超过一百克不收，每一百克内的包裹，寄费是廿五元。所以一本书，像欧阳凡海著的《鲁迅的书》，在桂林预约定价为十五元，到了渝、筑、昆，至少售价须加一倍以上，就是为了寄费太高。还有不能超过一百克的规定，使书业卖给邮购户一本字典往往要商得购者同意，将字典拆成三部分或两部分，分开付邮。一本三十万字的书如不拆开，便只好在桂林这一区域中销售，如果拆开谁还肯要？这种办法，整个的限制了国内文化的交流和发展。所以桂林出版商要求邮局，如果认为印刷品邮费太低，为了便利文化事业的交流和发展，可以加价，即使加到和商车的运价一样高都不要紧，只要能够畅通，出版业便已感到便利。还有一百克一包的限制，希望改为超过一百克的书，只要是一本，不论超过重量多少，都准照寄。

曾玉明局长对这些意见的答复是，他也知道书籍照印刷品只能寄到铁路可通之处，和广西省境内，使出版业感觉痛苦，小包裹的目的本非为寄书籍而设，自不适合要求，不过这不是他的权力所能及的事。即使一切他肯变通接受，一出广西邮区范围，他省邮局不肯接运，仍是毫无办法，他希望桂林书业公会把向他提出的意见改用书面提出，由他转呈邮政总局和交通部，供他们作改进供参考。

对书籍杂志审查，出版商的意见更多，最主要的是时间的耽延，一本书，有时送进去，三个月尚未发还，这样对出版商的资本，对作家的生活，都有极大影响，希望能够改善。

杨智主任说，这一点，他早就感到了。最近赴渝参加图书杂志审查会议时，曾提议改良固有的地方图书杂志审查委员会的分级办法。例如桂林审查委员会原属“甲级”，可以用八个职员，四个外勤，四个内勤；今日当然已应付不了桂林各出版业送来的大量书籍杂志，所以他主张不分级，改为依照事实需要决定职员的多寡。

这个议案业已通过，可是为了会计年度关系，今年还是不能实行。桂林书业只好等到明年再看改良的结果。不过他现在已设法添了四个人，本应分配两个作外勤，也因为事实上的需要，全改拨在内部工作。——表示他尽了最大的努力。

对于刘百闵处长，出版商认为他是文化事业主管人，希望他回渝之后，对这些问题，都能设法代谋解决，刘也有他的答词，他说自己一半是负责管理文化事业的人，一半也是出版商，举凡出版商的痛苦，也就是他的痛苦。

（被略一段。）

（载重庆《新华日报》1942年9月25日）

## 雨天杂写之四（节选）

茅　盾

桂林市并不怎样大，然而“文化市场”特别大。加入书业公会的书店出版社，据闻将近七十之数。倘以每月每家至少出书四种（期刊亦在内）计，每月得二百八十种，已经不能说不是一个相当好看的数目。短短一条桂西路，名副其实，可称是书店街。这许多出版社和书店传播文化之功，自然不当抹煞。有一位书业中人曾因作家们之要赶上排工而有增加稿费之议（那时候，排字工人排一千字的工资高于作家一千字所得的稿酬，故作家有“赶上排工”之议——作者注），遂慨然曰：“现在什么生意都比书业赚钱又多又稳又快，若非为了文化，我们谁也不来干这一行！”言外之意，自然是作家们现在之斤斤于稿费，毋乃太不“为了文化”。这位书业中人的慨然之言，究竟表里真相如何，这里不想讨论，无论主观企图如何，但对文化“有功”，则已有目共睹，至少，把一个文化市场支撑起来了，而且弄得颇为热闹。

然而，正如我们不但抗战，还要建国，而且要抗建同时进行一样，我们对于文化市场，亦不能仅仅满足于有书在出，我们还须看所出的书质量怎样，还须看看所出之书是否仅仅为了适合读者的需要，抑或同时亦适合于文化发展上之需要。这两个需要，并不完全相等，尤其在我们这样文化落后的国家。举个浅近的例，目前大后方对于神仙、剑侠、色情的文学还有大量的需要，但这是读者的需要，可不是我们文化发展上的需要，所以倘把这两个需要统观起来，我们就不能太乐观，不能太自我陶醉于目前的热闹，我们还得痛切地下一番自我批判。

大凡有书出版，而书也颇多读者，不一定就可以说，我们有了文化运动。必须这些出版的东西，有计划、有分量，否则，我们所有的，只是一个文化市场；我们对文化运动无大贡献，我们只建立了一个文化市场。这样一桩事业，照理，负大部责任者，应是所谓“文化人”，但在特殊情形颇多的中国，出版家在这上头，时时能起作用，过去实例颇多，兹可不赘。所以，我在这里想说的话，决非单独对出版家——宁可说主要是对我们文化人自己，但也决不想把出版家开卸在外，因为一个文化市场之形成，不能光有作家而无出版家，进一步，又不能说与读者无关。

我想用八个字来形容此间文化市场的几个特点。这八个字不大好看，但我决不想骂人，我之所以用此八字，无非想把此间文化市场的几个特点加以形象化而已，这八个字便是："鸡零狗碎，酒囊饭桶！"

这应当有一点说明。

前些时候，此间书业公会开会，据闻曾有提案，拟对抄袭他家出版品而成书的行为，筹一对策，结果如何，我不知道。说到剪刀浆糊政策在书业中之抬头，似乎由来已久，但在目前桂林文化市场上，据说已经相当令人头痛，目前有几本销路不坏的书，都是剪刀浆糊之结果。剪刀浆糊不生眼睛，于是乎内容之庞杂芜秽，自属难免，尤其奇想天开的，竟有剪取鲁迅著作中的若干段，裒为一册，而别题名为"鲁迅自述"以出版者。这些剪来东西，相应不付稿费版税，所以获利尤厚，据说除已出版者外，尚有大批存货，将次第问世。当作家要求增加版税发议之时，就有一位书业中人慨然认为此举将助长了剪刀政策。这自然又是作品涨价毋乃"太不为了文化"同样的口吻，但弦外之音，却已暗示了剪刀之将更盛。呜乎！在剪刀之下，一部书之将被依分类语录体而拆散，而分属于数本名目不同之书中；文章遭受了凌迟极刑，又复零碎拆卖，这表示了文化市场的什么呢？我不知道。但这样的办法，既非犯法，自难称之曰"鸡鸣狗盗"，倒是这样的书倘出多了，若干年以后也许会有另一批人按照从《永乐大典》中辑书之例，又从而辑还之，造成一"新兴事业"，岂不思之令人啼笑皆非么？但书本遭受凌迟极刑之现象，既已发生，而且有预言将更发展，则此一特点不能不有一佳名，故拟题曰"鸡零狗碎"云尔。

其次，目前此间文化市场除了作家抱怨出版家只顾自己腰缠，不顾作家肚饿，而出版家反唇相讥谓作家"太不为了文化"而外，似乎都相安无事，皆大欢喜。文化市场是支撑着，热热闹闹，正如各酒馆之门多书业中人一样热闹。热闹之中，当然亦出了若干有意义的好书，此热闹之中，又不容抹煞，应当大书特书。不过，这种热闹空气，的确容易使人醉——自我陶醉，这大概也可算是一个特点。无以名之，姑名之曰"酒囊"。而伴此来者，七十个出版家每月还出相当多的书，当然也解决了直接间接不少人的生活问题，无怪在作家要求维持版税旧率时，有一先生曾经以"科学"方法证明今天一千元如果可出一本书到明天便只能出半本，何以故？因物价天天在涨，法币购买力天天在缩小。由此所得结论，作家倘不减低要求，让出版家多得利润，则出版家经济力日削之后，作家的书也将不能再出，那时作家也许比现在还要饿肚子些罢？这笔帐，我是不会算的，因为我还没有干过出版，特揭于此，以俟公算。而且我相信这确是一个问题，值得专家们讨论。不过可喜者，现在还不怎样严重，新书店尚续有开张，新书尚屡有出版，这大概不能不说是出版家们维持之功罢？文化市场既然还撑住，直接间接赖以生活者，自属不少；而作家当然也是其中之一。近来还没有听见说作家中发现了若干饿莩，而要“文协”之类来布施棺材，光这一点，似乎已经值得大书特书了罢？用一不雅的名儿，便是“饭桶”：这一个文化市场，无论其如何，“大饭桶”的作用究竟是起了的。于是而成一联：

饭桶酒囊亦功德，

鸡鸣狗盗是雄才。

（附记）上一则，写于六月二十七日，亦雨天也，败兴之言，不近人情，故未以示人。近则“不景气”之呼声，已时有所闻，则此篇所言，翻成颂赞；因凤子先生嘱为写稿，遂加最后一戏拟之联应之，时为七月二十八日，则已是晴天了，报载顿河大战正酣。

（载《人世间》1942 年新 1 卷第 1 期）

# 旅途杂记二则

思　诚

最近，得有机会作了一次远行。从桂林直到成都，往返历时三月，旅途见闻，感想所及，颇有值得谈谈的，这里记述与出版界及读书界有关者二事。

## 一

这次旅行中，走过的大小都市不下二十多处，除了贵阳、重庆、成都之外，沿途新书店很少看到，简直连报摊也难得看见。因为汽车抛锚，曾经在××县境×××停留了两天两晚，在那里找来找去，找不到报纸、书籍、杂志，自然更谈不上。好容易在一个什么机关门口见到了一张，原来是四五天以前的××《中央日报》，×××距离××，其实只有半天的路程。一离开了大城市，就仿佛与现代生活隔绝得很远，退回到另一个世界里去了。这种情形，从根本上说来，自然是国民文化生活简陋的一种反映。但是我们的教育行政上，不是有所谓“民众教育”或“社会教育”的项目吗？在沿公路线的城镇上，设置这么一些阅览室或阅报场，即使不为“教育”着想，不为旅客着想，借此来装点装点门面，岂不甚有意义呢！

## 二

在小城市里连报纸都买不到；在成都、重庆、桂林这些大城市里，却似乎要嫌书店太多了，尤其在有名的几条“书店街”里，像成都的祠堂街、桂林的桂西路、重庆民生路的一段，几乎整条街给书店占据去了。书店这么多，当然表示市民文化生活高，否则如果没有顾主上门，书店就得“自动”关门。然而，书店虽然多，看去还是嫌单调，嫌平凡。陈列着的书籍杂志，走到东，走到西，就是这么几本，能够表现出一个书店的特殊个性来的很少很少。上文已经说过，书店所以多，因为书生意好。据说“理论书”已经不及从前那么风行了。时下最受一般青年青睐的要算“文艺书”。此外，像“升学指导”、“会考指南”、“处事教育”、“成功秘诀”、“怎样………”之类的书籍依然风行。这些“现象”的里面，包藏着什么“本质”，似乎颇堪玩味。一般出版商惟利是图，文化界批评空气向来如此沉寂，书报介绍工作也没有人好好地去做，于是乎，我们的青年读者，也只好跟着出版界的紊乱情形而“团团转”。

（载《文化通讯》1942年第22期）

# 战时出版政策之商榷

宋志伊

一国出版数量的多寡，可以衡量一国人民文化水准的高低，我国立国最早，印刷术亦首先发明，某出版物之多，应为当然，但自近世出版物数量观之，远不若德、日、英、美之众，此固由于机器工业的勃兴，与印刷术的进步之所致，然各国奖惩出版立法的完善、出版制度的专门化以及读书风气的盛行，亦莫不为重要的原因。

我国之在平时出版事业即不甚发达，就战前十年而言，全国每年出版新书最高额不过九千余种，最低额千余种。且此小数亦多集中于少数都市，如上海约占全国总数百分之八十六，北平、南京约占百分之九，其他各地约占百分之五，由此可见数量最之微与分布之不普遍了。

抗战以还，上述各都市均先后沦陷，出版事业几摧毁无遗，迨战局稍定，各出版机构渐向内移，而内地亦自行兴办出版机构或将旧有的基础加以扩充：如重庆、成都、昆明、桂林、贵阳等地所在皆有，出版的新书，就廿九年言，全国约三千余种，虽不若平时之多，但以物价高涨，印刷器材之不易获得，尚能保此水准，不能谓非出版界的努力。

姑无论在平时或战时，我国出版事业之应力求开展，甚为显明，开展之道，舍统一指导与管理之适当的运用，别无他法，因此便要涉及出版政策的问题，兹就本刊创刊伊始，爰将个人对于出版政策的意见，提供如下，借资参考。

一、建立三民主义的学术基础。三民主义为我国立国的最高准则，其内容至为精深而博大，举凡现代政治、经济、法律、社会等科学的原理原则，无不包括于其中，且多独到的见地与发明，过去本党对于主义仅作词句与意义上的诠释，而鲜有作学术上的讨论，今后应集中于三民主义各种科学的阐扬，如三民主义的政治学、三民主义的经济学、三民主义的法学、三民主义的社会学等，使三民主义成为各种科学的基本原则，以建立起学术上的基础。

二、争取国际文化地位。我国过去学术思想，传播遐迩，光被四邻，史实俱在。自与欧美交通以来，西洋文化不断输入，对于固有学术，鲜加研讨，以致我国文化不为世界所注意，今后应将我国有价值的著作译成各国文字，固有的学术思想，用外文字加以系统的阐扬，使我国文化成为世界上最优良的一部，此不仅对世界文化有很大的贡献，更可以增高我国的国际地位。

三、统一出版指导机构。我国向无统一出版指导机构的设立，自廿九年四月中央成立出版事业管理委员会为其嚆矢，但性质仅在联络与交换各公营书店的业务与意见，无积极推进的功效。三十年四月八中全会有充实此会的决议，但以预算庞大，卒未果行；同年十月中央宣传部设立出版事业处，以为执行本党出版政策与指导一般出版事业的机构，个人以为为避免组织重复，力求职权分明起见，不若将出版事业管理委员会改为一纯粹的会议机关，以各有关部门的主管人员为委员，宣传部部长为主任委员，专司决定出版政策及一切有关出版的指导事宜，而以出版事业处承办一切决议，为一实际执行的机关，俾可收统一指挥之效。

四、出版统制与出版自由同时并行。抗战胜利的关键在于人民思想的统一，与意志的集中，故各种出版物的编辑与发行必须加以统一，尤以各级学校教科书更应统一编印，以灌输本党主义，于学习之中，使学生建立纯正的思想，养成共同的信仰。教育部一向虽有教科书审定的制度，但只可有消极的作用。不若统一编印更能发生积极的，至其他各种科学在法律许可范围内，任其自由编印，尤以自然科学应用科学等，更应绝对自由出版。

五、发展国营并扶助私人的出版事业。出版事业应为国营，早为总理在物质建设中所昭示：苏联亦曾采行此制，良以国营制度可以统一思想，且可使出版物与政纲国策相配合。我国出版事业向少国营，多操纵于少数书局之手，今后应急起直追，作有计划的发展。至于私营出版事业，亦应奖励与扶助，因此种事业既有益于文化，又不若其他事业之可以获得厚利，经营自不踊跃，故在平时即应予以奖励，在战时更宜设法扶助，如“一·二八”之役，上海商务印书馆遭受损失，政府协助复业。此次香港失守各书店均被摧毁，亦应予以救济。

六、提倡通俗出版物。出版物之传播最广，与人人最深者莫如通俗作品，因无论阅读者的能力如何，均能彻底了解，且易于记忆，如弹词、鼓词、说部、传奇、歌曲及连环图画等均为社会一般所欢迎。今后应将主义政纲国策等以通俗的方式，灌入出版物，则收效必大。

七、建立敌后出版据点以加强文化宣传战。自抗战以来，沿海地区，相继沦陷，敌军所至，庐舍为墟，且丧心病狂之汉奸，亦助纣为虐，摧残文化，麻醉人民，此种手段，较之杀人放火，更毒辣万倍，故目前急应于敌后区域分别建立出版据点，针对敌伪宣传，编印小册，普遍散发，即因不得已而拟放弃的地方，亦必存留大量宣传品以供民众阅读。

（载《出版通讯》1942 年第 1 期）

# 精神国防的第一道哨兵——图书审查

（图书审查系包括图书杂志审查而言）

陈莘民

## 一、引言

我们都知道，每个人都有着一个脑子，由脑子生出思想，来指挥着自己全身的五官和四肢的行动，而要发挥自己的思想，去推动人家的行动，那就不得不靠着思想所表现的言语，尤其是传达思想，至于无穷的时间和空间之有利工具——文字了。

但是，思想可以好，也可以坏，思想可以正，也可以斜，思想可以右，也可以左，因之他们所流露出来的文字，也就各个不同。我们知道四年来中国的神圣抗战，已进到将近胜利的现阶段，同时扩展到太平洋战争的目前，由一切思想——颓废、复杂、分歧……汹涌出来的文字，都在这大时代当中像“雨后春笋”般的蓬勃着，“怒潮狂澜”似的，袭击着人们的心窝，在这紧要关头，如何齐一国民的思想，那确是一件切要的工作，也就是一个神圣的使命。总裁在最近的参政会开幕词中，有特别应该注意的一点，就是指示我们要提高对国防的认识与信念，并要求全体国民的思想行动与知能，一切合于民族战斗的需要，共同为加强国防力量而服务。我们应该个个都能仰体总裁的指示，把一切国民的思想行动和知能——文字都要合于民族战斗的需要，筑起巩固的精神国防才好；就是说，要实行图书审查的工作。

## 二、从历史上来说图书审查

图书审查工作，在中国过去是没有正式的历史可考的；因为过去，对于这种工作，大都不加注意，现将有关图书审查的历史上资料和近来情形，简单叙述如下：

（一）“删诗书作春秋”——这是中国至圣先师孔子所做的一桩事，也就是他一生最大的贡献，可算是中国首先审查图书的一个人，不过这桩事，是属于他私人做的，可惜没有用政府的力量来继续推进。

（二）“大清印刷的专律”——这是前清光绪三十二年所颁布的一道命令，其要点在京师设“印刷总局”，隶于商部巡警部及学部，一切印刷品，均应在该局注册，印刷总局，就是印刷品管理局，因为当时的报馆和印刷所，均系商业性质，故商部亦有直接参加指导之权。

（三）《大清报律》——这是前清光绪三十一年所颁布，其中最特别的，就是缴纳保证金，每月发行四回的报（周刊），缴银五百元；每月发行三回以下者（旬刊、月刊、半月刊等），缴银二百五十元，以上两种法规，均随清廷颠覆而消灭。

（四）《报纸条例》——这是民国三年北京政府所公布，其中值得注意者，对于违法报纸，除禁止发行外，并得没收其营业器具。

（五）《出版法》——这是民国十九年国民政府奠都南京之后所公布。

（六）《修正出版法》——这是民国二十五年经立法院两度修正所公布。

（七）《战时图书杂志原稿审查办法》——这是民国二十七年七月所公布，三个月以后，中央图书杂志审查委员会及各地审查委员会，相继成立，二十九年九月中央图审会改隶行政院，该办法再经国民政府正式公布。这项工作，遂益形具体化。

## 三、从国际上来说图书审查

图书审查制度，世界各国因为国情的不同，政治思想与制度的不同，故其组织机构与方法，也彼此互异，即使同一国家之内，平时与战时的审查，也有区别，兹略述如下：

（一）英国——审查制度在英国，是属于内政范围，故在平时，只以普通法律来限制出版自由，出版物偶一不慎，涉及个人名誉，妨碍法庭尊严，妨碍公共道德及善良风俗者，没有不受法律之制裁，而且一种罪名成立之后，著作人、编辑人、发行人、印刷人、售卖人都要连带负责，至于泄漏官方秘密及煽动叛乱，那更为法律所不许，到了战时便有专门审查原稿机关之设立。

（二）美国——其制度与英国不同，出版物违法时，仅由编辑人负责，如编辑人指出著作人，则由著作人负责，而且各州的取缔标准，也各有不同，往往同一出版物，甲州通行，乙州查禁，当第一次欧战时，也曾特设原稿审查机关。

（三）意大利——出版法规颇多，而各有其特点，所最可注意者，凡是意大利的文化人，不管你是思想家、著作家、新闻记者、编辑先生，只要你吃文化饭，就得到地方党部去登记，登记及格，才准执业，否则莫想以文字与国人见面，至一切印刷所书店和报馆，如果未经核准，绝对不准开办。

（四）德国——一切审查办法，大都抄袭意大利从事文化事业的人，也是要经过审查合格，发给证书后，才能找到工作。

（五）苏联——世界各国图书审查工作做得最周密最严厉的，首推苏联，非但厉行出版检查，同时实施出版统制。莫斯科国立出版部，是最大的出版机关，同时也是最高的审查机关，有分部几十处，年出版书籍万余种，大部分的出版业都是国营的，又于一九二二年成立出版事业管理局，统制出版事业。由此可知，现今世界各国，无论其为民主国、独裁国、社会主义国，皆以图书审查为维持国家治安的必要措施，没有一国加以忽视，及至战时，尤其限制綦严，布置周密。

## 四、图书审查的三种步骤

图书审查工作的步骤计分三种，这三种步骤要如何实施呢？第一步是“调查”，调查是必先知道所在地（省、市、县），有多少书店，多少杂志社，多少印刷所，多少出版社，而这种社、所、店的名称及地点，他们的负责人，与其创办的历史，经费的来源，均须一一经过调查清楚之后，就可依法令其送审；接着第二步是“审查”，审查是必将预备出版的图书或杂志，由出版社送交审查机关审查，如出版社在省属范围之内，则交省审查处审查，出版社在县属范围之内，则交县审查分处或专员审查，经过审查之图书或杂志，如无不妥之处，与审查标准能相吻合，则由该审查机关给予审查证号码，出版机关就可印行发售。但如果只是审查，不派人员前往检查，则送审查是否遵照手续办理，有无违法情形，无从知道；所以第三步是“检查”。检查必须有人经常到书店印刷所去，检查有无不合手续，并且根绝任意私售的弊病。

## 五、图书审查的二大使命

我们知道整个的图书审查工作，要有联系的三种步骤，既如上述，惟要完成这个步骤，更不得不负起二大使命，这二大使命是什么呢？一、要有战士的精神，二、要有法官的精明，这是怎样说呢？

（一）要有战士的精神——为什么要有战士的精神？审查书刊不是“坐而看”的工作吗？不错，果然是“坐看”的工作。但是我们知道一个战士，一上战场，就要在战斗的阵地上挖战壕，我们在做审查工作的同志，那也要在思想的防地上挖战壕，战士要打倒肉体的敌人，我们就要打倒思想上的敌人，战士要没收敌人的枪弹，冲破敌人的堡垒，不是同我们审查到反动言论的时候，要删去一章或改动数段一样吗？有时审到一本合理的书籍或一册良好的杂志，就要尽量设法推进，甚至还要加以鼓励，岂不等于军队编练几师新军，制造大量枪炮吗？不过战士的惟一职责，就在服从命令，这命令就是战斗的标准。三民主义，总理遗教，总裁言论等，那就是审查书刊同志的最高标准，合于这种标准的书刊，可以一律准许发行，不合标准的，就是“此路不通”，这全然要巩固我们的精神国防，不得不有个审查图书的标准，因此，图书审查的同志，故不得不负起战士精神的使命。

（二）要有法官的精明——为什么审查图书，也要有法官的精明呢？我们知道法官审判一件案子，根据国家的法律来作审判的标准，审查同志审查一本图书或一册杂志，也要根据国家的法律和中央的决议来作审查的标准，法官审判的对象是“人”，活的，作一种“事物”上的判决。审查同志的对象是“书”，死的，作一种思想上的判决，这个判决，是需要极其慎重的态度。因为法官的判决案件，可以从从容容的处理，不受短促时间上的限制，而审查书刊则有一定的期限，不让你有从容的机会，稍有粗心或疏忽之处，马上就会发生不正确或不完满的现象；再则法官所判决的案件，初审不服，还可上诉，二审不服，再可上诉，一直要到三审判决，才是最后的决定，凡是一宗案件，可以透过地方法院、高等法院以及最高法院。审查书刊，那就不同，似乎只有一审的命运，放行与否，就在审查机关的职权，著作者与出版者很少有上诉的机会，所以审查同志比法官还要加倍的小心与谨慎。话虽如此，但事实上则不然，凡审查到有疑问的书刊，一时不能自加判决的时候，也可同司法上的三审制一样，能够透过县审查处，省审查处以及中央图书杂志审查委员会，来个最后的决定。务使“言论天堂”、“文字无冤狱”而后已。所以这样的审查工作，必要有法官的精明来进行，才不会辜负这伟大的使命。

## 六、结论

综上所述，知道图书审查的工作，有步骤，有使命，更有历史的根据，决不像一般盲目者所指的浮泛。那是适应时代需要的产物，在太平洋战争的现阶段，国民的思想与行动，难免有“海上飘舟”似的摇摆不定，因为外来的有德国的独裁思想，日本的军阀思想；内在的有沦陷区的汉奸思想，游散着的奸党思想，错综庞杂，拒之或有不坚，即如坠入万里云雾里。而这种奸伪思想之来，有不知不觉而中其阴谋者，如吸鸦片者之不自觉而上瘾，初不知其为祸终身者一样。所以要严密图书的审查，以肃清反动思想，并提高国防的认识，增强国民的信仰，坚筑精神上的国防，来加增国防的力量。

（载《新福建》1942年第1卷第2期）

# 谈“言论开放”

冠　荒

近当局对出版界有改善检查的表示，因此一般舆论，又多有提出“开放言论”的要求，这一问题，其实在我们中国就不知闹过多少次数，结果每无下文，言路壅蔽，人民依然没有发言的机会，此种现象，实则于国家于社会，都没有好处。假如一个国民，对国家政事，不能发表一点意见，这就等于政府和人民中间划一鸿沟，你想此种国家，究是多么的危险！现在，当局既有改善检查制度，听取人民舆论的美意，这就是说，今后当局将予人民一个说话的机会，这一点，国人无论在什么时候，都竭诚拥护和要求的。

本来，民主国家，人民在言论上的自由，自有充分行使权利，我们且观盟邦英美，即在今日战时，人民发挥议论，指谪当局措施得失，仍畅所欲言，而当局亦任令批评，了无压抑，这为什么英美政府就如此宽容？宽则无他，人民言论自由，于政府是绝无妨碍，且有裨助的。道理很简单：设如人民指谪政府措施，说的话是对的，则当局自可予以采纳，改革得失，反之，指谪政府的话，只是一时快意，不合理之谈，于政府的威信，亦不会发生影响；国人更不会置听，因此人民得到言论自由，确只于政府有利而无害。故在英美等民主国家，言论统制，政策宽大，人民可随意发挥，而当局亦乐为采纳。这就是民主国家的一个优点，值得我们现前的借鉴。

我国现在，抗战建国同时并进，将来就要建立一个现代的民主国家，那末，在这时候，使政府与人民情意沟通，俾上情可以下达，下意亦可上闻，自属必要。而沟通政府与人民情意间唯一的道路，则莫如言论的开放，予人民一个说话的机会。今日倡为开放言论，确为一及时措施。

以上所谈，系只偏重人民之于政府之间，人们谈言论自由，每每也联及到思想自由这一个问题，诚然，言语本是思想的表现，人们的说话，声音虽发自口上，而实由于各人的心思，这即是说：说话是从各人心里发出来的，心里先有了这一个思想的理念，然后发得出这一句说话。又等于说：即使他的话不吐出来，而他底心里亦已蕴蓄有这一个理念了。假如各人心里要说的话，大家都蕴蓄不发，缄默起来，这情形时比急求发泄还要危险。故求言论开放，亦即等于求思想的开放；今当局于言论限制，予以放宽，换言之，亦即于国人思想自由，予以放宽。

世界古今，无论什么统制，本来都没有效果的，尤其思想言论方面。中国有一句老话，谓："防民之口，甚于防川。"例之史实，已举不胜举，然而，征引历史，话且甚远，我们且举一眼前事例，如法西斯国家，他在国内箝制国人思想言论，不为不严，不为不苛，而终竟不免于败亡，这实在是一个最现眼的榜样，这是谁也应该视为鉴戒的。

我们国家，地大物博，人口众多，历史悠久，文化深远，诚不愧为一泱泱大国；不过，我们以为：大国就应该有他伟大之处，应该无所不包，无所不具，思想言论，更应放宽。一个庞大的国家，正如最近宣传当局所说："务求其人人思想齐一与划一，迨为不可能者。唯其目标与态度应求大同。"那才是真话。我们在共同的目标之下，则每一国民，应有其国民自由的权利。其实真的全国人民，思想都齐一划一，于国家文化亦未必会有大进步。一个国家正如一个大家庭，中国有一句治家的格言，就是"不痴不聋，不作阿姑阿翁"，这正表现一个做家长的深厚量度。这句话，亦足以借给我们现当局参纳的。

因当局倡言开放言论，个人乃恣为是言，亦正所谓蕴之于心，一吐为快而已。

（载《宇宙风》1942 年第 135、136 期合刊）

# 取缔不良读物

亦　萍

教育部以全国各书局、印刷所、店铺、摊贩，时有发售或出租不良民众读物，特订定取缔办法，令全国各省市县区主管教育行政机关，予以严厉取缔。此种举措不特为消极的取缔。且可说是在积极的方面纠正民众思想，务使民众思想正确，以达到为健全之新国民。

我国科学落后，一般民众知识水准低落，同为过去教育之失败点，然一般书局及店铺、摊贩，为迎合一般民众之心理，且可从中牟取利润，所以不顾私人道德问题，更不知危害国族社会，尽量发售或出租种种离奇怪诞、诲盗诲淫之小说，唱本及连环图画。此种不良读物在书坊中已到处可见，且一般民众已深刻认为是一种极有趣味的读物，如旧小说中之《封神榜》、《济公传》等等，乃为一种极不科学的且荒唐无稽的小说，其中剑仙斗法，神鬼出没，一般民众读了且信以为真，大有欲追寻学道之可能。又如武侠小说及唱本连环图画，所谓诲淫诲盗之读物，数数何止千百种。试想此种有麻醉性毒害性的民众唯一读物，如不严厉取缔，则不但影响读者之思想行为，且社会国家蒙受其荼毒，至深且巨。

再有关于儿童之课外读物，亦为一种严重问题，上述等等离奇怪诞剑仙武侠小说，亦为现在一般儿童之课外读物，此种情形即更为可怕，盖儿童纯洁无疵，一受此种不良读物之渲染，其情何堪设想，儿童之模仿性极强，看到剑仙们的斗法，心灵中即想如何取得此项宝贝，看到武侠的行为，心理上马上即模仿弄枪使棒，如此一来，使其不知所以，整天想入非非，纯洁无疵之心灵，即被此种不良读物所毒害了。

记得在事变前，本京五台山小学有两儿童，因看了连环图画，受迷太深，只云出家学道，竟告失踪不知所向。于此可知此种不良读书之流毒，不特影响一般成人心理，更能使幼稚儿童误入歧途，此次既有教育部订定办法通令全国严厉取缔，更为小学教师及民众教师严厉执行，一面取缔各书局印刷所、店铺、摊贩发售或出租此种不良读物，一面严禁儿童民众阅览此书，更要积极方面选择思想正确之读物以取而代之。

（载《新东方杂志》1942 年第 5 卷第 5 期）

# 书林逸话

芜　公

余自民国十四年寄迹故都，屈指计之，小小二十年矣。中曾旅居沪上，食教汴梁，漫游钱塘，访古姑苏，凡所至之地，莫不以搜求故书寻辑遗本为职志，盖嗜好所在，莫知其然。故十余年来，亦略有所得，尤以故都之文化市场，由购书而结交书贾，又由考订而知旧家遗物之流传，固乐事亦趣事也。于是略悉书价之起伏，书籍之循环，与夫珍本秘籍之归宿，显宦学人之收藏，以及南北书价之比较，南北书贾之作风。久欲记其梗概，以留异日之回忆。良以书籍者，一国文化之代表，古今学术之泉源，其盛衰之数，较之米炭油盐之涨落，其重要性奚止百倍。因不揣浅陋，凡有见闻，分段纪述，以为观察社会文化变迁者之参考。昔长沙叶德辉氏，曾撰《书林清话》及《余话》，称重艺林，惟多关版本考藏之得失，古今书籍之优劣，此则注重有关社会、经济、文化者，固不敢步武前贤，其性质亦各异也。

## 故都文化街与书业盛衰谈

世人皆知北京琉璃厂为旧书肆聚集之所，誉之为文化街，记载中又简称厂肆。实则所谓文化街者，固然旧书铺约数十百家，占大多数，而商务印书馆、中华书局两新书铺亦在其中，然其余如古玩铺、字画铺、碑帖铺、笔墨店皆在厂肆，故其意义，应归纳此数种而成厂肆文化街之名，固不仅厂甸十字街也。亦如前外妓寮所居称八大胡同，若细计之，又何止八巷。再则凡前外之廊房头、二条胡同及珠宝市，皆珍珠宝物、古玩玉器之聚市，京人称之曰“红货行”，其器物均有关文化艺术，似亦应在文化街范围内，且距离极近，不过习俗凡言厂肆者，则仅指琉璃厂书店而言也。

按北京旧书铺共分两处而居，最多者即上所谓厂肆，约近百家，地在南城，一在隆福寺街，位东城东四牌楼，由东至西，全街皆旧书店，约四五十家。两处合计共百余家，此真各地所无也（上指大者聚处而言，其他散于四城者，均小规模）。惟两处今日视之，虽有多少之分，而规模则同。然论其历史，琉璃厂资格最老（关于厂肆记载，有乾隆时李南涧《琉璃厂书肆记》，光绪间缪荃孙又继之撰《书肆后记》。其他散见于学人笔记文集者犹多，大皆述书肆书贾名号，及贸易价值情形。次如叶氏《书林清话》、《余话》，李慈铭《越缦堂日记》，日本岛田氏《古文旧书考》，则专著板本之沿革，刊刻之异同。以上或志书肆，或记书史，皆有关文化，实一而二，二而一也。由上诸书，知厂肆已盛于乾隆，历史最远），隆福寺则新近形成，盖隆福寺本属庙会，逢九、十等日有市集，每至该日，百货杂陈，京人云“赶庙”，南方则曰赶集，或赶墟，至今虽为书贾聚族而居，而庙会则仍存在。《越缦堂日记》尝云至隆福寺地摊买书，是光绪中叶、隆福寺书铺，实为由摊而店之起始，迨后市面繁荣，文物兴盛，于是“东庙”书摊，遂由行商变为坐贾，近则栉比鳞次矣。纪其年岁，至多不过五十，然后来居上，现则与厂肆东西并峙。所谓北京书肆之沿革，大致若此。

至于近二十年来，书肆盛衰，几多起伏，其性质之变化亦巨。约略言之，可分数期，自民国十年后至十五、六年，书业的内容与作法可谓率由旧章，亦可谓正统派之最末期。其内容以板本书为正宗，大都注重经部及诗文集，时物价低廉，售价虽少，“秀气”（书贾行话以获利曰秀气）殊多。凡所售货物，虽未能一本万利，而旧籍及批校抄本，以三五角钱得之，售至数十金者，则为寻常之事。尤以故家子弟，不知先人创业艰难，视珍本秘册如敝屣，或因腾房吃租，或原箱不动，听书贾略给值而叫拉走者，亦不鲜见。故此期书肆，本小而利厚，买卖亦容易做。自民十六至民二十六事变前，则为书业之转变期，然仍为书肆之黄金时代。所谓转变者，即是时东西科学，潮涌而入，一切学问，均高唱科学方法，于是学重实际，书尚考据，以前所注重之经部文集，渐无人顾，史子两类，乃大盛行。不过此期中，在政治方面，时有波澜，经济社会，亦多改革，而价廉货丰，从书业本身言，贸易既极兴隆，价值亦无大变动，仅不明时代潮流者，略受影响，仍不失为黄金时代。由事变至今日，书业生计，有如吾乡挑柴扁担，盖两头尖而中间肥也。当事变初起，人心不定，百业萧条，书价亦因之大落，至后中外竞买，供不应求，价又大涨，直至去年（1942 年）十二月八日，三四年间，皆极兴盛，又随物价高涨，遂无准谱。凡书名稍冷僻，内容带考据者，莫不信口索价，且易出手。今春以来，因燕京等校关闭，书业贸易一落千丈。现在书价虽大，买卖则稀，复呈疲敝不振状态矣。

## 旧书业之转变

关于旧书业之概况，即如上述，本来既云旧书，且以之为贸易商品，则以板本精粗，刊印初后为标准，自为当然，目为正统派，亦无可非议。自宋元后远者无论矣，即明清两代，南北书贾莫不以宋元板书为佳货，缙绅学者亦以得之为荣幸。如范氏天一阁藏书，皆宋元本，最次亦属明刻，他如聊城杨氏、吴门黄氏，亦皆以宋元明本为藏书之冠。又昔时以经学八股取士，故一般风气，多注意经部集部，经部者为研究国学，专精某经之用，集部者，为摹拟古文，以备得科举后，为人撰碑铭传序，所谓敲门砖者也。至于子史两类，乃藏书家所搜辑，以备四部，及考据家所参考，以炫博学；非普通一般所阅读也。故明清间收藏鉴赏家目录所列，除宋元本外，间重抄本秘籍，然不逮前者重要。迨乾嘉时朴学者出，考订训诂之学大行，因讲求实学，一般学者，均搜求考据记载之著，然此不过少数士大夫于学术之兴趣，仍未能蔚为风气，而讲实学之书，仍不为一般人所注重。直至清末，李慈铭、叶德辉二氏，首倡

“板本之书”与“学术之书”，应明白分划，于是学者始渐注意。收藏家缪荃孙亦主是说，光宣之际刘师培、邓实等创办《国粹学报》，专表扬明季史实，又以当时废止经艺旧文，并重科学考据，于是旧书，亦如人之“转运”，经集两类，渐趋销沉，子史代之而兴，民十六后，其风更盛。然子史又分若干门类，其中最遇时会者，莫如明代关于奏议纪事之旧抄本，及各省地方志。最初无人注意，民国十五、六年间，如地方志之最佳者（明季清初及少见者），不过五角一本，大约一部四册六册，价仅二三元，普通者每部不过一元余。犹忆某次于隆福寺书店，见人买方志书，不论部册，以手杖量其书堆之高矮，为省手续，其贱可知。后因外人欲明中国各地版图、山川、产业、风物等情，乃大购方志，国人亦渐知其重要，价值因扶摇直上。事变后，哈佛燕京等处，凡方志书只要为其目录所无者，任何高价，均必购置。余见一明本《肇庆府志》十册，书贾竟敢七百元购得，售之燕京，得千二百元，犹因年关贬价求现，真骇人听闻矣！又余旧藏有道光《江北厅志》，乃检阅乡邦文献之用，购得不过十余元，适为燕京所无，书贾见之愿出百二十元求让，余未之许，搁至今日，又不值几文矣。于此可见近年来书运之变迁，质言之，要视其出路而转向也。

## 事变后之旧书业

当事变初起，因社会人心之不安定，旧书业与古玩行，皆一度沉寂，无人过问，其时间约半年至一年。自二十八年起，人心渐趋平复，故都尤极繁荣，旧书业遂由沉寂而复活，并臻极盛。当时不佞尝语中东友人，谓现在百物昂贵，仅旧书尚未涨价，机会殊不可失。可惜余虽劝人购书，且明知其价必大涨，而个人因限于经济力，所购置极有限，果也自己卯（一九三九年）庚辰后，因公私机关与中外学者争相搜求，书价亦随物价激增。其性质凡有关历史地理者，最贵最快，子部集部次之，惟取其内容带考据者。至前年（一九四一年）冬季去岁春天，书价之昂，达于极点，几无一定标准。各大书店每年必出一次目录者，是时皆借口纸贵，未肯印行，实则恐怕自己将价定死，不能随时增涨，徒滋后悔，且反束缚。按去年冬季以前书价，若与事变前比较，经部与诗集，约增一倍；子部随笔小说，约加三四倍；史部杂史、地理，及子部考据等，约增五六倍；至于珍本秘籍，旧抄精校，竟增至十倍以上，抑或过之。余尝谓书贾云：以前书目，现已废除，且不适用。然余发现一原则，即凡旧书目中定价五元以上者，今皆可视为善本。此虽戏言，要亦实情。旧书之行市既如此，谚云“利之所在，众必趋之”，又云“重赏之下，必有勇夫”，于是每家书店，皆派干员或远赴苏、杭、沪、粤，或近走齐、鲁、豫、晋，远采近取，博采穷搜，每寄货回，均获厚利。盖丧乱之余，各地方之世家巨族，昔日收藏，大皆流出，当时如鲁之潍县，晋之汾阳，豫之开封，凡所号文物之邦，一邑之地，即有北京“出外”书贾数十人之多。因互相竞争，货底亦随之增大，加之盘费浇裹，更为书价飞涨无已之理由。至其销路，时购买力最强者，若哈佛燕京社、大同书店，皆购寄美国，年各约数十万元。又兴亚院、“满铁”，及“国立”大学，亦买不少。私人方面，如南京“内长”陈群，专买明棉纸古本，北京“财署督办”汪时璟，则专搜旧抄名校精本，以及天津某名流，与东瀛学者，皆善本书之好主顾，同时价亦可观。又近三四年来，燕京大学及哈佛社因时会关系，挟其经济力，颇买得不少佳本。于是珍本秘籍，多浮海而去，言之令人浩叹。书商虽亦不愿所倚为世代生命者一去不返，然迫于经济生活，亦无可如何。自去年太平洋战起，燕京、大同解散停闭，旧书业虽一蹶不振，而书籍则得以保存，不至滔滔而逝，未始非大快事也。综观此数年间，旧书业虽极发达，钱亦赚得不少，然实为畸形发展，亦可谓是变态状况。即昔日社会所重之板本书，几无人问津，愈特别冷僻者，价值越高。于此亦足觇世变，凡好看而不切实际者，则先不买。一般守旧派也可说正统派书商，犹注重“金镶玉”、“包角”、“衬纸”者，皆不合时尚，以其皆太平玩意也。其头脑活泼，能注意实学考据者，莫不大得其道。不特经部打入冷宫，即普通书亦销不动，宜其昙花一现，不能持久。今春以来，凡“吃软片”同志，又莫不疾首蹙额，成散淡闲人矣。

# 北京藏书概略

北京为世界有名之文化城，所谓文化者，条件极多，而最要者，则为图书、古物、美术、建筑等。故都古物之富，藏书之多，久著于世，凡东西学人研究汉学者，莫不先至北京，其最大原因，则以北京书籍，较任何地为全也。关于北京藏书，自然以国立北平图书馆规模最大，按其前身，原名京师图书馆，于清末成立，由缪荃孙等创始；其书籍则清季学部所藏。地址原在东城方家胡同，后迁入北海。迨蔡元培任馆长，以庚款为基金，另筑新厦于北海侧，高楼绿瓦，画栋雕梁，形式摹仿宫殿，而中西合璧，俨然与南面故宫对峙。因得文津阁《四库全书》实其中，并易其街名为文津街。十年以来购藏最多，搜罗最广，尝派馆员至沪、杭收买，凡旧家珍物，名人遗著（如李慈铭、王国维、梁启超诸人手校藏书），或大批捐赠，或整起寄存，善本名籍，不可胜数。是不仅乃中国第一图书之府，即列于世界图书馆中，亦自有其位置也。

尚有一国立图书馆，而不为人所注意者，即故宫博物院图书馆，不特外人不注意，北京人亦不大知道。其原因或者以北平图书馆摆在通衢，显而易见，逛故宫则须花五角门票，不求开眼者皆不去，实则单往图书馆看书，亦不花钱也。故宫图书馆所藏，以清朝一代官书最多，善本亦富，而红本实录及方略谱牒等，则绝非外间所能得到。即以图书论，所谓天禄琳琅之富，凡宋元本，内府精抄本，莫非天壤瑰宝。且有一事最关史事者，其中多数宋本，尚为北宋时物，因靖康之祸，金人入汴，所掳而北迁者。今据《三朝北盟会编》、《瓮中人语》诸书，犹可考见其迁运时日。中经元明清三朝，七八百年，未全损坏，诚幸事也。余曾撰《元明清大内藏书考》一文以纪其事。世人尝云沧桑之变，此真可语沧桑矣。出有目录数册，分善本与普通本。

还有一事应附述者，盖故宫本分三馆，即古物馆、图书馆、文献馆是也。文献馆所整理者，全为前清内阁上谕及各省奏报，以其太多，因另立门户，蔚为大观，且反为人注意。本来目录分类史部下，有诏令奏议类，故文献馆所属，论其性质，实应附于图书馆之下。犹忆十年前在文献馆搜辑史料，共一小桌者约四五人，狭促不堪，几不能舒臂。余记录道咸同剿逆军报，吴寄荃丈（光绪甲午进士）则辑关于蒙藏文件，清华蒋延黻君则录外交史料，余已不能记忆，迨后各以所缉发表，莫不略得虚名，亦可见文献馆所藏，诚如宝山之富矣。而蒋君无分冬夏，皆着其分余厚之棕色灯草绒西服裤，尤为趣事，今日走笔记之，已如隔世梦幻矣。

北京图书馆资格最深者，则为国立北京大学图书馆，北京大学在光绪间称京师大学堂，已略有藏书。至民国后，因康有为、董康诸人之援助，颇得善本，基础之立，实始于是。旋又逐年选购，收藏益多。其板本以明本为多，清本次之。人事方面，如李大钊、马衡、毛止水诸人，均曾任馆长。最初出有油印目录二厚册，模糊不清，至毛任时，始先出善本书目一册。大都普通书籍，勉强论之，当以明季史料最多，然其所藏，在国中亦第一流。再其研究所国学门亦有藏书，尤以碑帖拓片，明、清文档，为世称道。其拓片多系缪氏艺风堂遗物，每一片上，皆有缪氏题跋，凡二千余种，据内行估计，每片约值五十金，则其总数亦可观矣。其档件则清理故宫时卖出共计数千袋，以烂纸售于某大南纸店，后为罗振玉、金梁、陈垣诸人所闻，乃设法备价赎回。除罗、金私人收藏整理外，以大部分让于北京大学，而研究所遂成立一“明清史料整理室”，史学家如朱希祖、孟森二氏皆曾主持整理，发明亦多。

除上述外，尚有一最大藏书处，则“东方文化事业委员会”图书馆是也。按“东方文化会”，原亦庚子赔款退还者所组成，于民国十六七年由王晋卿、柯劭忞、江瀚诸人发起，因欲创一文化事业，故先购书作基础。时南北书籍之价正廉，而主持买书者，又为板本目录专家徐申玉、伦哲如二氏，徐氏人称徐二爷，原任北平图书馆主任，在旧书业中颇负声望，人亦和平中正，于板本书及钞本书等善本，可谓极精，凡所选购者均有关学术珍籍，或为人所不知及不注意者。伦氏名明，于图书见闻极博，收藏亦富，通学斋书店，彼即东家，尤注意史料冷货。于是东方所藏凡经二人之手者，莫非佳椠，几集北京图书之精英，其性质纯为学术之书。尤以名校精抄稿本最多，出目录十厚册，在数量上虽不足与北平图书馆比，而其精粹则不相上下，洵孤本秘籍之大观矣。

再次则有清华、燕京两大学图书馆，二者均后起，所购书籍，大多经、史、子、集各类之普通者，其精粹与数量，皆不及北京大学，然亦不少。事变后清华迁移，惟燕京屹然独立，近三四年来北京旧书业，大半以燕京、大同为第一出路，因其经济力强，且无竞争者，数年之间，颇获善本，书贾每得好书，必先送燕京以求善价，故近年之燕京图书，迥非昔日清华可比，几可与北京大学、“东方文化会”相抗，真可谓突飞猛进者矣。其情形已见上文，兹不再赘。

上述各藏书处，均国中第一流图书馆，规模完备，不特普通书四部齐全，即善本亦各不少，且各具特质，自成风格。其他尚有国立师范大学、北平大学等图书馆，及市立图书馆等，不过全属普通书及杂志、《万有文库》，毫无佳本珍籍，可云乏善足述。在图书位置，已三四等矣。

至于私人方面，最可记者，莫如吾乡傅沅叔丈藏园所藏，名闻中外，大都宋元佳本，出有书目题跋二种，足与前贤媲美。他如天津李盛铎所藏，亦多佳椠，前岁以五十万元让与北京大学。又董康氏藏书亦富，且皆善本，现在北京书贾，凡获宋元明旧籍，总先见傅、董二处，董藏法律书尤多。又前北大教授朱希祖，人称朱大胡子，购书最豪，所藏以明季史料最多，多人间未见书，现皆封存。伦哲如所藏，虽多清刻，然皆珍本秘籍。又孙蜀丞专藏清人文集，亦有佳本，前胡适之考证《儒林外史》，曾翻印吴敬梓《文本山房诗文集》，即孙氏所藏也。又陈援菴先生藏书以关于宗教者为多，最著者如《玉林国师年谱》，及《北游集》诸书，皆海内孤本，人间星凤。新兴之家，如天津某氏，北京汪翊唐氏，专搜精批校本，所获亦颇可观。故都私人收藏大致如此。不佞见闻孤陋，漏万之讥，在所难免。

又据余所见南方如南京国学图书馆，规模之大，足与北平相埒。他如浙江图书馆、上海徐家汇藏书楼及南洋公学图书馆，以及私家刘氏叶氏，皆收藏极富，且皆亲览。至于宁波范氏天一阁，则人所共知，不必细表。近闻汉口市长张君，专收碑帖古物拓片，南京陈内长群，则专购明本，因未亲睹内容，不敢妄论，既负声誉，想必可观。至于华北，事变前如山东、河北、河南各省立图书馆，藏书亦富，山东尤多佳本，余曾亲往展阅，闻事变后，稍稍散出矣。因记忆所及，特附述之。

## 近年来图书之聚散

每逢丧乱一次，图书文物必遭厄一次。本来书之为物，由简而绢，由绢而纸，年悠世远，保存为难。况遭乱离，兵荒马乱，所谓文物，莫不弃毁。昔汉董卓迁都长安，载书数百车，沿途抛弃。宋时金人入汴，大索书板，辇载而北。清中叶洪杨之役，江南文物图书，大半毁灭散失。历史所记，斑斑可考。此次事变，图书之聚散，变化尤巨，南方情形，吾不悉知，仅就北京见闻记之。民国二十五年，余就教大梁，兼任文史研究所导师，代开书目，代购图籍，皆藏于河大图书馆，因系亲历，故多记忆。乱后其书复散出，余在北京曾收得数种，如《军兴本末纪略》、《乱后记所记》等，强皆普通之书，睹物伤怀，不啻故友重逢也。又山东图书馆所藏，在省立中可称巨擘，方事变后，即闻最先散出，并闻隆福寺某书店派人至鲁坐收，所获最夥。乃亲至某书店欲选购，讵彼坚不承认，且藏之极秘，即同行人亦弗得见。后余开一目录，悬之书室，愿出大价征求，不数日书样遂至，中如张兆栋《剿办回匪奏议》，及《潍县方言考》等，果有“齐鲁先哲遗书”印章，足证所闻非虚。又闻数书店合资，派五洲书局掌柜及一范某，亲赴南京、上海、广东诸地收书，旋寄回一千余包，以广东图书馆之书最多，其价特昂。余曾选购十余种，共六七百元，较佳者，如钱大昕潜研堂藏《课子随笔》，原本《蜀故》，及《景教碑文考证》、《国地异名录》、《宛湄书屋文集》、《休宁碎事》、《征苗纪略》、《禁毁书目全本》等，或盖广雅书局印，或冠梁节庵藏书章，前后皆有避虫红纸，洵属粤东风格。又有广东藏书家陈氏、莫氏之书，亦多流出，以烽火劫余，天南古籍，竟至燕都，售价虽高，辛劳亦甚。又上海孙敏修氏为商务印书馆创办时之重要人物，精板本，好收藏，没未三年，书亦流散，为北京来薰阁购得，余曾见多种，上有孙氏印，不禁慨然。中有《池南遗事稿》，乃吾乡中江李斗垣遗著，原抄本四册，索价六十元。余以太贵未买，然颇怏怏。盖孙氏主持商务书馆，凡前东方图书馆及涵芬楼之珍籍，半经其手。乃东方图书馆数年前经祝融之灾，善本地志，付之一炬，今孙氏私藏，亦弗能保存于身后。所谓收藏家下场，固皆如是萧条耶。前年天津李木斋藏书，以五十万元售与北大，未散于外，实庆图书之得所。去年浙江嘉兴沈氏爱日庐之书出售，由北京来薰阁、修文堂三数书店合购，数量不多，然皆佳选，且多外间所不经见者。其值之昂，较之上述广东一批，犹或过之。盈尺之籍，动需数百元，亦可想其贵重矣。沈氏固以长于史学及考据著名者，故其藏书，正为潮流趋尚，宜其视为奇货也。余购得清初精刊《明文选》，残本六册，价百六十元，《古官制考》、《征缅纪略》各一册，均四十元，他如《丹崖笔记》、焦理堂跋藏《白田草堂遗稿》、《货币考》等，价亦称是。其书大半，不仅书商从未见过，即各图书目录亦不多载，想见其稀罕可贵矣。惜其价太昂，限于经济，不能多购。诚属憾事，现不知分散何所。总之旧书之聚散，亦如货币之流通，古今大皆如是。而旧书业在此循环中即得以维持其生命。其他官私各家，散出犹众，或其质不精，或其名不显，且囿于见闻，遂不备举云。

## 南北书价之比较

由于书之聚散与流通，也略略可以看出各地金融情形，书之往高价的地方走，也同水之往低处流。就不佞一管之见，及书贾之言，事变之后，五年之间，南北各地流散出来的书，虽无统计确数，而实在不少。但大多数都运输于北京，北京书业所收来者，又大多数售与燕京大学及大同书店（大同乃代外国图书馆及私人收买旧书图籍，代办一切手续，每月出单搜买，给价最豪，与燕京皆美国系）。固然北京为中国文化中心，书之销路较各处为广，由此辗转之间，可以知道除了购买力之外，还有一个汇率高低的理由。如北京的书定价十元，卖与上海，便须赔若干倍，若售与美国，则可赚若干倍。于此便发生南北书价的比较标准，同时亦是旧书流通时所遵循的轨道。本来在事变前，南北书价，大致相同，其略异者，则由于书贾之眼光不一，所谓见仁见智是也。同一板刻之书，在甲认为善本须多卖者，在乙或以为不算什么，此与图籍本身之

“书运”有关，与个人之见闻尤有关。次则为“人不出门身不贵”之谚语，如广东、福建、上海所刻之书，在本地不稀奇，在北京则难得，北方之书亦然。此另一性质，不在书价比较之内。事变以后，因南北币制不一，其间又有许多变化起伏，关于北方书价，上文已经述及，大约经集子史至抄本、善本、批校本，由二倍至十倍不等。假使将南方书籍运至北方，即照原价卖，于汇水比率上，即可稳赚四五倍。但是南方书贾更为聪明，于定价时已将汇率加上，且较行市为高，故南方（以上海、南京为代表）书价，始终比北方（以北京言）为大，如商务印书馆所印的《四部丛刊》共三集，其初集在北京约一千三百元可得，在上海则需八千至万元之谱，比例之巨，较之币制比率，尤增加几成，可见南方书业者其经济知识为何也。故最初北方书商因汇水关系，以为到南方收买货物，是发财生意，于是络绎接踵而去，至后见南方图书虽不贵，而书商则不卖，乃又废然而返。但书贾究系文化商人，主意至多，眼光亦敏，念头一转，遂不注意旧籍而着重新书。新书皆有定价，照南方所定原价出售，另私刻图章加价及运费几成，新书较旧书好卖；获利之厚，无与伦比。其最著而最普通者，如南京国学图书馆所印各书，皆影印精本，大皆有裨学术史事之实用书籍，事变前销路极广。书贾所得，不过一二成之代卖手续费，数极有限。中如《南京国学图书馆总目》及《经略复国要编》等十余种，事变后货遂缺乏，价涨数倍，去岁商人不知从何处发现一大批，运之北来，因南京有书，故成本极小，因北方无货，又照原价加倍。《国学总目》在南方，闻卖二十余元，在北方则售四五十元。《经略要编》，在南方卖四元，在北京则售十二元。加之汇水，其利益真不可以数计。又如上海陈乃乾自印《室名索引》，与《别号索引》二种，合售十元，在北京亦按原价发售。又王大隆所辑刻之《己卯丛刊》、《庚辰丛刊》等，原先每种定四元，近数年定十二元，而此地书贾亦照定价，仅打九折，实则其本皆不过二三元也。较大者如清季学人平步青遗著《霞外捃屑》，白纸木刻本，凡二十册，事变前印出而未售，去年为书贾所闻，因其内容皆考据史事，正合现代潮流，乃收买至京，自去年暑期至今，一年之间，由八十元涨至百六十元，且不大折扣，合以南币，亦不知其若干矣。岂有一新刻集子，而售价千元者乎？又今年南方某机关影印《清朝实录》，据书贾言，在南方一次须买十部，不零卖，由来薰阁等二三大书铺合购一批运京，每部售一千二百元，顷刻而尽，云在南方每部约万元，亦不知其是耶否耶。此等新书无定价可查，无南方报纸广告可考，只好听彼文化商人鼓其如簧之舌，花说柳说矣。俗语所云“愿者上钩”，其此之谓，然彼等竟在此混水中摸得大鱼焉。总之无论币制若何，南方书商，有南方人的聪明，决不吃亏；而北方书贾，亦有北方人的妙用，亦不上当。各具只眼，另有良策，所苦者吾辈穷酸秀才，以读书为职业，换饭吃，在此双重剥削之下，虽明知其弊，亦无可如何，只好任其摆布折腾，京话所谓“认头”而已。上述仅就不佞所知者而言，其他见闻不及或琐碎者，尚不知几许也。

至于旧书，虽云价昂，京商亦非完全不收，惟较慎重，且另有办法。故北京旧书业在上海等处坐收，除上述新书外，其目标有二，一为“通大路”，如《二十四史》、《十三经注疏》及各种丛书等。一则须属“快货”，即其性质内容，正为北京所时尚，目录一到，即可售出。余于上文已经述及，盖南北币制虽有差异，而上海书商，则已将汇水加上，决不吃亏。但北京书业则以“来得贵卖得贵”对付主顾，所谓不能赔钱卖也。然于苏杭二州以至南京上海，尚有多数来得并不贵者，亦一律求善价而沽。总之，南方书价较事变前，至少涨至十倍，而北方所售之南方旧书，其定价数字，最低亦与南方相等，盖仅赚五六倍汇水，彼等即怨言称无利可图也。

尚有一事应附记者，盖即南北书商对于旧书之定价与鉴别力，此则有关书价，惟非比较。据不佞妄测，南北书贾，各有专长，各有学问，若论研究之深、见闻之博，似南不及北，行话所谓“吃得精”也。即以书目言，北京旧书业共百余家，各家所订售书目录，其价值大致相同，间有微小差异，亦有其所持理由。南方书店所列出目录，彼此之间，颇多歧出，如同一板本之书，甲家定价五元，乙家竟有定十元者，足征其鉴别方法，多凭主观，少从经验。故南方书店定价虽有独到处，而未能平均发展，质言之，常有过多过少之病。北方书店定价虽合乎中庸，但缺乏卓识，如遇冷僻之货，或批校善本，即不知如何是好也。昨日琉璃厂邃雅斋人来，谓近收得明刻本《蔡中郎集》，上下二册，为黄批黄跋(黄丕烈荛圃)。问其定价，云一万二千元，并云已有某要人出价六折尚未肯卖。此真俗语所谓财迷脑瓜，以一黄跋明本，有何希奇，定上三二千元，尚不够瞧的，乃竟要万儿八千，倘售于南方，将不知若干万矣。如在南方书店，则或无此荒谬。数年前在上海中国书店买一樗园退叟《盾鼻随闻录》，盖汪氏（名堃）不惧无闷斋原刊本，定价十元。按此书向少见，同时来薰阁有一东洋板，以五元售出，可称价廉。行话所云“卖漏了”。可见南方书商，较北方能明其所以然，于有价值之货，虽无经验（即从未见过卖过）亦敢买敢卖也。又如徐鼒著《小腆纪年》、《小腆纪传》二种，皆木刻本十六册，惟《纪年》多而《纪传》少，故前贱而后者贵。当时《纪年》售四元，《纪传》售至十二元，差别极大。余在上海见各书店，于此二书均定五元，视为一律，于是结果《纪传》卖罄，《纪年》独存，盖其于书价消长，不如北方研究之细也。

近闻西南各地，旧书古籍，搜罗已空，据友人云：成都昆明市上，凡昔日地摊上几大枚（铜板）一本之书，在西南即可称善本。虽不无言过其实，但兵燹之余，又兼学校林立，学人丛聚，图书缺乏，可以想见。友人刘盼遂尝谓不能西征，最大原因在无书可读。余亦云然。盖向在故纸堆中求生活者，一旦离去，真如鱼之失水。因与书价有关，故并及之。

（载《古今》1942 年第 12、13 期）

# 谈旧书店

上旧书店淘旧书，这在体面的人看来，似乎是寒酸的行径。因为书之为物，除了宋元精椠，性质近于古董，可以存而不论外，其余是新的比旧的好。一本书既到“旧”的程度，外形至少不大漂亮，内容亦颇可怀疑。在西洋出版业发达的国家，一本书一年一版以至几版几十版，乃是极寻常之事，一般著作家态度，又是那么认真，每一次再版，总得把内容修正一下，要是都像梁启超一样，今日之我，同昨日之我宣战，不待几年，同一著作，同一著作人，内容会改得全然不同，可是旧书店仍旧有它独特的支撑点：一则，旧书售价比较便宜；二则，有一类一经绝版的书，舍此更无法他求。

## 过去繁荣

考上海旧书市场，在战前约可分为四大中心区。北四川路横浜桥一带，约十余家，原本教科书，搜罗最富。四马路三马路的几家，较侧重于中国古籍，原版旧书之类，仅是附带营业而已。开设在城隍庙环龙桥一带的，规模甚大，搜罗亦最杂博，旧书之外，碑帖字画都有。老西门中华路蓬莱路，战前是被誉为旧书第二大市场，那里不仅旧书店林立，还有一个特色为他处所不及，即独多旧书摊。东一堆，西一摊，都是席地而设，你缓缓的走过去，像闯进了诸葛武侯八阵图，想在那里得到珍奇的收获大约不可能，因陈列的仅是些本版教科书旧杂志之类，不过，售价是顶便宜的。

## 一度衰落

沪战既起，旧书市场大部在战区，当然没有立足的余地，于是迁移的迁移，收歇的收歇。其中一部份原是店的，也紧缩为摊。曾碰到一位旧书摊主，他原先在横浜桥开设旧书店的，跟我很熟，如今变了守着几十本破售的书，盘坐在地上，象是白头宫女，显出不胜沧桑的样子。他唠叨地诉说着：从前生意怎样好做，资本厚，利润大，大英百科全书，一年中也得经手十多套。

## 中兴之局

最近一二年来，因了白报纸价格的激涨，与印刷条件的异常困难，许多大书店出版的书，售价增上十倍，且除了教科书之外，一般重要的参考书及文艺书，都不再重印，卖完就算数。这样一来，出了钱买不到新书，和许多经济困难买不起新书的读者，便不得不问津于旧书店，虽然目前旧书的价格，未必见得如何便宜，但较之新书总要上算得多了。

## 新辟市场

由于上述几种原因，旧书店一时颇有由衰落转变到中兴的趋势。原有四马路一区特别繁荣不必说，新辟的市场，当推爱文义路、卡德路一带，那里在过去，原也设着三四爿旧书店，不过情况冷落萧条，决非环龙桥、中华路热闹情况所可比拟。现在物以类聚，以前开设虹口南市的，一窝风迁移过来，又因该区周绕学校栉比，一班学生无疑是旧书店的好主顾，因此，一片繁荣景象，形成和四马路区对垒之局。此外，爱多亚路的和辣斐德路（马浪路口左右一带）市场，也是战后新兴的，可惜摊多店少，和当年蓬莱路情形仿佛。

## 淘金心理

记者爱□旧书店,▨年□□了。自忖度爱□旧书店的动机，不单单是贪图便宜一点。春秋佳日，闲着无事，在店内摊畔随便翻翻旧书，实在也是一种乐趣，要是偶然以极便宜的价格，买到几本在外间访求了狠久而尚未见到的书，那种愉快高兴，直是非言语所能形容。十年前，记者有一癖好，喜欢集藏杂志里古今名画及摄影的插图，引朋友翁六雄君为同志，工作之暇，老是一搭一档蹲在南市旧书店里，我们的切口叫“淘金去”，在许多零乱的书堆出，细心地挑剔，怀着淘沙得金般热烈心理，往往满载而归。如是者五六年，记者一人约摸集得三千多帧，翁君所得还不止此，我们没有化狠多的钱，兴趣却是极浓郁的。后来寄放在南市朋友家里，“八一三”战役，竟成灰烬，至今想起，犹觉心痛。

## 瞻望前途

据记者观察，在目前非常环境之下，旧书店此后只有一天天的兴旺下去，主要的原因，自然是为了出版业不景气和新书售价太高，使读者不得不降格以求；另一方面，战争浩劫，把数量极多的私人藏书或公家藏书，像废纸般流通到市场上来，这是促进旧书店繁荣的大动力。

### 一幕奇迹

有一位朋友化两块钱买得《李长吉集》四册，自己不在意，给版本家一看，说是宋刻，从此惊动了旧书店伙计，此去彼来，缠住不放，结果，朋友以六千元脱手，隔了几天，原价两圆的《李长吉集》已珍藏于南浔某富翁书斋中，所化代价据说是二万二千元。

（载《申报》1942 年 7 月 23 日）

# 谈旧书店补遗

慕　霞

鄙人生平工余之暇，除看看书外，几乎没有别的嗜好，所以在旧书摊边，也可以算是一个淘金者。七月二十三日在《申报》看到《谈旧书店》一文，读后非常愉快，不过觉得被遗忘的尚多，兹特就闻见所及，略为补充几点。

### 四马路上可买的书

捕鱼的人要知道那里有鱼，淘金的人要知道那里有金沙，否则劳而无获，这是起码的智识。同样，想向旧书堆里披沙拣金，首先要知道什么地方有什么样的旧书，也是必然的道理。四马路是旧书市场之一，已经说过，但据我所知，自中华书局这边起，到世界书局那边止，这一带的旧书店和旧书摊实在没有什么可观，特别可以注意的，倒是河南路四马路东的一个弄堂口，这个弄堂口本来只有一家旧书店的，也很不像个样子，现在却生意兴隆起来，中间用书架隔开小小的区域之内，居然有了三个老板，一家叫泉记，一家叫合记，另外一家不知叫什么了。这个地方，中英德文都有，德文的大部份是医书，中英文的全是参考书和辞典之类，如果你是弄文学和史学的，这里常常碰见可买的书。我买过一本泰戈尔（R. Tagore）的《颂神诗集》（*Gitahnjali*），和一本现代英国诗人爱略特（T. S. Eliot）的论文集。其他如现代丛书和十八九世纪英国作家的东西，也常常可以碰见。两个月前我看见有一本英译梅特林（Maeterlinek）的《贫者之宝》（*The Treasure of the Humble*），是李初梨在日本读书时赠给一个朋友的，在扉页上还写着一大段论德国文学的高见。这本书我因为已经有了，所以没有买，后来不知给什么人买去了。据一个老板说，他还有下卷的《海上述林》（绒面精装），要卖七十元。

## 西区书摊珍版小说

如果你在爱文义路、卡德路一带逛完旧书店，再乘西行的电车，我请你在爱文义路、赫德路转角的地方下来，你向静安寺那边走几步，便可以望见有一家近知书店。老板是一位年近三十的汉子，风度比别的旧书店老板显得文雅，听说他还会画几笔墨梅，想来该是一位读书人，目前因环境关系，才来做这种生意。这间书店中文的、而且是新文学的书很不少，如果你是喜欢看看新文学书的话，担保不会令你空手出门。这里的书都很干净，还经过分类，所以要找那一类的书也方便。我的一个朋友，听了我的介绍，去跑了一次，非常满意。他告诉我，那里有一本再版的《呐喊》，书上还有“周作人编”四个字，与后来北新版的不同，令人怅然沉思。不过我要告诉你一句，这里的书索价略为高一些，有时老板不在，在老板娘的手里也许会便宜一点。

从近知书店出来，向左转到爱文义路，然后朝西一直跑，不远便是极司非而路。这边也有三间旧书店、二个旧书摊。这里的书很杂，书也许多是破旧得很的，但不时或会遇见可买的书。我买过一本初版的《雨天的书》，价只二元，因为老板并不和我计较版本，若是我开旧书店，这本书要卖十元。大半年前，一个老板对我说，知名的作家唐某和钱某，也总是三天两天来一次，有机会他还可以替我介绍认识，可惜终于无缘，未能留下一段佳话，诚是错过良机。

## 中文旧书选购处所

此外西摩路（近威海卫路）有两家，拉都路西、爱咸斯路北有一家东方书社，都是卖中文旧书的。在西摩路，我买过一本绒面的《海上述林》价只五元，而辣斐德路的一家，也有一本，却索价四十元，可谓快事。至于卖线装书的，汉口路有□隐庐，云南路三马路有来菁阁、抱经堂等，都是鼎鼎有名的，喜欢线装书的朋友，可以去这几家淘金，不过他们的门槛很紧，碰到好东西，恐怕不会便宜出卖的。

## 原版西书琳琅满目

中文旧书说过，且说西文旧书。目前西文书来源困难，价钱也贵，而翻版西书，大部份纸墨实在看不过眼，因此对于喜读西书的朋友，亦唯有跑旧书店是上策。静安寺路慕两鸣路口有一家，主要的是德文书，英文的也有一点。德文书中，文学方面的占多数。据说在全世界出版界中，德国的翻译工作做得最好。从这间书店看来，想是可靠，因为非德国作家的作品触目皆是。愚园路靠静安商场的地方也有一家西文旧书店，叫 Book Mart，里面英文书占大部份，德文、法文也有一点。老板是外国人，索价很贵，如《现代丛书》，在善钟路的大同，索价不过四元，在极司非而路，索价不过二元，这边便非八元不可了。

从 Book Mart 出来，走回静安寺，于是向海格路朝南一直跑，差不多到善钟路的地方，这里有两家很小的旧书店，一家本是大同的分店，现在关闭，另一家叫智良，老板是一很有风趣的中年人，常见其口含烟斗，怡然自得，据说他是替人家收房租的，开旧书店不过是副业而已。他自己也喜欢藏书，遇到好的，就自己藏起来，特别是关于中国方面的，所以他的亭子间，据说是琳琅满目。前些日子，我去走一趟，老板不在，小开拿出一本书给我看，是在法国出版的英文书，书名似乎是 *Chinege Mysticism and Modern Painter*。这边书很少，但如果老板偶然拿藏书出来割爱，就会碰见好东西。从智良出来，朝善钟路走，就在七路军车站旁边，有一家大同旧书店，一因为地方好，二因为书还多，三因为价钱不十分贵，有这三个优点，故其营业蒸蒸日上，在西文旧书店中可说是首屈一指。这里英文书占百分之九十，而其中英文小说又占大部分，近日则见有许多萧伯纳（B. Shaw）的剧本，喜欢萧伯纳的人，不妨去跑一趟。

### 霞飞路上亦可搜求

除了这几家之外，新近在霞飞路（善钟路东），又多了两家。一家是专卖德文书的，价钱贵得惊人，大约一个月前，我去问有无现代德国诗人里尔克（R. M. Rilke）的东西，一个小姑娘说“有的”，可是薄薄不过二十多页的小诗集，要卖到近三十元，真令人兴叹。另外一家，书虽不多，却很干净，大部份是英文的，一部份是德文的，老板大约是俄国人，对人很客气。我问他有无里尔克的诗集，“里尔克吗?”他一边说一边跑到里面去找东西，拿出他的珍藏给我看，原来他也非常爱里尔克，亦在收集里尔克的作品，偶然发见这样的同好，有说不出的欣喜。他说英译里尔克的诗集非常难得，如果有就留着给我。当我离店时，还很客气和我点头说再会。在霞飞路卖旧书的还有几家，一在拉都路东，一在亚尔培路霞飞路口，一在汾晋坊口，但都无甚可述，故从略。

（连载《申报》1942 年 9 月 14 日、15 日）

## 西书铺之今昔

依

书铺子好像花店一样，没有新鲜货色上市时，顾主们便会伸长着头颈，盼望着的。

上海西文的阅读者，对于西洋杂志报章和读物的供应，向来和等待远地亲友的书信一般，只要有外洋的船只进口，书铺子里的电话，职员和送货的老司务们便要忙起来了。

## 一、从航空寄递

两个半月以前的情形如此，现在环境变迁，情形自然大不相同了。

喜欢看美国出版的杂志书报者——上海西书铺子经售美国出版物者要占最多数——最好所有的定期刊物都从泛美线航空寄递，这真和嗜电影的群众们一样，最好好莱坞的新片子能在一星期中来一部呢。

普遍性的杂志像《读者文摘》、《星六晚邮》、《妇女家庭杂志》，以及《老爷》、《生活》和各色的电影、侦探等杂志，销数都很可观。

英美新出版的书籍，在上海市面如火如荼的当儿，我们只要看书店铺窗里和柜上陈列着的，花色繁多正和他们在报纸上所刊载的名目一般。

## 二、没有新鲜货

自从太平洋中炮声响后，沪上西书营业未免大受打击。

第一，没有新鲜货上市。你要是跑上书铺子里去巡视一番，在一九四一年十一月以后的报章杂志完全避不见面了。所剩着的几种刊物，六月……七月……八、九……奄奄无生气地被搁置在柜上，好像芳华虚度，尚没有出阁的老处女，尽是守住空闺，不知何时才能转变她们枯寂的生活呢。

第二，受到一般人生活压迫的影响。西书和杂志的销售对象，无疑地外人要占到最多数，这班人的生活现在转变了，经济上的周转回不及以前了，购书买报本来是优闲生活上的点缀之一，目下自然谈不到。至于价格飞涨，薄薄的一本书就要好几十块钱，当然也不是普通人所能顾问的了。

## 三、灯下且读书

那没西书店怎样维持呢？

好像其他出售来路货的铺子一般，一言以蔽之，出售剩货而已。

出售比较没有时间性的书籍——关于时事，政治等问题者在外——一部份的专门书籍，参考书籍，消闲性的读物，以及画片、文具、玩物之流，这是他们暂时的出路。学习语言的书本子，倒颇为顾客所需要。

你要是问他们："有新的东西么?"

"尽在于此了。"这是回答。

实际上，欢喜读书的人目下要比以前为多，这也是环境使然。上海的夜生活已成强弩之末，电影舞场只限于少数人的享乐。识些字的人还是一灯相伴静下来看看书罢。

## 四、名著在抬头

据工部局公共图书馆的统计，目下会员借书的人要比往昔为多，最为读者所喜的第一推传记，次之有关于旅行、美艺、文学、社会科学和哲学的书籍。当然稗官小说的去路永远勿衰，可是非小说类的受人欢迎，倒比两个半月之前为甚呢。图书馆的常年会员现有一千五百七十户。

著名作家的文艺读物，像莎士比亚、迭更司、莫里哀等文集，从前大家都嚷着，"没有余暇读书呀!"未免视为份量太重为搁置一旁的，现在却在抬头了。公共图书馆一天之中，在借出的三百六十二部书中，小说书只有一百三十部，其他却多是上面所说的艺文社会哲学之类。

在苦闷中想从书籍上获得一些安慰，"万书之书"的《圣经》，读者格外多，销数也格外畅。天地可变，此书不灭，际此人生动荡之秋，谁多要从其中获得最有价值的启示呢!

（载《申报》1942年3月3日）

# 谈 选 文

纯 上

近来坊间对于选集文章之风，又极为流行：有的从古今名家专集之中，撷英撮华，注释评点，变成一编；有的张三李四，东采西取，附加作者史传，文义考证等等，亦俨然巨帙。等而下之，凑合拢来，不著点墨，不费心思，亦可成书，编者印者，美其名曰：便于初学。其实，这一套本领和菜饭厨师差不许多，菜馆里炸雏鸡块，叫炸八块，这些编辑名家，把别人文章，砍头去尾，判以凌迟，直可名之为“炸八块编辑法”。又或取前择后，挖去心脏，如厨师之以鱼头鱼尾煮汤相类，似又可名之为“烧头尾的编辑法”。其他，拼拼凑凑，摭摭拾拾，一集之中有五六人、五六种之多，则简直是摆拼盘，炒杂烩了；然而，厨师们烧出来的，还要有调味的工夫，还要加油加盐，使其味道鲜腴，可以适口，可以养体；而我们这些选家们，大约从来就没有想到别人的口味，别人的营养，而只会拿厨师的工钱吧了。

自然这种现象，由于文化食粮缺乏，读者购买力窘涩，不能遍览群籍，于是引起投机取巧之徒，才把这种生意经当做了冠冕堂皇的招牌；因此煞有介事俨然自负为选家者，真如过江之鲫了；可是鲁鱼亥豕，贻误读者，大约总难免掉。流风所及，连书肆小贩，曾未读过一年半载的书，也居然选起文章来。这真不能不使人想到《儒林外史》上，那些选家们，处州马二先生，选文成家，纸贵洛阳；而开豆腐店的儿子匡超人，也就见猎心喜，一夜之间，可以批出三四十篇考卷。不过，那时候，所得的报酬只不过几个选金，几十本书，□□□□小菜，□样出书，各请一次，初二、十六吃点牙祭肉，茶水灯油，店里供给而已，而今天选书所得，就不但不止此数，且可大发一笔选书财了。

不过，老实说起来，选书如果一本正经的做，真也不是一件容易事，像《史记菁华录》，重文轻史，早为学者所诟病；就是最明辨的小学生都读过的陶渊明的《归去来辞》，其命意所在，全在一序，而历来古今选家，从萧统《文选》，到清姚鼐《古文辞类纂》，一直到如今编学校教科书的先生们，一概都摒而弃之，也就不能不使渊明先生地下叫苦了。至于《湘灵鼓瑟诗》中之“曲中人不见，江上数峰青”，本是试帖诗，却无端被某教授拦腰砍下，释为空灵，亦早经鲁迅先生指为笑柄……这些都不过过去的例子，如今乱选妄评，曲加解释的选家们更不知造出多少罪恶来！

所以，我在这里不能不诚恳的奉劝青年读者们，宁少读一本“名作”，别相信这些选本；选家们是只图自己牟利，所谓“便于初学”，也不过是近代广告术而已。在这种香火的钓饵之下，狂选滥编，只要能钓得你的花花绿绿的钞票，心虽似“热”，但未必还“良”，你说这种乱点鸳鸯谱的选本，能可靠吗？

有人说，如今这些选家，完全唯利是图，所以才不顾自己的声名，这我也相信。三代而下，惟恐不好名，时至今日，好利而又好名，似乎也不为过，他们能从这上面想想，也许还能慎重一点；可是要说他完全不是为名，我也未敢相信。《儒林外史》上，蘧公孙要求马二先生在他选的墨卷上加上自己一个名字，马二先生正色的说：“这事不过是名利两字，小弟一不肯自己坏了名，自认做趋利，假若把先生写在第二名，那世俗人就疑惑刻资出自先生，小弟岂不是个利徒了。若把先生写在第一名，小弟数十年虚名岂不是你的了。”今天，自有书店、出版社，专承排印；谁出刻责，当然用不到洗刷；且为了要使自己的文章夹在名家之中，以博稿费，而增名气的选家们，还不在少数，这就不在马二先生所论范围之外了。至于，袁子才刻《随园诗话》时，许多盐商巨贾，都化了花白银子，运动他选进一二断句，以充风雅，也成为过去的事，因为现在有花白银子的，他又何必提笔杆充风雅呢；但要是朋友成了选家，于是哀求他选上篇把，再捧场几句，以附名家之列，这情形恐怕今天还不免有的。这倒不是为利，而专是为名了。

所以选文这件事，过去是名利双收，如今是大多数为了利，少数是为利附带着为名，于是选家多，而读者更苦了！

（载《野草》1942 年第 5 卷第 1 期）

# 谈民众读物

老　向

自文艺界提出“文章下乡，文章入伍”的口号之后，有很多的机关及学术团体，都在朝着这个方向努力，都在为民众制造精神食粮。于是民众读物、通俗读物、士兵读物、通俗画刊……种种小册子都走上了书市；再加上街头书贩所备办的旧式民众读物，可以说五花八门，种类繁多。内容则上至天文下至地理，宇宙之大，苍蝇之微，无所不包；体裁则诗辞、小说、戏剧、杂字，应有尽有。不过这不是近代始有的现象，古来就是如此，只是名称不同而已。

《汉书·艺文志》云："小说家者流，盖出于稗官，街谈巷语，道听途说者之所造也。"

孔子曰："虽小道，必有可观者焉！致远恐泥，是以君子弗为也！"然亦弗灭也，闾里小知者之所及，亦使缀而不忘。如或一言可采，此亦刍荛狂夫之议也（共著录小说十五家，今计一千三百九十篇）。

这段记载把民众读物的原原本本说得相当的透彻，我们可以得到左列几条认识：

（一）由《汉书·艺文志》，一直到有清《四库总目提要》，凡所谓"小说"，就是今之所谓民众读物，"街谈巷语，道听途说者之所造也"，恰好说明民众读物的创造，不起于庙堂，不由于文士，而是源于民间。据班固注这些小说"或托古人，或记古事，托人者似子而浅薄，记事者近史而悠谬"。所谓"浅薄"，应是通俗，民众自制自娱，本非为文人雅士而作；所谓"悠谬"，也是展转传说，添枝加叶的自然结果，这都是民众读物的特点。

《汉志》所著录小说十五家，今虽均已不存，但就各家注解及各书佚文看来，均系通俗作品无疑。例如《伊尹说》二十七篇注云："其语浅薄，似依托也。"《周考》一篇注云："考周事也。"《青史子》五十七篇《大戴礼保传》篇谓："述古胎教。"《文心雕龙》谓："青史由缀于街谈。"《黄帝说》四十篇注谓："迂诞依托。"《虞初周说》九百四十三篇张衡《西京赋》云："小说九百，本自虞初。"从来认为是故事讲述之祖。所以特多，亦正与今之民间读物多小说故事相同。百家百三十九卷，顾名思义，可知其内容不止一端。总之九流百家，皆可名之曰"小说"，都在民众读物的范围之内。民众是"有闻必录"，无暇计量，它是否浅薄迂诞。至于"托古"一点，仿佛中国人的癖好，爱托古的不只是民众。

（二）一般士人对于民众读物向持鄙视的态度，所以是“君子弗为也”。君子所为的都是“板着面孔讲大道理”的文章。可是“君子”尽可“不为”，而民间的谱歌、小说、传说、异闻，民众自会制造，自会流行，教一般君子不能不承认“然亦弗灭也”。不但不灭，他还不时的扩张地盘，把文士的领域侵占了。“一切文体，都来自民间”，已为史家所公认，中国文学所有大放异彩的部分，无一不是抄袭民间文艺的。汉魏乐府、唐诗、宋词、元曲、明清小说，都有模仿民间文艺的显迹。终于使文人雅士不能不说“虽小道，必有可观者焉”，“如或言可采，此亦刍荛狂夫之议也”。文士骂它“浅薄”，说它“迂诞”很少有意识的要改正它的“浅薄迂诞”，以自己的作品去影响民众。

“文章下乡”，看来仿佛赘词，因为文章早已下了乡，乡下已经有了很多的文章，不过那些文章都是自生自灭，已经赶不上时代。现在已是飞机大炮的时代，民间还是“推车挑担”或“放马过来，杀五十回合”的文章。送下乡去的文章，应是使民众认识时代，赶上时代的文章。但是所谓“送下乡去”，不是硬塞给它，不是强迫它接受，必定是因其固有而予以增减，用霸道是无效的。所以“通俗”啊、“利用民间形式”啊等等问题就相因而生。

（三）汉以前有稗官，专负搜集民众读物之责。又有采诗之官，《汉书·食货志》曰：“春秋之月，群居者将散，行人振木铎，徇于路以采诗。献之太师，比其音律，以闻于天子。故曰王者窥牖户而知天下。”政府特别注重民间的诗歌小说，为的是“观风俗，知得失，自考证”的，可以说有极大的政治意义。民间作品是民众生活的反映。民心的向背，民间的疾苦，只有民间作品表现的最正确，最深刻。在位的借此察知民隐，因势利导，自不难“大事化小，小事化无”，使得“民安国泰”。可惜汉朝以后，稗官不说，采诗之官也没有了。一般文士雅人，专去做他的僵化了的雅文，对于民间的作品，认为“卑鄙不足道”，不使“登大雅之堂”。有的是偷窃了民间文艺，据为已有，而不肯承认。然而这些都无伤于民间作品的生存与发展。在《汉书》上已有一千三百九十卷的民众读物存在，无怪现在市上的民众读物有那么多的种数。

现在政府机关注意为民众编制读物，其意义之大，无可比拟。关于搜集民间读物，已有人注意了。惟是中国幅员辽阔，个人力量搜集万难普遍。政府若能恢复古制的精神，设置专员负起这个责任，对于沟通上下情意，当有伟大之贡献。

（四）民众读物不只是种数多，内容亦极复杂。《汉志》所载小说十五家，几乎是周秦诸子的缩影，百家之名可以做证。这与现存之民众读物亦复相同。因为内容过于复杂，就缺少了中心思想与共同信仰，意志不能集中，力量自然也就互相抵消。外国人讥诮我们是"一盘散沙"，这与民众的精神涵养，绝对大有关系。例如，国父说："一般人民只有家族主义和宗族主义，没有国族主义。"我们在旧有之民众读物中，也感觉到"为民族行孝，为国家（是为君）尽忠"的故事或小说还太少。矛盾的思想反能触目皆是。"走一步退一步等于不走。"民众读物再多些，也仅有娱乐的作用，并缺乏积极的教育意义。

现在新编的民众读物，都晓得注重教育的意义，这当然是极大的进步，然而又很难说，过于偏重教育意义，而忘了艺术，忘了对象是喜好文艺的民众，就流于板面孔讲大道理了。民众不是不接受教育，却并不喜欢听人家义正辞严的说教。

（载《今文月刊》1942 年第 1 卷第 3 期）

# 论民众读物的整理

刘钧鸿

## 一、导言

优良的民众读物能助使国民观念思想的正确，知识技能的提高，品性道德的优尚；不良的能诱使国民观念思想陷入错误，知识技能囿于低劣，品性道德沦于鄙薄。其影响民众生活之大，由此可见。故可以说它即是社会教育中一个有力的武器。

吾人罄祷新的优良读物能早日大量编辑，以供应民众，但在未能大量编辑制好之前，民众势不能不拿旧的去满足其精神粮食的需求，而坊间流行的旧读物，良莠不齐，影响民众亦随之而利害参并；是以何者有害应禁，何者有利应倡，何则删改其中一部即可采用，实有彻底整理的必要。

整理旧民众读物是一件繁巨的工作，是政府一个重要的措施，但如何去进行整理的工作，却是一个值得研究的问题。作者不敏，谨将管见所及，抒论于后，以就正于时贤。

## 二、整理的机构

整理旧民众读物，必须先有健全的机构，然后才能收事半功倍之效。现行的机构，据民国三十年一月教育部所颁布的教育部《搜集民众读物办法》中第三条规定："各地方主管教育机关，应负搜集所辖地区内各种民众读物，汇呈本部……"同办法第四条规定："各地方搜集之民众读物到部后，内部派员随予登记……"同办法第五条规定："各书登记完毕后须加以初步之整理，整理的要点如左：甲、签出各书每页之应行修改部分；乙、签出各书全部之优点与劣点。"等可以看出：在搜集手续上，由各地方主管教育机局搜集后造册汇呈教育部；而审查的工作，却由教育部一手经理。这样能集中工作，用意良佳，但为求进一步更健全其机构起见，作者认为向有商榷的余地，请申述其理由于下：

我们知道审查民众读物的工作者，虽无将各读物都精读的必要，但为彻底的审查整理起见，浏览一次，也算应该；而流行坊间的读物既多，长篇巨册的亦不少，若审查的工作完全由教育部民众读物组中人员去负担，则这少数的人员（据《教育通讯》二卷四十八期老向先生所介绍的教育部民众读物组工作概况中所称，该组工作人员只得六七人）要将繁多的读物整个浏览一次，自非短少时间所能完成；何况审查工作并不只浏览一次而已，尚须将其种类、体裁登记，将其中心思想、内容大意、优点、劣点和应行修改的部分等分别署出。这样繁重的工作，除非教育部民众读物组的人员大量增聘，否则现在少数工作者，将会感到“心有余而力不足”。且也，经教育部公布介绍后的民众读物，比不同学校的教科书，学校教科书一经发觉其不合标准，即可通令各校停止采用，而经教育部公布介绍的民众读物，若推行方法得当，便会很快的深入民间，倘发现其仍有不良的地方，欲再从新通令禁止，然没有时间性的读物，在已购得民众，却仍可随时自由阅读，毒害已是传播民间。故整理的工作，须特别谨慎，在着手整理之前，应详拟计划，整理之时，应彻底的审查，然教育部民众读物组现有工作人员稀少，奈何！

为补救这个缺陷，我们愿意提出一点建议：理想的整理机构中，整理的工作应由教育部综理，而各省市主管教育机关为协理，且欢迎其他机关团体的帮忙。其工作的分配，是先由各省市主管教育机关或其他机关团体等，将调查搜集所得的民众读物，整齐造册，一并呈报教育部；再由教育部编成一“全国民众读物索引”，然后分配指定某种某若干册为某省市主管教育机关审查整理（所指定的要尽先是各该机关所搜集及该地最流行的）；各省市主管教育机关依照所分配的缜密审查后，再呈教育部复审；由教育部复审后，即以教育部名义公布介绍，禁止，或修改。公布中应注明经某机关初审，以重责任。

这个计划，有其优点，盖教育部民众读物组的工作人员很少，一方面要从事编辑审查新的读物，已够忙碌，如一方面又要从事独当整理旧读物的责任，必极感困难，故年来该组因忙于编辑新的读物，而迫得将整理或审查旧式读物列在第二步工作计划中（见《教育通讯》四卷第四十七期老向先生的《关于民众读物答客问》），实为人力时间限制的不得已之举，今若由各省市主管教育机关分负初审之责，则教部既有时间去编审新的读物，亦有较充分的时间去复审旧的读物，而不致偏废整理读物的工作。又公布时并注明，经某省市主管教育机关初审，则责任分明，各该机关必自重而缜密审查整理；同时，他们既分负整理的责任，则教育部公布禁止或介绍后，各该机关亦必乐于努力执行此法令。其次，因战事影响，学者分散各地，教部不易集中聘请，故由各省市教育机关就近征求，自较容易；至如有地方性的读物，既尽先分发各该省市自行审查整理，实又含有开展编辑区域的作用。

## 三、整理的方法

### （一）搜集

应搜集的民众读物，据教育部所规定的，种类如左：

甲、各地方流行的乡贤故事（包括近年抗日故事）；

乙、各地方流行的传奇、小说、小调、唱本、戏词等；

丙、各地方流行的歌谣、农谚等；

丁、各地方教育机关、学校、书坊，近年出版的各种民众读物；

戊、绝版的稗史、小说、传奇、故事、唱本等。

——见教育部《搜集民众读物办法》

搜集方法，先由各省市主管教育机关，或其他机关、学校、团体等向各市乡贩卖民众读物的小摊、行商、趁会场商、出版商、学校、机关等地方调查所有旧的或新出的民众读物，调查清楚，即可索取或购买（照教育部《搜集民众读物办法》规定，如须教部备价购买者，须先开列书名、种别、册数、价格等呈部核准后，再行购买呈部），索取或购买搜集后，即应列表把书名、出版店名（或机关、学校名）地址等详载，连读物一并汇齐呈部（有两种内容完全相同者，可呈一种）。然后由教部登记，编成全国民众读物索引后，再行分配各省市主管教育机关等，作整理中的初次审查。

搜集时，有很多贩卖民众读物的行商或趁会场商等，流动无定处，若非他们自己到搜集处登记，调查便会感到困难。因此，必须由主管教育机关布告，强迫登记，并明告区域内凡未经登记的民众读物，无论优劣，一概不准在区内贩卖，违者没收或严惩，庶几书商因欲自由贩卖而避免惩罚起见，相率到搜集处登记。这样，搜集处便可按照需要索取或购买而搜集。

至如绝版的稗史、小说、传奇、故事、唱本等，市面必少流行，如有，也多流落民间，故虽强迫书商登记，犹不能调查到此类读物，这必须向民间征求，以高价购买，才易得到。

他如各地方流行的歌谣、农谚等，多是以口头相传，极少现成的册子，强迫书商登记，也是无效的。比较有效的搜集方法，仍是向民间征求。作者知道有一个中学的国文教员，对于民间流行的歌谣、农谚等，作过一番艰苦的搜集工作。他在星期日及闲暇无课的时间，辙到乡间去找农夫，在路旁休息的茶亭下找樵夫、轿夫、担夫，在井边找挑水工人，以和蔼可亲的态度和他们谈笑，请他们唱山歌或谚语，能记录着随即记录，并给些少报酬与唱者，他们都欢天喜地，而那教员却已搜集到不少的歌谣、农谚。是故对这类流行而又没有现成册子谚语，不欲搜集则已，如欲搜集，则似有仿效此法的需要。

### （二）审查

民众读物搜集呈报教育部后，教部随即登记，编成索引，然后分别指定各省市主管教育机关，开始进行整理的初审工作，最后再由教育部去复审。这些审查的工作，是整理历程中一个重要的阶段，故必须慎重将事，然后能期收到美满的效果。

兹将审查应注意的事项，陈述于下，以供参考：

1. 须定出审查的共同标准：初审既由各省市主管教育机关办理，为避免各自为政、各依所偏起见，必须定出一种审查好坏的共同标准，使审查者有同一的标尺。审查标准如读物要适合社会教育目标，及民众读物编辑的目的和方法等是。

照部颁的社会教育目标，为："社会教育必须使人民维护国际情势，了解民族意识，并具备近代都市及农村生活之常识，家庭经济改善之技能，公民自治必备之资格，保护公共事业及森林园地之习惯，养老之贫防，互助之美德。"又据教育部所拟定的民众读物编辑目的，为："致使受过基础教育（民众学校毕业生）之民众能从广大的、浅易而富有趣味的读物中继续受教，借以（一）发展民族意识；（二）培养国民道德；（三）灌输科学常识；（四）增进实用知能等。"而民众读物编辑原则中"内容最少须合于编辑目的之一，且须诱起民众奋发，向上情绪，毫无消极、悲观、浪漫、孤僻、怯退等副的影响；形式方面，文字须通俗、平正、生动"。这些社会教育目标，民众读物编辑目的和原则等，都为审查读物优劣的共同标准。

2. 须有审查的修养：（甲）审查者须有公平的心地，无成见的眼光。因为审查民众读物，若预先抱有成见，则何者为优，何者为劣，何者较优，何者较劣，便不能很公平地指出。故审查者必须有公正的心地，无成见的眼光，然后才能以宁静的头脑，公正、客观地审查，而得到正确的品评。（乙）审查者须对民众生活有深切的了解。我们要接近民众，才易了解民众的生活，唯有了解民众的生活，才能明白民众的心理、知识的水准和他们的需要等，亦唯有知道民众的心理、知识水准、需要等，然后审查整理才能适合民众。（丙）审查者须有通俗文艺的修养。民众识字虽少，知识水准虽低，然他们能也欣赏文艺，需要文艺，不过他们所能欣赏、所需要的不是普通贵族式的文艺，而是深入浅出的通俗文艺。是故审查者应有通俗文艺的修养，是一个正常的要求。

具备了上面提出的几个条件，便可开始审查的工作。审查工作的要旨：

着手审查之先，要制好审查要项的表格，以备填写，表格中分列书名、种类、体裁、册数、印刷、编者、出版处、性质、章段或字数、中心思想、内容大意、优点、劣点、应删改部份、审查者评语……审查时要将各册作比较，察其内容的中心思想及其内容大意是否适合社会教育目标，或民众读物编辑的目的和原则等标准（虽不能以一册书而完全具备所列的标准，但至少须合于某类中的一项，而不违反其他各项），段落分配是否适合，文字是否太艰深，形式是否生动，印刷是否精美等，详细加以记载，随后即依此几点作评定的等第。至如册中的优点、劣点，何处应增，何处应删，何处应改，应如何改，何处应提倡，何处应禁止，都应详细画出，慎加评语，签署意见。

审查工作，如有热心社会教育事业的机关社团等愿意帮忙者，当表欢迎，惟他们审查的意见，只可留供参考，而不能作为初审的定论，此点最应注意。

各省市主管教育机关初审后，即可报呈教育部复审，然后依复审的结果，决定应禁止的禁止（譬如大部分之不堪修改者），应提倡的提倡，应删改的删改。但禁止的应说明因何而禁止，使这类民众读物的出版店或贩卖商无可怨艾。提倡的要加以评语，借以介绍于社会、民众。

删改的应如何删改，使删改者有所遵依。

（三）改订

被审查的民众读物，有些是复审后认为只要将该读物中某几小部分稍加删改增订，即可成为优良的。教育部应即将审查结果，如审查的评语、意见，何处可取，何处应删，何处宜提倡，何处应严禁，而应删改处要如何删改，应增订处，要如何增订等，详细于教育部公布中或在报纸上注明，饬令书商照所公布的修改意见修改后，再呈审查，经审查其已能合标准者，始准发行。如未遵令修改或修改后送呈审查而仍未合标准的，仍须再令修改，直至合于标准后，才得发行，违者重罚。

饬令书商自己按照标准修改一节，用意本佳，不过普通情形，多数的出版店或小书摊商人，整日工作或摆摊，固无暇去修改读物；即使有暇，他们亦无修改的知识与能力，他们平日只知干极少本钱的生意，不会向作家征稿出版书刊，只是晓得将散杂的读物搜集制版，印成一册，或将无版权的读物制版翻印；他们只知道要求出书的畅销，哪里能知道内容的好坏？更哪里谈得到有修改的知识和能力？因此，只好教他们去聘请有这样知识、能力的人去替他们修改。然而，这又成问题，因为现在有这样知识、能力的人极少，已是“可遇而不可求”的，设幸而找到了，小书商资本甚少，如何能有请专家的经费，在这样人才经济两皆短绌的情况下，小书商如何能按照政府所规定的标准去修改，所以整理民众读物，固希望小书商出版店等自动的依照公布的标准去修改，但主要的仍是要由各主管教育机关聘请专家，或由热心社会教育事业的社团人士依照标准修改，经审查核准后，介绍或把版权让给书店或出版店去印刷发行，不过，还要略为限制其售价，毋使因书价高昂而仍难普遍民间。

修改后经过审查批准的读物，要在书面上边印明某年某月经教育部审定及某书局印行的字样，并须于末页注明出版年月、出版店的地址、发行人等，于封面底登载教育部准予印行批发的全文，以资识别，而杜取巧。

（四）惩禁

凡经复审结果，认为大部毒劣、不堪修改的读物，例如中心思想错误，或与社会教育目标、民众读物编辑的目的和原则等违反者，若任其流行坊间，则足以影响社会的，必须由政府公布严令禁止其出版发售，或饬令焚毁，违者重罚。若怕书商存贮此类读物太多，而吃亏不起，可由地方热心社会教育，而有心世道的人士、团体、学校、机关等购买焚毁，或由各省市主管教育机关拨款购买（以较成本为低的代价购买）立即焚毁，以免再流毒社会。这是国家的社会教育大计，政府对这笔小款，应不吝啬的拨出。这种办法，一方面给些少钱去购买，算是体恤小商人，以免他们吃亏不起；一方面以较成本为低的代价收买，使奸侩之徒，不敢取巧，免至他们以为政府大批购买，倒是一条畅销的路径，一笔有利可图的大生意，而暗中继续印刷。然而我们仍须密切注意，因为有些坏劣的读物，虽经政府低价的收买，而奸侩之徒（如没有良心的捣乱份子及汉奸等），不但没有亏本，反而常有大笔的收入。盖他们多是受某方面或敌伪利用，借图破坏团结及抗战等而受到□额津贴的。这种人非加以严重的制裁不可，是故各级主管教育机关对于劣毒的读物，除应切实执行禁止或收买焚毁外，并应由教育部公布全国严令禁止重印，违者重罚。设若重印妨害团结及抗战等读物，应即处以极刑，借惩顽劣，而敬效尤。

新出的报纸杂志等，亦多有不良或应禁止的文字，必须由各地图书杂志审查委员会切实审查，较易收效。

（五）奖励

凡经复审结果，认为优良的，或经整理修改后批准的民众读物，应由教育部于部中公布中或报纸上公布，并应对该读物加以评语的介绍于民众。又政府对于此类优良的读物，应尽量介绍、奖励，或酌予补助出版的书店，使其大量出版。如由书商自己依照指定标准修改，经审查核准的，可准予其板权专利（如非该读物的原出版店自己修改，而由其他书店书商修改，经审查核准后，其专利年期，应有限制），或酌予补助，作为鼓励，但仍须限制其售价，以免民众虽知该书的优良，而无购买的能力。如由教育部或各级主管教育机关修改者，可由部中或中级主管教育机关自己大重翻印，或鼓励，补助书商仿印（限制其定价），或由各军政党机关、团体、学校、社教机关等社团仿印。不过必须注意，即无论任何机关、社团、书商等仿印，必须依照改正的样本，且须于发行前再送审查，核其是否与公布的标准相合，如不依照样本及标准的，虽称仿印，亦禁止其发行，以免发生流弊。

又各种读物或报章杂志中有优良的散篇者，可以摘优节录，汇集印成单本，必受民众的欢迎。故此类册子，亦可鼓励书商出版店、机关团体等，尽量集印。同样须于发行前呈报审查，核准后始准发行。

仿印或集印的读物，均须于书面注明经教育部某年某月审定介绍，及于封面底印审查评语，及某某书店仿印或集印字样。

各种优良的读物，经教育部公布，或奖助翻印后，应即尽量介绍于民众，函请或饬令各军政机关、团体、学校、教育行政机关、社教机关等尽量购置采用，以供民众阅读，或由他们介绍给民众，以期能深入民间，而广流传。

## 四、尾论

整理旧民众读物，一方面可以在新的读物未能大量编辑前，介绍旧的优良读物于民众，一方面可以由整理工作中求得旧民众读物的技巧，可以更加了解民众，这些都可对编辑新读物有所帮助，一举两得，希政府及社会人士密切的注意，努力推动，彻底整理，务期不良的读物绝迹于民间，而流行的皆富有教育的意义。

三十一年二月完稿于坪石中大师院

（载《广西教育研究》1942 年第 3 卷第 2 期）

# 民众读物的改革问题

王抱芳　王以新

## 识字教育的推广与民众读物的必要

中国社会的病态，归纳说来，便是“愚”、“穷”、“弱”、“散”。

而此四者之中“愚”为主因，“愚”的病一去，“穷”、“弱”、“散”三者，也不难解脱。所以建设新中国的途径虽多，当前最急要的问题，还在如何去扫除文盲。这个新时代的要求，我教育最高行政机关——教育部当轴，却早有深谋远虑了。在去年还都以后，便很迅疾的通令各省市教育厅局，制定民众识字教育计划，限五年以内肃清文盲，本年度开始，复道令各省市，规定社会教育机关中心工作，以推行语文教育为第一要务。同时，更编辑民众学校课本，分印前期后期两册，颁发各省市民众学校及识字班应用。行见我国民众的“愚”病，将摧陷而廓清，当轴者的苦心孤诣，我们不能不寄其钦佩之忱！

不过，有一个问题紧跟在民众识字教育的后面而亟待解决的，便是民众读物问题，民众们在民众学校或识字班修了课程以后，倘若不再给以机会，使他们去和文字接触，那末所识的字，便要渐渐减少，日子一多，必致忘记干净。一壁在继续教不识字者识字，一壁却让已识字者忘记成为不识字，试问识字教育有什么结果？文盲怎能有肃清的一日？所以修了民众学校或识字班课程的民众，把读物指导他们去阅读，使他们得有继续进修的机会，实在是非常迫切的事情。况且，识字的人，在空闲时候，常能一卷在手，既可得许多知识，又能作永久的消遣，那更是何等的清福！

所谓民众读物，是人人能读的读物。它的内容，当然求其浅近明白，并不需要文字的雕琢，更不是研究什么高深的理论，唯其是人人能读的读物，它在社会上的势力，便非常伟大。待等五年之后，各省市识字教育的计划，一一实现，所有的文盲，完全肃清，每一个国民，都有阅读的能力，而且都应该指导他们去阅读，那时民众读物的地位，比任何书籍，都来得重要，它简直成为民众的发号施令者。社会上流行着何等民众读物，便产生怎样的国民，我们要是说国家民族的兴衰，都系乎民众读物的良莠，也不为过甚。关心社会文化与从事社会教育的人们，对于民众读物问题，还能不加以深切的研究吗？

## 新读物的缺乏与旧读物的恶劣

从前读书的目的，进则担当治国平天下的大任，退也可以明白礼义，修养精神，所以读书人的范围，只限于一般士大夫阶级。他们毕生所诵习的，也无非是些圣经贤传，当然谈不上什么民众读物。纵然有几本历史小说印行，也被士大夫认为不登大雅之堂，仅供若干商人的消遣而已。自五四运动以后，各地青年学生，纷纷出版白话报纸，供给粗识文字者阅读，这可说是民众读物的发端。民国九年，晏阳初氏从海外归来，便发动了普泛的平民教育运动，组织中华平民教育促进会总会，除努力推设平民学校及补习夜校外，更编辑平民教育丛书，民众读物才被人渐渐重视，国民革命军北伐以后，随着民众运动，便来了民众教育运动，各地的民众教育馆及大书坊，都有民众读物的出版。这些民众读物，是由教育家指导下所编成，内容当然是很良好的。但是数量不多，推行的力量又小，还是供不应求。总括说来，我国的民众读物，尚在幼稚时期。

可是，民间旧的读物，数量却非常之多，那些读物的编著，完全以营利为目的，只求迎合读者低级的兴趣，内容的不良，当然可想而知。送到粗识文字者手里，真是为害匪浅呢！

这些旧读物，作者在往年从事民教工作的时候，曾搜集了二百余种，费了多天的功夫，加以一番审查，发现这些读物之中，可以给民众一读的，可说比披沙淘金还要艰难，现在把那些读物中最普遍的劣点，指摘出来。

### 1. 鼓吹迷信

我国民众，知识幼稚，迷信的风俗，向来是很盛的。男人迎神赛会，女人媚灶事鬼，还有疫疠凶年以及一切不幸事件，都是认为神明的谴责，而不是人力所可挽救。社会的没有进步，这是一个很大的原因。所以亟应灌输科学常识以破除迷信。而那些旧读物，却在推波助澜，大事鼓吹，试问迷信如何能够破除？

### 2. 怪诞不经

那些旧读物，为使适合低级兴趣，很多是怪诞不经。什么道人修仙得道，可以不食人间烟火；什么妖魔，法术惊人，能够腾云驾雾；……

异端邪说，不一而足。我们在报纸的社会新闻版，时常看见商店学徒，相偕到四川峨眉山学道修仙，便是受了旧读物的毒害。

3. 伤风败俗

民间流行的读物中间，对于男女间的事，也是讲得很多的。孔老夫子曾说，“食色性也”。关于性的问题，原也不是不能讲的，不过应该用严正的态度，将正确的性知识，善为启导。可是那些旧读物，完全是些淫乱的故事，青年意志未定，阅读以后，受其蛊惑，便足以失德败行，贻害社会，真不堪设想。

4. 诱人犯罪

旧读物中最危险的思想，便是诱人犯罪。有好些本子里，鼓吹堕胎与强抢孤孀，这是何等罪恶的事啊！男女奸淫的结果，便是怀孕，这怀孕的处置，的确成为问题。不论是未嫁的姑娘，或是居孀的寡妇，都觉得难于处置，倘若公然生产，必然受家庭与社会的抨击。男女在无可奈何之中，想到在看过的读物中有打胎的方法，不免要冒险一试。打胎是违背人道的事，为法律所不许。而且打胎的方法，非常危险，死者十有九人。讲到孤孀再嫁，在今日的法律，固并不禁止；然而嫁与不嫁，须出于本身的自愿。强抢孤孀，不但是一种野蛮的行为，而且侵害人家的自由，这种举动，城市里面，固已绝迹，在乡村之中，还是不免，这实在食了那些旧读物的恶果。

## 今日需要的读物包涵些什么内容

粗识文字的民众，像饥渴般的需要优良读物来润泽他们的精神；可是那些流行的旧读物，又都是些含有毒素的东西，这真是“有书看不如无书”了，“识字者不如文盲”了。

补救的办法，除消极地将不良旧读物禁止外，更应积极的编著新读物，否则旧读物淘汰了，没有新读物来替代，民众的精神还是感到饥渴啊！包涵些什么内容的读物，才能适应今日的需要呢？

1. 培养正确的思想

我国民众，因为知识谫陋，思想十分幼稚，我们只要走进小镇和乡村里的茶馆，便可听到民众们议论纷纷，什么“年成的好坏，由天公作主的”啦！什么“真命天子出来，天下才得太平”啦！都是非常可笑的，所以选材第一个标准，是指示正确的思想，使民众能有勇敢、牺牲、进取、合作等精神。

2. 祛除自私观念

我国数千年相传，往往以儿女为私有。父母养育子女，希望将来能够报恩，子女一到成年，父母便急着为他们婚嫁，所以每人的精神，往往只好应付家庭，于是人人以家庭为本位，个个自私自利，心目中只有家庭观念，而不知道自己和社会国家的关系。我们的国家，那得不成为一盘散沙。所以选材的第二个标准，是祛除自私的观念，随时随地，要有勇于为公的精神。

3. 灌输现代常识

做现代的人，要是没有相当常识，在自己的权益上，便不免受他人的剥削而吃到大亏。要是一个国家，民众大多缺乏常识，那便要被其他的国家，视为野蛮的民族，所以选材的第三个标准，是灌输现代的常识，使民众知道周遭的事事物物和个人所处的地位。

4. 指陈世界情势

立国于现代，与世界各国，息息相关，某一处地方发生了事情，整个的世界，都受到大大小小的影响。做现代的国民，对于世界大势，必须了如指掌，所以选材的第四个标准，使民众知道自己国家的地位而有所奋发。

5. 改革不良风俗

我国社会不良的风俗实在太多，如轻女重男，结婚过早，迷信鬼神……因此，凡百事业，都呈停顿的状态。所以选材的第五个标准，是改革不良的风俗，使民众都能改造社会和推进文化。

6. 晓以做人之道

贫家的孩子，父母生了以后，将他养大，便算尽了责任，简直谈不上教育。因此，有许多人对于做人的道理，非常欠缺，待人接物，应对进退，都不合常度，所以选材的第六个标准，是晓以做人的道理，使民众知道社交的方法而能应付裕如。

## 旧读物应该怎样整理

旧的民众读物，对于社会上既然发生许多恶劣的影响，我们站在教育的立场上，当然不能任其流毒民间而置之不问，尤其在目前各省市正加紧肃清文盲的当儿，更需要有一个适当的处置办法。现在分调查、审核、整理、三方面来说：

甲、怎样调查

普通的书籍，可以向发行的书店，查问一下，便可以知道编辑和出版的处所。可是旧的民众读物，既没有正式发卖的商店，书的底页，又多不印出版的地址——就有印的，往往也不正确。——所以查询起来，十分困难。那末这些毒物，怎样会流行的呢？第一，是靠小书摊摊卖的。这些书摊，地址并不固定，往往今天摊在这里，明天却又迁往那里，流动性极大。第二，是背包的小贩贩卖的。他们今天到这个码头，明天又到那个码头，飘来泊去，行踪无定。第三，是小杂货店代卖的。他们的店址，虽则是固定的，可是那些读物，是有人上门兜销的，他们自己也不晓得书是从何处出版。所以我们要调查，应该想些方法。最好去和摊贩接近，探听那些读物出版的处所和购买的手续。我们探听到了，便可以向那出版的处所购买；同时更可以探听他们编辑和印刷的情形。倘若有些读物是已经绝版的，或者从远方流传过来的，那便无法去调查，只有化些功夫向各处书贩去搜买了。好在那些读物的价格都不高，所化费的钱，也不至于太大。不过，读物是随时在出版，随时在流通，我们当然搜罗得不能一无遗漏，手头有了相当的数量，便可以进行审查的工作了。

## 乙、怎样审查

我们审查的时候，须有公正的态度和批评的眼光，千万不能先有成见。并且，最好将搜集得到的读物，能一口气读完，才容易比较出彼此的优劣；否则，今天读几册，明天读几册，或者中间停几天再读，前后关系，已完全忘掉，所下评语，结果是不会准确的。为求比较的客观起见，在没有审阅之前，应该制定一个表格，把书里的优点劣点，详细的记载下来。形式方面，如纸张、印刷、字迹、插图等等，是否适宜？内容方面，如选材、命意、遣词、造句等等，是否妥善？都应一一详细评定等次。大约说来，我们可以把那些读物，分成三类：第一类是全部无碍，可以当为民众读物的；第二类是有若干部分，尚欠妥当，还需加以改善的；第三类全书一无可取，根本不能充作读物的。审查完毕，便可以着手整理的工作了。

## 丙、怎样整理

我们根据审查的结果，可以用下述的方法整理。

1. 把审查过的读物，由地方教育行政机关会同公安机关，公布出来：第一类准许发行，第二类暂准流通，第三类绝对禁止，使民众知道读物的优劣而有所取舍。

2. 由地方教育行政机关会同公安机关，召集发售旧读物的小商人谈话，说明整理读物的意义，并劝谕他们协助进行。

3. 由地方教育行政机关会同公安机关，通知发售读物的小商人，将所有的存书，送请登记。凡准许发行及暂准流通的粘贴验讫证，准予继续发卖；绝对取缔的，应由行政机关备价收买后销毁，以资体恤商人。

4. 自公布后如有新书发行，应先行送到地方教育行政机关审查，如有把已经禁止的读物再行发售，应由公安局没收销毁。

# 新读物应该怎样编辑

新读物应该包涵些什么内容，在前一节里已经说明过了，这里不再赘述。现在所要谈的，是“体裁种类”和“编辑要项”。

## 甲、体裁种类

民众读物体裁的种类，原没有一定，最普通的，有下面几种：

小说

旧时的演义小说，由小书坊翻印，流传民间的，虽然很多，但是这类小说，阅读的人，大都是一些私塾出身或商店伙友之类，修了民众学校或识字班功课的民众，对于这些演义小说还是看不懂。而且，这些演义小说的内容，适合教育宗旨的，实在也不多，所以新读物中的小说，必得另行编著的。描写要生动有趣，故事应采自社会下层。然而它的立意，却须正大高尚，要能诱导民众，走上光明的大道。

故事

第一种材料，是民间故事。这是民众固有的文学。不过这些故事中间，美恶并见，必须加上一番拣剔的工夫。恶劣的当然汰除，不合的加以修改，太长的可以删短，太短的则设法敷畅，这些故事合于民众的心理，颇能得到他们的欢迎。第二种材料是历史故事。我们在历史上找出有趣的材料，摘出来写成小册，不过，文字要写得浅显生动。如果把历史中那些英雄壮烈的故事，重行编述，一定为大众所爱好。

歌曲

民间文学中要称歌谣最受大众所欢迎的了。不论是识字的不识字的，男的，女的，老的，小的，有了空闲的时间，都很高兴的咿唔吟唱，因为它是以自然的音律，表现民间的一件故事或一种情感，它是民众自己的产物，所以最足以打动民众的心弦。我们搜集各地流行的歌谣，加以缜密的剔选，歌谣中关于一地的方言，分别注释，便能编成优良的民众读物。还有新的歌曲，也为民众所爱好，一支新歌，往往会风行全国，经过若干年后仍不衰退。我们倘能请名家创作适合民众心理的歌曲，流布社会，在民众教育方面，必能收到极大的效果。

常识

民众的常识，非常缺乏，因此日常生活上，随时要发生困难，所以设法灌输，实在万分切要。不过，常识的范围极广，公民、史理以及自然知识，都包括在内。我们编辑的时候，当然要以最切要的常识，用浅显通俗的文字来写。高深的学理，艰难的术语，都要绝对的避免。

其他

乡村间流行的农谚，童儒们猜答的谜语，可以搜集辑成小册；国家的大事，社会的新闻，可以编成单张的报纸；举行特殊的运动，推行重要的政令，也可以编辑小册或报纸。

### 乙、编著要点

编著民众读物，在文字形式方面，有下述的几点须加注意：

1. 编写民众读物的第一个条件，千万不能忘记民众们的程度。字汇最好从民众课本中选取，非在特殊的地方而不得不用外，不要用不常见的生字僻字。内容也绝对不能太深，只好从他们的经验界中已知的，渐渐引导他们吸收未知的。要是他们初起拿到一本书，便是艰涩难读，就因此使他们对书本发生厌恶，一辈子也不愿再读书了。

2. 编写民众读物的第二条件，一定要注意兴趣化。不但小说故事之类，要写得变化曲折而富有趣味，就是生活常识的介绍，浅近的科学说明等等，也得想法写成有趣的文字。可以说：民众读物的兴趣愈浓厚，愈受民众的欢迎。——当然，这里所说的趣味，并非是低级的。

3. 编写民众读物的第三个条件，不能用说话式的命令口气。每一种民众读物的发行，当然都有一个教育的目的。但编写者只能把自己预定的目的，藏在字里行间，使民众在不知不觉之中，得到一个暗示，自己去反省或改革。如果板着面孔，说这是应该的，那是不应该的，那非唯不会生效，反要使民众生厌呢！

4. 编写民众读物的第四个条件，应该以民众为本位。书中的人物，要以民众为主角。取用的材料，都是从下层社会去采集的，所写的故事，都是一般民众所能亲历其境的。那些富贵荣华的事物，不能多写，因为容易使民众发生虚荣或仇视的心理。

5. 编写民众读物的第五个条件，要尽量加入插图。不论成人或孩子，手里拿到了一本书，打开来总喜欢先看图画，可见图画是人人所爱好。在民众读物里面，加入了插图，不但可以引起兴趣，而且可以帮助了解。

## 连环图画与民众读物

连环图画，也是民间流行的旧读物之一，原不必特别提出，只以它在民间流行最广影响极大，所以特别提出来讨论一下：

年来，连环图画无论在城市或乡镇，都有它的踪迹，几乎夺取了旧读物全部的地盘。明白一点说，连环图画行将控制民众的全部心理，你看，在热闹的街头以及茶寮酒肆的门口，那一处没有出租连环图画的小摊。据调查所得，那些摊上出租图画的价值，非常昂贵：册数少的，每部要一毛或两毛，册数多的，每部便要三四毛了。而且限定在当天归还，否则便要加增租费。可是租价虽贵，营业却非常鼎盛。小摊旁边，总挤满了人：小学生，商店伙计，工厂学徒，都在忙里抽闲去偷看一回，简直成了民众们精神的伴侣，实在，那些图画，真正恶劣已极。

印刷的纸张，是用废纸或油光纸，印墨也浓淡不匀，字迹模糊，有伤民众们的目力。俗字错字，层见叠出，而且不分段落，不用标点，对于民众的阅读能力，大有妨碍。内容充满着鬼魔、妖怪、剑侠、飞仙等等怪诞的人物，卑污、淫欲、迷信、荒唐的故事，毒害民众的思想，真是精神上的砒霜。书本经过许多人的手，十分肮脏，容易传染病菌，有碍卫生。

连环图画的害处既这样剧烈，势力又那么大，简直是跟洪水猛兽一样可怕。所以我们谈民众读物的改革，不能不对于连环图画，首先想出一个彻底的办法。换句话说：就是在整理旧的读物时，应该以其最大的力量，用在调查、审核及取缔连环图画上面，同时，在编著新的读物时，更应该以其最大的力量，用在设计，编辑，印刷连环图画上面。

（本文所讨论的，偏重论理，尚有好多实际的材料，容再另文发表。——作者附识）

（载《教育建设》1942年第3卷第6期）

# 儿童读物问题之研究

林鸿起

关于儿童的教养问题，现在好容易引起人们的注意，社会上的政体演变得愈迅速，儿童的阶层便教社会的人士更为重视，在今日的许多国家中已设有种种机关，专门从事于儿童教育的工作，并制定有专门教育儿童的条文，甚至用人为的方法去增加儿童的生产数量。因为他们是人类社会延续的基石，也是造成将来人类社会的主要因子，要日后的社会健全，就必须先培养出优秀的儿童来，儿童的本质是纯洁无瑕，而思想与行为最容易熏陶习染，在各方面说来，儿童比成人是更容易接受新的启示，所以一般做父母者应注意，此时所应施的适当教育，务俾儿童实际上获得国家将来的中坚地位。

可是我们中国注意儿童问题的人太占少数，我们应该怎样竭力提倡与研究，就是要使每个为父母者都知道除爱抚其子女之外，还当随时随地注意施以善良的教育，应该如何使每个负儿童教育职责者，更积极地负起教导儿童的责任与改善儿童的教育方法。

谁都不能否认儿童读物，在儿童教育的意义上、价值上，都占着极端重要的地位，但我国的儿童读物，近几年来，虽大有风起云涌之势，然而如果求其真正适合儿童的阅读，堪称优良的却像“凤毛麟角”一样罕见，所以在目前选择儿童读物确实是一件很困难的事。试观平日摊上排着的儿童读物，十之八九都是些神奇鬼怪、王子、公主之陈腐童话，或花月、猫狐之无聊诗歌，以及含有迷信意味，或封建意识色彩极端浓厚的东西，如：“从前埃及有一位王子，他有三个儿子，大个叫阿美狄……”“一个漂亮的男子，被一个仙女迷住，后来他们在一起过着甜蜜的生活……”等等。至于儿童所需要的，如以新的技巧所写作的童话、小说、诗歌、故事，其内容正和上面相反的暴露着旧式童话中美丽的王国与王子的丑态与残暴，和那些虚伪与迷信一类适合于儿童教育原则的，几乎是找不出来，在儿童教育方面说，这是一个如何重大的问题呵！

儿童教育的重要，尽管没有人否认，儿童读物优良与否有决定儿童教育之善良与否的作用，尽管有人承认，但有许多所谓教育专家，却终日把天真烂漫的儿童们，放在美丽乌托邦的幻境中，尽量地使他们与现实世界隔离，社会上种种的黑暗以及罪恶，不惟不详细地去指示儿童了解得到正面的认识，反之以这种黑暗与罪恶美化起来去蒙蔽儿童，欺骗与麻醉儿童，不管儿童兴味是否正当，而一味以低级趣味的创作去迎合，以致那神奇古怪及不合潮流的童话故事出现在儿童面前，直到如今在儿童的读物中还占绝大指数。这种令人痛心的恶现象，是负有儿童教育职责的作家、专家，与出版家们所不能辞的工作。

时代是前进的，封建时代的腐朽骸骨，已没有再继续迷恋的必要与可能了。在新的时代里我们必须创造出儿童新的读物，我们应该站在时代的尖端去粉碎那些神奇古怪、王子、公主的陈腐读物，我们应以新的观点，新的技巧来创造些适合于儿童教育原则的读物。时代的读物不仅能引起儿童对于读书感兴趣，且能诱导儿童走上人生的正轨，所以为着澈底改善迷漫着陈腐气氛的目前的儿童教育，我们不能不注意以下数种的教育原则：

（1）满足儿童的精神活动。儿童的本性好动，是一般教育家或做父母者所公认的。他们不仅是手足四肢好动，就是在精神上，也是不断的在那里动作着，例如儿童忽然间发见一件什么东西，就会立刻联想到其它的许多有趣问题，例如他们看见一架正在开动着的无线电收音机，他就立刻发生“它为什么会叫”的问题来。但是许多童心已经消失的成人们，往往对他们这样的疑问，采取一种蔑视的态度，总认为这样问是幼稚的、无意识的，当他们高兴的时代就老气横秋的给予儿童几句不相干的回答；不高兴时，当然是置若不理，甚至大发脾气，来一场不应当的臭骂，而不能利用这种好机会来启发儿童的智能，使儿童因此而获得科学上的智识。为着弥补这样缺陷，最好利用有价值的儿童读物，如童话、歌剧等来解答儿童所发生的疑问，满足儿童精神活动的要求，使儿童简单而纯真的头脑里逐渐集结着正确的智识因素。

（2）启发儿童的社会情绪。儿童的情绪本来是非常脆弱简单的，不仅毫无成见，就是什么叫做“善”、“恶”、什么叫做“是”、“非”也不易辨别清楚，因为他们根本就没有这些辨善恶的经验，社会上伦理与道德种种智识；所以应该利用适宜的读物，使儿童在读物中去正确地认识和辨别现社会中一切是非曲直错综的复杂现象。使他们知道社会上有欺诈、虚伪、贫穷、奢华……种种环境，更应以好的读物来培养儿童的同情心，使他们感觉到父母、师长、兄弟、姊妹，是怎样地真挚可爱，贫穷者及劳动者是怎样的痛苦。这些都是需要好的读物来启迪、指示、感染，使他们的情绪日益走上奋发昂扬的正当发展途径。

（3）养成儿童自动的习惯——一般儿童总是把读书当做一件苦事，平时必须父母用种种方法来威迫诱导，然后才肯去读。这种被动的方法，是不会使儿童对于读书感觉有趣，所以常常总是有许多的儿童逃学，固然是读物本身的不良，干燥缺味引不起儿童的兴趣，也是主要原因，然而那些当父母的和负着儿童教育职责者，不懂儿童教育的原理与方法，只知一味地去强迫惩罚，能得着何种结果呢？事实上用这种的方法去强制儿童读书，不但对于儿童毫无益处，而且有害于儿童身心的发展。因此我们为挽救这种缺陷，纠正这种错误，就必须从儿童的读物的内容和教导的方式的方法，来力求改良与转换，我们必须使儿童感到读书是有兴味的而自动的去读、去学习。这样不仅能免除一般为父母和负教育职责者强迫儿童，呵责儿童的精神上无谓消费，而且能转换儿童对读物当做苦事的不正确观念。

（4）建设儿童优美的品性——儿童是最喜欢活动的，在幼小时期好奇心便极发达，精力方面也表现出相当的壮旺与活跃。所以他们常常异想天开的想出各式各样的玩耍方法，去消磨他过剩的精力。我们要使儿童的精力用在正当的途径上，就必须以良好读物来调剂他的生活，使他们的精力有了正当的寄托所，这是比较其父母、师长的教导还要更有效果的，因为父母师长的教训，多半是带着强迫的性质。至丰富的情调、优美的文字、异常动人的事实，编成童话、诗歌、故事，是以形象来表达，种种生活形态、规范、教训来暗示儿童，使儿童自然而然的以极端愉快的热诚去接收、模仿，因而自己改变了不良品性的，这种潜移默化，富有极大教育效能的良好读物，在儿童教育方面的重要性是不言可知的了。

然要达到上述四种教育原则，很明显的不是一般做父母的和负有儿童教育职责者所能单独办得到的，这必须出版界和著作家们的通力合作。那末出版界应当站在整个文化立场上为新文化的发扬而努力，切不可只贪图营业上的利润，专门出些迎合一般低兴趣的神奇鬼怪的儿童读物，著作家在写作儿童读物的时候，也应当为着千百万纯洁无邪的儿童设想，决不应为着几块钱一千字稿费，即昧着良心大写，其麻醉欺骗蒙蔽等儿童的毒剂。但出版界与作家们如果真正愿意为整个的中国文化与文明设想，为无数未来的新国民打算，在写作和出版儿童读物之前，就必须注意以下几个要点：

a. 要站在儿童教育原理的正确观点上，取材应是进步的、新颖的，内容要包括自然科学、社会科学与其它的必须智识，要适合于儿童的要求与稚弱的心理状态，文字与文体必须生动、简短、通俗、有趣化，一切神奇鬼怪的无稽之谈，和那些足能影响儿童们的身心发展的封建迷信，在写作之前应一概摒除。

b. 儿童读物在装订方面，纸的质地应该坚固、耐久、富有韧性的为原则，因为儿童的破坏性很大，对于书籍总是不能好好地保存与爱惜的。

c. 对于儿童的读物价格，应当订得特别低廉，因为儿童的购买力都是特别薄弱的。

d. 儿童读物，如何装订，怎样编排才能恰恰适当的条件，是非常之繁复的，在这里无法做更详细更具体的叙述了，我们仅在原则方面做一个简单的探讨。例如字体太小、行列过长，儿童阅读易生厌倦，纸的颜色光泽不调和，对儿童的视觉有损，甚至日久变成近视，封面与插画的模糊不清，他们不感到兴趣等等，在儿童的健康方面说，这些都是应当特别注意的悉心的去研究探讨而力求其适当的。

质而言之，儿童的读物之优良与否，在儿童教育的效果上，是占着极重要的地位的，一切负着儿童教育的任务和职责的教育家、作家、出版家们都应当严密的注意这种问题，以期使儿童教育，日臻尽美尽善的境地。使每个儿童在优良的读物中获得社会与科学方面种种必须的智识，获得丰富的人生经验，使他们的身心都一齐走上健全而正确的优美发展的大道。

（载《前进》1942年第1卷第4期）

# 国民教育的教材问题

微　知

新县制自颁行以来，已有年余的历史了，随着中心校和保国民学校之陆续增设，教材问题便成为最严重不过的问题。

这问题可分两方面来观察。一方面是根本没有教材，另一方面是教材不适用。

自广州、武汉相继失陷后，国民教育的教材供应已感到异常的困难，许多乡村小学根本买不到教科书，而一般的情形都是数人共用一本，有些甚至把《三字经》和《千字文》之类也不得不搬出来了。对于这种严重的现象，虽然也有过不少的教育工作者在呼吁，但并没有得到很大的反响、结果和解决。这可见社会上一般人毕竟对国民教育并不注意，虽然他们口口声声说着国民教育的重要，要怎样怎样去推进它，但实际上是唱高调，袖手旁观，让国民教育自生自灭。香港和上海完全沦陷后，这问题更增加其严重化的程度了。

在没有教科书，但又不能不开学和增设学校的情况下，一般中心校和国民学校的教员，唯一的补救办法，便是随便找到一些小学课本，根据自己的爱恶标准，来选择课文写在黑板上教学生抄读，这种办法自然值得采用，并且也还有它的好处，就是可使学生深化其记忆；但一般说来，缺点却多于优点。首先是削弱儿童的学习兴趣。因为在一般儿童的心理上，所谓读书，一定要在形式上有几本书给他们读才算事的。至于对成人班和妇女班，原已难得吸引他们来上课，既吸引得他们来了，又要他们费很多的时间去抄课文，在他们的心理上，也是和儿童的差不远的。其次，一般中心校和保国民学校的教员，许多都不是经过了严格的国民教育师资的专业训练的，他们不过多识几个字便滥充教员，这样，你要他们能适当的选择教材或因地制宜，因人施教，那简直是过份的苛求了。第三，即使他们能谨谨慎慎的拿到现成的小学教材，来依照其中的进度按部就班地要学生抄录施教，但这些教材之不能适应现阶段的国民教育的需求，是毫无疑问的。

所谓现成的教材，一般的都是采用商务或中华等书局出版的小学教材。这些教材十九是在抗战之前编纂的，不合抗战现实的需要，固不待言；即使有些是抗战后重新改订或另编补充教材作为救急之方的，但它们能否切合新县制下的国民教育所需求的目的，而保留它的“使用价值”呢？这已经有过不少的专家加以论列了，结论似乎都是否定的。那么，为什么许多专家不赶快编起战时“特别是适应新县制下的国民教育用的”教材来呢？

抗战至今已迄五年余了，在文化工作各部门里，教育部门之特别赶不上时代的需求，是无可否认的事实。在教育部门上反敌人奴化教育的斗争，还远赶不上敌人奴化教育生长之速，这是值得我们深思痛省，急起直追的。特别是在抗战将临近它的决胜点，国家建设的“百年大计”已为上下朝野所深识，国民教育的意义、作用和任务已被重新估价，认识的今日，新的教材之编纂、订定和大量印刷颁行，实已急不容缓。笔者谨将个人对国民教育的教材编纂上所应注意之点，贡献其一得之愚以就正于我教育界先进及同仁：

一、在教材编纂的原则上，我以为应做到：（一）单元化：有大单元和小单元，每一大单元应以问题为中心，每一小单元应具体化，少而精，并注意到各科的联系。（二）从具体到抽象：把理论融贯于具体的事例中，每一课文尽可能采取故事的体裁，避免空洞的说教。（三）中国化、地方化、通俗化：从乡土到民族，从近到远，深入浅出，从国民大众和儿童所最易了解的事象说起，引导他们走向国家民族的认识。

二、在教材内容的中心上，我以为应注意：（一）强调政治教育只有提高和培养国民大众的政治觉悟性和对国家民族的正确认识，才能达到新县制下的国民教育的目的。因此，整个内容的中心，应以克服苟且偷安、自私自利、个人主义、自由主义、萎靡不振等生活意识，而培养明礼义、知廉耻、负责任、守纪律，整肃、清洁、简单、朴素、迅速、确实，与爱国家、爱民族等生活意识和国民道德为主。（二）运用集体教育的方式方法，注意教学做用的合一，注意理论和实践的一致，把握生活、学习和工作的关联性和统一，注意自觉自动自治精神的培养。（三）注意管教养卫的具体内容的联系与统一。

以上不过是从原则上列举其荦荦大者。至于在教材的编纂工作中，我以为不一定全由“专家”来担任，应同时发动师范学院以至高中师范科的学生参加这工作，尤应发动许多在职的优秀的国民教育工作者参加这工作，听取他们的意见，吸取他们的经验，并经过全国各地的实验、修改然后订定。当然，普遍适应全国各地的教材是不可能的，因此，无论在何种情况之下，各地实应各自有其适应当地具体环境的补充材料。诚如是，则这样的教材才可达到接近实际需求和理想的教材。

（载《教育新时代》1942 年第 4 卷第 2 期）

# 国文的教材问题

刚　克

国文的教材问题，似乎向有两派主张！一是注重内容的，以为国文的材料要注意思想的灌注，这是主张“文以载道”的；一是注重形式的，提出用技术来做选文的标准，这是主张“技术第一”的。

这两派主张在观点上是完全不同的，在教学的方法上所采的路径也略有不同，但问题的全体还是可以合拢来的，因内容决定形式，内容与形式的一致，这总是国文材料问题的更高的要求吧！

所以我以为这两派的主张虽殊途，在材料的本身仍然是有许多相通的。

主张注重形式的一派，以为国文科的材料如果从内容上看去，无论若何加以选择总仍然是杂乱而且不适合的。国文科既是语言文字的学科，就应该注重文法修辞等部分，没有什么固定的内容，内容的价值，在国文科的本身不是真正的目的，夏丏尊先生曾说："国文教科书上所有的内容，既杂乱，又陈腐，反正是不适用，了够用的，我们的目的是要从古人或别人的文字里学会了记叙的方法，来随便叙述自己所要叙述的事物，从古人或别人的文字学里学会了议论的方法，来议论自己所想议论的事情。"我以为这是极对的话。所以他得的结论是："学习国文，应该着眼文字的形式上，不应该着眼在内容上。"

主张注重内容的一派，则以为国文教材的选择，虽要注重艺术，却不可忘了思想，以前周予同先生提出过建议，大概包括下列几种：（一）思想学说带有神权或君权色彩，不适现代生活者。（二）违反人道激起兽欲者。（三）卑鄙龌龊的应酬文章和干录文章。（四）虚证夸浮的记传、碑志及哀祭文章。

我想倘要言内容的选择，这几点总是应该剔出来的，不过问题也有点难了，要选出一篇完全适合现代生活的古文，严格的说，简直是难能的，反之随手可拾的却是忠臣孝子，宗祧贞烈的封建情浓厚的文字和充满了英雄色彩式中年人的颓唐伤感气味的文字，这些却都非现在青年所要得。

我以为现在要将就下去的话，姑且有什么教材教了再说，用教科书也好，用文选也好，在课堂里不妨未重形式与方法的研究，内容的认识作为历史的考查和讨论的题材，实在也是很有趣的。

但我以为无论以何种方法出之，国文的进步，要靠课堂里一点教材总之是不够的，至多能帮助学生得一点运用文字的，极粗略的方法而已！所以，最要紧的还是指导学生在课外以略读的材料补充课堂教材的不足，看书一多，自己也就有了选择的眼光。

一九四二·六·八

（载《江苏教育》1942 年第 4 卷第 3 期）

# 对现有小学教材之研究

宁造原

教育的对象是儿童，要训练儿童，将来做个良好的国民，必须靠着教育的力量，惟教育之范围至广，不限于学校教育，其如家庭教育，然要是学校教育与家庭教育打成一片，颇非易事，因为各个儿童的家庭不同，环境亦不相同，若是漫然集在一起，施以不适当之教育，小则儿童无所得益，大则国家前途亦有影响，故教育设施之优良与否，则教材不得不有相当之研究也。

选择教材之目标（一）要适应儿童心理，所谓适应儿童心理，换言之，就是不出乎儿童生活范围内之教材，譬如成人所研究之政治学、经济学，这一批抽象的东西来教小学生研究，则类如对牛弹琴，在儿童方面更味同嚼蜡，小学生所需要的教材是合乎他们心理的，最好是他们在日常生活里所看到的东西，或是他们最喜欢的东西，教育收效比较大的多。(二）是适应社会需要，学校是儿童到成人的渡桥，将来社会上所需要的一切智识，就在儿童时代去灌输他们，使他们将来能够应付社会，立足于社会，生存于社会。

现在小学里头，各科教材对选择方面缺少功夫，有些教材往往失去时间效用，譬如春季的教材放到秋季里去教，竟有放到冬天去教，这是在常识科方面比较多些，希望从速修订之。

以上所述，系本人的意见，尚望海内诸同仁共同指正之。

（载《吴县教育》1942 年新第 1 卷第 2、3 期）

# 谈中学国文教材

包一伟

谁都知道我们学习国文的目的，第一是养成在纸上发表语言的技能，第二是养成正确理解别人著述的能力，不过在小学时期，还负有认识符号的使命，到了中学时期这认识符号的使命，已不需要，而把陶冶国民性情的使命来代替他。

中学生学习国文的目的，既如上面所说，那末我们应该使用何种教材，才容易收到实效？就是负教育职责的同志，应该密切注意而不容忽视的。关于这问题的学说，当世教育家发表了不少的议论，现在我来一一介绍于后。

一、语体教材说。他们的主张是：学习国文的目的，是要使学生们能把日常语言在纸上发表，因此应该把恰合实用，生动清楚的语体文，作为交通情意，灌输知识的工具。如果把唐宋时代的经义诗赋，明清时代的八股策论之类做教材，那就免不了一千年来科举教育，文章教育的腔调。这还能算教育吗？简直是伤害学生天然的性灵，非设法解放不可，解放的方法怎样？就是使用语体教材。

二、文体教材说。他们的主张是：中国而文字，除了可以发表情绪以外，有的音韵和谐，吟诵的时候，声调铿锵，津津有味，有的气势充沛，朗读的时候，滔滔汩汩，一泻千里，并且中国几千年来的文明精神，都寄托在文言文，假使把语体文来教授学生，那便没有人来保持中国固有的文化，国粹沦亡，岂非一场大祸？因此竭力主强使用文体教材，做中国的国文教材。

三、知识教材说。他们的主张是：国文教学的目的，不单纯是养成读解力和发表力，还要注意灌输日常生活必要的知识；所以国文教材里面，不妨穿插些公民教材、理科教材，使学生在学习国文的时候，同时兼带学到些生活知识，这是一举数得的方法。

四、文学教材说。他们的主张是：人们需要的知识，要顺应时代，要符合职业，要得到这顺应时代、符合职业的知识，一定要从读书入手，所以学生在学校时，要增进他的读书能力和读书兴趣，是投身社会以后，以继续读书，以求得顺应时代符合职业的知识；如果国文教材中间，夹带了公民教材和理科教材，就枯燥乏味，不能引起读书兴味。试一考火车轮船上，茶坊公园里的乘客游众，他们阅读的书籍，多是稗官野史，至于国文方面，竟如凤毛麟角，绝无仅有，这是一个证据。还有东西洋各国，都采用文学教材，所以国民读书的兴味，非常浓厚，倘有些微可以自由的时间，绝不轻易空过。例如做保姆的，一面推着孩车，一面阅读书籍。又如做俾仆的，在那炊煮的时时内，若有数分钟的自由，也必从衣袋里，取出那极浅近的小书来，埋头诵读，这又是一个证据。这样看来，采用文学教材的国文，足以引起读书兴味，十分明了。所以健全纯美的稗史小说，尽可让学生随意阅读，不必加以禁阻，与《水浒传》、《儒林外史》、《虬髯客传》等具有文艺丰彩的作品，尽可节录其中一部，作为国文教材。

对于中学国文教材的学说，既然纷纷不一，各有相当理由；那末何于适从呢？依据部颁中学规程第一条“中学应遵照中华民国教育宗旨及其实施方针，继续小学之基础训练，以发新青年身心，培养健全国民，并为研究高深学术及从事各种职业之预备”的规定，我们就得到两个结论：第一，中学教育，是继续小学的基础训练；第二，中学教育，是研究高深学术及从事各种职业之预备。我们可从这两点上，探讨研求，不难得到一个合理的办治。

根据第一点来说，现在全国的各小学，对于国文方面的读物，完全采用语体——国语——所以衔小学的初中，不能予以急激的变动；就是在初中一年级的教材里，必须仍用多量的语体文字，嗣后逐年递减语体，代以文体。现在教育界公认为合理的编配，就是一年级语七文三，二年级语六文四，三年级语文各半，至于高中，那末文体的成分，更可酌量增加。

根据第二点来说，国文是致用的学科，不论研究何种科目，都要利用国文来帮助解决，如果国文根底深薄，那么，学习其他科目的时候，往往困文句艰晦，不能洞悉底蕴。中学教育，既是研究高深学术之预备，所以国文教材，必须由浅入深，使学者不感艰难，还要文字生动，使学者发生爱读的心理，然后国文程度容易进步，艰读其他科目的书籍，不感困难。

此外文字的内容，也要严密的注意，第一，要用纯正的思想，来指导合理的行动。第二，要用实际的意义来增进生活的常识。第三，要用积极的志趣，来振奋颓丧的心理，这样，那才可算为合于教育原理的中学国文教材了。

（载《江苏教育》1942年第5卷第1期）

# 坊间中学国文教科书中白话文教材之批评

## ——西南联合大学师范学院教材教法研究讲稿

余冠英

现在我们所要批评的对象只是坊间的初中国文教科书，因为高中国文教科书里，仅有极少的白话文，或完全没有白话文。

在批评之前，我们得想一想中学国文教学的目标，我们须先知道在中学里国文这一课应担负些什么责任，然后再考查那些教本是否适合。

我们政府当局和一般教育家希望中学国文课所负的责任很不轻，很不简单，我查看了教育部颁布的初中国文课程标准，知道初中国文课必须做到：

（一）使学生养成运用语体文及语言叙事说理表情达意的技能；

（二）养成了解一般文言的能力；

（三）养成阅读书籍的习惯和欣赏文艺的兴趣；

（四）使学生从本国语言文字上了解固有文化，并从代表民族人物之传记及其作品中，唤起民族意识与发扬民族精神。

这要求已不算不多，而有些国文教本的编者，还要借教本灌输些“国学常识”，指示些做人立身的大道理，须知初中三年间的国文课，以每周六小时每学期二十周计算，不过七百小时。（从前在私塾里专攻国文的人每日要用九小时，所以现在初中学生在三年中学国文的时间只抵得从前人的两个多月。）如希望国文教学收到实效，目标实不宜太大，太多。

上面所举初中国文标准四目中，除第二目只关涉文言教材外，其余都是白话教材所应全负或分担的责任，也就是编选白话教材的人所应注意的目标。我想目标还可以简单化一下。

使学生“了解固有文化”，以及“唤起民族意识，发扬民族精神”本都不是国文课程独有的任务，也许历史、公民等课程对这几方面责任更应该多负些。在国文课以内，白话文教材更有理由推卸这种责任。

从白话文固然也可以“了解固有文化”，但“了解固有文化”通常的意义就是“古典的训练”，和文言教材的关系密切得多。白话教材乐得不管，代表民族的人物本是古多于今，他们的传记和作品自然是文言多于白话，“使学生从代表民族人物之传记及其作品中，唤起民族意识与发扬民族精神”也可以交给文言教材去负全责。这样，白话文教材只要合于三个标准：

第一，适于给学生做写作的范本；

第二，能培养学生欣赏文艺的兴趣；

第三，能培养学生读书的兴趣。

这三条的意思不出上文（一）、（三）两目的范围。我在前面已说过，为了求在教学上收得实效，目标必须简单。白话文教材的编选只需注意这三件事，其余概可不顾。我们批评坊间国文教本中白话文教材，也只凭这三个标准。

作为初中学生写作的范本，现在坊间国文教本的白话文教材不免有些缺点。首先要谈的就是有些选文的文体不宜使青年仿作。有些选文颇有“文病”，不是好的榜样。

白话文发展到现阶段，并未有一个定型。现在放在我们面前的白话文，粗分可有五种：

一是古白话文，像元曲的一部分和《水浒传》、《西游记》等。

一是“欧化”白话文（这是指为欧化而欧化的），如“直译”的译文及某些人的白话文。

一是文言化的白话文（不纯粹的白话文），如宋人语录，“林语堂派”，和周作人、俞平伯两先生的一部分作品。

一是大众口语话的白话文，如老舍先生的小说和一些方言文学，通俗文学。

一是普通白话文（暂用此名）。这是通用于一般智识阶段，大体依着“怎么说就怎么写”的标准，适度地欧化，有时也不免夹一点文言，但不失为明白流利的白话文。

在这五种白话文里为初中国文选教材，标准不只是好不好，还有适宜和不适宜。我想至少有两种是不适宜的，就是欧化的和文言化的白话文。

就白话文的发展趋势说，欧化是不可免的，为了救济白话的贫弱，欧化是有益的，但是欧化要顾到中国语言的消化力量，“过度”就会发生“文病”，现在的白话文因欧化而成的“文病”就不少。大家许还记得《论语》半月刊所指摘的那些“可憎的白话四六”吧？那些白话文的毛病有许多就是从欧化来的。(那时候最有影响的作家似乎是徐志摩先生，徐先生自己的文章是欧化而有好成绩的，但他的影响却不见得怎么好。许多人从他的文章学写成了“白话四六”。)

我在坊间国文教本里就发现了不少有“文病”的文章，而有些“文病”的病源就在欧化，例如：

> 他睡在一间胡乱叫做书斋的房中，一张藤躺椅上，照那样子看去，可以称为是午后二时光景的夏天打盹。
>
> 有时因为一两匹小蝇，在他的眼缝或嘴角的湿津津的处所咜咂得厉害，便“唔”？的在梦中发出了向来不曾有仇，但为什么定要来烦扰的不得已的抗议。
>
> 动的概念于是就占据了我这时全部的生命。
>
> 他们不相受，也不能相受，春的一次眷恋。

这些句子有的太噜苏，有的简直欠通，其样式是欧化了的，我想假如依照旧的样式说话，这类的“文病”就不会发生。

当然欧化并非一定要发生“文病”，即使是“过度的欧化”，有时也不过是“难懂”、“欠自然”，而不一定至于“不通”。但如让初中学生从这些难懂的文章去学欧化，结果一定是不通。（“站在自己两只脚上的女子”就不易使他们懂，也不宜使他们学。）而初学写作的人所爱模仿的正是那些他认为新奇而不甚了解的文章。

文言化的白话文在今日似乎有两种，一种是写惯文言，不脱旧调的作者所写的白话文，例如梁任公先生所译的《十五小豪杰》。另一种是糅杂文白，以见风趣的小品文，如林语堂先生所提倡者。

我们承认前一种文体有其便利，后一种文体有其趣味，但不赞成选给初中学生作范文。理由很简单，初中学生才粗通白话，丝毫不会文言，如学着人家的样子，不文不白，亦文亦白地“风趣”起来，结果是不堪想像的。

因此之故，我们对于坊间国文教本选录那些《程子语录》、《郑板桥家书》、《周作人小简》等等也不以为然。

其次，坊间国文教材本里，有些白话范文的内容非初中学生所能领会。如周作人的《喝茶》，所写的是前一辈闲人的“生活艺术”，和青年人的生活是隔膜的。无论作者谈得怎样透彻微妙，青年人绝不能体味“于瓦屋纸窗之下，清泉绿茶，用素雅的陶瓷茶具，同二三人共饮”的趣味，也看不起这种趣味。（假使这种趣味能影响青年，更不是什么可喜的事。）

又如周作人的另一篇文章《沉默》，对于初中学生也不相宜，不相宜的是那“冷讽”和“玩世”的态度。这篇文章是很可欣赏的，因为其中有“幽默”。可是，“幽默”也只是成年人才能了解的东西。“幽默”也值不得对中学生提倡。

古白话文中往往有些活泼矫健的地方，过于今时的白话文，是可学的。不过选录古白话文时，应注意不要阑入那些“贫”气的和夹杂文言的。至于略有些难懂的，和今时语言不同的地方倒无妨。坊间中学国文课本里的古白话文多选自元曲，和《水浒传》、《三国演义》、《红楼梦》、《镜花缘》、《儿女英雄传》、《儒林外史》、《老残游记》等书。除《镜花缘》和《三国演义》可不选外，其余都还适当。

古白话文中许多是当时的大众口语。今时大众口语化的白话文在中学国文教本中尚不曾见过，我想原则上是可以选的，取材或者不容易，方言文学，通俗文学自然都不适宜，不过在小说中当可节取到一点。

至于白话诗，我以为仅可选那些有声音之美的，缘情的。根据传统，我们不妨认这种诗为正体。至于取散文形式及偏于说理的诗，只可认作诗的别体。给中学生读，只能选正体的诗。让他们知道诗和散文显著的区别。“散文诗”和“哲理诗”的名称是否妥当，姑且不去讨论，单就中学生的程度说，这些名称只会将他们弄糊涂。我以为这个意思尚值得中学国文教本的编者参考。

在坊间中学国文教本中教材浅深次序的配置，白话文部分似不如文言文那么得宜，很显明的一个深浅倒置的例，就是鲁迅先生的《秋夜》和《风筝》的排列。这两篇是多数中学国文教本所选的。有些教本将《秋夜》放在第一册开端几篇之中，《风筝》放在第二册下半。《秋夜》这篇文章写意深隐，在白话文里实在不算是容易懂的，我就曾听见好几位教中学国文的朋友说讲解这篇时颇感困难。而《风筝》倒是浅显得多。为什么有些编者喜欢这样编排呢？说来倒有趣，原来因为学校始业多在八九月间，翻开课本就读《秋夜》，正是应景。为了同一理由，《风筝》就该安排在放风筝的时节去讲读了。编教本的人往往爱注意这些末节，可是结果并没有什么好处。

坊间中学国文教本里有些缺点，就是因为编撰的体例不妥而产生的。有些教本将选文作为“文章讲话”的例子，有些将选文的门类分别得非常琐细。这样便发生一种流弊。门类要求完备，例子要求丰富，有许多文章便为备格充数而入选，并非为了学生的需要，有时也就顾不到适宜不适宜的问题。而许多该入选的文章地位反被一些不相干的篇什占了去。

某初中国文教本所选描写风景的文章，具备春夏秋冬四季景色的描写，又分写日，写月，写雪，写山林，写乡村，写海洋，写瀑布，写潮汐，写湖，写池，写溪，写泉，写花、草、树木等类。抒情文则具备为景物，为人类，为国家，为社会，为友朋，为亡者，为家庭，为故乡，为离别，为环境，为世界而感发的各种。试想这样岂不像描写辞典？描写辞典对于学写作的人本来就没有丝毫用处。编国文教本的人绝不可有重视描写辞典的观念。

国文教本中花样繁多，不但无益而且有害。编者为每一种花样找一两篇例文并非难事，然而要彼此相称，浅深得宜，就很难了。其中有勉强充数的文章又何足怪？

第二个目标“培养欣赏文艺的兴趣”是文言文和白话文两种教材共同的目标，但就初中学生的程度说，这目标对于白话教材更切近些。这目标的意义应扩大去看。国文课如能使学生欣赏文艺，学生自然从文艺得到陶养性灵，扩展想象，了解人情物态等益处。可以收到德育、美育、智育三方面的效果。在明白文学功能的人必不觉这话有何夸张之处。中学课程具有感化情性的功效者共有几种？音乐课和图画课的地位恐难与国文相比。国文课千万不要忽视“引起欣赏文艺兴趣”的教育意义。

针对这一个目标，中学国文教本正该将文艺作主要教材。文艺作品应该在选文里占大多数。据说中学生对于课本中的语体教材兴趣比较好些，尤其偏在文艺方面（本刊第十期朱自清先生《教本与写作》文中有这样的话）。这样是正顺应学生的爱好，教学更容易收效。中学国文教学偏重文艺，也有人不以为然。但仔细想想，这目标并没有错。

文艺作品中包含记叙，抒情，描写各体。说明和议论有时也能容纳在其中。假如国文教本将大部分篇幅给予文艺作品，小部分给予说明和议论的文章（内容也可以偏文学），则对于文章各体实际上已经兼备，并无偏枯之弊。

注重了文艺，并非就是放弃了应用。“应用”的意义不能看得太狭，学生有了用文字叙事说理表情达意的能力，就能应用。应用文在文理通顺的人只要晓得格式无不能做。晓得格式并不是难事，另有专书备查，正不必一一在国文教本里陈列出榜样来。有些中学国文教本选录了许多“报告书”、“宣言”、“发刊词”、“简章”、“政纲”、“方案”、“祝词”、“缘起”、“告示”等等，徒然占了有限的宝贵篇幅，应该赶快腾让，腾让给文艺。

坊间中学国文教本中应该腾让给文艺的地位多得很。如《天演人生和治学方法的说明》、《修养南针与教育理想之指示》、《建筑与国防与产业的说明》、《农村崩溃及其救济方法之叙述》、《哲理之喻解》、《政治之探讨》、《民生之理论及实际》、《内地市镇与通商大埠之经济及文化状况的记述》、《国家政策之敷陈与宣告》等等的“教学目的”（均见于某初中国文教本的教材支配表）都该放弃。该集中精力于最重要的目标，不要侵入他种课程的范围。

坊间中学国文教本，对于引起欣赏文艺兴趣这一目标的注意似尚嫌不够。其所选的文艺作品也未能全和这目标相应。坊间教本里的文艺作品，多数是抒写小小情事的短篇，在形式和内容两方面都该算作“小品”的东西。少有沉重的，强健的，关系到人生大问题的那一类。这样会使学生误会文艺就是这么纤柔小巧的玩艺儿，养成的兴趣便不会正确，影响当然是不好的。

这种现象本属难于避免，一则在现在的白话文学里，本缺乏那些分量重、意义大的作品。二则这类作品中长篇为多，教本所选都是短章，稍长就不能容纳。然而未尝不能用节录和翻译来补救。节录的方法之不可不用，在下文还要论及。翻译的文章在有些国文教本里是可以见到的，有些教本里则绝无。傅东华先生所编的初中教本就悬了一条“译品一概不收”的例子，他不曾说明理由，我以为是不可解的。就坊间教本所选的译文看来，鲁迅、周作人、徐志摩、夏丏尊诸先生的译笔都是精洁可读的。如所译都是名家杰构，就更有意义了。

第三目标也是很重要的，要完全达到前两个目标，恐不得不拿“引起读书兴趣”做一个手段。我想大家都曾注意到一个现象，就是凡是写作和欣赏能力较高的学生都是爱看“闲书”的，他们正因为多看“闲书”，才增进了写作和欣赏的能力。教本和教师的力量都不如“闲书”（我们自己学国文的经验也可以印证）。国文课内的时间太少，强迫阅读和自动阅读的效果也不能相比，教本的能力不如“闲书”是当然的。教本应该趁早请“闲书”来相帮。

第三目标不过是第二目标的扩大。这话可并不是说要把学生的兴趣从读文艺书籍扩展到他种书籍去。国文课应该以能引起学生读文艺为满足，不必存其他奢望。学生读历史的兴趣该让历史课去引起，读算学的兴趣让算学课去引起，毋须越俎代庖。这一目标的意义是要学生将兴趣从阅读单篇短章，扩展到读整部的书。叶绍钧先生在《论中学国文课程的改订》（见《中等教育季刊》第二卷第一期及《国文月刊》第十五期）一文中曾谈到只读单篇短章的坏影响。他并且主张用整本的书做国文教材。他的大意是说单篇短章的教材将使学生眼花缭乱，心志不专，仿佛跑进热闹的都市，看见许多东西，可是一样也没有看清楚。并且，读惯了单篇短章，老是局促在小范围之中，魄力也就不大，遇到了大篇，将会望而却步。如以整本的书为教材，虽然在短短数年中读不了几部，但可借此养成读“书”的习惯和能力。这些话都是很有道理的。

不过，在已有阅读“闲书”兴趣的学生，教本是整本的书或是零篇并无多大关系。读闲书不读整本是不能“过瘾”的，他自己会养成读“书”的习惯。若是有方法引起学生自由读书的兴趣，教本是短篇也无妨。而且短篇自有短篇的结构，短篇自有短篇的特色，事实上也不当完全摒之于教材之外。

从教本引起自由读“书”的兴趣，我以为并非没有途径。假如多用节录的方法从整本的书里取教材，一定会有相当的功效。从整本的书节取教材，只要教材本身是有趣味的，自会引起学生读全书的欲望。我相信学生读了《景阳冈》和《林冲》（皆坊间中学国文教本从《水浒传》节取的教材），读了《刘姥姥进大观园》和《黛玉的死》（皆坊间教本从《红楼梦》节取的教材）之后总会有翻一翻《水浒传》和《红楼梦》的欲望。教师在讲授这些教材的时候，便很自然的介绍了原书，对教材的剖析研究，同时也就指示了读原书的方法。教师如要指定学生去读一读原书也非常自然，例如使学生预习《景阳冈》的时候，就可以教他们到《水浒传》里去查查武松的来历以及到景阳冈以前的事迹，既读之后又可使他们查查武松后来的经历。这样教本和“闲书”便有了连系，学生对教本和“闲书”的兴趣都会因此增加起来。

事实上，如以整本的为教材，绝不能如讲授短篇那么仔细，只能抽出几段来精密剖析。结果等于以几本书的大部分为粗读教材，小部分为精读教材，和以整本的书为课外读物，以其中一部分为课内教材，并无多大差别。而用前法绝不能同时选用许多书作教材，用后法倒可使学生多接触几本书。所以对学生读书习惯的养成，这方法也许是不容小视的。

节取的方法，坊间国文教本已稍稍采用，我们的要求是将节取的范围扩大。

另外还有一法可以并行，就是多选名家作品。从节取而来的教材可以指引学生读整本的书，从单篇短章的教材也希望能指引学生读作者的他作。名家多已有文集流传，外国名家作品的译文也比较容易得。学生于教本中尝了一脔之后，如欲求更大的满足便可自己去翻阅作者的文集或作品的译本。而名家的名字或本为学生所熟知，或因教师的讲起而钦慕，皆可因之，而引起去读他们全部作品的兴趣。至于坊间国文教本中那些在题下署着"佚名"，或在注释中写着"作者生平不详"的作品，便不能有这种益处。事实上除了节取的教材，篇幅本已无多，略选几个名家的短篇就够了，有些教本"特约"书店编辑，教育名流来写文章，实在是大可不必的。

以上虽就白话教材讨论，有些地方也兼及文言教材，这并非有意越出范围，有些问题本来是共同的。这些意见并非以实地教学经验作根据，恐怕有许多地方是不切实的。在座有几位同学曾教过中学国文，希望把自己的意见，尽量告诉我。

三十一年五月一日讲

（载《国文月刊》1942年第17期）

# 皖南"教科书荒"问题的解决

芝

自从浙赣战事爆发以后，由于运输的困难，皖南"教科书荒"的现象，即随之而发生。

对于这个"教科书荒"的现象，学校当局固然感到无法应付，而一般中小学生，尤其觉得痛苦万分！由学生自己抄写吧，不论低级学生没有抄写能力，就是高级学生，也因本来功课很忙而无暇着手。征求旧书吧，征集到的既多残缺不全，分配起来也非常困难。用油印讲义吧，形式不美观是小事，人力、财力和时间不经济，问题更多。在无办法中，他们只好一面向书店抢购一点从前的存货，一面交互的采用以上的几种不是办法的办法，才算把这个恐慌勉强的度了过去。

可是卅一年度上学期刚刚在手忙脚乱中度了过去，而卅一年度下学期接着又快来到我们面前，以前曾经使用过的那些“不是办法的办法”既难再事采用，如何设法解决“教科书荒”，就成了当前皖南教育界的一个大问题。

皖南行署张主任宗良莅任以后，对于关系抗建前途的教育非常关心，而对于这个影响教育进展的“教科书荒”问题，尤其非常注意。经去电省府请示结果，决定采用“自力更生”方式，打开一条新出路，使这个皖南中小学校所苦恼的难题，能够得到完满的解决。他的办法是：“关于中学教科书，由皖南行署电各校报告需要数目，然后再由署统筹印刷。”至于小学教科书一层，本社——中国文化服务社安徽分社，以本身职责在“为文化服务”，对于这个“教科书荒”问题决不能因利薄而置诸不顾，所以在行署张主任的号召和协助之下，也毅然负起翻印的计划。不过因为小学教科书需要量比较大，又不容易固定，以本社的财力负担说，是有一定的限度的，独力肩起这个重任，当然不免有许多困难。为着减少我们的负担，促成计划的实现，所以除在未曾开始翻印之先，拟呈请行署张主任核准并请求协助外，我们更竭诚的欢迎皖南教育界的合作：大批的预约！大批的定印。

我们相信，这个大半年来使皖南教育界无法解决的“教科书荒”问题，必能在政府当局，文化服务机关和教育界自身几方面的合作之下，很快地变成“过去的现象”，变成历史上的“陈迹”；而不再苦扰着我们皖南无数“循循善诱”的教师和无数“好学不倦”的学生！

（载《文化通讯》1942 年第 7、8 期）

# 1943 年

# 中国新出版业史话

汪太玄

中国文化发达最早，出版物之创制，实居世界之先。其可考者西历五百九十三年隋文帝时，即有雕版刻经之事迹。明陆深所撰之《河汾燕间录》中载有：“隋文帝开皇十三年十二月八日，敕废像，遗经悉令雕版，此印书之始也。”唐末，益州（今之四川）乃有“墨版”。朱昱《猗觉寮杂记》载有：“雕印文字，唐以前无之，唐末益州始有墨版。”《国史志》亦载：“唐宋益州始有墨版，多术数小学字书。”惟是墨版之书，经五季兵乱之后，悉化灰烬，至宋已不见于著录。后唐宰相景城人冯道（可道）印制九经。《五代史》载有：“后唐明宗长兴三年，宰相冯道、李愚，请令判国子监田敏校正九经，刻板印卖。”宋庆历中，布衣毕昇发明“胶泥活字”及“木质活字”。此种发明较诸每页刊刻一板，不但省料节工，而成书之时间，亦较迅捷。故自宋以后，书籍之流传，乃日见其广矣。沈括《梦溪笔谈》及江少云《皇朝事实类苑》中均载有：“庆历中有布衣毕昇为活板。其法用胶泥刻字，薄如钱唇，每字为一印，火烧令坚。先设一铁板，其上以松脂蜡和纸灰之类冒之。欲印，则以一铁范置铁板上，乃密布字印，满铁范为一板，持就火炀之，药稍镕，则以一平面按其面，则字平如砥。若止印一二本，未为简易；若印十百千本，则极为神速。”此为中国以活字板印刷书籍之肇始也。流传至今之宋代官私刻本，弥足珍贵者，不仅年代久远，而其出版技术，自有其价值在也。元王桢亦有《活字印书法》之发明，其活字为“瓦质”所制成。并制有轮盘式之字架（如图），依韵检字。最初以此法印成之书，为《农书》（见“武英殿聚珍板书”《农书》后所述）。但此等活字本，今亦无传，故不可考。降至明代，活字更有进步，以泥质、木质、瓦质等，不耐久远，改以铜质刻字应用。发明者为无锡人华文辉（燧）。据邵实《容州春堂集》、《会通君传》载称：“会通君姓华氏，讳燧，字文辉，无锡人。少于经史多涉猎，中岁好校阅同异，辄为

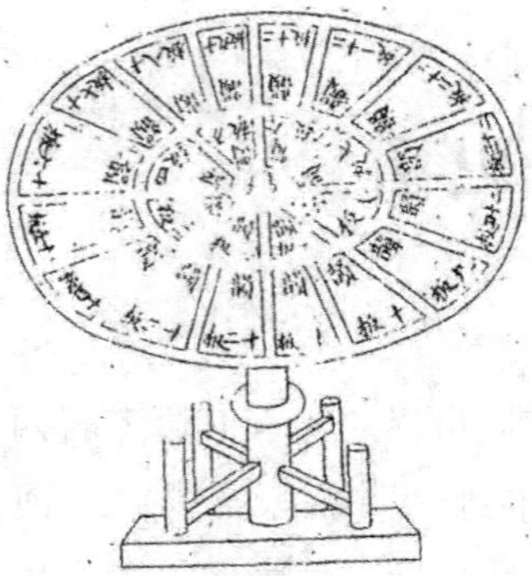

办证，手录成帙。遇老儒先生，即持以质焉。既而为铜字板以继之，曰：吾能会而通之矣。乃名其所居曰会通馆，人遂以会通称，或丈之，或君之，或伯仲之，皆曰会通云。”其所印之书，可考者有：白氏《长庆集》、《蔡中郎集》、《容斋随笔》等书。其书末或中缝，均有“会通馆活字铜板印”或“锡山兰雪堂华坚活板印”（华文辉之子华坚，继先人遗业，创兰雪堂）字样。同时，无锡又有桂坡馆安氏民泰（国），亦以铜质活字印书，《古今合璧事类备要》一书（如图），即系安氏所印行。该书中缝刊有“锡山安氏馆”字样。此外尚有吴郡孙凤，亦以铜质活字印书，今传者有《小名录》。又五云溪馆之《玉台新咏》，金兰馆之《石湖居士集》，建业张氏之《开元天宝遗事》等则均不知其人矣。

有清一代，刻书更富。官私家刻书之风，盛极一时。武英殿聚珍本，即系以枣木活字板排印。乾隆三十八年十月二十八日，金简所奏《武英殿聚珍板程式》中有云：“奉命管理《四库全书》一应刊刻、刷印、装潢等事……但将来发刊，不惟所用板片浩繁，且逐部刊刻，亦需时日。臣详细思维，莫若刻枣木活字套板一分，印刷各种书籍，比较刊板，工料省简悬殊。……遇有发刻一切书籍，只须将槽板照底本一摆，即可印刷成卷。”嗣奉旨：“甚好，照此办理。”此即所谓“聚珍板”是也。此外私刻本尤多。至光绪之季，石印铅印传入我国，及官书局成立以后，而出版物数量，更日有增益也。

右述种种，均为西洋印刷术未传入我国以前我国出版物之发展情形也。但吾人所应注意者，有清以前之出版物，以官刻本为多，私刻本实居少数。与今日之出版专业，则迥然不同也。

至于西洋印刷术之发明，其有记载可考者，当在十五世纪时期。日人原田正二氏所著《世界印刷发达年表》称："一四四五年，德人戈特庐太氏始发明铅制活字，同时亦发明铸字法及手摇印刷机。"就发明而言，与我国相较，实则瞠乎其后矣！

西洋印刷术传入我国，始于前清嘉庆十年以后（约西历一八〇五年）。其时英人来华传教，因印刷《圣经》之关系，乃将西洋之石印术携之来华。到华以后，又开始研究雕刻华文字模。嘉庆二十四年（一八一九年）始印成第一部中文《新旧约圣经》。此为欧式活字印刷华文书籍之创始时期也。嗣后美人、法人相继研究华文活字，道光年间华文字模及铅字，乃盛行于中国。但此时期之新式出版物，多数为教会之宣传文字。其间虽有少数西学译书或工具书，亦不过供给教会学校学生之用。

中国出版物发现甚早，而历代亦有相当改善与发展，既如上述。惜向来墨守成法，更无所谓利用机械也。直至清季雅片战争（一八四〇年）以前，方有发行新式书报之机关，然尚未可自为专业也。至甲午（西历一八九四年）、庚子（西历一九〇〇年）两役战败以后，光绪帝变法图强之会，民营新印刷业与新出版业，始由萌芽渐进而成为专业矣。

自是以后，中国国势日非，因《南京条约》缔结之后，西洋传教士随条约而俱来，除传教以外，复介绍西学。清廷鉴于外力之压迫，亦筹办新式学堂若干所，于是新学识之出版物，大感需要。光绪二十一年（西历一八九五年），孙中山先生广州举事，康有为公车上书，科第中人，纷纷言变法图强，用力西学。由是新书报之需要，愈感迫切，而新印刷业与新书业乃得抬头。计欧式活板印刷传入中国，至是盖已八十有余年矣。

光绪二十七年（西历一九〇一年）辛丑和约告成，清廷鉴于屡受重创，乃废八股，改各省、府、州、县各书院为大、中、小学堂。至光绪三十一年乙巳（西历一九〇五年）废止科举，兴办全国学堂之际，因"教科书"成为重大问题，当时规模较大之文明书局及商务印书馆，乃乘此机缘，或注全力于编印教科用书，或由新印刷业进而成为新出版业。此后辛亥革命告成，五四新文化运动，十四年图书馆运动，十六年国民革命军北伐成功，二十四年读书运动诸役，“一·二八”与“八一三”两度事变，均有深切影响于新出版业者。兹举要分述如左：

## 一、雅片战争以后之新出版业

自雅片战争失败，订立《南京条约》为始，至光绪三十一年废科举、兴学堂为止，中间历时六十余年。在此一时期中，仅有教会书局、官书局与文明书局之出版物。其他除私家刻书，及学堂自印教科书外，则几无所发现。官书局遍设于东南各地，其所出版之书籍，以编译新学为主。教会之出版组织，则有“广学会”与“中国教育会”两家。兹分述之：

（一）广学会，创办于清光绪十三年（西历一八八七年），其创办人为韦廉臣。逾三年韦死，由李持摩泰主持业务。其注重于历史、地理、伦理、宗教等书籍，而不及于教科书。但在甲午中日战争以前，教会所出版之书籍，一般人对之绝少同情。至中日战后，该会刊印美人林知乐所撰之《中东战纪本末》一书，因纪载确实，持论公允，一般读者对于教会之出版物，乃一变其态度。而该会所出之其他各种的出版物，亦因之而畅销。

（二）中国教育会，创于清光绪十六年（西历一八九〇年）。所出版之书籍，多为教育用书，供给教师与学生之用。此殆为以华文编印教科用书之始也。

（三）文明书局，创于光绪二十八年，其创办人为俞复。最初将三等学堂所编之《蒙学读本》七编，印刷出版。是为国人商营教科用书之始也。

（四）官书局，为清政府所创设，提议者为御史胡学宸，清廷准奏。光绪二十二年一月二十日，清廷派孙家鼐管理该局。最初只设北京一所，系就康有为等所办强学书局之原有组织加以改组，变为官办（强学书局因戊戌政变而被查封）。随后东南各地相继设立者，计有十余所：如扬州、广东、江西、湖南、苏州、杭州、湖州，以及湖北之江楚编译官书局、上海之江南制造局翻译馆、天津机器局等。其目的在于编译西学图书，供给学堂之用。是即华人自办教育用书之创始也。

此中以江南制造局所译印之图书，范围更广。除注重工艺技术、枪炮、军事、航海、铁路、算术、气象、农业、矿业、理化等以外，旁及格致、金石、史地、法律、政治、时论等，都二百数十种。惜书目繁多，不及备列。

继教会出版业与官书局而产生之出版业，为民营之新书业，其时期约在光绪三十年前后。据光绪三十二年六月《上海书业商会》所出版之《图书月报》第一期之统计，仅就当时已入会之出版家而言，已有二十二家之多。兹抄列于左：

| | |
|---|---|
| 商务印书馆 | 文明书局 |
| 有正书局 | 点石斋书局 |
| 启文社 | 时中书局 |
| 新智社 | 会文学社 |
| 广智书局 | 乐群书局 |
| 开明书店 | 普及书局 |
| 小说林 | 通社 |
| 彪蒙书室（杭州） | 新民支店 |
| 群学会 | 昌民公司 |
| 鸿文书局 | 新世界小说社 |
| 中国教育器械馆 | 东亚新书店 |

其次上海等地，尚有新出版业多家（大约未曾加入公会），兹抄列于左：

| | |
|---|---|
| 作新社 | 普通学报社 |
| 蒙学书局 | 求我报社 |
| 藻文局 | 湖南新书局 |
| 上海排印局 | 福瀛书局 |
| 华美书馆 | 文澜堂 |
| 东亚书局 | 同文书局 |
| 石点斋 | 拜石山房 |

此外，在此时期以内，除右述之官书局、广学会、中国教育会及民

营新出版业以外，尚有公立机关、学术团体、报社、教会等，亦相率编印书籍，其可考者，约如左列：

| | |
|---|---|
| 京师大学堂 | 申江中西书院 |
| 天津学堂 | 汇文书院 |
| 南洋公学 | 崇术蒙校（苏州） |
| 无锡三等学堂 | 墨海书院 |
| 澄里蒙学堂 | 蒙学报社 |
| 时务报社 | 求我报社 |
| 求是报社 | 笑学报馆 |
| 农学报社 | 格致新闻 |
| 利济报馆 | 金粟斋 |
| 益智书会 | 教科书编译社 |
| 译书公会 | 学海指针社 |
| 尚贤堂 | 山东文会馆 |
| 博济医局 | |

在此时期中，新出版物都一千余种，册数约在两倍以上。以教科用书为最多，实科书籍次之，文法之书，则不及十分之一。各民营出版业于教科用书之外，以其余力，大多数致力于翻印古书（首先用西法影印书籍者，为同文书局，随后又有五洲同文书局）或碑帖，以广其营业之范围。惟中国夙昔绝不重视统计，故此等数字，难得有精确之纪录。

光绪三十一年以后，直至清室逊位为止，其间经过七年，而新产生之新出版业，其见于记载者，只有集成图书公司与中国图书公司两家。其出版物亦以教科用书为主。

“抽版税”制度，在中国亦始于此时。宣统二年学部改定课程标准，乃将该部于光绪三十二年所计划之《部编教科书》，全数招商承印，每册抽收印花五厘。此等办法即值百抽五至抽十之版税，较诸现今之版税率，则低微多多。

关于管理出版物之行政，因“八一三”事变以后，参考资料不易搜求，现在仅对于教科书审查方面，略可稽考。

先是，光绪三十二年清学部设图书局，实施编译教科书。编辑大旨，仿照文明书局及商务印书馆教科书体例。此为“国家编辑教科书”制度之始也。但编译工作非旦夕可就，乃先行审定各家所出版之教科书，以备各学堂采用。因此于同年三月公布《第一次审定初高小暂用教科书凡例及书目》，此为审定教科书之始也。

清宣统二年，南洋劝业会开展览会于南京，中国教育部曾征集出版物送会展览，兹摘录汪航生著《南洋劝业会教育观》一文中之“图书”部份之纪载，以见此一时期出版业之大略：

> 凡官私各局公司图书教科书，各种制版印刷样本，各学堂课本讲义图表章程，各种碑帖报纸，皆属焉。各种书籍及教科书等，惟就制版印刷装订之良格，分别品评。此次新印刷物之出口以商务印书馆最为繁富。……数年以来，该馆出版教科图书计三百余种；政法、地图、什志等，三百余种。近复敬遵原本会典，恭校印行。其印刷装订纸张、墨料均极精良，足称巨制。其他印刷各项图书标本彩色刻工，亦极工致。次之，则集成图书公司，该公司自收回图书集成局归并点石斋以后，锐意经营，力求进步，其出口如《二十四史》、《九通》、《政典类纂》、《约章成案汇编》、《光绪东华续录》等，皆卷帙浩繁，印刷精密。……中国图书公司及文明书局皆出口无多。中国图书公司之锌版印画一种，制作未极精美。文明书局之五色石印一种，花样未能一新。其他有正书局、神州国光社虽仅印刷书碑帖，范围较小，而搜罗宏富，选择精审，印刷之工，较原本丝毫不爽，俾古今珍品得以流传海内，其功亦不可没。官书局出品则以江苏官书局为最多，惟俱系旧籍，于印刷术未见改良。个人出品则以江西劝业道传道春为最多。各学堂出品课本，除江南高等学堂有自刻木版数种外，大半系各局公司所出版者。

右述种种，均未及于科学书籍之迻译，兹略述译印科学书之情形如左：

中国学术界迻译科学书籍，始于明万历三十三年（一六〇五），书名为《几何原本》，译述者为徐光启与意大利人利玛窦两氏。入清以后，更为发达。乾隆以后，算学发达极盛，迨咸丰末季，译事复兴，刊印科学书籍，自此时为始，遂如雨后春笋，日有进境。当时出版翻译书籍之出版机关，有左列数处：

| | |
|---|---|
| 墨海书馆 | 译学馆 |
| 江南制造局翻译馆 | 南洋官书局 |
| 格致书室 | 湖北官书局 |
| 益智书会 | 科学会编译部 |
| 美华书馆 | 作民译社 |
| 土山湾印书馆 | 湖南官书局 |
| 科学书局 | 京师大学堂 |
| 山西大译书院 | 学部官书局 |
| 新民译印书局 | 日本留学生会馆 |
| 金粟斋译书社 | 宁波新学会社 |
| 中东书社 | 商务印书馆 |
| 湖南编译社 | 文明书局 |

右列各家，所印译本，多寡不等，就中以江南制造局翻译馆所出版者为最多。其各科之数量不等，都四百六十八种。兹按其性质列表以明之（由咸丰三年起至宣统三年止）：

总论及杂著……………………………四十四种

天文气象………………………………十二种

数学…………………………一百六十四种

理化…………………………………九十八种

博物…………………………………九十二种

地理…………………………………五十八种

此外，尚有一事足资纪述者，即商务印书馆于草创之初，曾经借助日本之人才，改进印务，并利用日资十万元，发展营业。旋于民国三年遽与日方脱离关系，纯由华资经营。当时一般人对于该馆利用外资，颇致不满，实则为发展文化事业计，似未可加以厚非。

## 二、辛亥革命成功后之新出版业

辛亥革命告成，推翻帝制，成立共和政体，而出版物自应随环境之需要，而加以改革。民国元年南京临时政府成立，设教育部，公布《普通教育暂行办法》十四条，及《普通教育暂行课程标准》十一条，改称学堂为学校。同年五月政府北迁，北京教育部当令各书局将旧存教科图书，暂行修改应用，并废止读经。此时新书业又获得发展之机会。

民国草创，万端待理，固无余力于《国营教科书》之编辑，仍采审定制度，由出版业者按照新颁之学制编印。此时商务印书馆编印《共和国教科书》一套，凡五十三种，计一百四十一册。是年开办之中华书局，亦编印《新中华教科书》一套，计四十二册。均系供给中小学之用。其他如壑受书社、上海集成公司、文明书局、国华书局等虽各有教科书一二册或二三十册出版，但无法与商务中华相争衡。因此小规模之新出版业年有消长，盖其经济条件使之然也。

民国以后，国家对于出版物之管理，首次采取审查办法者，为元年九月。当时先后公布《各省图书审查委员会规程》及《审定教科图书暂行章程》两种，是即国家对于出版物实施管制之始也。

民国二年以后，出版物逐年均有增加，而共同努力之目标，仍为教科用书，及新译新著之小说。此外则法律政治之译本，新教育之论著，革命理论之著述等，亦时有印行。但此时民间风气究属未开，兼以各地交通不便，新出版物之推销仅能及于通商大埠，与接邻于上海之各县城。故新出版物每版之印数，大都不逾数百部，绝不能与教科书之印数相比拟。

加以民初政治窳败，外侮加甚，原有之社会经济根本动摇，农村生产亦陷破产，一般人民谋衣食之不暇，自无余钱购阅书籍，故出版界之发展甚为迟缓，自在情理之中。

民国三年，教育部修正教科书审查规程，令停止各省审查教科图书，并令各书局将以前所出之教科图书限三个月内送部审查。民国四年，又改称初小学校为国民学校。因此中小学之教科图书，每年均有修正与新编者。计商务印书馆与中华书局两家每年皆有新出数十种，其他如新华书社、湖南图书编译局、文明书局、中国图书公司，各有教科图书出版，或十余册，或一二册不等。综计此时各项教科书，如师范、商业、农业、女子等，均已粗具规模矣。

民国七年，教育部第一次公布审定之教科书。将前所审定之各家教科书，重行厘正发表，而教科用书又须修正矣。

民国七年十一月，教育部公布《注音字母表》。此为以后改编中小学课本之先声，与新出版业关系颇大，故特在此一提。但关于“国语运动”与“简字”问题之出版物，在此时期以前，于光绪二十四年起，即逐渐印行多种。如：《中国第一快切音新字》、《一目了然初阶》（以上两种为庐赣章著）、《官话字母》（王照著）、《北京切音教科书》（庐赣章著，上海点石斋印）、《传音快字》（蔡锡勇著，湖北官书局印）、《官话合声字母》、《官话字母字汇》、《拼音对文百家姓》、《对兵说话》、《人人能看书》、《家政学》（以上王照著，均系刊本）、《简字全谱》、《京音简字述略》、《增订合声简字谱》、《简字丛录》（以上均金陵刊本，劳乃宣著）。

严格言之，此等出版物实为“国语运动”第一期及第二期中之刊物也。

民众读物，以民国纪元以前，其范围只限于《圣训式》的善书。如：《圣谕广训》、《灶王府君新谕十条》，及平话、唱本、讲史等，颇能深入民间，但尚不能作为正式民众读物。且此等平话、唱本、小说等之出版物，在有清一代，常遭厄运，随时随地，有被禁被毁之可能。咸丰七年，江苏巡抚丁日昌，以理学派之偏见，曾雷厉风行，加以禁毁，即其一例。直至光绪三十四年，清学部编印《国民必读简易识字课本》，始能认为正式民众读物。

民国元年教育部成立，有社会教育司之设置，对于民众读物及改良社会普及教育，方有专司其事者。惟草创伊始，并无若何表现。民国四年，教育部设立通俗教育研究会后，对于小说、戏曲、演讲三项，加以研究。一方以劝导改良，一方查禁。民国五年，又规定《审核小说标准》，分小说为八类：教育、政事、哲学及宗教、史地、实科、社会、寓言及谐语、什记等。每类分上中下三等：上等者设法提倡，中等者听任，下等者限制或禁止。同时又颁布《奖励小说章程》六条。于是民国四年一年中所审核者，计有小说二百五十余种，杂志十余种。

关于小说部份，多属当时新著及新译之出版物：如《孤雏感遇记》、《块肉余生述》、《新西游记》、《新聊斋》等。关于什志方面有：《新小说汇编》、《说林》、《女子杂志》、《妇女杂志》、《香艳杂志》、《小说林》、《滑稽杂志》、《十日新》、《眉语》、《七天》、《百新新语》、《女子世界》、《秋星》、《中华小说》、《上海杂志》等。

至于官办刊物，自民国元年起至五年止，计有：《注音字母报》、《白话周刊》（黑龙江）、《通俗教育旬报》（江西）、《通俗教育什志》（福建江西各一种）、《通俗日报》（甘肃）、《通俗教育报》（湖北黑龙江各一种）、《吉林通俗报》（吉林）等。虽倏起倏灭，无从统计，但亦可窥见当时民众读物之兴盛。

民国六年，教育部通俗教育研究会，添设石印室，自行编印：《编剧浅说》、《泰西名小说家列传》、《社会的国民教育》等六七种。此亦官家提倡民众教育之好现象也。是年审核小说工作，亦继续进行，经审之小说计有三百六十七种，如：《风流太后艳史》、《清朝逸史》、《欧美小说从谈》、《名花劫》等。杂志有十一种，如：《女子世界》、《小说画报》、《民权素》、《滑稽时报》、《春声》、《笑林杂志》、《快活世界》、《小说大观》、《小说新报》、《礼拜三》、《说腋》等。

民国七年，该会函告各书店，劝告小说编辑家，宜注意提倡勤苦美德，并勿编黑幕小说。所审核小说计有一百七十七种，如：《德皇外妾自述记》、《女才子传奇》等。又杂志一种，为《小说季报》。

此种审核小说工作，一气继续至民国十一年为止。十二年起方有正式民众读物出版。如：《平民千字课本》、《平民职业小丛书》等。当于“五四运动”以后一期中叙述之。

吾人于此，即可见到当时新出版业者努力之途径矣。

“文学革命运动”实肇始于此时期之中。自民国四年“白话运动”起，即已萌芽。至民国六年一月，胡适之《文学改良刍议》正式发表于杂志，乃是第一篇白话文作品。七年，《新青年》杂志完全用白话发表文章。同年冬季陈独秀等又用白话文编行《每周评论》一种。北大学生罗家伦等，亦以白话文编行《新潮》月刊。凡此均系白话文初期之刊物。至五四运动以后，更其风起云涌，不但定期刊物改用白话文，而教科用书亦正式以白话文编印矣。

## 三、五四运动以后之新出版业

民国八年五月四日，北京发生学潮。影响所及，遂使白话文传播遍于全国。综计民国八年一年之中，以白话文编印小报纸与杂志有三百余种之多。其中最精彩者有上海之《星期评论》，有《建设》，有《解放与改造》（后改名《改造》），有《少年中国》等。同时日报之副刊，亦改弦更张，将其附张改登白话文论说译著小说新诗等。北京晨报之《副刊》，上海民国日报之《觉悟》，时事新报之《学灯》，即其著者。时势所趋，民国九年以后，素以持重之大杂志，如《东方什志》《小说月报》等，亦改文言为白话矣。

民国九年，教育部颁布命令，将国民学校一二年级之国文，从九年秋季起，一律改用“国语”。并规定逐年改用之次序。至民国十一年，完全改编完竣。命令之内容如左：

凡照旧制编辑之国民学校国文教科书，其供第一第二两学年用者，一律作废。第三学年用书，准用至民国十年为止。第四学年用书，准用至民国十一年为止。

依此次序，商务印书馆及中华书局乃遵照部令，均致力于改编工作。此时商务印书馆所改编之教科书，定名为《新法教科书》，中华书局所改编之教科书，定名为《新教育教科书》。然而因牵一发而动全局，初级师范、高等小学、高等师范，亦不得不将文体教科用书改为语体教科书，借收指臂之效。同时若干中学校，亦相继自动采用国语课本，以应潮流。

民国十一年十月，全国教育会联合会在广东开第七届会议，产生新学制系统表，采用“六三三制”，并采取纵横活动主义。商务印书馆及中华书局，乃遵照部颁《新学制课程大纲》编印初小、高小、初中、高中、师范、职业各学校用书。中学教科用书分二种编制：甲种教材，取混合编制法；乙种教材，取分科编制法。商务印书馆所出版者定名为《新学制教科书》，中华书局所出版者定名为《新小学教科书》、《新中学教科书》。至民国十三年方始出齐。

世界书局，成立于民国十年，至十三年亦致力于教科书之编印。是年所出版之教科书，计：《新学制初小读本》有国语、常识、算术、习字范本等各八册。《新学制高级读本》有公民、国语、算术、历史、地理、自然、卫生等各四册。

综计自新学制颁布以后，至十六年为止，每年各家均有数十册教科书出版。

五四以后，新出版之杂志（包括三日刊、周刊、旬刊、半月刊、月刊、季刊）有如雨后春笋，兹录其名称如左：

| | |
|---|---|
| 一片 | 杭州片月社（民十三年） |
| 一般 | 上海立达学会（民十五年） |
| ALL | 上海（民十五年） |
| 人籁 | 硖石人籁社 |
| 人道月刊 | 北京（民九年） |
| 十日文报 | 北京 |
| 小云 | 成都 |
| 小说月报 | 上海商务印书馆（民十二年革新版） |
| 小说旬刊 | 天津 |
| 大风 | 雪花社 |
| 文学 | 宁波王任叔编 |
| 文学周刊 | 上海民国日报 |
| 文学周刊 | 广州文学研究会（民十四年） |
| 文学周刊 | 北京星星文学社（民十二年） |
| 文学旬刊 | 上海文学研究会（民十年）时事新报 |
| 文学旬刊 | 北京文学研究会（民十一年）晨报 |
| 文学半月刊 | 南开大学 |
| 文学季刊 | 武昌高师文学会 |
| 文学季刊 | 上海新文化书局 |
| 文艺 | 河南（民十四年） |
| 文艺 | 扬州 |
| 文艺 | 湖南岳云中学 |
| 文艺周报 | 北京 |
| 文艺旬刊 | 北京沉钟社 |

| | |
|---|---|
| 文艺半月刊 | 南京东南大学 |
| 文艺评论 | 南京东南大学 |
| 文艺增刊 | 北京清华大学 |
| 文刊 | 松江（民十三年） |
| 文来 | 上海 |
| 心花 | 长沙心花社 |
| 心华 | 云南（民十三年） |
| 心波 | 开封（民十五年） |
| 心潮 | 南京（民十二年） |
| 心驿 | 潮州心驿社 |
| 心群月 | 上海新群社 |
| 火山月刊 | 火山社（民十五年）光华版 |
| 火坑 | 绥远（民十五年） |
| 火球旬刊 | 北京劳动文艺研究会（民十三年） |
| 火星 | 北京 |
| 火焰 | 汕头（民十二年） |
| 少年 | 北京高等师范 |
| 少年中国 | 少年中国学会（民九年）亚东版 |
| 少年世界 | 少年中国学会（民十一年）亚东版 |
| 今日 | 北京新知书社（民十一年） |
| 今生 | 北京 |
| 太平洋 | 太平洋社　太平洋书店版 |
| 未央 | 云南浣花文会 |
| 幻洲 | 幻洲社（民国十五年）光华版 |
| 月潮半月刊 | 南通（民十三年） |
| 日月旬刊 | 宁波（民十三年） |
| 世界日报副刊 | 北京　刘半农编 |
| 支那二月 | 杭州湖畔诗社（民十四年） |
| 中州文艺 | 天津（民十三年） |
| 中国青年 | 上海（民十二年） |
| 五光 | 南京五社 |
| 文献半月刊 | 口学拾零社编（民十五年） |

| | |
|---|---|
| 白杨 | 长沙 |
| 白杨文坛 | 吉林（民十三年） |
| 平民周刊 | 北京 |
| 平民周刊 | 上海 |
| 平民导报 | 上海 |
| 平旦 | 太仓 |
| 民风 | 广州 |
| 民绛 | 上海　月刊 |
| 民众文艺周刊 | 民众文艺社 |
| 玄背 | 天津（民十六年） |
| 古城 | 天津（民十六年） |
| 母亲周刊 | 长沙 |
| 立达季刊 | 上海立达学园 |
| 未名 | 未名社（后期的莽原）（民十五年） |
| 北京大学国学专门周刊 | 北京 |
| 北京大学月刊 | 北京 |
| 甲寅周刊 | 北京　章士钊编（民十三年） |
| 池畔 | 遵化池畔文社 |
| 共鸣 | 浙江嵊县 |
| 百花潭 | 北京 |
| 自觉 | 上海 |
| 光明 | 上海光明社 |
| 光明半月刊 | 北京 |
| 向上 | 武昌 |
| 她 | 宝应 |
| 呐喊 | 南昌 |
| 求是 | 北京 |
| 每周评论 | 北京 |
| 赤报 | 杭州赤社（民十三年） |
| 谷风 | 潮洲伏虎学社（民十四年） |
| 努力 | 北京　胡适编（民十一年） |
| 我们的六月 | OM 社（民十二年）亚东版 |

| | |
|---|---|
| 我们的七月 | OM 社（民十三年）亚东版 |
| 沉钟半月刊 | 沉钟社　北京 |
| 狂飙 | 北平　高长虹编（民十三年） |
| 狂飙 | 上海　高长虹编（民十五年） |
| 狂飙季刊 | 北平　高长虹编（民十五年） |
| 社会新译 | 武昌 |
| 冰晶 | 扬州五师梅花社 |
| 努力青年 | 北京 |
| 知 | 上海知社（民十三年） |
| 牧羊人 | 北京 |
| 孤军 | 上海孤军社（后改独立青年，何公敢编） |
| 孤吟 | 成都孤吟社　诗刊 |
| 孤星 | 云南 |
| 孤鹜 | 武昌 |
| 东方杂志 | 上海商务印书馆 |
| 东方周刊 | 奉天（民十三年） |
| 桌光 | 奉天 |
| 东风季刊 | 上海 |
| 青光 | 青岛 |
| 青痕 | 青岛（民十四年） |
| 青风季刊 | 上海 |
| 青声 | 汕头晨光文学会 |
| 青年文艺季刊 | 上海 |
| 长沙周刊 | 长沙 |
| 弦上 | 狂飙社　北京　周刊 |
| 京报副刊 | 北京　孙伏园编 |
| 玫瑰 | 南京玫瑰社 |
| 星星 | 泸县（民十二年） |
| 星花 | 北京婴孩社（民十三年） |
| 星夜 | 广州 |
| 星夜 | 天津缘梦社（民十五年） |
| 星野 | 武昌（民十三年） |

| | |
|---|---|
| 星海 | 汉口星海文会 |
| 星星 | 泸县 |
| 星期日 | 四川 |
| 星期评论 | 上海星期评论社 |
| 飞蛾 | 宁波（民十三年） |
| 飞鸟 | 湖南（民十三年） |
| 飞霞 | 河南（民十四年） |
| 乌鸦 | 长沙（民十五年） |
| 南风 | 岭南 |
| 南国 | 南国艺术学院 |
| 南鸿 | 重庆（民十四年） |
| 春的花 | 古邳（民十三年） |
| 春风周报 | 宁波（民十二年） |
| 红晖周刊 | 广州 |
| 红光 | 太原（民十四年） |
| 泊声 | 江西（民十三年） |
| 圆梦 | 长沙 |
| 威克烈 | 成都 |
| 红纹季刊 | 天津 |
| 思潮周刊 | 广州 |
| 洪鸣 | 浙江（民十四年） |
| 洪水 | 上海创造社（民十四年） |
| 樱宁 | 长沙（民十四年） |
| 浣花 | 成都草堂文会（民十二年） |
| 现代评论 | 北京（民十三年） |
| 荆野 | 开封 |
| 流萤半月刊 | |
| 彩虹周刊 | 汕头（民十三年） |
| 草堂月刊 | 成都（民十二年） |
| 致中 | 北京 |
| 烈火半月刊 | 北京 |
| 唯真 | 北京清华大学 |

| | |
|---|---|
| 猛进 | 北京猛进社 |
| 时代之花 | 南昌 |
| 朔风半月刊 | 北京（民十五年） |
| 浙江新潮 | 杭州 |
| 挣扎 | 上海（民十五年） |
| 晨光 | 潮安 |
| 晨光 | 长沙 |
| 晨光 | 宁波（民十四年） |
| 晨光周刊 | 杭州 |
| 晨风 | 天津 |
| 创星 | 新加坡 |
| 晨报副刊 | 北京　孙伏园、徐志摩编 |
| 创造日 | 中华日报 |
| 创造周报 | |
| 创造月报 | |
| 创造季刊 | |
| 野火 | 宁波（民十六年） |
| 浅草季刊 | 北京沉钟社 |
| 国语周刊 | 北京 |
| 国语月刊 | 北京爱智学会 |
| 国学季刊 | 北京大学 |
| 国民 | 北京 |
| 国闻周报 | 天津 |
| 雪花 | 广东 |
| 清华文艺 | 北京 |
| 清华学报 | 北京清华大学 |
| 雪花 | 天津 |
| 麦华 | 长沙 |
| 崇实 | 上海 |
| 妇女评论 | 苏州同里 |
| 阳光 | 宜兴阳光社 |
| 童灯 | 南通（民十四年） |

| | |
|---|---|
| 湖光 | 长沙（民十三年） |
| 湖波 | 无锡 |
| 棠棣之华 | 浙江 |
| 疏星 | 北京（民十四年） |
| 云波 | 云南昆明（民十三年） |
| 莽原 | 未名社（民十三年） |
| 联云 | 长沙 |
| 启明 | 奉天（民十三年） |
| 朝霞 | 天津　赵景深编　（民十一年） |
| 微光 | 长沙（民十二年） |
| 微光 | 绍兴 |
| 微笑 | 冀县（民十二年） |
| 微痕 | 北京绿波社（民十二年） |
| 微声 | 保定 |
| 微波 | 北京 |
| 微芽 | 南通文艺共进社 |
| 诗 | 文学研究会 |
| 诗园 | 天津 |
| 诗坛 | 天津绿波社 |
| 诗刊 | 北京　徐志摩编　（民十四年） |
| 诗学半月刊 | 北京（民十二年） |
| 诗学半月刊 | 南京 |
| 新纪元 | 天津 |
| 新生活 | 北京 |
| 新中国 | 北京 |
| 新青年 | 上海新青年社　陈独秀编（民十四年） |
| 新少年 | 北京（民四年） |
| 新群 | 上海 |
| 新空气 | 武昌 |
| 新社会 | 北京 |
| 新的小说 | 上海 |
| 新华周刊 | 北平 |

| | |
|---|---|
| 新生命 | 天津 |
| 新湖北 | 湖北 |
| 新共和 | 山西 |
| 新妇女 | 上海 |
| 新女性 | 上海开明书店 |
| 新学报 | 北京 |
| 解放与改造 | 上海　张东荪编（民八年） |
| 榆林 | 陕西（民十三年） |
| 爱美 | 绍兴（民十三年） |
| 零星 | 泸县 |
| 狮吼半月刊 | 上海 |
| 滇湖 | 云南 |
| 闽星 | 福建 |
| 苍茫 | 安徽（民十五年） |
| 新人月刊 | 上海　泰东版 |
| 晓光 | 苏州 |
| 晓风 | 广州（民十四年） |
| 澎湃 | 云南（民十三年） |
| 翠湖之友 | 云南（民十二年） |
| 语丝 | 北京　周作人编　北新版 |
| 趣味 | 上海（民十五年） |
| 歌谣 | 北京 |
| 广州文学 | 广东 |
| 碧漾 | 嘉兴 |
| 摸索月刊 | 北京（民十六年） |
| 绿竹 | 天津 |
| 绿波 | 天津 |
| 绿光 | 上海 |
| 绿野 | 湘潭（民十四年） |
| 学灯 | 时事新报附刊（民八年） |
| 学衡 | 南京 |
| 学生杂志 | 上海商务印书馆 |

| | |
|---|---|
| 学艺 | 上海学艺社 |
| 燕风 | 北京 |
| 燕大周刊 | 北京燕京大学 |
| 奋斗 | 北京 |
| 热潮 | 长沙 |
| 骆驼 | 北京骆驼社（民十五年） |
| 论评之评论 | 北京 |
| 戏剧 | 戏剧协社　上海 |
| 剧刊 | 北京　徐志摩编 |
| 萤火 | 常熟 |
| 岭东霽叶 | 上海（民十四年） |
| 钱江评论 | 杭州 |
| 黎明 | 上海 |
| 济美 | 上海 |
| 醒狮 | 上海醒狮社 |
| 醒狮 | 山西大学曙社（民十四年） |
| 独立青年 | （由《孤军》改）上海孤军社 |
| 独立评论 | 上海 |
| 鸡鸣 | 长沙（民十三年） |
| 繁星 | 北京 |
| 提声 | 武昌 |
| 溅沫 | 厦门（民十五年） |
| 曙光 | 北平曙光社 |
| 觉悟月刊 | 天津觉悟社 |
| 觉悟 | 上海民国日报 |
| 觉社新刊 | 北京觉社 |
| 璎珞 | 松江 |
| 艺林 | 武昌艺林社 |
| 焰火 | 汕头 |
| 焰火旬报 | 北京曦社 |
| 焰火杂志 | 北京曦社 |
| 弥洒月刊 | 弥洒社 |

| | |
|---|---|
| 读书杂志 | 北京 胡适编 |
| 烂漫周报 | 北京 |
| 潇湘绿波 | 长沙（民十四年） |

就此三百余种刊物之中，以《新青年》、《新潮》、《创造》、《洪水》、《语丝》、《解放与改造》等，最为青年读者所欢迎。同时，南京之《学衡》杂志（民国十七年出版），则仍以昌明国粹是务，反对白话甚力，但强弩之末，终无力量之可言！

在此时期中，文学创作及译述各国名著，多至千余种之多，《文学史》、《文艺思潮》、《文学原理》、《批评研究》、《论文集》、《创作总集》、《诗歌总集》、《诗歌别集》、《小说总集》、《小说别集》、《戏剧总集》、《戏剧集》、《散文集》、《杂著》、《译品》等，无不具备。其详细目录，收集于良友公司出版《中国新文学大系》之《史料》篇中。

民众读物，于民国十二年起，方渐入于正轨。民国八年起至十一年止，尚系旧式小说活跃时间。八年，审核小说一百十二种，又杂志《沪江月》一种。九年，审核小说一百三十种。十年，审核小说一百〇二种。十一年，审核小说六十种。不过流风所播，此等小说之内容，愈趋于恶化，黑幕神怪之外，复以淫亵相尚。虽于审核时加以禁止，但低级之出版家，多借租界为护符，禁者自禁，售仍自售。十一年七月，上海书公业会鉴于淫者之贻害社会，流毒无穷，乃组织“书业正心团”，专行调查销毁一切足以危害人心风俗之淫词小说。先从淫亵之小说入手，计销毁淫书纸版三十六副，淫书四万六千三百九十六本。北京书业进德会，亦订立“不得代印、代订、代售淫书”之规定。

十二年起至十六年止，此数年间，“平民教育促进会”及“中华职业教育社”，在各省努力“平民教育”与“职业教育”运动。主动者对于通俗读物，不仅采取消极的干涉，且采积极的创造，编印各种《平民千字课本》，及《平民职业小丛书》、《平民文学丛书》、《民间故事丛刊》、《平民常识》、《小说片锦》、《通俗教育丛书》、《通俗教育画》、《卫生教育画》、《卫生小丛书》、《平民丛书》等，交与商务印书馆、文明书局、大通书局、中华书局、青年协会书局等出版。售价自二分五厘起至二角五分为止，挂图则较为昂贵。此为民众读物入于正轨之时期也。

民国十年，教育部颁布《国音字典》，由商务印书馆出版。在此前后，国语运动之主持人每以公私之力量，鼓吹推进，卒底于成。出版界印行此类书册，及于杂志报章上发表讨论文字，均连续不辍，直至十八九年间方始稍见沉寂。

## 四、北伐告成后之新出版业

国民革命军誓师北伐之前后，笔者时适服务于上海商务印书馆编译所，目睹当时商务印书馆秘密编印党化教科书与翻印党义书籍之情形。稿件均在租界内秘密编辑，编成后寄往香港印刷分厂印制，以之销售于党军已占领之地域。盖党军由南而北，该馆之党化书籍，由香港为发行重心，适足随党军之进展而进展。其他如中华书局、民智书局、世界书局，亦均于暗中进行编印党化书籍。迨革命军底定江南，各家始公开发售此项书籍于上海。

当时各新出版业在上海之所以能秘密编印党化书籍者，全赖人心之倾向于国民党。尤以印刷工人知识较为发达，对于本党有深切之认识与了解，故各出版业得顺利进行而无阻碍。故国民军初抵上海，而此类书籍，即于一二日间公开发售。如非预先印制，何得有如是之速？此种史实，笔者认为有纪述之必要。

国民政府迁都南京后，学制虽无重大变更，惟教育宗旨乃以“三民主义”为基础。所有中小学教科书，悉需改编。此时商务印书馆编印《新时代教科书》一套；民国二十年又出《基本教科书》一套；中华书局编印《新中华课本》一套；世界书局编印《新主义课本》一套。以供学校采用。

此时审查办法，系于出版前审查稿本或样本。民国十六年十二月所公布之《教科图书审查条例》第五条规定有：“发行人或编辑人应于刊行前呈送五份，如用稿本，应预印款式样本。未完成者，不予审查。”

除商务印书馆、中华书局、世界书局三家以外，尚有编印教科书之出版家数家：

（一）民智书局出版《民智初小国语读本》、《初中国语文读本》、《民智高小教本》。

（二）中华爱国社出版《小学补充国耻读本》。

（三）开明书店出版《开明英文读本》、《初中适用开明教本》（算术、代数、几何、三角等）、《初小适用开明课本》。

（四）大来书局出版《初中教本》、《高中教本》、《新生活初小教科书》。

（五）上海南京书店出版中学研究会之《新学制初级中学算学几何代数等教科书》六册。扬州中学编之《国文教科书》。

（六）新中国书局出版《小学校低级适用读物》、《小学校低级适用读物》教科书。

（七）北新书局出版《高小教本》、《初中教本》。

（八）文艺书局出版《语体文学读本》。

（九）神州国光社出版《初中教科书》、《高中教科书》。

（十）青光书局出版《新国语课本》。

（十一）新亚书局出版《初中课本》。

（十二）三民公司出版《教育挂图》。

由民国十六年起至二十年底为止，可谓为“教科书年”。右述各家所出版之教科书至多不过四五十册。除三大书局外，惟有开明书店所出版之教科书尚不滞销。此外尚有钟山书局、立达书店等，亦出版教科用书。

自民国十六年至民国十八年上半年，此二年余之时间中，可说是新出版业全盛时期。此时新产生之小规模出版业，有如雨后春笋。上海四马路上，西自福建路起东至棋盘街为止，书店之市招，触目皆是。兹录《中国新书月报》第一卷第一期所发表之新出版业调查表如左：

| | |
|---|---|
| 商务印书馆 | 中华书局 |
| 世界书局 | 大东书局 |
| 沪滨书局 | 革新书局 |
| 亚东书局 | 新兴书局 |
| 励群书局 | 明日书店 |

| | |
|---|---|
| 出版合作社 | 新世纪书局 |
| 三民书局 | 光明书局 |
| 金屋书局 | 真善美书局 |
| 文艺书局 | 乐华书局 |
| 乐群书局 | 会文堂书局 |
| 卿云书局 | 新学会社 |
| 新华书局 | 启新书局 |
| 广益书局 | 未央书局 |
| 支那小波书局 | 现代书局 |
| 北新书局 | 新生命书局 |
| 联合书局 | 会文堂书局 |
| 尚志书局 | 民智书局 |
| 开明书店 | 光华书局 |
| 新月书店 | 太平洋书店 |
| 中央书局 | 启智书局 |
| 春潮书局 | 华通书局 |
| 昆仑书店 | 南强书店 |
| 辛垦书店 | 大江书店 |
| 水沫书店 | 春秋书局 |
| 神州国光社 | 生活书店 |
| 泰东书局 | 黎明书局 |
| 江南书局 | 平礼书局 |
| 大光明书局 | 美术书局 |
| 好青年书局 | 玫瑰书局 |
| 落叶书局 | 前夜书局 |
| 东南书局 | 中山书店 |
| 新中国书局 | 华通书局 |

在此百数十家之中，一部分是此时期以前之老店，如商务印书馆、中华书局、民智书局、泰东书局等。大部分系产生于此一时期之中，如华通书局、辛垦书店、中央书店、新生命书局、光明书局、中山书店等。但此一时期所新产生之各书店，在表面上似是繁荣之现象，其实均系含有投机性质之经营。趁此革命势力突进，时代转换之机缘，集合些

少股本，印行几种书籍，可租一店面，或租一房屋，自各经营，因此雷同之同一译本，于此时出现者最多，如雷马克之《西线无战事》，竟有五种译本。如阿志巴绥夫之《山宁》译本，亦有三四种。其他类此者，尚复不少。其虚糜物力人力于雷同之工作，未免过于笨拙。结果影响于出版物之销路甚巨，为事实所不能免。

新产生之新书店，其基础既如是之脆弱。先天既已不足，而其所肆力之途径，又漫无固定目标。所有之出版物，十九均系粗制滥造。如此后天失调之症候，实系自促其生机。严格言之，新书业之繁荣时期，仅民国十七年一年中，可称“小康”而已！

可是时机一逝，支撑为难，由十八年至二十年之间，因国民心理之变迁与循环式内战之复苏，在均足予中国产业——尤其出版业——以重大之打击。一方 Die einzige Partei 之专政，与书报之 Zensur，又在施其露骨之制裁。于是专门出版社会科学和新文艺之出版家，在数重压迫之下，便感十分苦痛，几至无法维持。

民国十九年至二十年之间，金贵银贱之洪潮又波及于出版界。纸张昂贵，成本提高，新书之销路，大受妨碍。一般新出版家，资本本极有限，已赚钱者尚可“将泥塑佛”，勉强支持；新开张者，动用血本，而销路如何，实难逆料。故此时之出版界，每家几有欲罢而不能！

为挽救销路不畅之危机，及吸收现金起见，大部分之新出版家，于此时相率成立所谓“读书会”，以吸收读者之现金。同时无论大小规模之出版家，于每家之中，均举行“大廉价”四五次，以求换取现金。而商务、中华两大书局，且印赠“代价券”，以广招徕。其他小书局，更其花样百出。凡此饮鸩止渴之政策，尤失读者之信仰，而新出版业益陷于不可自拔之深渊！

在北平（今北京）方面此时发现有三四百种之翻版书，翻印上海各出版家所发行销路较佳之新书。致使上海各书店对于北平方面之推销，发生莫大之影响。由是上海各被害之书局（神州国光社、光明书局、南强书局、现代书局、光华书局、开明局店、新生命书局、大江书铺、新月书店、民智书局、华通书局、北新书局）一致联合对付，卒经破获，解由北平地方法院罚办，而此风方得稍戢。兹摘录翻版书一览表之一部份，以见翻版书之技俩：

| 原书名 | 著作人 | 原出版家 | 翻印之书名 | 识　别 | 备　考 |
| --- | --- | --- | --- | --- | --- |
| 少年维特之烦恼 | 郭沫若 | 现代书局 | 少年维特之烦恼 | 伪版纸质恶劣印刷不良 | 改用创造社名义 |
| 中国古代社会研究 | 同右 | 同右 | 中国古代社会研究 | 同右 | 改用联合书店名义 |
| 最后的微笑 | 蒋光慈 | 同右 | 胜利的微笑 | 同右 | 改用光华书局名义 |
| 黑猫 | 郭沫若 | 同右 | 桌上跳舞 | 同右 | 改用仙岛书店名义 |
| 林娟娟 | 金满成 | 同右 | 小母亲 | 同右 | 拼凑其他短篇小说 |
| 往事 | 谢冰心 | 开明书店 | 冰心全集 | 同右 | 将书全部剽窃入冰心全集内 |
| 三民主义理论的体系 | 周佛海 | 新生命书局 | 原书名 | 同右 | |
| 归雁 | 庐隐女士 | 神州国光社 | 女作家小说集 | 同右 | |
| 野蔷薇 | 茅盾 | 大江书店 | 处女的恋爱 | 同右 | |
| 胡适文存 | 胡适 | 亚东图书馆 | 胡适散文粹集 | 同右 | |
| 纪念碑 | 蒋光慈 | 同右 | 青年新书信 | 同右 | 改用新新书店名义 |
| 徬徨 | 鲁迅 | 北新书局 | 家庭幸福 | 同右 | |
| 迷羊 | 郁达夫 | 同右 | 恋爱之花 | 同右 | 改用开明书店名义 |
| 社会科学大纲 | 高希圣 | 平凡 | 现代社会学大纲 | 同右 | |
| 枕上随笔 | 章衣萍 | 北新 | 床上随笔 | 同右 | 著者改为杨集生；出版者改为开明书店 |
| 苏俄视察记 | 曹谷冰 | 大公报馆 | 原著名 | 同右 | 铜版插图抽去 |
| 塔 | 郭沫若 | 光华书局 | 原著名 | 同右 | |
| 女神及叛逆的女性 | 同右 | 同右 | 原著名 | 同右 | |

**续表**

| 原书名 | 著作人 | 原出版家 | 翻印之书名 | 识 别 | 备 考 |
|---|---|---|---|---|---|
| 三民主义连环性 | 胡汉民 | 民智书局 | 原著名 | 同右 | |
| 青年之路 | 戴季陶 | 同右 | 同右 | 同右 | |
| 中国社会的结构 | 周谷城 | 新主命书局 | 同右 | 同右 | 改用郭沫若著 |
| 白话文学史 | 胡适 | 新月书店 | 同右 | 同右 | |
| 威尼市 | 王独清 | 乐华公司 | 同右 | 同右 | |
| 现代中国文学作家 | 钱杏邨 | 泰东书局 | 同右 | 同右 | 改用新亚书局名义 |
| 渺茫的西南风 | 刘大杰 | 北新书局 | 同右 | 同右 | 改用新文艺书店名义 |

杂志之发行，亦于此一时期为最盛，每月中均有若干种出版，月刊最多，半月刊及周刊次之，旬刊及季刊又次之。惟因资料关系，颇难划分，故并载于“一·二八”以后之一时期中。

纯粹刊载新书目录及书报评介之刊物（即 Book Men），此时曾风起云涌，盛极一时。兹就记忆所及，列其种类如左：

**刊物名称** **出版家**

中国新书月报……………………………………上海华通书局
读书杂志…………………………………………上海神州国光社
书报评论…………………………………………上海书报评论社
图书月刊…………………………………………上海中华书局
现代出版界………………………………………上海现代书局
现代读书旬刊……………………………………汉口现代书局
出版消息…………………………………………上海乐华书店
读书与出版………………………………………上海生活书店
读书周刊…………………………………………广州万人书店
开明出版月刊……………………………………上海开明书店
出版界……………………………………………商务印书馆交通科
编辑者……………………………………………商务印书馆编译所

文坛杂志……………………………………………上海光华书局
读者…………………………………………………上海读者月刊社
读者月刊……………………………………………上海光华书局
读书俱乐部…………………………………………上海现代书局
图书评论……………………………………………国立编译馆
读书月刊……………………………………………杭州浙江省立图书馆
人文月刊（附录）…………………………………上海人文月刊社
读书月刊……………………………………………北平图书馆

就中以营业为目的之书店所出版之“书目刊物”而论，当以上海华通书局之《中国新书月报》所收书目为最适合读者需要，兼收并蓄，不纯粹作自我之宣传。盖其体例，系仿照日本《东京堂月报》之体裁，凡大小书局、公私团体，及私人所出版之书籍，罔不收罗也。国立编译馆之《图书评论》，北平图书馆、浙江省立图书馆之两种《读书月刊》，则侧重“书评”而不载书目。

《人文月刊》附录所载之新书目录，亦属此类性质。其他或仅对于“本版书”尽量鼓吹，或利用刊物接受某种津贴，而宣传某种主义，是皆失却“书目刊物”之真义。商务印书馆于《出版界》、《编辑者》两种之外，原有《出版周刊》之刊行，其历史为最久。惜此等刊物在“八一三”事变以前，早已相继停刊，殊为不幸。

此一时期尚有一事足资纪述者，即国民党因肃清共产党残余势力及反动思想之关系，对于书报极为注意。言论“左”倾或宣传共产主义之书籍杂志，大量被禁，固无论矣。即《俄国革命史》一书及其他俄国作者所著小说之译本，均为一网打尽。当时中央党部曾印有禁书小册子一种，惜事变后此种参考材料均无从寻觅。兹就笔者记忆力所及者，开列《禁书书目》及被禁杂志数种，盖不足以尽其万一：

## （一）奉令禁止发行之书籍

| 书名 | 著译者 | 出版家 |
| --- | --- | --- |
| 辩证法的唯物论 | 依尔伏逊著 | 沪滨 |
| 工人的国家 | | 华兴 |
| 苏联党史 | | 华兴 |

新社会观……………………………………………………………………华兴
社会进化史…………………………王石云译……………………昆仑
经济学教程…………………………乌里雅诺夫著………………春秋
经济决定论……………………………………………………………辛垦
二月革命到十月革命………………………………………………华兴
列宁……………………………………………………………………华兴
父亲（第二部）…………………高尔基著……………………
爱潮……………………………………………………………………新智
俄国革命全史…………………………………………………………
震动世界之十日……………………………………………………
知难行易与教育………………………………………………………华通书局

右举被禁者书籍不过万分之一，据笔者所知，当时禁网之严，可谓至于无以复加。兹举一例而言：如郭沫若所译之《屠场》被禁，而连带及于郭氏所著所译之其他书籍，实属盲干已极。据查上海现代书局一家，出书共有三百余种，而被禁者竟达六十余种之多。他家则不难想见矣。

## （二）奉令停刊之杂志

| 杂志名称 | 停刊日期 | 查禁机关 |
|---|---|---|
| 拓荒者 | 十九年五月 | 中央党部 |
| 大众文艺 | 六月 | 中央党部 |
| 现代小说 | 三月 | 中央党部 |
| 南国月刊 | 八月 | 中央党部 |

此亦不过举其几种而言，类此被禁之杂志正复不少。凡属思想过激与不稳者无一幸免。

当时于查禁书籍杂志之外，又加以查封上海公共租界之书店。被封者计有左列数家：

| | |
|---|---|
| 华兴书店 | 江南书店 |
| 北新书局 | 群众书店 |
| 乐群书店 | 现代书局 |

被查抄之书店，亦复不少，华通、大江、生活、光华、平凡、南

强、水沫、沪滨、乐群、辛垦等，均遭巡捕降临。或将稍涉疑似之书抄去；或于抄获之后，向第一特区法院提起刑诉。此时正是出版界多事之秋。

“书报检查”亦于此时期中实施，《宣传品审查条例》、《出版法》、《出版法施行细则》等经先后公布，并见诸实施。而出版家为遵行法令，均依法办理送审手续。但当局办理此事，第一不知慎重人选，致常闹笑话；第二审查非常迟缓，使出版家蒙受重大损失；第三各省办法，不能悉照中央所颁各种条例办理，致有已经中央审查准许发售之某种书籍，寄至甲省则可通行，寄至乙省忽遭扣留，使出版家无所适从。故审查办法行之未久，即无形停顿。

出版业劳资纠纷，亦以此时为最，罢工之事层见叠出。商务印书馆、中华书局、大东书局等工人要求改善待遇，接踵而来。其中有纪述之价值者，厥为商务印书馆编译所劳资纠纷之轩然大波。

先是，商务印书馆新任总经理王云五，由欧美考察回国，实行其所谓“科学管理法”，以六个月为试办时间。第一步设立研究所，并改组总务处及编译所。第二步为组织编译评定会。二十年一月十日公布其所订之《编译所编译工作报告报酬标准试行章程》二十六条，内容分编译工作为五种——著作、翻译、选辑、校改、审查。定编译工作条件为三种：

（甲）担任者之资格；

（乙）工作之种类；

（丙）品质之高下，

以为计算报酬之准绳。

因此于第七条中规定著作编译工作之八级报酬：第一级每千字六元，第二级每千字五元，第三级每千字四元，第四级每千字三元五角，第五级每千字三元，第六级每千字二元五角，第七级每千字二元二角，第八级每千字二元。于第十一条中规定校改工作之六级报酬：第一级每千字二元，第二级每千字一元五角，第三级每千字一元二角，第四级每千字一元，第五级每千字七角五分，第六级每千字五角。审查工作以字数之多寡为标准，限定时间审查完毕，如二十万字以外之稿，只限九小时；二十万字以内之稿，只限七小时三十分；十万字以内之稿，只限六小时；五万字以内之稿，只限四小时三十分；二万字以内之稿，只限三小时。诸如此类，不但限制綦严，而待遇又复苛刻，视编译员等于机械，以致引起极强烈之反响。该馆编译所全体职工于原有职工会之外，另组特别委员会，专事办理此项交涉。同月十五日召集全体大会，议决对策如左：

（一）全体反对所谓绝对不合科学方法之新标准。

（二）询问编译所长（按：此时之所长为何炳松）能否保持固有职权，不能时，由全体推举委员，组织编译会议，恢复原状。

（三）编译所内部事宜，总经理不得越权干涉。

（四）将全体同人之意见报告董事会。

（五）组织特种委员会，并发表宣言。

其宣言之大略如左：

自欧美、日本发生所谓“产业合理化”运动以来，各国失业者之人数日益增多，社会不景气之现象亦日益显著。可知产业合理化运动，对于劳动者固为一种新的压迫。……不意敝馆总经理王云五，以六个月零二天之短促时间，匆匆经历九国，稗贩此种运动中所谓“科学管理法”之皮毛以归，不问国情，不察实业界之环境，便欲以实施之于三十余年历史之商务印书馆，更不意首当其冲而供其尝试者，乃为绝不可用科学管理法控御之商务印书馆编译所。——同人等与王君八载共事，深知其学识之何若，而对于彼之所谓科学管理者，更无不深滋疑虑。质言之，彼之行为及言论，实无一合于科学方法者。即以王君此次对于敝所公布之《工作报酬标准试行章程》而论，其中讹谬凌乱之点，实属不胜枚举。编译工作，原非若机械然，可按日而计酬。搜集资料，考订异同，惟求精当，遑计晷刻。是以敝所向例，工作标准皆以一书一文为衡，从无计日计字之例，而王君乃欲推翻成规，独创酷例，非于著作之甘苦，学术之门径未或身尝，恶得至此？至论其所谓报酬标准，则其苛刻菲薄，更有言之令人发指者。查敝所向例，编撰中等学校教科用书，每册率需半年。依王君新颁标准，虽以最高报酬计算，非于两个月内完成不可。易言之，即工作须较向例加重三倍，始合向例之薪酬，况其所谓报酬，更绝无“标准”可言乎？以绝无标准之报酬，衡量不能严定标准之编译工作，其为科学方法乎？抑非科学方法乎？即同人等不言，王君亦当自知之。至于分等分级之种种荒谬，同人等更未遑一一例举。按此种新订工作报酬标准，为团体契约之变更，未经主管官厅批准，及敝会同人等同意，依法当然无效。

同月十九日，该职工会宴请沪上各界于四马路一枝香菜馆，请求各界主持公道，嗣往社会局声请调解。结果王云五氏以众怒难犯，自动取消新订标准。而此一场轩然大波，遂告平息。但自是以后，王氏对于该所职工深致不满，故乘“一·二八”事变之机会，乃将该所解散。此为出版界中特殊史实之一端，实有纪述其梗概，借留鸿爪。

于此，笔者乃乘便谈及民国十年以后至“八一三”以前之稿费问题。

按出版业对于收买稿件，多以著作人是否名作家为权衡。如系名作家，其稿件多系预先约定，未交稿之先，可先付若干稿费，俟交稿后再行付清。其稿费每千字最高为十元，最低为三元。但能得十元之稿费者，可谓绝无仅有，据笔者所知，于民国十七年以后，只有郭沫若、张资平、陈豹隐等之稿件，方能取得惹大之稿旨。翻译圣手伍光建之稿费，亦不过每千字七元。社会学者萨孟武、陶希圣等之稿费，亦仅六元而已。其他未成名之作家，不论译述或著作，大都在一元至二元之间。目前稿费，乃涨至每千字二十元至七十元。说者谓：方诸物价指数，似尚嫌过低也。

卖稿之术语称为“让予著作权”；通称为“卖稿子”。出版业者与著作人间必须订立一种契约，载明稿件名称及条件。有时出版家对于未成名之作家，尚须令其觅一保证人，保证该稿并非剽窃抄袭而来。此种契约之条文繁简不一，兹录其一种于左：

让与著作物契约

一、让与人

二、受让人　上海××书局

三、让与著作物之稿名及其册数

四、让与著作权之价值 本著作物让与价值计国币右列价额已经让与人如数收讫

五、本约订定之条件：

1. 本著作物自立约让与后其出版权永远为××书局所有，让与人决不再将本书版权转售租赁及变更删改其名且另行刊印等情事；

2. 让与人保证本著作物并无侵犯他人版权及违反法律情事，如因此发生纠纷由让与人负完全责任并赔偿受让人所受之损失；

3. 本著作物印行与否悉听受让人之自由与让与人无涉；

4. 受让人对于本著作物之名称认为有变更之必要者得径自改换之；

5. 本著作物印刷时得由让与人担任最后一次之校对；

6. 本著作物再版时受让人认为有修改之必要得要求让与人修改否则受让人一方可径自修改之。

本约除上列各条外如有未尽之处悉依照《著作权法》及《民法》出版事项各条办理。

中华民国　　　　年　　月　　日

著作物让与人

通讯处

保证人

通讯处

让予著作权之外，又有“租赁著作权”之办法，即通称“抽版税”是也。版税率亦视著作人之是否名作家而定，普通系照该书版权页上所印之定价，值百抽取十五或二十之版税率。并于该书印成之时，赠送十册与著作人（卖稿之书只送五册）。如著作人需要该书超过十册时，可照定价之半，以现钱购买一二十部。但此半价之部数，出版家即不负支

付版税之责任。

版税之支付，普通出版家，大多数每半年结算一次，函知著作人凭“版税折”支取。惟商务印书馆对于著作人特别优待，其办法为：凡抽版税之书，于出版之日，即付该书版税之半数（如该书印数为二千册，每册定价为二元，应抽之版税，每册为三角。于出版之日，先付一千册之版税三百元与作者）。余俟年终结算时找补之。

《著作权租赁契约》，为出版家承受著作物时，与著作人间缔结之合同；其条文亦繁简不一，大率皆有利于出版家者。兹抄录于左，以存史迹。

著作权租赁契约

著作人×××（以下简称甲方）将所著/译××××一书交由××书局（以下简称乙方）印行，双方订定条约如左：

一、甲方保有本书全部版权，乙方负印刷发行之责。

二、本书如发生版权上一切纠纷时，须由甲方自行料理。但如有其他书局翻印等情，乙方当负责查究。其费用则由甲乙两方平均担负之。

三、为保障版权起见，本书须向内政部注册。其手续由乙方代理，其费用则须甲方负担。但如甲方自行呈部注册，亦可听便。

四、版税按照本书定价抽取初版百分之××再版以后百分之××，由乙方于每年一月、五月、九月月终结算，甲方不得预支，乙方亦不得借故拖欠。

五、清算版税时，根据乙方存书数为标准。

六、本书初版及再版时，由乙方将印数通知甲方，甲方即按照印数发给版权印花。甲方如认为无需贴版权印花者听便。

七、甲方在未得乙方同意，允许收回本书印行权之前，不得以本书另交其他书局发行。

八、甲方如欲将本书中之一部分另行编入其他单行本，交乙方或其他书局出版时，必须事前商得乙方之同意。

九、本书未满三版前，甲方不得收回，（但如初版书销罄后满一年以上乙方不为再版者，不在此例。）三版后如欲收回，须贴付乙方排版费全部。

十、本书出版后，乙方须赠送甲方××册。

十一、甲方向乙方购买本书时，得照实价七折计算，惟不支给版税。

十二、本契约一式两纸，由甲乙两方各执一纸，以昭信守。

中华民国　　　年　　月　　日

花印

订立契约人

甲方（著作人）署名盖章

乙方（发行人）

有若干之出版家，每不顾信用，拖欠版税，如郭沫若被现代书局（洪雪帆经理时代）拖欠版税数千余元，即其一例。同时，又有若干出版家不顾契约上之约定，于版权上不照贴著作之印花，冀图偷漏版税，致被告发者，亦有所发现。如漆树芬夫人控告光华书局匿报版税（漆著《中国铁蹄下之经济侵略》）之事件，即其一例。抽版税办法，以利益言之，当然不利于出版家，而有利于著作人。故商务印书馆当局向例对于教科书字典辞典等，宁出高价收买，而绝不愿以抽版税方法订立合同，其眼光实有独到之处。凡此所述，虽属琐屑，要亦出版业制度之一斑，故简述其概略，以为将来改进之地。盖过去各出版家所订立两种契约，漏洞实多，不予修改，不但殊欠平允，且与法律多所抵触。

上海开明书店成立于此时期以前，原为文艺书籍之出版家，北伐告成以后，亦编印中学校教科用书，就中以林语堂之英文读本销路为最佳。又选印古今佳作，定名为《开明活页文选》，供给中学校采作国文科、国语科讲议之用。独创一格之出版物，虽然获利极微，而“开明书店”四字之烙印于教育界人士之脑际，已相当深刻，较诸报纸广告之自我宣传，收获更孚矣。

生活书店其前身为“生活周刊社”，本拥有广大之读者。其始办理“通信购书”业务，代各埠读者购买上海各书店之图书。嗣后日渐发达，乃开始将《生活周刊》上已发表之青年修养文字，辑印成册。不久因某种关系，前东北军政当局，对该店投资巨万，资本一充，发展自易，文艺译著，社会科学，印行不少。就中以郑振铎主编之《世界文库》十二册，傅东华主编之《创作文库》二三十册，蔚为巨制。又图书年鉴式之《生活全国书目》二册（民国二十二年、二十四年）在中国系属创举，煞费功夫，有裨学者与出版家不少。惜该书店锋芒过露，时遭政府当局之注意与搜查。

神州国光社成立于清末，原系以发行影印金石书画册集为专业，其他书籍则所印殊鲜。“一·二八”以后，十九路军之陈铭枢出资加入该社，实力乃充，亦致力于社会科学及文艺书籍杂志教科书等之出版。一面扩充营业，一面自办铅印工场。但“闽变”以后该社似陷于半停顿之状态。

民智书局有悠久之历史，主持人林君，原为老国民党员，追随孙中山先生有年。吾人以为该局于国民党迁都南京以后，必有一番振作。但事实上并不如此，仅于民国十六、七年间大量印售《三民主义》、《建国方略》等袖珍本，整售于宣传机关而已，固无若干表现也。民国二十二年林君逝世，该局无法维持，治丧委员会曾提议出盘，其前途盖可想见。今则已成为出版业史上陈迹矣。

儿童用书，在此以前，除商务印书馆、中华书局、世界书局等家出版外，并不多觏。此时有陈鹤琴创办儿童书局及计志中创办新中国书局，则专行编行此类图书与杂志。

连环图画（即小人书）之出版家多在闸北，所出之书，类多下流趣味之内容。前此所用纸张，多采取有光纸，至是改用报纸，两面印刷。销路特别畅旺，尤以出租小人书之书摊，罗列于大街小巷，生意更好。政府当局因该类书籍，内容恶劣——黑幕、剑侠、神怪、秽亵，贻害幼年及青年读者甚大，予以取缔。但取缔何补于事实？

影印金石书画册集及名家真迹轴联等，以神州国光社、有正书局、商务印书馆最着先鞭。文明书局、中华书局、西泠印社及艺苑真赏社为后起之秀，亦各有数十种印售。此类出版物，最初利用石印，继用珂罗版，再进而用影写版，故其出品愈趋于精良。民国五年，上海哈同花园内有广仓学会，私家影印之《艺术丛刊》，内容以金石为主，书画副之，颇见重于一时。此外在北方发行之《故宫》月刊、《故宫》周刊、《故宫书画集》等，亦系影写版。又北平图书馆、燕京大学、内务部故物陈列所、中央图书馆等，亦各有影印古书出版。对于文化，实多所贡献。惜自事变以后，无论商营出版业，或学术团体等，均不愿将出版物再版；尤以近年因纸价陡涨，益使出版者无力及此。以致此类影印之出版物，在今日几成绝响。即于京沪旧书店中，亦不易觅得矣。

"画报"之刊印，以上海点石斋为最早。降至民国十六年前后，此类出版物，大见精良。皆以影写版、八开本印行。此时有良友图书公司发行《良友》画报，文华公司发行《文华》画报，又有《时代》画报等。就中以《良友》之质量与印刷，均属最佳。不数年，良友公司日就发达，亦逐渐出版文艺书籍；复于民国二十四年，编印《中国新文学大系》一套，全书十六册，定价二十元。此书为文学大纲后之一部巨制，对于新文学作品及史迹，颇尽收集之能事。此外尚有漫画刊物，如《时代漫画》、《上海漫画》等，销路亦佳。此类漫画，文图并重，尤以讽刺画见长。

《出版法》及《出版法施行细则》公布后，上海出版家群起反对。二十年十二月由北新书局等四十九家，向一中全会请愿。其请愿书所提之理由，颇为合理。兹录请愿书于左，借此亦可见当时出版界之情状。后竟得修改，其结果尚佳。

窃以言论出版自由为民主国国民应享之权利，国民党党纲，久经明白规定，垂为典则。我国文化落后，出版事业，视欧美先进诸国，望尘莫及；正宜扶植培养，使之日就发皇，在昔君主专制及军阀专政时代，妄作威福，任意摧残，压迫言论出版自由，借以遂其一己之私，固无足议。自国民政府成立，著作界出版界无不欣忭鼓舞，以为从此得以安享人权，获取自由。乃近年以来，事实上则钳制束缚，视昔加严。中央及各地党政军各机关，往往派遣员役，检查邮寄，搜索书肆，轻则扣押处罚，重则拘禁封闭。甚至同属一书，有在甲地可以通行，寄至乙地辄遭罪办者；更有中央政府或党政机关业经允许出版，而地方或军事机关仍复禁止者。政令纷歧，无所赴诉。立法上又有出版法及出版法施行细则之颁布，条文繁碎，奉行维艰。例如出版法施行细则，规定书籍出版之前，应将稿本呈送内政部声请许可，否则概行扣押或处罚。查内政部从前办理之著作权注册及新闻杂志登记，尚多一年半载，延不颁发。我国每年出版书籍，纵不及欧美日本之多，当亦有数千种。倘书稿必须送请内政部许可，即令部中增多检阅人员，亦决非延搁不可。则凡有新书，呈待许可，经年累月，直等废纸。至如研讨日新月异之科学，论述朝夕变幻之世界大势者，悉成明日黄花，更无待论。且凡稍涉政治之书，除呈送内政部外，更须呈奉中央党部审核，势必更多延时日。甚至甲许乙驳，终至妨碍出版。其他苛细之条，烦酷之刑，殆难尽数。此法一行，将使著作出版之人，无一书可以应时出版，无一日不可陷于刑辟。今幸钧会开幕，同业等拟请对于人权之保障，文化之扶植，加以注意。此项束缚出版自由，阻遏文化事业之法令，应请毅然废除，以慰民众喁喁之望，而保出版自由。用特合词向钧会提出请愿案，请求废除出版法及出版法施行细则，并停止党军政各机关对于书籍之检查搜索，以尊人权而裨文化。……敬求公决施行。

在此数年中，出版界中尚有一种“抄袭纠纷”，双方于报章上，互相揭发与辩驳。兹举其事实如左：

（一）民国十九年，开明书店告发世界书局之《英语标准读本》（林汉达编）有抄袭该店《开明英文读本》（林语堂著）之文字。

（二）同年，中华书局登报征求各界证明与世界书局之《历史教科书》雷同之赏格。

（三）民国二十年，会文堂之上海法学编译社登报警告世界书局之现代法学社。其事由因世界书局《现代法学讲座》中之各种书名，与会文堂《法学丛书》之各种书名，多所雷同。

汉字检字法之出版物，大都于此一时期中产生。但所有各种方法，是否适于排检？系另一问题。不过检字法之发明人，如无大出版家为其尾闾，亦无法推展其发明。如王云五之《四角号码检字法》，苟无商务印书馆之地盘，则何能编印王云五字典五六种；索引若干种？如陈立夫之《五笔检字法》，苟非党国要人之著作，中华书局未必予以采用！所以其他之数十种检字法，始终没没而不彰者，即无大规模之出版家为其背景故也！事虽如是，而每种检字法之问世，总需印行小册子一种，故与出版界亦有关系。兹列表于左，以见其盛况：

| 名称 | 发明者 | 发表年月日 |
|---|---|---|
| 直斜弯点检字法 | 宋国宾 | 十九年十一月一日 |
| 归并部首法 | 高梦旦 | 约民元前后 |
| 四笔计数检字法 | 陆费逵　舒新城 | 十九年十二月三日 |
| 汉字索引制 | 林语堂 | 七年三月 |
| 四周计头检字法 | 叶心安 | 十九年十二月一日 |
| 注音字母国音检字法 | 教育部 | 九年十二月 |
| 速检字典 | 秦禹卿 | |
| 德芸检字法 | 陈德芸 | |
| 汉字形位排检法 | 杜定友 | 十九年十二月十三日 |
| 汉字检法 | 杜定友 | 十一年 |
| 笔画六类排字法 | 郑影云 | 十九年十二月十五日 |
| 十二种笔画检字法 | 沈祖荣　胡庆生 | 十一年 |
| 全数头形检字法 | 郑午昌 | 十九年十二月二十四日 |
| 汉字排字法 | 杜定友 | |
| 头尾号码检字法 | 陆衣言 | 十七年十一月二十二日 |
| 二十六种笔画检字法 | 桂质柏 | 十四年 |
| 部首检字法 | 陆衣言 | |
| 修正汉字母笔排列法 | 万国鼎 | 十五年一月 |
| 上下号码检字法 | 陆衣言 | |
| 末笔检字法 | 林语堂 | 十五年十月 |
| 面线检字法 | 张凤 | 印有张凤字典 |
| 五笔检字法 | 心 | 十七年十二月三日 |
| 七笔检字法 | 陈德芸 | |
| 出笔始末检字法 | 价人 | 十七年十二月二十七日 |
| 点直横斜检字法 | 陈稼轩等 | 二十年四月 |
| 横直斜检字法 | 善兄 | 十七年十二月二十七日 |
| 号码检字法 | 王云五 | 十四年六月 |
| 电报号码检字法 | X君 | 十七年十二月二十九日 |
| 四角号码检字法 | 王云五 | 十五年二月　被采用甚广出版物最多 |

| | | | |
|---|---|---|---|
| 汉字母笔排列法 | 万国鼎 | 十五年一月 | |
| 笔数首笔速检法 | 秦禹卿 | 十七年十月二十四日 | |
| 形数检字法 | 张凤 | 十九年十月十日 | |
| 姓氏检查法 | 陈立夫 | | |
| 半周论笔法 | 周辨明 | 十七年七月 | |
| 单体检字法 | 何公敢 | 十七年二月 | |
| 首尾号码检字法 | 姜福成 | 十七年九月十九日 | |
| 首尾面线检字法 | 陈文 | 十七年十月十日 | |
| 画数首笔法 | 中央大学图书馆 | 十七年秋 | |
| 新韵索引法 | 林语堂 | 十五年一月一日 | |
| 加减检字法 | 美及雪华 | 十七年十二月二十九日 | |
| 字音检字法 | 听涛 | 十七年十一月二十三日 | |
| 画数及陈立夫五笔合用法 | 中央党务学校图书馆 | | |
| 五笔检字法 | 陈立夫 | 十七年三月一日 | 被采用编制卡片索引者仅次于四角号码 |
| 汉字叙次法 | 蒋一前 | 十七年十二月 | |
| 汉字检字和排叠法 | 黄希声 | 约民十一年前后 | |
| 形母检字法 | 蒋一前 | 二十年十月 | |
| 检字目录 | 沈祖棠　胡之生 | 十一年一月一日 | |
| 笔画检字法 | 崔巢 | 十八年一月二十九日 | |
| 中文著者姓氏号码表 | 桂质柏 | | |
| 一个治标的部首法 | 陈光垚 | 十八年十二月 | |
| 汉字索引制 | 林语堂 | 十七年五月一日 | |
| 十八种笔画检字法 | 庄泽宣 | 十九年十月 | |
| 双部首法 | 卜麦谛 | 西历一九〇七年 | |
| 革命检字法 | 田倬之 | 十九年冬 | |
| 新部首检字法 | 陆衣言 | 二十年一月一日 | |
| 末笔索引法 | 林语堂 | 十五年十月一日 | |
| 看头检字法 | 叶心安 | 二十年一月十九日 | |
| 半周索引法 | 周辨明 | 十七年七月一日 | |

| | | |
|---|---|---|
| 中国字庋撷 | 燕京大学引得编辑处 | 二十年二月 |
| 首笔部首检字法 | 林憾 | 十七年十二月七日 |
| 汉字六笔检字法 | 谭议（咨夫） | 二十年五月二十三日 |
| 电报记号检字法 | 七君发明张凤代表行发 | 十七年十二月二十九日 |
| 自然检字法 | 焱 | 二十年七月二十二日 |
| 中央大学图书检字法 | | |
| 瞿氏号码检字法 | 瞿重福 | 十六年九月 |
| 头脚检字法 | 王培梁　李乐群 | 二十年十一月 |
| 首尾四笔检字法 | 张华穆 | 十七年十一月二十五日 |
| “丙”字检字法 | 葛启扬 | 二十二年五月 |
| 五笔检字法 | 禅心 | 十七年十一月三日 |
| 画数首笔法 | 中华书局 | |
| 革命底检字法 | 田倬之 | |
| 罗马字母号码检字法 | 叶申如 | |
| 七笔检字法 | 德芸 | |
| 汉字六笔检字法 | 谭议 | 十九年六月六日 |

书业之副业，往者仅及文具与纸张，此时竟有兼营咖啡座之事业，上海北四川路底之东方书局附设东方茶室；红叶书店门市部（北四川路海宁路口）亦有咖啡座之附设，两家均用女招待，以广招徕，斯诚流品之下者。继之者华通书局亦于楼上附设“拉丁区茶点部”。于此即可窥见新书业之不景气程度为如何！

## 五、“一·二八”淞沪事变后之新出版业

二十一年一月二十八日午夜淞沪事变发生，此时接近废历二十年年底，上海工商业均以此陷于停顿；而出版业所受之损失尤为重大。因上海之大小印刷工厂及装订工场，大部分均开设于华界之闸北。工厂被毁，设备固已一炬而空，而正在排校之原稿，与印成未订之书页，亦均化为灰烬，损失最大者厥为商务印书馆总厂。据该馆当时发表统计之数字如左：

### （一）总厂

（甲）房屋：（子）总务处　一七〇，二八〇元；（丑）印刷所、

印刷部　三七八，〇三一元，栈房　一三九，二三四元，木匠房等　五，七九六元，储电室　二一，九五三元，自来水塔　一一，四二九元；（寅）家庆里住宅　七，二〇〇元。

（乙）机器工具（包有滚筒机、米利机、胶板机、铝板机、大号自动装订机、自动切书机、世界大号照相机等）　二，八七三，七一〇元。

（丙）图版　一，〇一五，二四二元。

（丁）存货；（子）书籍：木板书　四，九八二，九六五元，原版西书　八一八，一九七元；（丑）机器文具　七七一，五七九元；（寅）铅件　一九，八〇七元；（卯）机件　六，二〇七元。

（戊）纸张原料：（子）纸张　七七六，一〇〇元；（丑）原料　三一一，二〇〇元。

（己）未了品　二七五，〇〇〇元。

（庚）生财装修：（子）总务处　一二，五二三元；（丑）印刷所　八二，一〇五元；（寅）研究所　五三五元。

（辛）寄售书籍　五〇〇，〇〇〇元。

（壬）寄存书籍字画　一〇〇，〇〇〇元。

## （二）编译所

（甲）房屋，在东方图书馆下层已列入东方图书馆损失数内，不另计价。

（乙）图书：（子）中文　三五〇〇部，三，五〇〇元；（丑）外国文　五二五〇册，五二，五〇〇元；（寅）图表　一七，五〇〇元；（卯）卡片　四，〇〇〇元。

（丙）稿件：（子）书稿　四一五，七四二元；（丑）字典单页　一百万页，二〇〇，〇〇〇元；（寅）图稿　一千套，一〇，〇〇〇元。

（丁）生财装修　二四，八五〇元。

## （三）东方图书馆

（甲）房屋　九六，〇〇〇元。

(乙) 书籍：(子) 普通书，中文 二六八，〇〇〇册（平均三四本合订一册），一五四，〇〇〇元，外国文 八〇，〇〇〇册，六四〇，〇〇〇元，图表照片 五〇，〇〇〇套，五〇，〇〇〇元；(丑) 善本书，经部 二七四种，二，三六四册，史部 九九六种，一〇，二〇一册，子部 八七六种，八，四三八册，一〇一，〇五七种，八，七一〇册，购进何氏善本约四万册，一，〇〇〇，〇〇〇元，方志 二，六四一部，二五，六八二册，一〇〇，〇〇〇元，报章杂志四〇，〇〇〇册，二〇〇，〇〇〇元；(寅) 目录卡片 四〇〇，〇〇〇张，八，〇〇〇元。

(丙) 生财装修 二八，二一〇元。

(四) 尚公小学校

(甲) 校舍：(子) 小学部 一九，一〇九元；(丑) 幼稚园部 一〇，〇〇〇元。

(乙) 图书仪器及教具 一二，〇〇〇元。

(丙) 生财装修 六，〇〇〇元。

以上共计一六，三三〇，五〇四元。

"一·二八"后数日，该馆设善后办事处于公共租界。一方面整内务，一方面发表解雇全体职工。但解雇纠纷因劳资双方条件不易接近，致拖延数月，直至五月十七日晚，始告就绪，双方于是晚假香港路上海银行公会签订和解合同。兹录其交涉经过及有关系之文件如左，以见一斑。

先是商务印书馆董事会于是年二月四日在报上发表停止通告一通略谓：

> 三十五年来苦心经营之事业，俱化为灰烬，惨酷情形，莫可言状，又念各同人室家被毁，颠沛流离之状，尤为痛心，今公司与同人方面，根本已无法维持。……决议将本馆总务处及编译、印刷、发行、研究四所，虹口、西门两分店，全部停顿。

该馆全体职工，对此通告，深表不满，亦登报驳复，其大意谓：

> 商务印书馆，为中国唯一文化机关，凡吾劳资两方，都应忍痛维持。……此次损失虽极重大，尚非破产之时……如此时局未定，筹备需时，万不得已暂行停工……则职工等爱护公司心切，尚可暂时忍痛接受，若借端停工之名，实施解雇之实，全体职工万难接受！

不久，职工与该馆当局因商议留沪同人之二十元救济费，相持不决，声请上海市社会局调解。不料该馆当局于调解进程中，乃进一步提出全体解雇之议。因此，职工方面编印《商务印书馆被难职工的呼吁》小册子一种，说明该馆尚未破产，剩余资产尚有若干，及暗中进行恢复之事实，以为对抗。目的即在反对全体解雇之问题。其大略如左：

> 但是存在的财产，也还不少。现在我们从会计科方面，得到精密的报告：①大马路地基房屋值价四十五万元，②发行所地基房屋值价十五万元，③分支馆局及二印刷厂地基房屋值价四百五十万元，④借出给中国营业公司价值二十四万元，⑤存银行保险库占值价十五万元，⑥此外总厂及他处地基约一百亩值价一百万元，⑦存现款（一月二十八日）一百二十五万元。以上不过最大的数端，为数已有八百万元，至于未曾烧去的机器、书籍、纸张等，也有三百万元，总计资本还存一千一百万元。以上已超出该馆原资本一倍而有余。并且资产逐年因大打折扣的缘故，隐藏的更不少。……工厂不止一个，向来北平、香港都有印刷厂，自这次事变以后，两工厂已大为扩充，不用我们停职的工人，而去新雇工人，近来云飞汽车行楼上筹办新工场，沪西某跑狗场也买下来了。他不用我们停职工人而反力图解放。在这一个月中，本馆大批的工作，或托某报馆制版，或托某印刷所印刷，而置停职工人于不顾。

此种交涉双方不让步，一直僵持至同年五月十七日始告解决。五月二十九日商务董事会通告职工，以遵照上海市社会局批令为由，通知发给“职工解雇退职金”，及发还“特别储蓄金”。于是该馆之解雇纠纷，始得完全结束。

计此役该馆所发之各种款项，多至一百五十余万元。

| | |
|---|---|
| 酬恤基金 | 二六八，五〇一元 |
| 再发薪水半个月 | 九五，〇〇〇元 |
| 小数补足 | 二〇，〇〇〇元 |
| 二月初发薪半个月及维持费每人十元 | 一四一，〇〇〇元 |
| 特别储蓄 | 一九〇，〇〇〇元 |
| 活期储蓄 | 三七〇，〇〇〇元 |
| 上年年终职工借薪四分之三及积欠薪水 | 一九〇，〇〇〇元 |
| 二十一年一月二十九日起发还特活储蓄 | 三〇〇，〇〇〇元 |
| 和解津贴费 | 二二，〇〇〇元 |

自此结束后，该馆即于同年七月十日，在上海市商会，召集股东大会，报告被毁经过，及议决定期复业，结果于同年八月一日先恢复总发行所。至于改少资本问题，当日不能决议，由各股东将提案带回研究，嗣于九月四日临时股东会议决，减为三百万元，每股票面改为六十元，以后每年以赢余弥补，至补足五百万元为止。至该馆复业之先，其生产品，第一趋重于二十一年度秋季教科用书。其排印之所在地，为香港分厂及北平分厂。故复业以后，即有教科图书应市，盖其早有准备也。

该馆复业后，内部之组织及管理，悉改旧观，规约待遇较前严格。并规定公司当局及编译员，不能兼营同样之事业，或代其他书店写稿。当时该馆秘书何炳松因曾为中华书局校订英文字典，乃函该局申明除名。又于八月一日起于总机构方面，成立总管理处，用以代替旧时之总务处。其下各部门，则分为：生产部、营业部、供应部、主计部、审核部、秘书处、人事委员会、防火委员会等。

此时该馆新恢复之办事处及各厂，均在租界以内，计：制版厂在爱文义路，印刷厂在白克路及杨树浦，函授学社则在法租界劳尔东路。此种化整为零，划分若干部门而设厂之办法，盖用以分化工人之团结力，而免发生工潮也。

复业后之商务印书馆，所印行之书籍，为数颇多，同年十一月一日起，出版“每日新书”一册，创出版界未有之先例。此时该馆之再版出版物，均于版权页上印有“国难后第×版”的字样。

同时又于总发行所内高悬标语：

“为国难而牺牲！”

“为文化而奋斗！”

不久，该馆编印《复兴教科书》一套行销，盖所以志痛念与策动来兹也。以后每星期又提出新书一二十种发售七折特价，名写“星期标准书”。

该馆出版之杂志，在“一·二八”前，原有十一种。复业后仅复刊五种：《东方杂志》（半月刊）、《英语周刊》（周刊）、《儿童世界》（半月刊）、《儿童画报》（半月刊）、《教育杂志》（月刊）。此外，其他各书局之损失情形，其可考者，仅如左表：

| 出版家 | 毁坏程度 | 损失金额 | 地点 |
| --- | --- | --- | --- |
| 新中国书局 | 纸版原稿外全数被焚 | 三五，〇〇〇元 | 宝山路天吉里 |
| 出版合作社 | 全部被毁 | 一〇，〇〇〇元 | 江湾永义里 |
| 民治书店 | 同右 | 一〇，〇〇〇元 | 鸿兴路东鸿坊 |
| 学海书店 | 存货被劫 | 五，〇〇〇元 | 虹口青云里 |

世界书局，因工厂位于沪东大连湾路，亦陷于军事区域之中。沪战既起，全部工作停顿。但尚无大量损失，至沪战停止后，不久即行复工。此为出版界中一大幸事，实有一纪之必要。其他大多数之出版家，于战事发生后，因全市均告停业，职工纷纷返乡避难，停市一个月左右，其有形无形之损失，更无从统计。至开市以后，除教科书外，绝无顾客问津。外埠代售书店，亦无人到沪配书，而且废历年关结账之期，因战事关系，业已混过，更无人愿意付款。资本不充之出版家，几至无法应付目前之开支。此为当时上海一般出版业者之一大厄运。此外大部分之印刷所及订书作均设于闸北，正在排印及装订之书籍与原稿，毁于炮火者，损失盖不可胜纪。

自此时起，上海各出版家深陷于不景气之氛围中，因之宣告清理或倒闭或出盘者，不在少数。大约经一年以后，方渐渐复苏，稍稍从事于印行少数新书。但此时出书之途径，与“一·二八”以前完全相反，所出之书，均系于故纸堆中搜集旧货，《袁中郎集》及其他小品，曾风行一时。“一折八扣书”之旧小说等，亦尽量翻印。盖一折八扣书，均无须支出稿费，印刷亦不必考究，粗制滥造，即可卖钱。

自“一·二八”以后，至“八一三”以前，其间不及六年。在此时期之中，为杂志出版最多之年头。民国二十二、三年上海杂志公司及中国图书杂志公司相继成立，文艺性质之杂志，多至不可胜数。如傅东华主编之《文学》，即有继商务印书馆《小说月报》之意味。施蛰存主编之《文艺》，有现代书局《现代月刊》之作风。《申报月刊》系《申报》之副业，由东方杂志旧员俞颂华主编，与《东方杂志》相伯仲，惟内容不及东方之充实。当时《申报》设出版部，亦大量印行图书，亦可视为新出版业中之一员。

正中书局于此时期中开办，除社会科学、新生活运动书籍外，复致力于中学校教科书之印行。该局系党政钜公集资所创办，资本雄厚，同时亦可利用政治特殊势力，暗示各学校采用该局之教科书，故营业颇见发达。但因平日开支过巨，殊感支持之苦。

上海作者书社（四马路五五六号）成立于二十一年十月二十日。该社系应当时环境之需要而产生，其营业的主旨，不注重于印行图书，而专重代著作人推销自著自印之书籍。盖自“一·二八”之后，商务印书馆、中华书局等，取消“承受寄售办法”，故有此组织也。兹录其“创办缘起”于左：

> 上海为我国当代文化学术传布置枢纽，书肆林立，全国各国各界读物，莫不仰给于是，经营书业者，咸自编图书，而对于著作者之著作物，或承购其著作权而发行之；或由著作者自印而为之寄售。互古以来，研究学术者，大都清苦，几于无间中外，莫不如是。其精心结构之作，限于财力，未克自付剞劂。书商起而投资，著作者之希望于是大减，出版纡缓既不能免，而收入亦极有限。纵令力能措资自镐，而发行问题亦不能解决；于是仍不得不有求于书

商。书商均各有其自印图书，推销应付，每觉力有未逮。今望其致力于推销寄售之书，事实上殊难兼顾。舍己芸人，大德之所难能，固不必以是而诋责书商。迺者上海著名书局，如商务印书馆、中华书局等，原有寄售办法，均已取消。凡以前内容精深之著作，赖著名书局之承受寄售，借其规模信用，分局林立，同行客户遍布全国之力，销行尚利者，近亦骤增困难。是私家著作，急需一适当之代售书店，迫切自不待言。敝社鉴于欧美各国均有寄售书店，在美如：American News Co.，在英如：Simpkin，Marshall，Hamilton & Kent Co.，在日如：丸善株式会社，专代著作家推销，因是学术赖以流通，著作界读书界双方都感利便。敝社不揣棉薄，愿为著作界致此服务之意，辅助文化事业之进展，尽力学术思想之灌输。今幸海内名人勉力赞助，得以成立，行见杰作鸿文经敝社之努力，得以销行全国。

继上海作者书社而起者，有北平著者书店。该店为北平、南京两地教育界人士所组织，专代著作人经济出版与发行事务上之处理。所有印刷费、广告费、邮费、包扎费等，由著作人自行负担。售得之款，该店扣除百分之五之维持费，又百分之十之公积金。于结账时将公积金入账，即承认该著作人为该店合作之一分子。此种办法，盖近于合作社之性质也。

“一·二八”后，交通部发表邮费加价。出版界与学术界，以此举有碍文化发展，抗争尤力。上海市书业同业公会，各地书业公会，上海学术界刘湛恩、欧元怀等呈电力争。结果交通部修改实行，于二十一年五月一日起，关于书籍之邮费，按旧资例收取一、二、三倍单纯费。

出租书籍之组织，在上海本来只有旧书摊中兼营此项生意，其出租之范围，仅限于旧小说。此时有人组织图书服务社，其出租之范围，以杂志画报为主。定阅各户每月指定阅读十余种至三十种之杂志画报，每日或隔日派人将出版物二三本送至定户；第二次再送二三本掉换而去，每日租金仅取二元至四元。其他新文艺书籍，亦可租阅。所有出租之书报均用透明纸包裹封面，以防污损。此种办法于双方均属有利。过期之刊物，服务社方面，仍可当作旧报纸秤斤发售。

国立编译馆，成立于民国廿一年六月十四日。馆址在南京天山路，其行政系统，系附置于教育部。该馆任务，为审查中小学校之教科图书、标本、仪器及其他教育用品、编译专著，厘订各科名词等。计自该馆成立起，至二十五年二月止，经审查之中小学教科书，有六百五十余种，均系各出版家送审之书，厘订各科名词三十余种，一部份交与商务印书馆出版。

二十四年，国立编译馆编成教科书计二十余种，此为国民政府奠都南京后，编印《国营教科书》之初步实现。经营教科书之出版家，于此时颇现恐慌之概。于是奔走钻营，各显身手，向国立编译馆当局设法承揽此项教科书之发行权。结果商务印书馆及中华书局，各得承印一部份。不过官家办事之效率，不若商营之迅捷，截至“八一三”事变以前，除此二十余种外，并无若何表现。

二十四年十一月十六日，教育部公布《修正教科图书审查规程》十五条，规定送审手续，及各科名词统一问题。各出版业者于此时又须修正其所出版之教科用书。

二十四年中央发起之“读书运动”由中国文化协会主办，上海方面归潘公展主持其事，策动各书局参加并举行廉价。但一般社会经济力之薄弱，无力购书，已极露骨，亦无法起出版之瘤疾。此时出版界陷于泥淖之深渊，每家均有欲罢不能之苦。如斯情状，直至于“八一三”事变，毫无转机之趋向。

二十四年六月国民政府发表“敦睦邦交”命令之前后，上海出版界，因代售叙述国耻史一类之书籍，被公共租界巡捕房向法院起诉者，颇有数家。罚锾，毁书，各有等差，此为出版界多事之秋，恶可以不纪？

中宣部原有书报检查机构之设置。二十四年初为便利上海出版家起见，在沪之南市设书报检查办事处。但因环境关系，随即于同年七月撤消。

关于科学译本，自民国元年起，至二十五年为止，表面上似甚丰富，但严格言之，其为纯粹科学译本之数量，并不满五百种。较诸民国纪元以前，所多无几。其类别如左：

①科学总论、②天文及气象、③物理学、④数学、⑤生物学、⑥化学、⑦地球地质及矿物学、⑧地理。

关于著作物之注册，依《著作权法》（民国十七年五月十四日公布）之规定，于出版后，得依法呈请内政部注册，享有著作权。兹根据二十五年《申报年鉴》所录《内政部历年著作物注册分类统计表》于左，以见著作物数量一部份之数字。

| 类别＼年别 | 十七年 | 十八年 | 十九年 | 二十年 | 二十一年 | 二十二年 | 二十三年 | 二十四年 | 合计 |
|---|---|---|---|---|---|---|---|---|---|
| 社会科学 | 三 | 五九 | 七 | 一六四 | 一七七 | 二三〇 | 四一〇 | 二四三 | 一，二八三 |
| 自然科学 | 一 | 三 | 二 | 四九 | 四二 | 七〇 | 一三四 | 五四 | 三五五 |
| 应用科学 |  | 一三 | 二 | 四〇 | 三〇 | 九九 | 一〇五 | 三四 | 三二三 |
| 哲学 |  | 一二 | 一 | 一七 | 一九 | 五三 | 七一 | 五一 | 二二四 |
| 宗教 |  |  |  | 三 | 一 | 八 | 九 | 七 | 二八 |
| 文学 | 二 | 一八〇 | 六 | 一二七 | 九九 | 一八六 | 二三五 | 一三三 | 九六八 |
| 史地 | 五 | 七一 | 一五 | 五三 | 五二 | 七四 | 一二〇 | 一一六 | 五〇六 |
| 艺术 | 二 | 六 | 一 | 三七 | 一九 | 三三 | 九三 | 二〇 | 二一一 |
| 语文 | 一三 | 二四 |  | 四二 | 二〇 | 二八 | 一一一 | 五一 | 二八九 |
| 杂著 | 五三 | 四五 | 六九 | 一一五 | 二〇六 | 一六四 | 一六三 | 七三 | 八八八 |
| 分类合计 | 七九 | 四一三 | 一〇三 | 六四七 | 六六五 | 九三五 | 一，四五一 | 七八二 | 五，〇七五 |

右列数字，系由民国十七年六月起，至二十四年六月止，仅能代表一部份出版物之数量。因多数出版业者，或疏忽而不依法注册；或惧呈请注册反引起修正之烦，故销路较佳之出版物，有时虽发见有被人翻印，侵害其著作权时，因未曾注册，致无法对抗第三者。

大部头古书之翻印，于“一·二八”前后为最多，商务印书馆、中华书局、世界书局以外，有开明书店、上海书报合作社等。兹录其书名如左：

《四部丛刊续编》（商务印书馆）

（初编创自民国八年，二十三年一月出续编，并抽印单行本。）

《四库全书珍本初集》（商务印书馆）

（二十三年七月底起出书，至二十四年七月底出齐。全部二百二十一种，其二千册，售价八百元。）

《百衲本二十四史》（商务印书馆）

（第一、第二两期在“一·二八”以前出版，第三期于二十二年底出版。全书八百册，售价四百八十元。）

《丛书集成初编》（商务印书馆）

（二十四年五月起出书，全书四千册，道林纸预约价五百六十元；新闻纸预约价二百八十元。）

《景印各省通志》（商务印书馆）

（二十四年七月起出书。计有：湖南、浙江、广东、湖北、山东、几辅等通志。预约价最高十五元，最低七元。全部计二十八厚册。）

《四部备要》（中华书局）

（全书计三百五十一种，连史纸线装，二百五十册，售价九百元。）

《景印古今图书集成》（中华书局）

（全书计八百册，售价八百元。）

《中国文学精华》（中华书局）

（全书六十八种，八十册，售价十四元。）

《古书读本》（中华书局）

（全书三十种，二百〇四册，售价二十七元。）

《影印圈句资治通鉴》（世界书局）

（全书二厚册，售价十元。）

《影印圈句续资治通鉴》（世界书局）

（全书一厚册，售价八元。）

《影印圈句四史》（世界书局）

（全书二厚册，售价八元。）

《文选》（世界书局）

（全书一厚册，售价四元。）

《十三经注疏》（世界书局）

（全书二厚册，售价十二元。）

《二十五史》（开明书店）

（全书九册，售价六十四元。）

《二十五史补编》（开明书店）

（全书五册，售价四十二元。）

《二十五史别编》（新钟书店）

（全书八册，售价四十五元。）

《二十六史》（上海书报合作社）

（全书二十册，售价二百八十元。）

《宋本殿本对校圈点四史》（上海书报合作社）

（全书四册，售价十五元。）

年鉴之出版，远在北伐告成之前。商务印书馆所出版之《第一回：中国年鉴》，为中国出版业者印行年鉴之始。至此时编印年鉴之风特甚，除官厅外，复有团体致力于此。兹抄录其书名如左：

《中国外交年鉴》（二十三年）　生活书店

《中国外交年鉴》（二十四年）　世界书局

《中国经济年鉴》　商务印书馆

《中国劳动年鉴》（二十一年）　实业部

《全国银行年鉴》　中国银行研究所

《世界年鉴》（一九三一年）　大东书局

《申报年鉴》（二十二、二十三、二十四、二十五年）　申报馆

《时事年鉴》（民国二十年）　时事新报馆

《时事年鉴》　军事新闻社编印

《保险年鉴》　人寿保险协会编印

《国货年鉴》　国货事业出版社

《劳动年鉴》（第一次）　社会调查所编

《劳动年鉴》（第二次）　同右

《岁计年鉴》　国民政府主计处

《国际联盟军备年鉴》（一九三三年）　现代书局

《中国第一回教育年鉴》（一九三四年）教育部编　开明书店

《中国文艺年鉴》（一九三二年）　现代书局

《中国文艺年鉴》（一九三四、三五、三六年）杨晋豪编　北新书局

《中国电影年鉴》　正中书局

《中国图书年鉴》（一九三二年）二册　杨家骆编

《中国教会年鉴》　广学会

《上海医师公会年鉴》　沪医师公会

《上海市年鉴》　上海通志馆

《广西年鉴》　桂林统计局

《江苏年鉴》　赵如珩编

丛书之编印，自民国纪元以后，方日就增多。其稿件之来源，大都由各大学及各学术团体所供给。稿件之供给者，与出版家间，事先商订办法，以抽取版税之办法为居多；卖稿比较少数。经出版家审查稿件后，予以印行。如《学艺丛书》、《文学研究会丛书》、《武昌大学丛书》、《北大丛书》等是。

近十年来，出版家以丛书足以号召读者，乃自行拟定出版丛书之计划，约定专科学人，编译稿件，照预定计划，陆续分期出版。或整套发售预约，或单行本零星发售。如《大学丛书》、《翻译文库》、《创作文库》、《新文学大系》、《世界文库》、《万有文库》等是。

据笔者搜集所得之材料约计之，得丛书之名称，为数达数百种，其册数则未遑详计，容俟他日，当另写一文发表之，以供读者参考。

（载《真知学报》1943年第3卷第1、2期）

# 中国近三十年来之出版界（刊印总述）

王汉章

我国出版事业，向系专恃木刻。自蜀人毋昭裔雕版创行后，胶制活字，则有宋人毕昇；木刻活字，则有明人安国（无锡人，号桂坡馆，同时同邑，华氏会通馆踵行之）；铜铸活字，则有清高宗（武英殿聚珍

版，创始于当时刑部尚书金简，朝鲜人，隶内务府旗籍）。而究以木刻为大宗，约分殿版、官版、家刻、坊刻四项。虽其间印刷有初晚之异，刊刻有精粗之别，校勘有详略之判，然而数千年中国传统之文化，历代递嬗之学术，专家精神之寄托，胥为利赖，以资传播。亦既为历史上的发明家，与纪念事业矣。自铅字排印石版印书之方法，由西洋传入中国后，虽有同治初年，上海申报馆附设之两书店，一为专售铅印书籍之申昌书室，一为专售石印书籍之点石斋，第只发行号称申报馆聚珍版之零种小书与定期刊物之画报而已。同时耶稣教会设立之墨海印书馆，铅石印刷洋文及宗教书籍，嗣是粤人徐雨之（润）（为创建轮船招商局、开平矿务局、建昌金矿及京奉铁路，四大事业之有名商人，近得其照像，将另为撰列别传），设同文书局，石印大宗史书，设广百宋斋，铅印国学名籍。更有李木斋星使（盛铎），所设蜚英馆，石印场屋用之夹袋书，所谓巾箱本之兔园册子。又承办内务府印行《中国图书集成》，匾体铅字之图书集成印书局，从此风行一时，几取木刻之席而代之。第因国人习尚，仍重雕版，而木刻一线之延，亦由于此。但铅石印法，初不必逊于木刻，至于省工省费，则又远过之，二者并行，实不相悖也。

以上皆三十年以前之经过，然欲述三十年来出版界之刊印事业，不能不上溯及之。顾我国出版界，基于世界潮流之趋势，几使铅石印法，占有崇高的地位、伟大的势力，以致木刻渐呈没落景像。加以生活日昂，工价倍蓰，刻字匠人之收入，不敌排印工人之丰厚，相形之下，优绌斯分，趋舍自异矣。惟以国粹的艺术的眼光检讨之，可分为两大种。每种再分若干类，即下列两种，曰刊刻，曰刷印。每种再为详晰之分析。分列各类：

（一）刊刻，沿用固有雕版术，俗称木版书。

（二）刷印，利用铅石印法，俗称洋版书。

木版书之区别：（一）家刻，（二）官刻，（三）坊刻，（四）影刻，此木刻之类也。

洋版书之区别：（一）铅字，（二）正楷，（三）仿宋，此铅印之类也。（一）石印，（二）影印，（三）制版，此石印之类也。（一）油印（誊写版），（二）钢版（真笔版），此杂印之类也。

以上于刊刻印刷之部门列举之，次就沿革事实之界说，而以三十年来为范畴，如下所列述。

（一）家刻

家刻书在中国为最精。以其经营此事者，第一位专门绩学之士，或重刻古籍，以广流传，或刊行先著，以资显扬，或校印孤稿，以防佚夫，或印辑自作，以备馈赠。第二为显官富商。嗜尚所及，下逮附庸风雅之辈，铺张门面之流，皆能聘请名儒，招致良匠，不惜工本，以事剞劂，其嘉惠士林之功，亦不可使其泯没。如往时安仪周、胡雪岩等人皆是，近代刊上盐商，沪滨巨贾，亦尚有之。

近三十年来，木板家刻书之最精者，其在京津，以董授经（康）之诵芬室，陶兰泉（湘）之涉园，朱佳辛（启钤）之存素堂为最，而秋浦周叔弢、季木昆仲次之。不惟校订精良，纸墨优美，而行款装订，均皆佳妙。其在上海，刘翰怡（承干）之嘉业堂求恕斋，徐积余（乃昌）之积学斋，张石琴（钧衡）之适园，刘聚卿（世珩）之聚学轩，缪筱珊（荃孙）之艺风堂云自在龛，皆为近代中国木刻书之代表者，他如武进盛杏荪宫保（宣怀）之常州先哲遗书，沔阳卢木斋提学（靖）之“湖北丛书”，长白杨芷晴太守（钟义）之《八旗文经》，更为局部文化之特征，允为家刻书之巨臂。其如海丰吴氏石莲龛，钱唐吴氏之九钟精舍，长沙叶氏之丽楼，均皆有精刻古本，或印行自著之书，至于仅印一二种之古籍，或其本身，及先世遗著者，更伙涉沉沉，然亦不能不谓为出版之一。

（二）官刻

官刻之书，自曾文正公金陵设局以后，浙粤鄂等七省官书局踵兴，且更合刻《二十四史》，蔚为大观，然皆三十年以前，不入本文范围。民国成立，军事频年，戎马倥偬，鲜暇及此。且自军兴以后，原有各省设立之官书局，在减政裁并方策之下，纷纷停办。余如山东济南省城之尚志堂，广东广州省城之广雅书院，湖南长沙书城之傅忠书局，江苏扬州府城之淮南书局，亦皆多刻有用之书，幸得后起之省立各图书馆，保存版片，继续流行，传播之功，亦不可废。尤以开封图书馆之关百益，济南图书馆之王献唐，南京图书馆之柳诒徵诸氏，抱残守阙，兴废继绝，类能注意文化，竭力发扬，对此盛举，颇勘钦挹。

为民国以来，官刻书之最伟大者，及徐前总统世昌任内所刻柯凤孙学士（劭忞）之《新元史》。而尤奇特者，则前山东督军张宗昌氏，所刻之开成石经本《十三经》一事，董其役者，为陶兰泉（湘）、任望南（师尚）、吴桐渊（宝彝），此亦可纪者也。近闻南京诸公，提倡木刻，沿承金陵、淮南两书局之余绪，复经龙榆生教授沐勋之指导，更有可观矣。

(三) 坊刻

自明代以来，建阳、麻沙既已荡为灰烬，勤有仁仲之造风，渺兮不可复攀。而吴閶毛凤苞（毛子晋（晋）经商时之名）之汲古阁，开封之书业德记等，具有刻书权威者，垂二百余年。自洋版盛行（铅石印法），不能不稍有逊色，然见重于当代学者间自若也。其势力以江浙为最盛，而集中其于上海，最著者为洞庭席氏之扫叶山房。其余如苏州之校经山房，杭州之西泠印社，上海之著易堂、文瑞楼、江左书林，曾经杨惺吾（守敬）、汤蛰仙（寿潜）诸老辈之指导，皆能有所成名。此外各省，亦间有小部分之刊行，不赘述。

(四) 影刻

影刻之风，始于义宁陈伯严（三立）之《黄山谷集》，及浭阳端忠愍公（方）之《东坡七集》。自是以后，杨惺吾、缪筱珊诸人，屡为诸显宦影刻古籍。其刻手最佳者，如黄冈陶子麟等，颇能影刻宋元善本。黑口双线，骤视几可乱真。又紫江朱氏所刻之宋李明仲《营造法式》，武进陶氏所刻之元陶九成《南村辍耕录》，及南海孔氏翻刻之宋本苏书《陶渊明诗集》，均皆异常精湛。而南陵徐氏之随庵，贵池刘氏之暖红室所刻书，更为佳妙绝伦。吴印臣（昌绶）重刻《宋人词》，一存原来形式。其校订者，为章式之（钰）及高君远芗等，远超桂林王半塘

(鹏运)四印斋所刻诸书以上。闻其刻字工人，为北京龙光斋估人李姓，即善为镌墓志铭者。其人见知于吴仲饴侍郎（重熹），李文石观察（葆恂）小石部郎（放）父子，故其技术，颇有传授。

（五）铅字

铅字之兴不百年，最初同治时，香港、上海《字林西报》附设之墨海印书馆，申报馆附设之申昌书室，徐雨之（润）所设广百宋斋，许时庚所设之缘荫山房，以及图书集成印书局，均有可观，而作汴梁卖书记之王立才，设开明书店，梁启超高足弟子何澄一（天柱），设广智书局，竞印新书，颇为三十年来，文人所景行。未几又有作新社（专售农学书）、文明书局（廉惠乡设，专印教科书）、中国图书公司（张季直沈友乡设）、国学扶轮社（王均乡）、神州国光社（邓秋枚设）及张菊生（元济）、夏粹芳（瑞芳）之商务印书馆、陆费伯（鸿逵）之中华书局、沈知方（芝芳）之世界书局，三家鼎立，乃为上海出版界之托拉斯矣，此上海情形也。余如北京之撷华书局，专印论习汇存，创自光绪十年，而延及民国成立以后。其后京华印书局、法轮印字馆，经徐又铮（树铮）、臧硐秋之提倡，印行吴挚甫、林琴南诸家著作，亦铅印界之翘楚也。又诚文信记，创自山东烟台，而盛行于大连、安东、满洲一带，所印为洋文及学校用书，无长编大部之巨制也。又有在三十年以前，应附记者，则上海制造局译印西学各书，皆系铅印，兼有木刻，亦研究出版事业者，所当悉知也。

（六）正楷

正楷之铅字，流行不过二十余年，其最初提倡者，为无锡丁仲祜（福保）。于是上海有设立正楷印书局者，使向来方板字体，号称宋字者（始于明嘉靖年间）之作风，至是一变。而于铅字之方者、匾者（匾者即图书集成印书局之方匾字体）外，树此崭新之一帜。其后民国十五、六年间，海城张雨亭将军（作霖）开府东三省时代，采用辽阳高任旃（纪毅）之建议，聘请名书家阳羡徐济甫（济），北平锺士光，写铸《康熙字典》，采用之铅字一部，悉用北魏碑志字体，号称魏碑体。于是东三省出版书籍，如萃斌阁、同泽学社等，多用此体。而总其事者，为沈阳苏上达，是在正楷铅字中，别开一生面矣。天津大公报馆，亦铸成楷书铅字，印行《中国之西北角》等书。则又北方之正楷铅字也。

（七）仿宋

自正楷铅字风行后，仿宋字体踵兴，上海中华书局，用以印行《四部备要》。同时西泠印社，亦用木刻仿宋字体，排印书籍，意欲恢复明代桂坡馆、会同馆活字之旧。其疏行阔目，风神恢朗处，亦神似毕肖。致将嘉靖以来，方板字体之滞呆，及铅字之拙陋，无笔趣之形神，一扫而空，是又复古之工作矣。北京文岚簃刻字店，亦仿行之，号称仿宋聚珍字体，至今盛行于北京市上，几致商店招纸，私人笺札，亦多使用者，此又仿宋字体之大概也。

（八）石印

我国石印，肇端于上海申报馆附设之点石斋。初仅印行吴友如氏之画报，继乃翻印清高宗《南巡盛典》、《万寿盛典》及麟吏亭制军（庆）《鸿雪因缘》等书。未几徐雨之（润）创设同文书局，经印《二十四史》、《康熙字典》等书。李木斋（盛铎）设立之蜚英馆，专印场屋夹袋书籍。仿行者有积山乔记、鸿宾鸿文等书局，入民国后此风稍衰。惟溧阳狄楚乡（葆贤）之有正书局，顺德邓秋枚（实）之风雨楼，无锡秦氏之艺苑真赏设，北平佟氏之延光室及故宫博物院，上虞罗氏之墨池堂贻安堂等。用以影印古人书画碑帖，盛行一时，斯为中国石印之最上乘。

（九）影印

影印古书，近年甚盛，以商务印书馆之《四库全书》珍本、《四部丛刊》、百衲本《二十四史》等，为集大成，保存原有面目，不失毫发，得者珍之。而武进陶氏之百川书屋、拓跋尘及秋浦周氏等，亦皆选辑珍本影印之。他如南京中央图书馆、北京图书馆、故宫博物院，亦将所藏历代珍本书籍，依照原型，甚或仍按本来尺寸，付之影印，字体行款，收藏印章，名人题跋，无不保留匡庐真面，毫发无讹。传古右文之功，实拜艺术进化之赐也。上虞罗叔言（振玉）对于敦煌石室，流沙随简，屯戌遗文，殷墟书契，种种珍贵之史料，咸用影印方法，勒为成书。此又三十年来，出版界上刊印之部，一大异形。至于罗氏影印各书，每种只印百部，不再复版，一经售罄，价逾古书，此亦出版界一段佳话也。

（十）制版

所谓制版者，于木刻铅石印法，排印铸版以外之谓也。（一）铜版。光绪初年，日本岸吟香（国华）设乐善堂书店于上海棋盘街，于发卖药品外，兼营印售书籍之业务。印行巾箱本之《困学纪闻》、《日知录》等书，蝇头细字，朗若列眉。其法已不传。今仅印刷图画照相时，尚或偶用铜版，又名照相版，因有布纹，又称纲目版。（二）玻璃版。亦称珂罗版，多施之于印刷画帧碑帖、宋元板书。以无锡秦氏、武进陶氏、上虞罗氏，用此法印书最多。其后神州国光社、有正书局、艺苑真赏社、延光室，悉皆采用此法，出版书籍碑帖字画。（三）金属版。往岁江陵田伏侯（原名吴炤，后改名潜）之后万卷堂，所印之《说文》、《二徐笺异》，及林吉人（佶）写本《广唐贤三昧集》，皆用此法印行。近年罗叔言（振玉）所印《玉简斋丛书》等，亦用此版。而各收藏家，遇有搜获孤行钜迹之善本书籍，亦多喜用此法印行。以其下真迹一等，实具体而征也。第以成本过昂，良工难遇，故不恒见。（四）胶版，亦称橡皮版，专印地图及套色画片，画报中多采用之。当年武昌地图学社，曾用以制印地图。而近年沪上良友美术等杂志，亦皆采用。其机器颜料，纸张工匠，超过其他印刷数倍。盖其初仅用之于印刷钞票、邮票等珍重物品耳。

（十一）油印

油印誊写版之发明，仅四十余年，由日本传入中国，在光绪末叶，各学校以为印刷讲义之用。施之印行书籍者，始为昭文孙师郑（名雄，原名同康）之《四朝诗史》（道光、咸丰、同治、光绪四朝名人之诗）为最著名。其次则南社社稿，与各大学校校内临时刊印之小本参考书，以其印刷简便，多利用之。

## （十二）钢印

钢版一名真笔版，与用毛笔之誊写版相同，同为日本传入之品。而此则用钢条铁笔，垫写原纸之印刷器具也。与誊写版，在出版界，同占最低之地位，然不能不谓为出版界之一种。各机关、各学校、各商店，多用为印刷文件之用，抑以缮写省工。盛行于各通信社，因其时间经济，可印多数之缮写物。民国初元，有叶某在京创办通信社时，即采用此器。同时以之印行小品书册，用以代写工钞胥之劳，如风行一时之北京著湑吟社、塞山诗社、稊园钟社，均恃以为印行诗词课卷之用。

总计以上十二项之出版界情形言之，稍具梗概，兹特叙述其大凡如上。

尚有亟须补述者，（一）官局之建设，（二）教科书之产生，（三）学校教会图书馆之刊印，（四）私家刻书之掌故。

## （一）官局之建设

自辛丑回銮以后，朝廷励行新政，适在项城袁慰廷宫保（世凯）督直时，乃延聘严范孙侍郎（修）、胡月舫方伯（景桂），主持北洋教育，设学务处于天津。勷其事者，为山左丁揆也太史（惟鲁）、先族兄燕泉太史（景禧），办理学校，印行书籍。又设北洋官报局，主其事者，为项城张巽之太史（孝谦），及先兄汉辅（崇烈）。除印行官报外，并广购铅石印刷机器，印行钞票及书籍。度支部因仿行之，设度支部印刷局于京师，即后经改名财政部印刷局，亦即现存之华北政委会印刷局也。次于财政部印刷局而崛起者，又有民国初元国务院设立之印铸局。该局除铸造官印印章、关防钤记外，兼营印刷事业，但只铅印一项而已。余如浭阳端忠愍公（方）督两江日，所设立之南洋印刷官厂，规模弘大。所惜辛亥后停办，虽经江苏省政府接收，改为省政府印刷局，则已缩小范围，无复原型矣。其最可纪者，则有乾隆时江宁仿铸之武英殿聚珍版，铜活字全部，初储于江安督粮道署花园，号称适园之地下石窖，历太平之战，而未毁者，忠愍令移之印刷官厂中。三十年来，沧桑数易，不可复问矣。

（二）教科书之产生

教科书最初印行者，为鄞县商业承忠设立之澄衷学堂，编印《字课图说》、《绘图立说》，颇便初学，至今西洋人之学汉字者，犹以此书为初桄。嗣是则商务印书馆印行之《文学初阶》，略具教科书之维形。及译印印度课本之《华英初阶》、《华英进阶》，与丁福保等译行之和文汉译读本等，此乃今日教科书之前身也。其后文明书局，由廉惠乡（泉）俞仲还（复）等，首先印行之《蒙学教科书》。编辑者为桃源张相文，上海朱树人，无锡泰瑞玠、丁福保等，皆知名之士。戋戋小书，乃上邀清德宗之御览。继以商务印书馆之各等教科书，学部审定通行，至是教科书之基础已定。入民国后，商务、中华、世界三书局，印行最久，以至最近华北教育总署，审定之各教科书，乃臻极盛。尚有可纪之一事，即文明书局印行之教科书，尾附直隶总督部堂北洋大臣袁世凯出示保护版权禁止翻印之公文，而首先由袁氏设立之北洋官报局，翻印多种，竟至双方涉讼。北洋官报局败诉，结果罚款赔偿损失，毁版保护版权，当时传为笑柄。又商务印书馆之各种教科书，多由日本长尾雨山先生稹之编审，此又不可不纪也。

（三）学校教会图书馆之刊印

如北京大学及燕京、清华、辅仁各大学校，均有出版之书，多为专门之学。而燕京引得之编辑，尤于中国文化上开一新纪元。余如北大之顾颉刚、燕京之容庚、清华之冯承钧、辅仁之陈垣诸氏，所著所译之书，皆三十年来，出版界之伟大工作。他如齐鲁、金陵、沪江、文华、厦门、中山、西南、山西诸大学，均有著作出版之印行，又皆属于科学考古为多。此外宗教出版，亦颇发展，如上海徐家汇土山湾之天主教堂、基督教之广学会青年会，北京之回教会、佛教流通处、中央刻经院，所出版各书，与文明书局承印之《哈同佛藏》，商务印书馆承印之《碛沙寺佛藏》、《又道藏》等书，则皆属于宗教的出版。又中央图书馆之柳诒徵氏、河南图书馆之关百益氏、山东图书馆之王献唐氏、北京图书馆之袁同礼氏、金陵大学之商承祚氏，均皆提倡考古，努力于出版事业者也。

（四）私家之掌故

私家之掌故可纪者，为上海犹太富商哈同氏之妻罗迦陵氏，席其夫哈同之厚产，设立广仓学会，建筑戬寿堂，延聘中国著名文学家，编印各种书籍，类皆精印，于木刻铅印、石印、玻璃印等，种种皆备。又南京书籍商人李光明氏，设立状元阁书店，于南京状元境，专刻木板经史诸书，流行全国者，将及百年。后为承印合肥李文忠公鸿章之《李文忠公全书》，刻印整齐，款式典雅，颇有价值，不意竟以工价关系，发生纠葛，乃使经手承办之廉惠乡部郎（泉）与文忠幼子季高臬使经迈，涉讼法庭。

此文属草既竟，不禁有今昔之感。曩拟编辑《中国近代出版史》一书，徒以人事环迫，促促颇鲜佳趣，积久无成，此愿莫偿。今读“国立华北编译馆”馆刊，征集《中国近三十年来出版界》一题，触绪兴怀，拉杂成此，耑就刊刻之部，摭所闻见，以为铺陈，自知阘茸无当，不过聊申宿愿。第以书籍之刊刻一部分而言，余如新闻杂志，则已早有戈公振先生之《中国新闻史》在，此编始终未经阑入一字，合并附记于此。

（载《“国立华北编译馆”馆刊》1943 年第 2 卷第 10 期）

# 出版文化的指标

陈北鸥

书籍、杂志等出版物对于国家文化的向上影响力，几乎可以说有着决定的作用。在战时，出版文化应当随着战争的发展而迅速地展开。

英国出版文化的发达，以及英国人喜爱读书的习惯是值得羡佩的。当英国宣布战争之后，英国的小说家佛斯特就向英国人广播："战时要同平时一样地读书。"不久文艺新闻又把佛斯特的意见引伸说：在战时才真正是读书的时候。战时不但要同平时一样地读书，并且要比平时加倍地努力读书。不久，英国的作家联名发表宣言说："现在读书的需要应当更加迫切。过去读书只是供给人类以精神上的休息，然而现在书籍却是拯救民主主义的必要知识。"

英国在战时下的读书热不仅仅是为了寻求安慰或是娱乐，而是要从书籍中寻求自由精神的建立，民主主义的拯救。

在战前，英国出版物的输出量每年经常保持在五百万镑以上。当第二次大战爆发之后，英国的出版界担心英国的出版文化，会要遭受到巨大的打击，然而相反地英国读书界在战后购买力却增加起来。英国的读者一方面替在前线作战的士兵订书，一方面在战争的伟大现实前面，人人需要由书籍中获取新的必要的知识。所以出版文化在战后反倒更加振兴起来。

目前，中国正也像英国似的，读者对于出版物的要求特别盛旺。在整个世界转换的期间，人们为了随着世界前进，知识欲特别增强，对于出版物的渴望也特别的强烈。另外一部份人因为战后一般的娱乐范围缩小，并且在物价高涨中，读书究竟是娱乐中的最便宜的，所以在战时读者却不断地增加着。

在这情形之下，目前的出版文化不但要负起启蒙教育、指导全国民的任务，更要负起建立战时文化的使命。在出版文化的社会意义特别重大的今日，对于出版文化的检讨是极重要的，也是极必要的。

目前出版界的活跃情形是可喜的。然而一般地说来，入门的书籍、手册之类的书刊太多，草率应付的写作太多，认真严肃的作品太少。纠正出版文化的粗制滥造的倾向，提高出版物的水平，成为当前出版文化的重要课题。

在战时一切物质都应当节约。我们要发展出版文化，然而我们却并不是要使这些粗制滥造的出版物充满在出版界。我们要求出版文化的发展，同时要求出版文化质的向上。我们要发展出版文化，所以才更应当宝贵纸张和印工。例如在目前有许多书刊、杂志，一意在迎合读者的嗜好和低级趣味，只求能有销路。又有许多机关杂志毫不顾作品的优劣，编辑杂志行为和办其他的公事并没有什么不同，稿件凑起来就发出去，不但不管有无读者，甚至还留一个库房专门堆集这些杂志，这是确有的事实。许多作家也毫不考虑地把一些草率地匆忙中写就的作品，急速地发表了出来。这都是出版文化中的危机，也是我们不能不予以纠正的粗制滥造的恶倾向。

世界作家托尔斯泰的作品，总是要经过无数次的更改和增删的。他的重要作品大都经过八九次的删改。《战争与和平》中托尔斯泰所涂掉的字句本身就够成为一部伟作。在他这部小说的草稿中，所涂掉的几乎和印出的全数相等。在托尔斯泰生前不曾发表的作品中，有一部描述彼得一世的小说有三十五种不同的开场白，在哲学著作《人生大道的导言》中，托尔斯泰曾修改过一百次。我们虽然并不一定要求作家一定要改正自己的作品到一百次，然而在战时节约物资的情况下，作家应当更严肃地工作，更忠实于自己的工作，以求作品的精炼和完善。

优良的书籍应当尽量地廉价出售，以求普遍于读书界，这可以说是今日出版界必须具有的出版道德。英国的出版界虽然在工价高涨、纸张缺乏的困难情况中，却大量地出版廉价版以应读者的需要。中国的出版界必须纠正过去的纯利主义、纯商业主义；出版是文化而决不是生意，所以印刷条件无论如何困难，必须以最低的价钱供给文化食粮。像英国似的优良的书借以薄利多售的方法推销是应当效仿的好办法。

只有作家纠正粗制滥造的恶倾向，出版家纠正了纯商业主义，出版文化才能走上正确的轨道上去。

在这次的世界大战中，国家和国家的关系，必然愈来愈密切。翻译介绍的书刊必定会受到读者热烈的欢迎。在日本曾经有过这样的一件可笑的事，日本曾经有过轰动一时的名译著《糊和铗》，在日本很流行一时。然而据以后的调查才知道原来《糊和铗》不但没有原著者，并且没有原文，仅仅是为了求销路而假托为译本。在中国虽然没有这样可笑的事，但是读者对翻译书刊的切望怕没有什么不同吧！翻译同盟国战时的名著，是目前出版文化重要工作之一。

像国立编译馆，就应当有系统地大量地编译同盟国战时的名著，民间的团体像中美文化协会、中英文化协会、中苏文化协会不应当把工作的中心放到外交方面去，而把翻译各国出版物的文化工作放在一旁。像中苏文化协会的丛书，我们希望中美文化协会、中英文化协会也能同样地出版，并且要更大量地出版。在目前能够翻译英文、俄文的人不为不多，而通过中美、中英、中苏等文化协会不难找到各同盟国的战时名著的。

在战时出版文化中，还有一件重要的工作，就是文化劳军。英国在开战之始就开始有组织有计划地供给军队以读物。美国供给前线士兵的读物是由作家组织起来根据前线的需要，而专门编辑前线士兵所渴望的书籍杂志和画报。苏联的出版文化也是前线第一主义。

中国的文化劳军，作到如今，仅仅成为一个献金运动。自然文化劳军运动决不是有了钱就完了的工作。更重要的是，如何供给真正是前方所需要的文化食粮。像美国似的不但由作家专门编辑前方将士所需要的内容，就是出版物的形式也是依照士兵口袋的大小而制作的，这样会给前线的士兵以无限的便利。使老百姓所热诚捐献的金钱，能成为将士真正需要的文化食粮和出版物是极必要的。如果把粗制滥造的不切实际需要的文化食粮或是读物去劳军，那不过是人力财力物力的浪费而已。

出版文化的发展是急需的。出版文化正确地迅速地发展，必将使抗战能更迅速地争取到最后的胜利。

四月十日

（载《东方杂志》1943 年第 39 卷第 5 期）

# 当前出版事业的量与质

闻一薪

在中央图书杂志审查委员会招待出版界的谈话会上，听到潘公展先生关于出版界动向的报告，据称：去年全国经原稿审查付印或出版的新书，为三千八百七十九种，经原稿审查的杂志，为四千一百五十三期，付印或出版的书刊，全年合计达八千种左右。

以中国土地之大，人口之多，每年付印或出版的新书不满四千种，这数目当然不能令人满意，但这四千种新书，是在物质条件十分困难的战时环境下产生的，所以也还差足自慰。同时，我们要晓得，十年以前，即民国二十二年，全国出版的新书也只四千册，战时已经赶上了平时，出版界努力的劳绩，具体的数字是最可靠的证明。

这八千种左右的书刊中，在重庆付印或出版的图书估计占全国百分之三十三，杂志占百分之二十八；桂林付印或出版的图书占百分之二十五，杂志占百分之十一；成都付印或出版的图书和杂志，都占百分之十二；渝、桂、蓉三地付印或出版的书刊，合并起来计算，超过全国的半数。这种现象，一方面我们为渝、桂、蓉三地出版事业的发达，感到无限的欣慰；另一方面，这现象却显示出全国其他各地出版事业的低落。这种出版地域畸形发展的现象，是有待于今后全国出版界努力纠正的。

其次，关于出版物的内容，这方面的畸形现象，较诸出版地域的集中，更值得我们注意。去年全国出版或付印的图书，以内容来分类：文艺书占百分之四十一点七（包括诗歌、剧本、报告文学创作等等），其次教育占百分之十七，政治占百分之十，科学占百分之七，史地占百分之七，经济占百分之五，哲学占百分之三，阐扬三民主义的著作仅占百分之三强。就桂林一地论，那去年上半年出版的文艺书，所占的比例更大，竟达三分之二以上。

文艺书籍出版的旺盛，当然有它客观的需要，战时生活的紧张，读者需要文艺书籍调剂精神，无疑是原因之一，不过值得我们研究的，是这许多文艺书籍，对于抗战情绪究竟有多少鼓励。对于民族精神究竟有多少发扬。“今后你不要写小说了，你所应该作的，使用各式各样的方法，唤起国人注意国防军备，这样你的贡献，将比描写一个女人的爱情或男人的雄心要大得多了！”这是英国首相丘吉尔对法国名小说家莫洛亚的忠告，莫洛亚在《法国的悲剧》中有沉痛的回忆，但这段话对我们的出版界，我们的著作家，一样的值得警惕。

总裁近著《中国之命运》，殷切地期望国人提倡科学和改造社会的风气，出版界是思想的工程司，指导人民思想，改造社会风气，是责无旁贷的责任。提倡科学，也须要经过出版机构，才能够普遍的广泛的传达科学知识。出版界如何配合国家的需要，作适当的调节，是出版界当前的重要问题，我这篇短文抛砖引玉，希望能引起出版界的注意。

（载《新闻战线》1943 年第 3 卷第 3 期）

# 漫谈目前的出版界（一）

陈　荡

存在于目前出版界中的问题，倒不仅单是质与量的问题，说句不过分的话，它同其他的社会问题，同样是复杂凌乱的，已不是一口气可以说完的了。譬如杂志的内容、印刷、纸张、运输……又哪一样不是需要迫切改进的问题？其中最严重的，自然首要推“内容”问题，说句干脆的话：现在整个的出版是盲目的、无计划的。出版界中的从业员，真真为文化事业打算的，实在少得可怜，一般说来，他们的目的，主要的倒是为了“赚钱”，所以目前读者要找一本比较高级的学术理论书籍，是不会轻易获得的，虽然这其中不无其他的理由存在着，可是我敢说一句，多数的出版商是在开倒车，投机、取巧，目下的桂林就成了一个专门翻版的集团，所谓文化事业，实际已同普通的商场没有多大分别了，说来的却令人痛心！今日作者先从出版业和印刷业开端，以后逐步的再谈出版界中其他的问题。

事实放在前面，作者不以别的杂志来作引证，我们试拿本刊创刊号来说，我想想第一个给我们的印象该是错字太多，印刷说不上好，而且许多的字迹还是够模糊的；其实这不仅是本刊如此，凡是在内地排印的杂志，在印刷上能够完全使人满意的，实在是千种拣不出一种来，可怜的读者，对一本错字连篇字迹模糊的书刊，也会顺利的读下去了，已不引以为怪；那么我们的出版界的先生们，是不是就这样地算了呢？我想站在出版界良心与道义的立场上说来，也似乎过不去吧！那么这错误的责任应该由谁担负起来呢？以作者个人的意见是这样：目前内地物质条件的限制，出版业的马虎固是一种缘由，印刷业确是首负其责的“罪魁”；我们知道社会是不断变动的，人类自然应该向进步的路上走，我们不想拿抗战前的出版物来作标准，就拿抗战后三年时期的出版物来比较一下，已够使我们寒心了，同样的土纸，同样的油墨，同样的印刷机，为什么会退步得这样快呢？今日的出版印刷业，正说得上令人“不堪回首了”。作者以为造成今日的局面，有下列几个原因：

关于出版界方面在上面约略已说过，他们第一，就不管这本书刊的内容如何，只要有利可图，所谓“本轻利厚”，马上就印了出来，排印方面自然不必将就，时间则愈速愈好，这样造成了所谓“速成品”，在这里又间接的影响了印刷厂对其他出品的忽略；第二，不注意培养选择出版工作的人材，在桂林就有很多“汗牛充栋”的出版工作人员，他们由老板或经理手中拿到了一部稿子，就不问青红皂白的送了审，审毕退回后，又随便地送进了印刷厂，对于这稿子的内容的审阅，版式或装帧等的设计，一概听诸印刷厂去处理，排好了版，对校样又不认真仔细地去校，以为校了一次二次就不会有错误了，在这样的情形下，又造成了印刷厂每稿以二次校对为原则，如果你要例外的校三次四次，不是额外加钱，也得听几句闲话。说句实话，一张用土纸人工刷出来墨迹糊糊涂涂的校样，校一二次怎会没有错字呢？可是在这里话又得说回来，初版的错字在目前的情境下固有他的苦难，可是二版三版的书籍同初版还是一样的错下去，那么这又怪谁呢？所以我在这段里，特别把出版工作人员要提出来警惕一下，就是这个缘故。

关于印刷业（这里指的是关于排印书籍、杂志的印刷业）方面，责任与问题也许更大更多了，本文本来是针对印刷业谈的，我觉得一个书店里主管出版工作的人员是一个门外汉，在一般的常情说来，还有原恕的地步，如果一个印刷厂的主要从业员对印刷业，同样是一个门外汉，那才是无以自解的事情。因为前者到底不过是一个学术性带一点技术性的事情，就是说做一个出版工作人员，只要学识上，够得上些微的过门和技巧，尚不算十分为难，即使学习起来，不过是短时期就会成的功，后者到底确是一个技术和经验的问题，技术要精，经验要丰富，二者不可缺一。试看目前桂林的几家印刷厂中国所谓“营业主任、工务主任”，有几个能完全懂得印刷术的？虽有也不过“寥若星辰”。由于主管印刷人员的缺乏指导工友工作的能力和常识，引起了工友必然的怠工现象，而且工友对工作可以随便乱来，反正这工作的好坏，在主管人员是弄不明白的，因为工友可以随便把责任推到材料上，或工具上，其他如采取“包工制”，在印刷厂方面只求生产力增加，可以多赚一点钱，同时工人也为了要多获一点生活资料，自然双方都不会顾及到出品的好坏。这种种现象，是使目前的印刷品退步的原因。

还有印刷厂方面本身的偷工减料，也未始不是造成目前印刷品退步的主因，譬如排字房的铅字，明知有许多已经坏的不堪用了，可是厂方为了避免将铅回炉后，所受折旧的损失和化费另制新字的金钱，仍忍心着把坏字一次二次的用下去；而机器房呢，自然为了求得工作的速率起见，把装版时间尽量缩短，钉子不搞平，低字不垫高，就不管三七二十一印起来了，自然厂方还要节省材料，关于油墨、墨胶，力求便宜货，诸如此类情形实在不胜枚举，本文篇幅有限，就此搁笔。

（载《图书印刷月报》1943 年第 1 卷第 2 期）

# 谈 出 版

谢澄宇

## 一

我们的印刷工业，还在幼稚时期，关于印刷的技术与管理各方面，本文不拟有所论列，只就作者所知之一般出版的现况，作个简单的说明，不问读者见仁见智，总希能提起有志或从事于出版业的贤达们，予以共鸣，将来对于出版事业，多所改进！

## 二

印刷业，为中国三大发明之一，宋庆历中毕昇发明的活字板，用胶质的泥，锻烧成字，然后排字成文，敷以墨汁，铺上纸张，用力压之，即印成书页，俨然现代的铅字印刷机。在印刷的技术上，我们的发明创造，不为不早，所以有宋而后，文化愈逞其辉煌灿烂之象，虽然文人硕彦，一时并起，亦为其文物发达之原因，但印刷业发达出版物流传较广，则为其主要原动力。可惜当时没有科学研究的风气，未能加以改良与普遍的倡行，反被蒙古人西征时，传到欧洲，欧洲人即利用之加以研究改进，遂成了文化上的利器，浸假而有今日彪炳的文化。总理说："世界诸民族文明之进步，每以其每年出版物之多少衡量之，中国民族虽为发明印刷者，而印刷工业之发达，反甚迟缓。吾所定国际发展计划，亦须兼及印刷工业……"今日英、美、苏各国的出版物，种类既多，流传又广，居列四强之中的我们，真有些瞠乎其后，因之连类而及的其他科学，也就不能同日而语了。所以，总理在物质建设当中，特注意到"印刷工业"！

## 三

现在是战时。关于各项工业，大都直接或间接受到战争的影响，当然印刷业也不能例外，举凡出版设备、工具以及出版数量，似难如吾人之理想要求，不过吾人须注意一点，战前凡有关于出版业之其他业务，犹不若今日之发达，尔时舶来品之供应，价廉物美，关于出版事业，似有利而实有害，兹则民族工业，先后涌起，纵然技术品质，极其落后，总是自家产物，不妨徐求改良，我们不能用"敝帚千金"的看法来自封，更不必作"望洋兴叹"的心理来自馁，惟有脚踏实地的猛力作去，工业化的目的，不难短期达到！

纸，为出版业的主要因素，抗战以来，泊来品为土产纸所代替，土纸多系手工业制造，惟以利益所驱，曹户日多，纸的产量，尚不处匮乏，但价格与品质，则为当前的严重问题，本来土纸的生产，是农村副业，工料原不甚贵，完全因为奸商的囤积居奇，垄断市场，所以弄成纸慌价涨的现象，关于纸的品质，大小厚薄即不划一，长短粗细也不匀整，在印刷上，已有相当的浪费；而纸商为了迅速的谋利，在制造上多投机取巧，用生料不用熟料，粗制滥造！在购用的人，又因为奸商与掮客们的操纵，只有先得为快，因陋就简的将就下去，所以纸张稀薄，张页破碎，纸质粗糙，影响于印刷者至大，破烂的补不胜补，稀薄的经手辄碎，粗糙的模糊不清，既不耐用，复损读者目力，对于战时的宣传和文化上，不能不算是很大的损失。

油墨，亦为印刷上不可或缺的东西，率利用当地原料，手工制造。质虽不佳，但印土纸书籍报章，差可应用，只是印制精致品如钞票邮票之类，尚有待于努力研制耳。

机器，无论造纸、印刷或制油墨，能以机器代替人工，不惟质精，且亦价廉，惜关于斯项生产之机器，率仰给外人，战前如此，今日亦未能自行制造，因之生产品，不能大量供应，以致形成动辄纸荒等现象。

## 四

关于宣传，平时含有教育意义。战时又为制敌取胜条件之一，然而宣传，须书刊流通，深入农村与敌后，因应环境，作不同的措施，务使达到吾人宣传之目的，惟以交通工具之困难，每不能收如意宣传之功效，书刊种类甚多，不能应时散发，迨时过境迁，即使送到，读者亦感索然无味，一次如此，下次亦然，而后纵有甚多之书刊发到，大多置诸高阁，不只失去了国民对宣传的信仰，将来求宣传的功效，殊不啻“以水投石”、“缘木求鱼”！不特此也，印行书刊，十九土纸，破页烂篇，比比皆是，流转愈远，揉毁愈甚，不待披览，已行破碎，读者见其模糊难辨，遂弃置一旁，不予省觉。又如学校教科书，关于文字部分，多用三、四号字排印，尚不至过于模糊，而风景、人像各种铜版，则一片乌黑，莫辨谁何！动植物标本，理化作图，也一样的辨认不得。这样说来，通俗刊物，不易到了农村，就是到了农村，也不易收效，敌后宣传品，亦因运输之不方便，恐不足符合吾人理想之愿望，学校教科书，对于学生之学习上，亦有许多障碍，那末，对于宣传，文化两端的影响，可谓重大。

## 五

今后出版的改进与困难的克服，似应注意下列数事：一、中央可本着总理的出版政策，大量设厂造纸，制油墨，学校教科书亦由中央统筹印发，边远省分，得设分厂，本着既定方案，统一管理。二、计划出版，某种刊物，通行某阶层，适合于某地域，每月确定出版若干。三、价格务使稳定，运输务求迅速，价格稳定，不致令读者向隅，尤其公教人员与军人之子弟；运输迅速，则有关宣传之书刊，不致失却时效。四、发行出版年鉴，在印刷技术上，可收观摩切磋之益，在统一管理上，亦有指臂相依之功！夫然后首尾相应，内外通达，文化借以发扬，宣传之效易收！邪说谬论，莫由置喙，出版事业庶乎尽之。

## 六

欲明了各地出版业情况，或予以适当的改进与协助，须先行调查统计，然后又研究设计之根据，此点甚易着手，已在办理之中，至其他“出版政策”、“书刊运输”等，各项方案与解说，非本文所可尽已。

（载《出版通讯》1943年第2卷第2期）

# 纠正书业风气

叱　者

书店本是文化事业的一种，它应该以供应精神食粮及促进社会文化为职志，惟在这个一切都变成了商品的时代里，人们也把它作为十足的牟利组合了。不过，就目前的一般社会情形来看，只要它正当的赚钱，我们也是无可非议的。然而不幸，据最近报载桂林市竟有某等之流，假设亚新书店，以别人出版的地图编印目录，广为分发，用敲诈手段，套骗远地读者和同业的购书汇款，分配化用为数达十余万元之巨，受其愚者，尚不知凡几。事为桂林市书业公会所闻，经详加调查证据确鉴，范某等知奸计败露，无可遮遁，乃向公会自首，闻现已呈请市府法办中。

这种行为发生于文化城的文化事业中，实足痛心，其影响所及，将不仅使读者及同业蒙受重大损失，而且败坏了整个书业的风气。书业公会为避免此种败类的效尤，我们要求公会及当局加以严厉的处置：所有的被骗书款，应切实调查追偿发还，所有的主谋从犯应一律依法严办，尤欲言者，我们要求公会进一步调查取缔类似的组织（相信不乏其人）和变相的欺骗行为，以纠正书业的败坏风气，澄清目前的混沌局面。同时，希望公会于消极的严厉制裁而外，更重要的还在于积极方面，紧密同业连系，加强领导工作，趋使同人于正当的道路。

我们知道书业界的不良风气，是整个社会不良风气的一环，因此除了书业本身应加倍诚作外，还希望社会公正人士，共同起来为肃清不良风气而努力。

（载《图书印刷月报》1943 年第 1 卷第 2 期）

# 文化人改行

英

由于出版业不景气的加深，杂志刊物继续不断地停刊，许多靠写作为生的职业作家，因卖稿不能维持生活，而纷纷改行，有的去卖粉笔当教师，有的弃文就商，开小杂货店。一部分没有改行的人每天忙于生活问题，在饥饿线上挣扎，潜心研究，安心写作，自然更无从谈起。

文化人因生活的重压而被迫改行，去做那些“用非所学”的事，这无论对于他们自己个人，对于中国的文化，对于整个国家民族的利益，都是一个重大的损失，因为每个人要能发挥他的所长，才能对国家有最大的贡献。文化人亦只有在文化工作的领域内，才能对国家、对人类提供最高的贡献。文化人去经商，不仅不能完成文化人对国家所应负的责任，而且因为没有雄厚的资本，没有做生意的经验，经商不成，个人亦告失败。

文化对于一个国家生存之重要，不用多说，敌人最晓得这点，所以在战争中，敌人竭力摧毁我们的文化机关，在敌人统治下的沦陷区，最遭忌、最易遭压迫屠杀的是知识份子。国父孙中山先生说得好，知识份子是一个国家的先知先觉。抗战以来，文化人对于国家民族的贡献不为不大。在前方，在大后方，在沦陷区，文化人都无负于国家民族。现在抗战胜利在望，在这样的紧要关头，无论为了加强文化抗战、促进最后胜利迅速到来，抑或是为了将来的建国，都需要文化人比过去更加努力。但是事实恰恰相反，文化人反而在这时改行，这是令人痛心的事。

文化人改行自非自己所愿为，而是由于生活的压迫，使他们有“有力无处用”之感叹。所以问题的解决不在文化人这一方面，而在怎样保障文化人的最低生活，使他们能“有力出力”。

（载《文化通讯》1943年第29期）

# 文艺书刊不是“糖果”

## ——为印维廉先生“营养论”而作

张静庐

在五卷七期《中央周刊》上，读到印维廉先生一篇《出版物的营养和滋味》的文章，大意是说抗战期间人民的精神食粮，要选择含有多量维太命的营养物，不可单就味道较好的消遣品，他说书刊中的文艺书，那就相当于食物中的糖果点心之类，因为营养太少，不论它的味道如何鲜美，劝出版界的同仁不要收印云云。印先生的意思很恳切，但对于目前出版界的情形似乎尚未十分了解，我站在出版界的立场上，自觉有向印先生提供我的意见的必要。

我的意见是——

文艺书刊不是糖果，相反地，却是老百姓们日常所最爱吃的青菜萝卜，含有多量维太命A、B、C、D的营养食物。

抗战以前，出版中心在上海。据上海书业公会的报告，整个书的销量，除“半强制形”的教科书外，文艺书的销数实占着第二位。光说

《三国演义》一书，一年就有五十万部的输出。抗战后，我们听到各战区前线回来政工人员的报告，都感到前方士兵精神食粮的缺乏，尤其是适合于士兵阅读的诗歌、小说、剧本等文艺书刊。后方各县图书馆民教馆每月公布的民众阅览统计数字中指示的，也大都以文艺类书刊为多。至于在重庆、成都、桂林等都市一出抗战的现实的戏剧之演出，能连绵二三十场而卖座不衰。这现象，决不是说明有爱吃糖果癖性的人们的众多，却是证明了爱吃青菜萝卜者的普遍。

在战争中，文艺作品能鼓励前方将士的同仇敌忾激发后方民众的抗战情绪，已为人们所公认。所以苏德战争勃发，苏联许多文艺作家都自动或派遣的奔赴前线。我们的敌人日本，也一再派遣文艺作家到被占领的各区域来做纪录与宣传的工作，均足以证明文艺作品与文艺书刊，在战争期间为士兵民众最好的滋补品。我们从事于出版事业者，为求配合抗战宣传，正感觉五年来刊行文艺书刊数量的减少，比诸战前仅仅十分之二三而已。然而也幸而有这十分之二三的文艺书刊，在微少的流动资金中，艰难的印刷条件下，不断地刊行着，使文化水准较差的中国士兵与一般民众，还有书可读，戏可看。否则恐怕到今天止，摆在读者面前的，还是一些陈腐的与抗战无关的《西游记》、《封神榜》、《七侠五义》、《施公案》、《彭公案》等旧小说吧了。

更具体些说，中国历史上抗御外侮的民族英雄，不知多少。为什么一般民众，只晓得岳武穆，崇拜岳武穆，敬之如神，香火不绝呢？老实说这是仗一部《说岳演义》的流传。因为演义里说他是“大鹏转胎”，所以民众就视他是神，而不当他是人了。《说岳演义》做得好不好是另一问题，可是这部小说影响之六百多年来的人心，确有他不可磨灭的功勋。明末的史可法、郑成功为什么不为一般民众所熟识，所崇敬，甚至根本不晓得他们的姓名和功业，其主要原因，就是缺乏一部像《三国演义》、《说岳演义》般的通俗小说而已。

在伟大的民族解放战争中，像我这样从事出版事业者很惭愧自己能力的薄弱，不能多多印行文艺书刊，正期待诸文艺作家之合作。所以印先生劝我们不要“收印”文艺作品，这善意真是不可接受。因为一个真正献身于出版事业的人，是为传播文化而工作，为改进社会而工作，决不是单纯地以赚钱为目的。自然，一个民营出版事业，为维持其自身之生存及业务之开展，至少要做到不赔钱。但倘专为赚钱，则从事出版业早非一条康庄大道，五四以来多少新书店先后歇业，这前车之鉴应该使以赚钱为目的者望而生畏。然而至今仍有人在极端困难中继续挣扎，先后历数十年辛苦而不发一声怨言者，其目的至少不单纯为赚钱也明矣！

末了，我还声明，印先生在文中所举的文艺书的例子，什么梦，什么风，什么生活等流行的书，实在不应作为纯文艺作品的代表。这些西风社的小书至多可以说是青年人写述他短短经历中一个印象较深的生活纪录而已，与我们所需要的文艺作品无关，也许与印先生所说的文艺品无关吧，我以为。

（载《天下文章》1943年第1卷第2期）

# 检视当前的出版界
## ——并答张静庐先生

印维廉

在有一次出版界谈话会会场上，唐性天先生慷慨激昂的说：“不是自己吹牛，我们从事出版事业的人，的确是一种革命的工作！”这句话使我受了很大的感动。的确，如果没有为革命而牺牲的决心的人，谁还愿意做这既费力又赔钱的出版事业？当时我立刻联想到进一步的问题，就是我们不惜流汗流血来从事这个出版事业，它的成果如何？它对于国家民族倒底有什么贡献？后来就把一点感想写出来，投到《中央周刊》去。《中央周刊》将那短文发表之后，我又觉得非常的惶恐，因为我的意见是那样的简单和空洞。

中央文化运动委员会举行第三次委员会议，指定我报告一年来出版界动态，因此我根据比较可靠的材料，做了一个简明的统计和分析，证明我见解的正确。这个报告的材料我本来不愿意再发表，倒并不是有什么不能公开的地方，而是恐怕被人讥为一稿两投。昨天（七日）看到《时事新报·青光》内张静庐先生的《文艺书刊不是糖果》大文，而且声明这篇文章是为了我"营养论"而作，张先生的好意使我不能不一答，而答复的材料就只好取给于那个报告。

首先我必须要声明的，我和张先生的意见，在本质上并没有很大的差别。我说文艺书好像糖果，他硬说是青菜萝卜，其实品质优良的水果，和青菜萝卜比较起来，在营养价值上，并没有十万八千里的距离，何况现在的文艺书，并不像青菜萝卜那样的价廉物美。我主张不要收印的文艺书，也就是张先生不很赞同的"什么风、什么梦、什么生活"之类；张先生希望多印的文艺书，也正是我所赞美的"伟大的作品"。我说："可是这些伟大的作品，它的内容一定是哲学的，社会的，或是思想的，而绝对不是软性的。"我明明反对软性文艺作品，而张先生却偏说我所反对的文艺书与软性作品无关，这就难怪他涨红了脸向我争论一番了。其实我认为本质上没有差别，所以今天只是"答"而不"辩"，这倒并不是我胆怯心虚怕多事，所以虚晃一拳，抽身便走，而是根本没有什么可"辩"的地方。

闲话交代清楚，应当回到原题。当前出版界的情形到底如何？姑且就我所得的材料，编制一个简明的统计表：

**各地图书杂志生产情形一览表**

| 地点 | 每月付印图书平均数 | 每月付印杂志平均数 | 备注 |
|---|---|---|---|
| 重庆 | 八一 | 六四 | |
| 桂林 | 六〇 | 三〇 | |
| 江西 | 二四 | 二三 | 包括泰和、赣县、吉安等县 |
| 西安 | 二〇 | 九 | |
| 成都 | 一九 | 二〇 | |
| 湖南 | 一二 | 一〇 | 包括耒阳、衡阳等县 |
| 广东 | 九 | 四四 | 包括曲江、花县、坪石等地 |

**续表**

| 地点 | 每月付印图书平均数 | 每月付印杂志平均数 | 备注 |
| --- | --- | --- | --- |
| 贵阳 | 九 | 一五 | |
| 永安 | 八 | 一五 | |
| 金华 | 五 | 九 | 材料截至本年四月份止 |
| 昆明 | 一 | 三 | |
| 恩施 | 一 | 二 | |
| 总计 | 二四九 | 二七二 | |

以上这个统计，有几点要加以说明的：第一，因现在尚未到年度终了，所得各地的报告尚未齐全，为谋比较正确起见，我只求得一个每月的平均数；第二，材料的来源，是各地图书杂志审查机关原稿审查的报告，为求正确起见，只能说是付印平均数，而不能说出版平均数：因为一本图书的出版，也许印刷三四月的时间；第三，这一个统计，并不是百分之百的完全，比方说四川除了成都而外，各县也未尝没有出版品，不过图书杂志大都集中在重要地区，那么从这个表中也可以看出一个大概的轮廓了。

从这一个表中，我们可以看出各地图书杂志的分配情形：重庆市每月付印八十一种图书，占全国三分之一，六十四种杂志，占全国四分之一弱；桂林图书占全国四分之一弱，杂志占全国五分之一弱。重庆、桂林两个地方付印的图书杂志，几乎占全国的半数。不但在数量上如此庞大，而且在言论趋向上也往往能够影响其他各地，发生决定的作用。

现在我们图书杂志的生产量究竟太多呢？还是太少？过分畸形的集中于少数都市是不是合理的现象？这个固然是应当检讨的问题，但是还有一个比较更严重的问题，那就是出版品的趋向究竟如何？为了解答这个问题，我还得根据各地报告，来做一次分类的比较：

在各地付印的一八三〇种图书原稿中，文艺占六八五种，超过了三分之一，教育一二八种，约占百分之十一；政治一四六种，约占百分之八；经济一一一种，约占百分之六；科学一二五种，约占百分之七；国际九五种，约占百分之五；哲学七五种，约占百分之三强；史地五三种，约占百分之三弱。这里我们可以指出几个明显的特征。

第一，文艺书的产量实在太多了。桂林付印的三三六种图书中，有文艺二二九种，占三分之二强；湖南占四分之一；重庆、西安、江西都占三分之一弱。就要它完全是青菜萝卜，老百姓也吃不了这许多。我们并不否认文艺书对于人生有时会发生很大的鼓励和启示，但是我们现在出版的文艺书，量的方面固然多得惊人，质的方面却是非常低落。真正能够启示人生鼓励抗战情绪的作品，倒并不多见；而充塞书坊间的，却是那些低级趣味的软性读物，或者是尖酸刻薄无病呻吟的讽刺文字。在这百年耻辱一笔勾清的今天，在这中国地位列于四强之一的今天，正是我们扬眉吐气与日月争光的时候，为什么一定要拼命的钻进死人的坟墓里，从尸骨中去搜寻阴森可怕的冷气？德国在东战场一败再败，人民情绪万分懊丧，无可奈何，戈林只得号召大家去多读文艺书，可以暂时把精神麻醉一下。各位想想：我们现在是不是无可奈何？我们的精神要不要麻醉？如曰不然，那末我们对于目前出版品的这一个趋向，应该要严切的注意。不但量的方面应该要大大的减少，质的方面尤必须彻底的改良。

第二，阐扬三民主义的著述，未免太少了。在桂林付印的三三六种图书中，不惜以三分之二的力量去印文艺书，可是出乎想像的，他们却不肯收印一本阐扬三民主义的著述。重庆是抗战的司令台，战时的首都，在中央各机关的鼓励督促之下，应该有比较良好的现象，而事实上偏是出乎意外，从本年一月至九月，付印的八三一种图书中，阐扬主义者只有十二种，还占不到千分之十五！如果说读者不喜欢研究阐扬主义的著述，那个读者就不长进，不配做一个抗战中国的国民；如果出版家因为主义书籍的销路不佳，而拒绝收印，那个出版家就是只知投机赚钱而不知国家民族利益的市侩；如果说根本就没有阐扬主义的优良作品，那末这个责任就落在文化界人士的身上。依我想来，这三方面都有责任，文化界人士首先要自责自勉，因为只要我们产生优良的作品，不怕出版家不收印，也不怕读者不欢迎，所以要改正这个风气，文化界人士是责无旁贷。

第三，专讲逢迎取巧的“处世”书籍应当根除。一个国家是随着抗战大业的进展，而列为四强之一，可是强民为强国之本，我们的每一个国民是不是已经具备了新的精神和新的生命？有没有具备完全人格的人所表现充实光辉的生命力？事实告诉我们：没有！所以我们还不能过分的乐观。总裁在第三届国民参政会开会演辞中，痛心疾首于后方的腐烂生活，因此把改正风气作为目前最切要措施的第一位。这种腐烂堕落的生活反映到出版界，一方面是软性的低级的文艺读物的大量销行，另方面是专讲逢迎取巧、唯利是图的“处世”书籍蓬勃而起。在这些书里只看到金钱在打滚，而丝毫闻不到做人的气氛。熟读这些书的人，自然会变成寡廉鲜耻、唯利是图的财奴。这种书曾经在今年春夏之间风行一时，直到现在还是余音袅袅未能根除。中国本来是最懂得做人的民族，我们圣先贤对于人生哲学，发挥得特别透彻，然而现在的“处世”书籍却堕落到如此地步！这是民族文化的污点，更是战时出版界的羞耻！

综上所述，我们可以武断的说一句，现在的出版品，还没有完全达成它应负的使命，从一个国家的出版品中，可以看出他们的思想前途和精神生活；振奋的民族，他一定喜欢读精深丰富的书籍，堕落的民族，才爱好那低级趣味的靡靡之音。现在我们出版的书刊，在数量上不能说太少，可是内容方面却很多与抗战的利益背道而驰。在精神国防的前提下，我们的出版界应当赶快纠正过去的不良倾向。我们写一部作品，出版一部书刊，必须首先顾到两个绝不可移的原则：第一要与抗战相配合，一定要对抗战有益的作品，才让它出版；第二要反映民族精神，菲希德说得很好：“土地经济政治组织，皆非形成民族的要素，所谓民族乃一种神圣的道德的组织，民族的要素，是因为它有特殊的道德，足以表现其民族精神。”我们五年来抗战的收获，就完全凭借这具有特殊道德的民族精神，我们出版界人士是精神食粮的制造者，我们收印的作品必须要反映民族精神，以培养和激发人民的抗战情绪。

这是一个很严肃而切要的意见，一方面答复张先生的赐教，同时补充前文之不足。不过《青光》的篇幅有限，而这篇文章文是写得如此冗长，编者先生一定会觉得头痛吧！但他既然有权利登载张先生的短论，似乎也有义务发表我的长文，是不是？

十一月八日

（载《天下文章》1943年第2期）

# 合作，共存

孝

最近桂林印刷价目，又要加价了。排工每千字从四十八元加至七十元，印工普通三千份每令从一百五十六元加至二百三十元，平均约为五成。这次加价的理由，据说为工人工资提高，而工人工资增加，以往的理由，是物价剧增，米价骤涨。惟观近几个月来，一般生活用品，未见骤然增高，而米价亦未跳出千元，因之此种工资提高而转加于出版业之印刷加价，使出版成本激增。

出版业在今天，已经在愁眉不展，一本二百之面书籍，成本就在三万以上，对于穷行业之出版商，已很难负担得起，而二百面之书籍，定价约在二十元左右，一般穷的读者，亦很难有力量购买，若再加上五成，不知道购买要减低如何程度，出版者更不敢再往前想了。

从工资提高而增加印费，印费增加而提高定价，定价提高，购者愈少，购者愈少营业愈低落，营业低落，则无力出版，出版凋落则印件减少，印刷业清淡，随而裁员停职，目前已有此事实。这一连串的环节，是多么黯淡呀！

我们难道眼看着让其循此途径下去吗？

我们觉得，出版与印刷，乃文化工作之弟兄。在此萧条不振之时，从事此项事业之从业员，不论工人、书店职员，其生活与待遇，确实相当艰苦。调整与改善，亦为合理之事实。惟在今日情形之下，作最大限度之牺牲，尽忠于文化事业，亦为当仁不让之事。因之为整个出版印刷前途着想，在此面临危难之际，应当加强印刷与出版之密切合作。各趋极端，各偏于己，互相缔制，只会两败俱伤。好在今天新价尚未全部施行，二个唇齿相关之弟兄，只有共同相诚商讨，合作无隙，才能共存。

（载《图书印刷月报》1943 年第 1 卷第 2 期）

# 出版者应该要赚钱

保 澄

在许多出版者面前，假使我们提起出版赚钱的话，大家是摇头不愿承认的。好像出版者若一赚钱，就不是为文化工作，“赚钱”二字，似乎大大的有损出版尊严。

其实，真正为文化工作的出版者，应该要赚钱，赚正当的钱，赚更多的钱。

譬如，出版《安娜·卡列尼娜》，出版者聘人翻译，筹划印刷，切实校对，周密设计，把一部世界名著，审慎地介绍给我们读者。读者得出版者之出版，在该部名著中，得到丰富的精神滋养。出版者在这项有益的工作中，收得他微薄的报酬，作为再生产另一部名著的资金。我们能说他这是不应当吗？

出版者在发行方面，正确并有计划地分配给同业与读者，使一部有益于人类的著作，不因地域和交通困难，使分配上不均，而发生有的不足，有的过剩的现象。出版者在这项必需密切联系、经常调查的工作中，收得同业间一个或半个回佣，作为他发行工作上更周密布置的资本，我们能说他这是不应当吗？

出版者，在他选购纸张中，精明机警，在印刷上，使排印装帧，既不浪费，而又经济美观；在内部组织上，采用精兵简政政策，手续简便敏捷，并有条理，同人待遇改善，并能施以文化教育，使一个人工作效力抵得上普通二个人，使无谓开支节省，成本减轻，从而减轻了读者负担，而增加了收入。得使经济灵活，资金浓厚，能有更大能力出版更多作品，我们能说他这是不应当吗？

所以，出版者应该要赚钱，所赚的，是正当的钱。这是出好书，好发行，好管理的出版者赚得的钱，正是工作的成绩、无上光荣的优良工作记录，我们没有理由去非难他，出版者也没有理由不愿承认。我们难道希望出版者，印不出书，或出了书发行不开，而至关门大吉，才算为文化工作？才说是服务社会？

那末，这些不愿意承认出版赚钱的人，应该是这一批出版的“大亨”了。

出版大亨，专门出版那些《处世××》、《怎样××》一类的书籍，教人做不愿意做的事，要人说不愿意说的话；教人奴颜婢膝，不顾礼义廉耻，注毒汁于读者，使青年麻木。这项工作，无异贩卖毒品，我们可以看看出版者出书不久，即告“不敷分配”等等的紧急启事。甚至纸型有二十万元的代价，可见一斑。但假使提起赚钱的话，那无异要他承认贩毒的行为，当然这是不愿意的事。

出版大亨，专门翻版，盗印，嗅觉到一本能销的书，暗地里做一手“夜行人”的工作，偷偷地贩卖，不登广告，专发外埠，或者对于抽版税的书，印七千，报三千，暗地里偷了四千。这种工作，无异窃盗偷同业版权，盗窃作家版税。但假使我们提起赚钱的话，那无异要他们承认赃物，当然这是不可能的事。

出版大亨在发行上专卖面子。你处送一百，他处派五十。不管同业能销不能销，自己只求囊饱。在内部，不管同事能生活不能生活，只求一个人抵二个人替他赚钱。这种尖酸扣刻，括削下来的钱，当然是不愿承认的，我们要一个贩毒者、盗窃者、括削者来承认赚钱，当然是不可能的事，同时他们也没有资格承认出版上赚钱。

“清炖读者汤”、“红烧作家肉”，加上一只“炒同行”，这班大亨们就是这样吃得肥肥的。

（载《图书印刷月报》1943 年第 1 卷第 2 期）

# 不要在困难前低头

星　林

全国出版业，最近几个月来遇到了严重的难关。以桂林而言，有几家小出版社已关了门。现在的出版社亦纷纷采取紧缩政策，对于收稿出书非常慎重，有的甚至暂时停止收稿，有的将已收而且经图书杂志审查处，审查通过的书稿，转售脱手。现在每月送审的书刊稿件，比半年以前减少了一倍以上，出版的新书减少了，许多杂志停刊了，作家因生活困难纷纷改行或他去。

再就贩卖书刊的书店而言，情形亦很萧条，停业清理的书店已经有四五家之多。号称桂林文化街的桂西路上，书店的数目虽然没有减少，但有的已经改名易主，有的虽未改名实际上却已易主，多数书店每日门市营业所得不过一二千元，有一二家每天仅有四五百元的收入，最好的每天亦不过一万元左右。以今年十二月与去年十二月相比，书店的开销（包括房租、灯油、职员膳食薪金、事业费等）今年比去年至少增加两倍，但营业额的增加却赶不上这个比例，因此经营书店的人没有一个不在叫苦连天，摇头慨叹"生意难做"。

造成出版业不景气的原因很多，例如由于物价高涨，书刊的生产成本激增，以目前的情形而论，一本十万字的书要印五千册，就得需本钱三四万元，一般小出版社的资金不过十万元或廿万元，以这样的资金，只能印两三本十万字的书！而且因生产成本激增，书价亦随之提高，这自然影响到读者的购买力，书刊的流通过程亦因而迟缓，资金冻结更难于周转。此外再加以邮递困难，寄费奇昂（有时寄费与挂号费超过书价），这一切自然更增加了出版业的困难。

面对着这种日益加深的不景气，一些从事出版业的人惶惑起来了，另一些人则认为目前的出版业已经走上了末路，因而表示悲观绝望。

我们认为这些表示惶惑，表示悲观绝望的人们，对于出版业的前途缺少正确的认识，他们被表面的困难所骇倒了。

我们认为目前笼罩整个出版业的不景气，在一方面看来，固然是出版业的难关，或者像某些悲观的人们所说，足以威胁出版业的根本生存；但在另一方面看来，目前出版业中的不景气，正足以推动出版业内部的新陈代谢作用，发挥自然淘汰的功能，形成整个出版业发展的转换点。

首先，我们应该了解，目前出版业的不景气，是整个战时经济困难的一部分，现时的工商业，不论那一部门都在叫苦，并不是其他工商业部门繁荣，只有出版业有不景气。所以我们用不着特别替出版业抱悲观。

其次，一个国家文化学术的延续，依靠于出版业的存在。所以只要中国文化学术的延续不中断，中国的出版业就有它存在的物质基础，这点我们尽可放心，用不着对出版业的生存发生悲观或动摇。目前的困难只有加强我们的努力，而不应在困难前低头。

而且就在目前的书业不景气中，书籍的流通过程比以前慢，但是内容充实的书仍然拥有广大的读者，虽然书的定价很高。例如一些长篇外国名著的翻译，每本定价至少在五十元以上，销路仍然很旺，至于那些东抄西剪的草草成篇的书，内容贫乏，或错误百出的书，自然没有销路。所以问题不在没有读者买书，而在于书的内容是否有价值。今后内容有价值的书仍然能有人买，骗人的滑头东西就无人过问，所以目前的不景气，在某种意义上对于出版业起了一种自然淘汰作用。在这种严重的不景气中，出版社要站得住脚并且求发展，就得出版有价值有意义的书刊，否则就要被淘汰。所以我们认为目前的不景气可以起澄清出版业的作用，形成整个出版业发展的转换点，用不着悲观。

自然，我们对于当前的困难亦不宜看轻，为了克服当前的困难，出版业自身应有很好的团结，在出书方面分工合作，避免重复；在业务方面，互相帮忙。此外，政府对于出版业除消极方面，消除各种足以妨碍出版业发展的障碍外，更应在积极方面奖励扶持出版业，渡过目前的困难，走向健全发展的道路。

（载《文化通讯》1943 年第 29 期）

# 投机的出版市场

海 容

从事出版界的朋友说，现下的读者选书的标准：第一，作者要是名家；第二，内容要给苦闷的青年一点甜润；第三，书名要极动人，这是指关于文艺方面的。至于所谓实用书，如模范作文、模范日记、学习手册、家庭手册、父母手册、公文手册、结婚的准备、给大时代的青年应用文……全靠剪刀和浆子贴凑成书的更不用说，销路之广实足骇人，一版几版，谁说不是伟大作品。

这风气，原本仅在“实用技术”、“学习修养”上面转念头，出版商聪明的脑袋，明白青年们求进步之心切，此类书正适合需求，但是，之后风气扑向文艺阵营来了，起始大家编凑了一大堆写作经验之类的东西，继之嫌其零碎麻烦，索性整块咽吞，来得痛快，于是一大本一大本的书出版了。出版得连作者译者自己梦也没有做到，比方高尔基的《我的大学》就有两本同时偷翻出来，其他普式庚的什么恋，托尔斯泰的什么爱，一本将牵着一本来。林语堂的《生活的艺术》有了三四本，往常上海滩上的本领全使出来了。《大地文艺丛刊》翻版得使作者自己编好的集子成重复不能印，雪垠为这而气得要打官司，其他不但偷抄翻印，尚且厚颜到什么《中篇小说丛书》等等，以瞒骗远方读者，出版老板聪明得捡一二身在远地干涉不到的来下手，像丁玲、荒煤，像巴人……偷他们年久发表杂志上的短篇，成集而变中篇，不但偷来一笔版税，且可畅销，因为爱好他们作品的读者会误解为近著。而且，在工作更趋于严肃、沉闷的时期，投机的作家看中这点，来篇把肉麻或有趣的桃色故事，《铁苗》这本好像小说的东西，我说好像还算是勉强的。结构与内容姑且不论，单就那用大部分篇幅来描写恋爱开房间的场面就够吸引人了。《花嫁》的作者也同样卖弄聪明，写香艳的韵事。我们并不是道学先生，青年男女恋爱为中心写作材料有的是，因为易于表露真实的缘故，而我们却反对成为低级趣味的纯色相写法。我以为：任他怎样写，也不会比张资平、张竞生高明的，但销路却相当地好，这是反常的状态。

我私意，文人便应是文人，做生意便干脆做生意。不拖泥带水，不浑浑胡胡，双脚踏双船终是要不得的。无论外头粉饰着文人什么社，作者什么房，文艺什么家，都是骗骗自己骗骗别人的。靠文人写招牌，作进自之阶，作发财之具，似乎不是始自今日，但于今为厉，为了多几个钱，为了争一张证。编家和书老板打的头破血流是常见的事，而说出来大家全都清高，全都为了抗战文化。所以我希望读者读书选书的概念要根本改变，而作者应该致力于写作，拿结实的作品与读者见脸，而不应招摇撞骗，成为文坛的贩俏子，可以哄骗读者一时，不会永远。要想澄清出版界混乱的风气，最先应该请借口文人作家，而做出比奸商更不名誉的“作家”检点些。

一九四二年终桂林

（载《长风文艺》1943 年第 1 卷第 2 期）

# 祝重庆市出版商业同业公会成立

裔

出版同业，过去都与图书教育用品业合在一起，没有自己单独的团体。抗战以来，出版界遇到许多困难并自身发生许多问题，都需要急待解决，但因为同业庞杂，往往不易集中力量，协力处理。而出版业与教育用品业，其所负任务与性质，的确相距甚远。各地同业，多为此问题而苦恼。现在，重庆首先成立出版商业同业公会，纯粹为出版同业之组合，这对于出版业之前途，定将有重大之开展。

目前出版界是处在极端困难之际，重庆出版商业同业公会之成立，正给予各地同业不少希望与鼓励！我们相信重庆负责出版同业公会诸公，必先为同业之困难谋各项妥善之解决。

出版业目前之困难固多，惟最主要的，不外运输不便，书籍无法像战前畅通，因之货物搁置，资金周转不灵，而造货成本日增，开支与捐税日重，使同业无法再生产，他如审查辗转费时，出版后而遇查禁，或甲地通行而乙地被扣等等之损失，更加重出版业之特殊负担，以往我政府与有关当局，亦曾迭经改善与协助，惟尚不能完全解除此类苦痛，乃系事实。因之如何使寄递运输之畅通无阻，如何使各项捐税之予文化事业以减免，如何于审查后出版之书籍予以确实保障，如何使各地出版业获得信用贷款等之方便，所有这些如有出版业自身成立之公会将方便不少。且闻重庆负责领导者均为文化界之前辈如王云五、刘百闵等先生，我们庆幸其事，因而更庆行其人。

当然，全国出版同业，除重庆外，桂林、福建、湖南、江西等地，也都有许多出版同业，这些同业，今天还都杂于图书用品中间，对于各项自身问题，亦不能迅速解决，因之希望各地均能有重庆同样成立出版业公会，而后以各地公会为基础，成立全国性之出版业协会，使全国出版业得共商出版大计，所配合政府抗建国策，而成为一支强有力之文化军队。

今天出版业公会尚属初创，而所要解决的问题及其任务，如此繁重，因之在工作上免不了要遇到许多困难。所以能有集思广益，在会务组织上，多多使规模较小之同业，均得为本会效劳之机会，又为必要。我们庆祝重庆出版业有此今天光辉之一页，我们预祝不久将来必有全国性出版业协会之出现，而在中国出版史上写下更光辉灿烂之一页。

（载《图书印刷月报》1943年第1卷第2期）

# 精神食粮问题

马星野

## 一

西方有位政治家说：不读两个《泰晤士》，不配做现代政治家。所谓两个《泰晤士》，一个是伦敦《泰晤士》，一个是纽约《泰晤士》。据说这一次希特拉救出墨索里尼，墨索里尼得救后第一件事便是向他的左右说：“拿报纸来。”为什么干政治的人非看报纸不可呢？因为政治是管理众人之事，你要把众人之事管得了，并且管得好，第一要知道了众人之事，第二要知道众人对于这些事的意见。换句话说：第一你要知道每天的新闻，第二要知道每天的舆论。

报纸的两大使命，第一便是报道新闻，第二便是表达民意。什么是新闻呢？凡是在当地、在本国、在世界所发生的最新事情，同大多数的人民发生最重大关系的，便是新闻。报纸的任务，是用最正确、最客观的笔，把这些事情记载下来，用最快方法告诉大家。什么是民意呢？便是对于这些重大事情最大多数人民的共同意见。报纸的任务，是指导人民，构成这些意见；再把这些意见，表达出来，做处理这些重大事情的标准。

不但政治家们，为管理众人之事，非每天看新闻读社论不可；每一个公民，都有每天看报的权利和看报的责任。我们现在正向民权政治大路迈进，民权政治的理想，是由大众来管理大众的事，我们想：如果大众不晓得那个人是好是坏，选举权如何行使？如果大众不晓得那个官吏贪污的事实，罢免权又如何行使？如果一个法律行使的结果如何，大众不知道，复决权同创制权又如何行使？所以有报纸看，是实行四权的先决条件。人民为享受民权，有看报的权利，人民尽他公民的义务，有看报的责任。因此，报纸不仅仅是政治家的每日精神食粮，也应该是四万万五千万人的每日精神食粮！

## 二

以上所说的是精神食粮的重要性，但是中国现有的精神食粮生产和分配的情形是怎样呢？中国有新闻纸，比那一个国家都来得早，因为纸，是我们中国人发明的，印刷，是我们中国人发明的，所以至迟在唐明皇时代，我们已经有报纸了。不过，我们的报纸进步得很慢，直到辛亥革命前后，我们现代的新闻事业才发达起来。我们过去因为教育不发达，交通困难，产业落后，看报的人不多，办报的人也很腐败，到了这几年以来，报业才突飞猛进。这六年的抗战，在困难万分之中，中国新闻事业，表现出很好的成绩。

现在中国报纸，大概估计，在九百家上下。里面分国家经营的同私人办的两种。国营的报纸包括党部办的，政府办的同军队办的。党政报纸大约四百家，军队报纸大约一百七十家。商办的大约三百家。这里面，包括大型的、小型的，晨报、晚报，铅印的、油印的、石印的，各色各样都有。如果九百家的数目是正确的，中国平均每五十万人有一家报纸。

这九百家报纸，每天供给多少份报呢？中国报纸的坏习惯便是虚报销数。销数最大的《大公报》，每天印六万份，中宣部直辖的十七个党报，总共印十五万份左右。一般石印油印的报纸，平均一天出一千份，所以依较宽的标准估计，中国报纸，每天出一百到一百五十万份左右，换言之，每三百个到四百五十个中国人平均看一份报。但是这不过是平均而已，事实上，中国的报纸，都集中在少数大城市，像重庆、昆明、成都、桂林等地，至少有五十万份以上，是集中在这些都市，因此在乡村，在前线，在边疆，都不大容易有精神食粮的供给。生产不足问题固然严重，分配不均也是很可虑的问题。

我们同我们同盟国比较一下，真是觉得惭愧。美国只有一万三千一百万人口，而全国有日刊报纸二千四百零二家，每天销数是四一，一三一，六二〇份。平均每三人一份报，依每家五个人计算，是每两家看三份报，即每家看一份晨报，两家看一份晚报。比中国多一百五十倍。英国的土地不比四川大，人口也不比四川多，可是英国有一千五百七十七家报纸，比中国多一倍，英国每一百个家庭，分到一百六十二份报纸，平均也是两家三份报。

我们扫除文盲运动，正在进行，预期五年以内达成，现在已过去了两年，文盲扫除以后，全中国同胞除不识字的小孩外，都应该有报读，依一家一份报计算，每天要九千万份报，比现在要增加九十倍。英国有一家《每日快报》，每天销数是二，三二九，〇〇〇份，比我们《大公报》多四十倍。英国这样大的报纸有四家。美国一家《每日新闻报》，每天销数一，七一八，〇〇〇份，苏联也有这样大的报纸两家。我们人口这样多，而我们精神食粮这样不够，这当然是一个严重的问题。所以有人说，我们建国要先建报，建设民治、民有、民享的国家，先要建设民治、民有、民享的新闻纸。

## 三

前面说的是中国现状下报纸供求的情形，最后，我们来瞻望一下中国新闻事业的前途。这里我们提出三个问题：（一）我们要增加九十倍的精神食粮，生产的方式是怎样？（二）我们抗战胜利宪政开始之日，报纸的自由程度怎样？（三）这样多的报纸，共同努力的目标怎样？

我们要增加精神食粮的生产，当然要采取民生主义的原则，因为民生主义是主张发展国家资本的，对于国营的报纸，今后要积极加以扩充；因为民生主义是主张奖励私人资本的，对于私人经营的报纸，国家今后不但不设法限制，并且要用各种便利使其发达，因为九、十倍的增加，决不是国家单独可以达到的。民生主义是主张限制有害的私人资本的，所以我们绝对不许有垄断舆论，把持民意的报纸托辣斯出现。凡是违反三民主义，有妨害民族利益的报纸，国家将毫无犹豫的予以取缔。

我们今后言论自由的程度，民权主义中也已给我们定好了标准。我们是全民政治的国家，当然不许鼓吹阶级斗争，挑拨种族及派别的恶感，我们是提倡革命人权的国家，自然不许汉奸及帝国主义走狗与军阀余孽等享受言论之自由。我们主张权能分开，政府在治权范围内有充分的自由，在施政的技术上，言论界自然不能作不负责的批评。但是，民权主义最主要一点，便是由人民来监督政治指导政治，一切施政，根据民意，所以报纸在代表人民、指挥与监督政治一点，要有最大的自由，辨贤奸，明是非，伸正义都要有充分的言论自由。

（载《文风杂志》1943 年第 1 卷第 1 期）

# 书局职员的生活

冠 龙

我是一家规模很小的书局职员，过去店中的营业时间是从上午八时半至下午九时，足足十二小时半的工作。近来为了电气节约及商场普遍习惯，已将营业时间缩短不少，改为上午九时至下午六时。早晚空闲的时间既这样多，一班店员学徒，既各有各的事做了。我在繁忙的时候，每抽暇阅读书报，现在更予我较充分的时间，来补充我的智识欲。店员的地位，虽是低微，但确是商业上直接的推动者，每日将和蔼的态度、诚恳的言语，所换得的，是买客的刁难、麻烦和店主的无理谴责罢了。三餐一宿，是当然的酬劳，所得薪水，每月三十元，拿每日一元计算，轮到月份落在手背节骨的高峰上，就不到此数了。每当岁尽年凋的时候，照例是人们期待欢乐来临的时期，而店家所给予劳力一年的店员酬金，仅相当平常的三倍强，这是我个人实际所获，可不能与五金、呢绒、烟纸行号的店员去比较，因为少数行业，在畸形发展下，所获暴利，当可提出千万分之几，给予店员。我们店中，规定早晚吃粥，中餐方吃米饭或面块。在这样艰危的时候，不能谈到营养，只顾装饱肚子。虽然同事面部，多少带点病态，但从无胃病发见，这也是差堪自慰的事。我们的屋，既无固定床位，更不论何种床垫，如玻璃柜面，长凳为冬季良好卧室；暑季则多以水门汀为寝台，舒适凉爽，为一年中寻得好梦的时会。至于三十元的入款要使住、吃以外的事，支配得满意，那是很难的，现在要求支配恰当，也就煞费心机了。为了要保持外表整洁，理发、整容为必要之支出，服装是无法添置的，为了污垢足以损坏衣料的原故，只好勤加洗濯，鞋袜的折旧率，也就相当浩大。交际费捐款更不能逃避，因这是集体行动，我能一个人不参加吗？我们以年终分红为最大收入，可是一年不如一年了，现在所入，较往年略有增加，但所换得的物质，反而减少了，譬如预计若干元，可购布质长衫一件，待领得红金，布价却上涨了，我们无力囤积一件布质衣料，与贫苦之人，不能趁粮食低廉时购储一些，是同病相怜的。我们的教育程度，是显然的不同，也是本国文字，多少都认识一些，因为职业上的便利，只要不是过份的懒惰和头脑的低劣，做过三年学徒，总可以写写算算了。如果勤奋的人，也有跻身广告、画家与助理编辑之门的，为了寻求知识，便应努力自修，争取未来的光明。

（载《申报》1943 年 6 月 28 日）

# 战后的精神食粮

秋

这一次敌寇蹂躏的区域，不仅一切物质的建设，荡然无存，尤其令人愤恨的，是无微不至地摧残我们的文化，抢夺我们的书籍与古物，焚烧我们的公私书店和书舍。因战略上的关系，追随政府迁移到后方的人们，所携带的是日常应用的必需品以及尊贵的细软，把笨重的洋装书、线装书，搬到后方来的，可说是极少数。同时，由于印刷条件的艰难，大后方的出版界，除了印几本销路上有把握的小书，暂应门市之外，比较有系统的著作物，就无法接受了，而著作界苦于生活不安定，又缺少有价值的参考书，也实在写不出较好的作品，因此，战时的精神食粮，不论前方与后方，都显示着空前未有的贫乏。

在战后，剩留在广大的沦陷区的书，一定是奸伪敌寇麻醉性的毒物，决没有一本适当的读物，在物质上是急待建设的废墟，而在文化上，是同样需要开垦的沙漠，这是我们立刻可以体验到的事实。

文化是立国的原素，无文化或文化落后的国家，是无法生存的。所以关于战后精神食粮的救济，在胜利将近的今天，应该早为之计了。

（载《中外春秋》1943 年第 1 卷第 2 期）

# 书报下乡

张　良

“文化下乡”必须有“书报下乡”来配合，作者写出作品来，如果发行工作者没有给发到老百姓的手里，那这作品再好也是枉然。

为了达到“书报下乡”的目的，边区新华书店，曾在各地设立了许多分支店和代销处，但所收到的效果，并不很大。通俗书报刊物还不能大量的销售。例如，在去年六个月的总结中（总店和一个分支店在内）推销的书籍数量，共为三万一千多本，而大众化书籍只占了百分之廿一，新文字书籍也只占了百分之八点六。

去年旧历年底绥德寄来了一些新内容的年画，可惜我们收到太晚了，无法转寄销售，当时派了一个勤务员去市场摆摊试销，在短短的四个钟点中，就销售了六十五张，这些年画都是老百姓买去的。

元宵节那天，新文字报社的同志也利用了群众看灯，在市场摆摊试销新文字书报，当天买了书籍四十五本，报纸六张，这些书报都是由本地干部、农民、工人、战士买去的。

去年，新文字报社经过县三科的冬学辅导团，两个月内共销售了新文字书籍一千四百多本。这些书籍全部是由冬学学生、农民买去的。并且，经过这关系，要求订阅新文字报的，也很多。

上面三个例子，证明了“书报下乡”是可以做到的，只要我们方式灵活，给读者——尤其是农民读者更多的便利。开书店当然是推销书报的一种方法，但这是适合于城市的，农村读者都还不习惯来书店买书。对于农村读者，不能让他们来找书报，而应当使书报去找他们。所以，像过去那样完全被动的坐在书店，等候读者光顾的办法是不对的，我们应当主动的利用各种机会（如赶集等）来推销我们的书报。

但仅仅依靠有限的书店工作人员还是不够。我们热诚的希望做文化宣教工作的同志——包括工厂、农村、部队工作的知识分子和各报社的通讯员同志，都来参加这一工作，使革命的文化真正深入工农兵，应该是我们大家的责任。为此，边区新华书店邮购科，特征求“邮购代办户”，凡各县、区、乡工作同志愿意推销“书报下乡”者，都可征求，帮助广大的读者来函代购书报。只有在大家的共同努力之下，才能做到普通的“书报下乡”（“邮购代办”办法请向延安新华书店函询）。

（载《解放日报》1943年3月31日）

# 关于书的广告

园 丁

现在坊间有一些书，有着当代要人题签或作序，在广告上还大吹大擂，自称名著，据说销路非常之好，无疑的，这是书商或文化贩子们抓住了一般读者的弱点，而造成的结果。

这些书的内容也许是很好的，也许并不很好，我现在不谈它。但这些书之所以销行很广，却并不是凭着它的内容，而是凭着它的广告，这就使我不得不向读者们说几句话。

广告不是不可利用的，它告诉我们以新出版物的名称和内容，使读者可以参考它来选购书籍。不过我们读者对于一种书的认识，不可完全根据广告，因为广告常常是带点夸张性的。也不可以根据要人的题签和作序，因为这种题签或作序，往往是对于朋友的应酬，并不是自动的介绍。尤其是题签，在题者主观方面，是很少介绍意义的。只是在找他题签者的方面，是利用他的姓名和字迹做广告，以引起一般读者的重视。其实题签人对于书中内容是没有工夫过问，也不必去过问的。所以尽管是一部内容贫乏、毫无价值的书，也有着要人名流的题字。作序的情形比较不同，但作序有两种，一种是看了内容才作，而且衷心赞许，愿向读者介绍，另一种是不看内容，只凭请求作序者的述说，而写几句广泛的应酬话，如果是后一种，我们就不能相信。人们的研究各有所专攻，便使他们的知识各有所偏至，要人名流也是这样的，除了他的专门知识外，并不是样样都懂，如果他们在自己专攻的学术以外，对其他书籍作应酬式的介绍，而读者去相信它，那就大上其当了。

笔者平日颇高兴看看书籍的广告，想略略知道新出版物的名称和性质，但若是去购买，我就非看过书中内容，或经过学问上可靠的人的介绍，不作决定。尤其对于那些有要人题签，并在广告上大吹牛皮的书，不轻易相信，我疑心它的内容很贫乏，故不得不借要人的题签等等来补充，以求得销路。这种书，我若不得到很确实的证明，知道它的内容真好，是决不购读的。

（载《自学》1943年第5期）

# 书店门市书籍布置问题

尚　华

当我们跑进书店里看一下书架上放的书籍，我们就可以知道这家书店的办事精神了。

有许多书店，书架上的书，放得七零八落，永远没有竖直的时候。灰尘和污损的书，都合在一合，这样门市部的书店，我们很难相信他有精神能忠诚为读者服务。

门市部好像人的服装，整齐清洁，他表现着丰满的精神。像有朝气的青年一样，他能担当起艰巨的文化工作。书店里的工作人员，对于书籍的放法，应该是一项技术。

普通的书架，大多是阔四尺，上下分为四格至五格。我们要把各种各类的书，在我们手里，放得整整齐齐。在这里，我们暂时不谈分类，我们只谈到怎样把书放得合式和美观，并且很有条理。

首先我们应该研究，一本书在书架上应放多少。十本还是五本？我以为应该注意的是占的地位多少，因为书有厚薄，我觉得每种书在书架上占四吋左右的地位比较适宜。四吋左右的地位，普通较厚的书，约为三本。中等的书约为五本，薄的书七本至九本。为什么要这样？我的理由是：书店的门市部摊放的地位有限，不可能把每种书都摊放出来。因之，书架上的书，应该能够给读者像摊放出来一样的看得清楚。每本书都有背脊。我们以书的背脊上的字，合起四吋左右的地位，读者就容易看得分明。假使没有很好的把每种书都这样放，多的放二十本，少的只放一二本，就会发生一种是读者找不到书，一种是表现着自己门市部书籍种类缺少和不全的感觉。

在小的城市里，只有一二家同业，书的放法，或者显不出大的差别。但在大的都市里，像桂林门市部，书籍放得得法与否，其关系营业很大。大家一样种类多的书，一个能适度的整整齐齐放在书架上，读者的观点是书的种类多并有一种快感。一个是，有的放上一本，有的放上二十本，读者所看到的，老是二十本的一种书，就觉得只有这几种书籍，在观感上，就有种类少和凌乱不快的感觉。

放书除了放多少地位以外，还要研究哪种书放在上面一格，哪种书放在底下。书架分上格与下格，我们放的时候，应该要讲究。我觉得厚本和大本的书，可以放在最上面一格。因为读者容易看得到。并且厚与大本的书，普通较为名贵，也便于保管。中间的一格，我以为应该放新出版的书和著名的畅销书。像现在《天下一家》之类的书，应该放在中间的一格，因为它地位最为显目，容易和读者接触。下面几格的应该放比较旧的书，当然不是说可以放破书。

有许多书店，把上面一格，放了一种书籍。或者把多的书，都放在上面。我以为假使每几天换一种，作为一种书籍的特殊推广，那还可以。或者因为一时没有书籍放满书架，暂时把多的书，放在上面，是一种暂时不得已的办法。否则我以为不如把书的格数缩小，不让空设几格，没有书放。或者不如在上面能有几张好的广告，来得醒目。

没有背脊的书，在书的放法上，也应该注意。这一类的书，应该放在书格二边，不应该放在每一书格中央。没有背脊的书，放在书格的中央，好像一件很好的衣服，前面破了一个大洞一样的难看。

书的开本有大小，在内地出版的书籍，同是三十二开本，也有长短不同。在书的放法上应该要使其整齐。我们不要二边放三十二开本，中间放二十三开的大开本书，使中央凸出来。或者，二边放二十三开的大开本书，中央放三十二或三十六的小开本书，使中间凹下去。只有凸出和凹下，都好像高高的颧骨和低塌的鼻梁，生在一位美观的女子上，是一件多么残酷的付与。因之假使书籍分类得精细的话，我的意思，还是应该注意美观，不要高低凹凸，像女人抹粉，一重一轻，这是多么愚笨的手法。

许多书店里，书架的下半部，就是书橱。里面放的都是准备补充的书籍。这里，一个经营得法的书店，应该是同上面一样的整齐有条，假使不是这样的话，那末书架上的整齐，可以说是一时的现象。打胜仗的军队和有精神坚强的为文化工作的书店，是不能靠一时的表现的。在书店的工作人员，应该都是打胜仗的队伍，永远保持着书架上的整洁美观，研究书的放法。这是你们的精神，也是你们服务文化的任务。

（载《图书印刷月报》1943 年第 1 卷第 2 期）

# 书店生活的一面

孟昭文

对于做书店工作，我是老早就渴望着的了。我总觉得为一种文化服务，是有意义的，因此我对书店工作就喜欢起来了。去年夏天，如愿地踏进了书店的门，就开始了我的书店生活。

一般的说起来，书店的生活是比较苦的。就营业这一部门来说（因为我是在这一部门工作），日常的工作都是相当繁忙的，一些琐碎的事情，要不是从工作的意义上去着想的话，这些既繁忙又琐碎的事情，真是很快的使人厌倦，不是吗？每天打算盘，开发票都成了例规了。不过就因为这工作是有意义的，我们对它发生了极浓厚的兴趣。每当我在工作上感到些微的厌倦的时候，我就想到我们是在播送文化种子啊！

其实像我们这样的书店，真和一个学校一样。同事们都友爱地生活着，大家都年青热情，工作不倦，学习也不倦。每天早上天刚亮的时候，就可以看见他们的影子在闪动了。读外国文的声音，从室内送到室外，从室外送到室内。有些同事每天都做运动，假若是出太阳的天气，还可以看见一两个人袒开胸部，在吸收着日光。七点钟到了，我们就开始工作，在工作时间都是很紧张的。我们很少让我们的头脑去想工作以外的事情。中午有二个多钟休息的时间，除了午睡占了一点钟外，其余的时间就是读啦，看一点比较轻松一点的书籍啦。

晚上有些同学出去上课（他们在外面参加补习学校），不上课的就在家里静静的读书，或者出去找找朋友，有时有什么好的电影放映，我们就一起去看。

这样说，我们的生活是够使人满意的了。从大家的脸上经常地可以找得到一个愉快的微笑。但不可否认的，我们也有我们的苦闷，由于我们过去生活的不同，所受的教养的不同，不过有一点却是大家共同的苦闷的根源，就是社会的压力太大了，每个人都不能尽量发挥自己的力量。

我们的生活是不坏的，但一个求进步的人都希望自己的生活过得更好，因此我也有这么一个愿望。就要生活得更合理一些。

本文作者孟昭文女士，贵州贵阳人。民国二十八年，曾随六十军妇女战地服务团转战于台儿庄、商丘诸役。三十年桂南战起，入一八八师政工队赴龙州。三十一年入桂林某出版机关工作。三十二年八月廿一日傍晚，女士在桂林桃花江游泳失慎，惨遭灭顶。年仅二十有一。翌晨，编者在其遗箧中，寻得此文，爰付排印，并志其原委于此，以遗世之知女士者。

三十二年十月编者记

（载《青年生活》1943年第4卷第4期）

# 出版物与商品

王　欣

人事频移而宇宙不变，商场依旧而商工已似很有了今昔之不同。这并非要谈甚么所谓沧海桑田，当然也用不着我们摇头摆尾一唱三叹，要说的只是所见的也，只是所见中较比今昔不同的一部而已。时代能使着甚么日新月异。时代能使着甚么新陈代谢，时代能使着甚么失去它过去所具有的光大历史，时代也足以使着什么“此地无朱砂，红土子为贵”。

东西越高贵时，高贵的则只是硕果仅存了。这话在听的人恐怕觉得难解。就是说这话的也似乎欲达到自完其说的目的，亦必须举个例子。我的例子是：皮鞋商店的货色有多么美观？然而爱美的朋友却多挤到修理皮鞋的摊儿上去了；橱窗里面的新型皮包，具有的诱惑力能说不强烈吗？然而用凉席缝起来的钱袋，它的出路可比皮包的出路宽广多了。

然而商品毕竟是商品，选用商品的时候，我们不妨看在节约的分上来个代用的通融，即或在品类的本身上无法通融，更无妨在品类的时间上作一个计算：应该吃在盛夏的西瓜，若等到秋凉再说，固然类乎一件趣闻；但盛夏用的凉席，若等到秋凉再买，也许在价值上可以便宜些。

文化与商品不同，虽然用文化甚么的，也可以换到配给面吃，文化不能像修理皮鞋的摊子，有人往上挤就算好生意，文化也不可以看作是较比皮包，可以省钱。买到的手提凉席，文化应该像西瓜，在时代上算作宠儿，时过境迁更须存有本质的价值。

在商场，我小蹓书摊，如此珍贵的纸张，能有如彼五光十色、闪烁耀目的出版物大量地陈列，诚然已经很值得可喜了，然而缺乏养分的内容，用以度命，到底算不得堪以充饥的精神食粮，杂志报纸化可以说成了一个结实的事实，揭开封皮，甲杂志上张三李四的上面列着许多文章的题目，乙杂志上许多文章的题目下所列着的仍然是那个张三和李四，在张三李四的本身，能如此为文化而努力，其意本是至可感激的；但许多不同的出版物，竟能不约而同地成了千篇一律的一个作风真是奇怪！可是由于人们宁有牺牲宝贵的光阴，去读戏子的离婚消息的一点看来，又觉得并不奇怪了。文化到了最高的阶层，人们不找些自己消遣的东西用以消遣还能怎的！

在前两年，书摊上所充满着的关于健康生活一类的及《推背图》一类的书物，近来似乎收敛起来一部分，这总不能不说是一种好现象，但为了秋后吃新鲜，把盛夏的西瓜都当作宝贝看待，那等于无朱砂地方的红土子，偌大的一个文化区，最好还是不逼人们离开新书摊，而跑向旧书摊二遍翻具有本质价值的历史遗品。

出版物是不是商品？这个我还不大明白，但书摊老板已很有了，以出版物为商品，问行人兜揽生意的了。

基督教徒在马路上赠书是为的传教，算命的撒便单是算命者的一种生意经，商店游行，卖纸烟的闯牌子，都有作用。

（载《新民报半月刊》1943年第5卷第19期）

# 书籍的恐慌问题

沈志明

在往时，所谓“裁缝司务无衣穿，种田人无饭吃”，现在竟挨到我们出版业的人们书店老板无书看，书店老板的小孩也无书读的时期了。

在去年，我就和几个书业同行谈过，我的预料是在未来的开学期，书籍将遭恐慌，那时我的根据是：（一）书业的营业情形；（二）书籍的存量；（三）书业的出版方针。

果然不仅别人的小孩买不到书，就是我的小孩也受到同样的遭遇，因为书籍恐慌和药品恐慌等不同，我们并不是将存书囤积了等待“善价而沽”，我们正希望将存书可以早日出清。所以别人的小孩无书读，我们从事书业的小孩子在学校中受到同样待遇的。

现在时间虽隔半年，我的预测依然如此，而且下学期书慌更将严重，所以我想将以前我所根据的三点，现在再提出来谈谈，同时讨论讨论怎样解决书慌的办法。

（一）自战争爆发以后，书业一度停顿，致出版工作全无，这时完全是销售存货绝不造货，所谓买完即算的办法。

（二）书和纸是分不开的，纸在三元钱一令的时候，就是书业蓬勃时期，所以印书多多益善，现在纸价已在五百余元以上，这时要希望书店多印些书放在栈房里作囤货，书店是决不会这样做的，何况书店内很少像纸行一样存了大量的纸张，即使有大量的纸张，也情愿放着纸，而不愿使白纸变成有黑字的油字纸，所以目前是书店印书尽量减少的时期。

（三）在出版方面，单以教科书而论，目前均属国定，且种类甚少，印行亦有限制，所以旧版倘不可用，新书亦无从出版，要印也无书可印。

那么这样说来，书籍是否会永久恐慌下去呢？这也不尽然，下面是我提出的二个办法：

（一）是使生产者和消费者有事前的接洽，书店印书数量普通至一千本，但实际销去不过数百本，这样书店栈房内就多了一注存货，如其书能像棉布、药品等一样可以囤着卖好价，到也无所谓，但书籍的存货在我们年终的会计结算内，大都是算作“坏帐准备”。因此学校的当局如其要采用什么书籍，不妨在半年之前，先向书店接洽或预定，同时书店可拟定一个定印办法，通知各学校教员及学校当局，请其在半年以内来登记，此项登记组织不必由各书局各自为政，尽可由五大同行联合办理。同时我要老实的说，学校当局在目前如希望各书局推销员到贵校接洽，同时再跌价竞售，是不会有的，所以为避免开学以后缺书的困难，学校和书局最好先有一个合作。

（二）印书用纸，读者不要嫌好嫌坏，使成本可以减低，纸的来源可以增加，就是我们业内人，当薄薄的一本书拿在手里，一看定价十元，也觉到惊惧。所以书价和书的成本是有关联的，书店也希望售价卖得低些，书籍虽是“精神粮食”，从事书业的人也明了决不能和“物资粮食”一般，虽飞涨也会受到欢迎，所以我曾和几个造纸厂老板在商洽，怎样供给一种价廉又可以适用的印书纸。这样不仅纸的来源可以解决，同时书类也可以降低，而印书量及种类也都可以增加，于读者和书店老板都是有益的。

要解决眼前及以后的书籍恐慌，我觉得只有两个办法。

（载《申报》1943 年 3 月 8 日）

# 严重的买书问题

嗷　嗷

《申》、《新》两报热心办理助学运动，减轻了多少清贫家长的重负，也解除了多少失学子弟的苦痛。

学费是有了着落了，但是读书而没有书，还是不行的。虽则书的问题简单的多了，照例也不成为问题，但是事实确未必尽然。

过去的事我们不谈，书费比从前高了几倍。暂且也不管，眼前值得密切注意的，便是九月二日的加了一倍的事件。

书业权威的某印书馆和执翻版业牛耳的某书店等，竟自九月二日起实行相当惊人的全部教科书“倍价”，虽则白报纸印书打了个七折，但据传这一个七折还是暂时“优待”，不久以后便得“概不七折”了，无论如何道林纸等书籍，一倍是涨定的了。

自从纱布收买实施以来，一切物价都趋向下游，确是事实，白报纸等纸张，似也还照着限价，并没涨价，要说是为了印刷装订等的原故而倍价，看来也并没有充分的理由吧！

十元一本书如今便得二十元，五十元一本书便得一百元，一学期本来要买五百元书，如果在九月二日买便得一千元，要说是一天之内有此惊人剧变，还算是合法利润的话，那末除了钦佩他们从前的不惜牺牲以外确也没话可说了。

不过话似乎又应该说回来了，清寒学生还让他们一个九折的特别优待呢，但是这一个九折是怎样打法的？加一倍打九折不是等于加上八成吗？

书店虽没有负着教育的直接责任，自然不能与学校相提并论，也不能和处置“学店”的办法同样办理，但是无论如何，总该是文化事业的一份子。复杂的文化事业的盛衰，显然和这一环有着相当重要的关系，那末自然也不能纯粹以营利为目的。读书决不是娱乐，书本也决不是化装品或奢侈品，学生更不是营利的对象，为了获得精神上的食粮似乎不该受如此的剥削的吧。

我们相信书业中不乏有识之士，更不乏在教育界、文化界负有极高声望的人，很希望能自动地减抑售价，我们更切盼当局于百忙中，分一部份力量来加以纠正，我们也希望社会人士加以严密的监视，虽则自身并没有直接的利害关系，但亲友子弟多少总有读书，而需要买书的。我们相信通力的督促和注视，一切畸形的不合理的现象都会消灭的。

（载《申报》1943 年 9 月 13 日）

# 请学校当局节省书本

张　曦

目下纸张缺乏，学生攻读之课本，发生问题。一般教育家之心理，凡在高小以上程度，其选择之课本，宜取其既厚且巨之书籍，每册数在二三百页之间，以为非如此不足，显扬学生程度，而实际每学期所授之课程，每本书只读寥寥一二十页足矣。一至升学时期，即将上期读剩之书弃之无用，实在可惜。值此百物昂贵书籍价格亦一涨再涨，对于巨而且厚之课本，每本价格约在二三十元之间，则每生以八本计，其价值须二百余元矣，既非一般普通家长所能负担，况各大书局出版之教科书，名目虽夥，而今停印售完者亦甚多，搜求课本颇为不易，确有珍惜之必要，补救办法莫如从初中起，似宜将原读本继续教授，不使废弃，省钱惜物，殊有裨益。质之学校当局，以为何如？

（载《申报》1943 年 5 月 21 日）

# 谈　书　店

叶方子

## 一　楔子

一谈到书店，我们马上想到上海所谓“文化街”的福州路。那一带大大小小的书店聚集着，算是全国文化事业的动脉。在各大城市，差不多也都有上海著名书店的分店或特约所。书店在一般人的心目中，都认为是推进文化的总汇，常和“精神食粮”一词联带地被人说起。即使完全与书无缘的工商从业员，以至理发匠、酒楼堂馆、水族馆茶房，甚至旧式家族的主妇、仆役等，也晓得他们孩子读的书是从书店里买来的。不管供给一般的需要，或作专门学术的研究，书究竟和人生有着密切的关系。人类的学习原不限于读书，从实际的事物上历练、推求、观察、试验，都可以得到知识；可是书积聚着古今人的各种经验，搜集着一时不到手的许多材料，对于求知欲强烈的人，书这东西到底是必需发掘的宝库。书店的设立有其必要。

书店有人认为是发扬文化的先锋，的确有些出版家是称得起为文化而努力的。肯为文化园地垦殖建设的书店，我们是不胜其羡艳的。但完全以开书店为营利的目的，却不能不令我们失望。纯粹把书店当做文化事业的究竟少得很，一般书店都多少带点牟利的意味。号称全国文化中心地的上海，除去几家大书店还能对文化有些贡献外，其余的很多小书店，办书店直捷了当的说，完全是为了赚钱。那班书商只知那种书好销，那种书不好销，好销的书当然可以赚钱了。这和绸缎店主对于绸缎，古玩店主对于古玩，毫无二致。在他们的心里，一页一页的书最好能变成一张一张的钞票。

我会听见某书店的老板——他是一个大学毕业生，他所经营的一间书店专出入门、指南一类的书。——说过："我的书店总算发达，开了不到二年，已经出了六十多种书了。我家出的书不付编著者的版税，是采'包工制'的。市面上需要那几类书，我就请几个熟的朋友帮忙编撰，参考书由我供给，只要他编一下。价钱是预先讲定的，大约千字半块钱到一块钱。不同意就另找人包办。"我听了他说"包办"两字，我的心头起了一阵苦笑，真想不到连编书也有"包工"。接着他又唠唠叨叨地告诉了我许多卖书的门槛，我欣幸地领受了他一番"生意经"。我又听到了一家专出鸳鸯蝴蝶派小说的书店的老板说："在我看，书是无所谓好坏的，凡是好书总应当好销，所以好销的书是好书，不好销的书是坏书。"他的这种选辑真是别开生面。去年春季我在上海，一个推销书的老手对我说："推销书不是容易的，别看轻了我们这班文化掮客，我们有我们的办法。真有经验的书商，只要在白纸上印上黑字，都有方法可以推销出去。"我因为不想做文化掮客，没有请教他推销的"方法"；只是我从那时起，得了一个深刻的经验："书这东西原来就是白纸上印上黑字。"文化是什么？知识是什么？无非也都是"白纸上印上黑字"。

## 二　从木版书到石印书

只要是三十几以上的人，大概都讲习过旧书店里印出的木版书。木版书现在似乎被新书挤出了原来的地位，他尽管日趋没落，而为某一部分的读者所欢迎仍旧不减于前。这些书的来源不外是宋、元、明、清旧椠，宋以前的版本是不易找到的了。有些店家租了私家藏版来印，资本较大的自己可以刻一部小说、戏曲的木版，交换贩卖。不过现在都已把这些重要的版本改成石印的本子，原因是印刷便利和成本减低。目下这些石印的本子不管诗文选本、医卜星相、经史子集，字迹、纸墨、校对都愈变愈坏。为了要想竭力减低成本，这原是无可如何的事。读书界对于这些黄黄的油光纸，模糊不清的字迹，错误连篇的文字，谁都会感到厌恶。

石印的旧书无所谓版权，任何一家都可以印。但在同业方面也有一种不成文的规定：这家印了这部书，别家便不能不经人家的许可而再印，因此各家所印的书大抵都不相同。如果这一家需要另一家的书，可用同价值的书互相交换，这是“以书易书”。书店所存版子的多寡，决定了书店规模的大小。这些书店因为所印的都是古书，不必雇用编辑，有几个缮写员和贩卖的伙计就行了，而他们的薪水又菲薄得很。正薪太少，所好有赚钱的外快，几个小伙计可以凑起少数的股子印一两种旧书，赚来的钱大家平分。

这些书店的书，看上去成本很低，而售价并不十分便宜。一部旧式版本石印的《聊斋志异》，不过几角钱的成本，而定价二三元。内行的人可以和他们讲价，而结果所出的钱还是比新书店报纸铅印的新装本为贵。旧书店生意的推广，全靠内地各处的贩卖商人，即所谓“客帮”。这些客帮到了上海，落脚有一定的客栈，不必亲自跑上书店的门，许多旧书店的跑街伙计早逗上去了。先是一番的酬酢，今天上戏馆，明天逛堂子，真弄得他们应接不暇；等到玩够了，才谈起配什么书的事情来。第二天便会照着客帮先生所开的配货单，把一大捆的书统统配全，并且还把没预备要的书，也硬托销售，折扣往往小到四折、五折。如果贩卖商人带的钱不多，书店的跑街认为是熟客，赊欠也不妨，到节边年底再算账。

## 三　新书店一瞥

新式书店的产生，是科举废学校兴以后的事。他们买新的稿子印书或聘人专编新书，不准别家翻印。这种书店的成本，比旧式书店高多了。但书的定价却不能过贵，因为只有独门出入，所以不必过于迁就读者。不过一本新书从出版的书店到读者的手里，是要经过贩卖者中间的取利的，读者免不了要吃亏。

普通新书的定价至少为成本的三倍，甚至四倍、五倍。通常书店对著作者报酬，都以抽版税的居多，照例每年付版税二次。几家大书店的版税，规定为定价的百分之十五，亦有少至百分之十的。至于有些销路特别好的小说，又当别论。一次出款购买版权的很少。冷门的书有时出版了一年，版税仅拿到几块钱，似乎不足为怪。所以有些著作者不愿抽版税，宁可自费出版，到可以多得些钱。靠著书过活本来是梦想，我国当然也有靠著书吃饭并且发了财的，如巴金、张恨水等人，但究竟是极少数。历史上传为美谈的左思作赋，洛阳纸贵，其实当时洛阳的纸店老板，得到好处的也许是事实，左思是半文不会到手的。著作者赚钱有限，书店正可以牟利了。每本新书，如果都从书店直接卖给读者，书店赢利确有可观，但这中间到并不如一般人想像的那么简单。有些书是有时间性的，出版的日子久了，就不大好销，损失很巨。同时书的销路的好坏，有时并不一定在于内容的精采与否，充实与否，一方面视读者主观的好恶，一方面视著作者吸引力的大小。所谓“名著”不一定是什么了不起的大著作，而有“噱头”存于其间。（当然也有名副其实的“名著”。）有的书是卖封面，有的书是卖书名，甚至有的书是卖著作的“名”。

新书贩卖人的折扣，大约从八折至六折，不能一概而论。如果平均作七折计算，定价一元的书，出版家还可以得着七角。但中国幅员广大，任何出版家都不能在这广大的区域里，于各大城市遍设分店，全靠贩卖人给他们推销。贩卖人除从折扣里取得利益外，最占便宜的是可以允许赊欠。他们根本没有一笔很大的资本，拿现款向书店总发行所卖书，然后再一本本的卖出去，收回本钱。况且新书的种类，成千累万，是否本本书都有销路，又不可知，设若用现款把书买来，卖不出去，那不是要大蚀本了吗？新式书店的放账，是无可避免的事。一年做一百万生意的书店，大概总有六十万至七十万以上的放账。年岁好，到年底可以收回一半，社会经济的不景气，使这账款几于无法收回，能收到两三成的已是很好了。

照这样看来，贩卖人的赚钱，要比出版家来得多了。他们享有三成或四成的折扣是事实，但内中也有水脚、运费、利息、开销、汇水，有时也得打点折扣卖出，甚至也要放账。再有卖不出去的存货，不得不多少有些损失，如此则所赚的纯利，并不见得多于出版家。

## 四 教科书的竞争

在战前一般大书店的主要营业，在于印行教科书。现在国定教科书通行，他们失去了一个“生财之道”。别的书买不买是读者的自由，教科书则不然，因此教科书成了书店业竞争的目标。民国廿三、四年间，各家教科书竞争极为厉害，小学教科书六折，中学教科书八折，成为公开的折扣。批发再是五折、六折，另加回佣，利息不会比这再厚。教科书的放账较普通书更大，欠账的人往往是采用教科书的学校，各省教育厅欠官立学校的教育经费，是司空见惯的；内地不少官立学校，听说要靠书店才能开学。学校对于学生又在学费中收回书费，一方面却又要向书店赊欠，书店为做生意不能不放账。最没办法的是某校校长卸职了，收账成了梦想。书店无辜，受此损失！

编印教科书的书店，非有大资本不能轻易从事。学制的变更会给他以重大的打击。我们看见有许多包花生米的纸，便是失去时效的几百万几十万本的教科书切碎的。同时教科书又加一重审查的麻烦，听说教育部里联络得不好，往往和出版家故意留难，不予审定。所以教科书弄得不好，就成为废纸。各国中小学教科书，近来都由最高教育行政当局编印，以收教材统一之效。现在新兴的南京教育部，已实行这个办法，今后的教科书想来不致再成为各书店营业竞争目标了。

## 五 一折书不胫而走

有一个时期，一些善于投机的书店，为应付市面的不景气，编印“一折书”。定价一元的书，只要一角便可以买到，熟客还可以再打个九折或八折。批发价跌得更可惊人，低落到一折六扣。五六年前一折书倾销的时候，袋里掏出一张十元的钞票，可以买一大捆书带回去，有时还得要雇一辆黄包车连书带人一同载上。有人想书价如此便宜，连买纸张还不够，做老板的岂不要喝西北风？实则一折书虽卖得便宜，好像没有什么好处了，然而老板准可以得三分钱的厚利。一折书的商人，凭借市面不景气的机会，排版、印刷、装订的工价都可以减到最低，又因折扣低得很，放账一定不多，所以虽只一折，赚钱还是靠得住的。听说有一位大老板，“八一三”事变以前，曾拿出二十万的巨资，在闸北买了一块大地皮，盖了不少房屋，购办了多架印机，想大规模地专门经营“一折书”，预备打倒一切书店，真有凌各家书店而上之的气概。这个“伟大”的企图，不知后来有没有实现？如果能达到这理想，那又不知是多少的二十万赚到手了。

一折书的出售，对于发售石印书的旧式书店影响很大。旧式书店在过去还可以有他的出路，但一折书不胫而走，他们便无法与之竞争。只有把折扣减低，加之放账又多，几乎不能维持下去。要去改营一折书吧，那又非有大资本不可，印一折书纸张起码要堆积一两千斤，每种书的印数，至少要几万本才得合算，不像印普通新书，一千、二千本就够。旧式书店是不易办得到的。从前那些油光纸石印的读者，现在也很欢迎一折书了，因为那些一折书比起旧式的石印书来，印刷要清楚得多，纸张要好看得多。读者买了一折书，不必要再买那些书商抬高折扣的书，这在中国读书界未始不是一大革命。

不但旧书店受一折书的打击，就是新书店也因一折书的流行而受到影响。新书定价太贵，即使是爱书成癖的人，也不免时兴“手头金缺”

之感，而一折书却大可以过过瘾。一折书的侵入书业，有几条路径。最普通的是完全的翻版，不管什么著作权，且先翻印了再说。好在中国的法律，是有“例外”的，并不如一般人想像中的那么神圣不可侵犯。过去有好几家书店因印一折书而侵害某种新书的版权，控讼的结果是被告出少数几个钱了事。聪明的书商，又往往伪造书店的名称和地址，实际上等于不负责任。像这样的情形是很平常的，不然为免除万一打官司的麻烦，他们想出变相翻版的好法子，把新出版的集子，来一个“选集”，市面上畅销的什么《周作人选集》、《叶圣陶选集》、《鲁迅选集》、《现代女作家选集》、《现代作家游记选》、《现代作家散文选集》、《小品文选》都是。其实他们何当做过精审的“选”的工作？还不是变相的把新书拿来翻印一下，至多不过是名称的改变而已。还有专印一折书的书店，从一些倒闭了的新书店里，以特别廉价收买若干种绝版的新书版权，那怕是陈腐的或思想低级的也不管。这些书也就加入到一折书群中。近年来，跟一折书性质差不多的书虽还充斥市场，但不胫而走的程度却远逊于往日，严重的生活问题逼迫着爱好精神食粮的人也不得不为五斗米而愁眉。不过一折书的销路虽不比五六年前了，然而也还不能算“没落”，即使书价一再增加，比起买其他书来仍然是便宜。

## 六　吸收现款的两条路——邮购、发售预约

一般大书店为了竭力吸收购户，都纷纷设立函购部，使读者可以直接向出版家购书。现在商务、中华、世界、开明等书店，仍办理函购业务。这对于读者确有不少方便。但在中国一般人还没有养成通讯购书的习惯，这种业务并不十分发达。要想因此增加营业的收入不很容易。至于邮局免汇购书办法，虽经提倡，仍不甚发达，要想从此减少中间贩卖人的剥削，尤其困难。因为邮局经手还要八折，买客须十足付出，又加邮费，比直接购买还贵；而且邮局里只备一本书目，不能有方法使读者知道书的内容，所以读者多不乐愿委托邮局购买，而书店的收入仍是无法增加的。

新书业又利用发售预约的办法，预先吸收现金，以免欠账的损失，

而在读者也可以得到便宜。预约的办法不一，或取一次付款办法，或取分期付款办法。前者限于价值较小的书，后者则多属价值较大的书，免得一次付款，读者力不从愿。预约书大抵卷帙浩繁，但也有十本八本的，发售预约的书店，必须是已取得人家的信任的，普通小书店即使有编印预约书的计划，也不易使人相信，必致无人过问。

预约户不外图书和学校，以及一班馀钱的“名士”或军政阔老。普通人你要他预约一部《古今图书集成》或《四库备要》，是不十分容易的。图书馆或学校提出几百元经费，买部把本数多的书，装点装点场面。他们的经费有限，不会时时光顾，有了一两部大的书就算了。民脂民膏括足了的官僚政客和做交易所或其他投机事业发了财的商人，本不会读书，更不能鉴别书的好坏，只不过假充斯文，拿几百或几千块钱买几部新印的古书来做客厅书房的装饰品。只管装订得美好，即使里面都是白纸也不要紧，反正他们是用来做装潢的。真正的目的在读书的人又大半是穷措大，那有那笔钱去购置呢？索一本样本来看看，已算望梅止渴了。所以预约书的新顾客是不会很多的，预约书纵使不断地出下去，预约的客户将逐渐减少，是可想而知的。

预约书的紧接着出版，表面上好像是中国学术文化的发展，实则却暴露出中国学术文化的贫弱，不能不靠“古董”来维持市面；同时显示着书业的不景气，竭力在吸收现款。据说有一两家大书店欠出的预约书款，多至一百余万。要把第一批的预约书印出，还清欠款，才能再发售第二批预约。有人说大书店的基础，建筑在预约上，真一点也不错！发售预约起初原为吸收现款，到后来发售预约，却为了还清欠款。谁相信堂堂的出版事业，有这令人啼笑皆非的怪现象？而事实上呢，预约决不能永远发售下去。大部书总有出完的日子，大部的旧书是有数的几种，大部的新书又非一年半载所能杂凑而成。出版家在这时候便想出妙计来：把已出版的书，不问新的、旧的，变换一个形式再印出来，或者把出版了已十多年的零星文集，集拢来印，取名为丛书或丛刊。把旧杂志重新分门别类地印出作为预约书的也很多。再不然便是登报征求稿件了。前年某书店为编印学生自习丛书，青年知识丛刊数十册发售预约而登报征稿，说明愿以每部若干稿费为酬。因出预约而征稿，恐怕由来已久了。

## 七　各种不同的出书计划

丢开纯粹生意眼的小书店不谈，普通的书店，都有各不相同的出版方针。商务、中华、世界、开明在战前除出版大批大中小学教科书外，并出版各门知识的参考书。开明书店在初创时——十多年前——以出新文艺书为主，和北新书店在当年同是培育新文学最力的。现在开明已不专出文学书，而兼印各种学术的参考书了。北新书局曾因“猪八戒”事件被回教徒呈请政府，予以勒令停业的处分，后来改名青光书店而继续出书，但不久又沉寂下去，想来不会再对出版界有什么大贡献了。现在四马路上的“百新书店”是与之不相关的，北新旧有的存书归黎明代售，然而零落得很。商务、中华这两家有历史的大书店，“八一三”后也少得出新书，想到从前的“日出新书一种”，不免有沧桑之感。近四年来世界书局独能大踏步地向前迈进，出了不少新书，算是打破出版界的沉寂空气。太平洋战事发生后，物价激增，开支浩大，上海的书业似乎更冷落了些。文化街上销路最大的属于介乎硬性（Heavy）与软性（Light）之间的“中间读物”，听一般书商说；“万象派”的杂志和书籍要算现在销路最好的了。虽然增了价，还有人买。张恨水、顾明道等人旧出的小说，也还有人过问。现在假如你从文化街靠近河南路的一段走过，触入眼帘的除去日语读本以外，还有《秋海棠》、《似水流年》一类的小说。

## 八　几家专门书店

专门性质的书店，像扫叶山房、校经山房等大家都知道不必多说，此外有儿童书局、医学书局、教育编译馆、法学编译社、农业书局、中学生书店、竞文书局（专出英文书）等，他们都属专门性质的出版家，是专为学习某种知识的人而设的。有几家早已发皇腾达过，有几家却无形停业。原因是有几家大书店的出版计划，是各门学识平均出版的，差不多各类书都有，你要独占，事实不可能。像开明出版的中学生读物，一向很多，而且都相当的精采，中学生书局难以专出中学生读物为号召，但所出的书不一定就能如开明或其他书店所出中学生读物那样好，所以他就不能存在了。又如医学书、农业书，一般大书店都有出版，这不免影响医学书局或农业书局的销路。不过有几家专门书店，所出的书，确有其特色，大抵都出专家之手。现在书业呈现空前的不景气，专门性质的书店，要不是在出版计划上用一番精密审慎的工夫，出版特殊有价值的书，单凭他狭窄的出版范围，是免不了“门庭冷落可罗雀”的景象的。

## 九 书的销路有好有坏

书的销路的好坏，有时像有一种风气。某一个时期，新型的艺术书报很能吸引读者，无论你在公共汽车上或电车上总看到不少的摩登小姐手执书报一卷。《文华》、《良友》过去了，接着《现代》占最大的销路，而上海一地所出版的这种图文兼备的书报，最多的时候有三十种之多。每本价钱由二角卖到二元，然而销路仍不衰。人们手里拿着一册书报，像是足以炫耀于别人似的，表示自己是一个现代化的人。不识英文的女歌星，也会在电车上或茶室里，大展其手中的 *Screen Monthly* 或 *Modern Star*，以示自己的神气。欧战爆发的当儿，“战时书报”的销路似乎代替了一般书报，然而号称为新女性的人，还是不能忘情于电影书报的。某种影片开始搬上银幕时，成千成万的影迷，集中其视线于“影片特刊”。都市的学生们无论男的女的，对于电影明星的私生活，所以知道得很清楚，大概都是从这类影片特刊里探得的。不但国内有什么新片子将要上映，这类书报会给你一个详细的报道；就是远在海外的好莱坞的影片消息，也都有刊载。又有一个时期，用轻松笔调写成的“西风派”的小说或散文最受人欢迎。暴露社会种种现状的文字，像《我是舞女》、《我是怎样做向导女的》、《北平的监狱》、《盲哑人的世界》、《一个银行练习生的自述》、《海外风光》、《教育界的黑幕》等标题，最易吸引人。“西风派”的书盛行时，连报纸上的副刊也跟着西风化起来。过后却又好像渐渐冷淡下去了。记得还有一个时期，鲁迅风的杂文盛行，太白半月刊提倡“大至宇宙小之苍蝇”的小品文，那时小品文的销路超过于小说和剧本。“小品文作法”的书盛销一时，原因是许多人都争着读小品、写小品。新的小品文还不够销，会生财的书商更把袁中郎、郑板桥、归有光一辈所写的古文也拉进小品文的队伍中，选若干篇文章，定个书名，也算他们的小品文作者。小品文的销路冷淡下去，接着是各书店所出青年修养的书，占了极大的优势。那时好像不谈几句“青年修养”是不够时髦。《成功人物传》、《奋斗与人生》、《事业与效率》、《社会服务与人生修养》、《青年的理想》、《人人是尧舜》一类的书，都各以其不同的姿态，在精美的玻窗内等待着顾客。这本书的内容和那本书的内容，尽管差不了多少，然而前后改编一下，字句增删一下，封面和书名换上一个，仍旧当新书卖，就是被人识破也没有什么关系，反正目的是在骗人，在赚钱。又有个时期，社会科学的书特别有销路，青年被唯物思想的理论所麻醉，都喜欢大谈其新经济学、新政治学、辩证法，实则还不是皮毛？于是各书店都日夜赶出通俗社会科学一类的书，有单行本，也有整套的丛书。这里一本，那里一本，内容无非大同小异，甚至这本书和那本书的作者是一个人，编制更如出一辙，只有里面的标题稍有不同，书目另换上一个罢了。

一般地讲，通俗的读物较专门的学术论著好销得多。《采矿术》、《飞机制造原理》、《希腊哲学系统》和《佛教宗派考》一类的书，可以安静地躺在书架上一年没有人去翻他们；而那些纯粹以牟利为目的的投机书——投机书是我给他定的名字——像《××百日通》、《××速成法》、《升学指导》、《普通或高等考试度题详解》、《各科常识问答》、《中学国文成绩大观》一类的书，即使是拉杂不堪的东西，到反有人过问。书店的老板早已洞悉一般读者喜新厌旧的心理，利用人们浅尝即止的弱点，所以才大量地印出这类的书来。我们在报纸上常见这类投机书的大幅广告，书商牟利的法门，真令人羡艳！从《××百日通》这类书的畅销，反映出我国人——我想青年有一大半——如何希望用最少的时间跟劳力去学会一种并不简单的语言文字。此外学习方法方面的书，尤其是指导写作的，也是书店最畅销的一种。青年人往往喜欢打听人家学习的秘密，自己作诗作小说不成，便去寻找什么速成的捷径，最好能得到一个一字诀，只要记得一个字，提起笔来就篇篇是佳作了。一般青年喜欢看这类写作法，差不多成了一种风尚。他们不知道文学作品是生活经验的乘积，并没有捷径可求的。他们迷惘于这一点，所以《写作易通》、《文坛登龙术》、《白话文描写字典》等书才会赚到他们的钱。

比较正式的大书店，他们除了供给一般需要的各种普通的知识的参考书以外，儿童读物和中学生读物销路都较好。我想这或者是由于好的儿童读物太少，连环图书的流行贻害很大，益使贤明的老师和家长们感到优良纯正的儿童读物的需要。怵于神怪荒诞的儿童读物，影响儿童健全身心发展，所以都多方面寻觅孩子们优良的精神食粮。对于出版儿童读物贡献最大的，要推中华和商务，尤其是中华，但近年来少得出新书了。中学生读物比较有销路，是因为全国的学生之中，除小学生外，中学生数量很多。中学生都是十三四岁以上二十岁以下的青年，他们由自我兴趣扩展到社会兴趣，热烈的求知欲，迫着他们去寻求教科书以外的知识。十年来各大书局很注意到中学生读物的编印，确有其需要。开明从前出版的《中学生》杂志，因内容充实，取材新颖，倾销遍全国。同时开明有一个时期，他的出版方针侧重编印中学生读物，将科学知识用文艺笔调写成中学生的课外读物，使算学、化学、物理都变成有趣味的学科，开明是最早在这方面的努力的。

## 十　传播色性毒素的“弄堂书店”

上海有一种小书店，多设在弄堂里，所以有人称他为“弄堂书店”。专靠销售色情读物，获利甚厚。他们编印充满了色情成分的低级兴趣的书体小说，意识的低劣是不必说的。等而下之的是印什么《房中秘》、《性史》、《性库》一类荒淫无耻的书，以骗无知青年的钱。这对于纯洁的青年，实在是不良的诱惑，非徒钱的损失而已。有时被巡捕房查出，全部销毁，更予以其他的处罚，然而这些书店的老板，仍阳奉阴违，而且还有利用某种恶势力而公开销售牟利的。捕房查不胜查，禁亦无效。他们或将电影明星剧场女伶的私生活，加以过度的渲染而编成什么“××秘史”、“桃色新闻”之类的东西，以号召读者。遇到社会上发生的桃色事件或骇人命案，那又是这辈大腹便便的书商发财的机会了。他们希望的是阮玲玉、艾霞、英茵等人的自杀多来几个，周钦祥、周钦吉兄弟所犯的逆伦案多来几回。听说英茵自杀后和周氏兄弟弑父案发生后，被一家书店编成什么《真相录》，描摹书致，图文兼备，不至一星期初版就卖完了。偌大的都市，这类书的读者是有的。

在报纸的分类广告中，常有这些书店的广告，他们惟恐门面不足号召。弄堂中的狭小的屋子谁去注意？他们于是利用报纸的一小方的地位，登出一段广告来："剪报并附邮票×角，可得值××元之书若干册，并附赠××书片若干种。"这类广告，是常见的。所谓值××元的书，不外种种荒淫已极的色情读物。至于附赠的书片，则不外百美图、春宫一类攸关风化的照片。报纸上登得极诱惑之能事，而无知的青年便照办法附寄邮票，结果是石沉大海，毫无信息。这种骗术，在他们已成惯技，真是异想天开的"推广营业"的妙法！听说这些书店单从骗取邮票一层，已可贴开销了。不过被骗的小伙子，总以外埠的为多，老上海是知道其中的底蕴的。也有比较客气的，等邮票附来，随便寄回一册薄的书（报上所说的书之一）和书片一两张，使寄信人不致完全失望，他们似乎比较有良心，然而赚钱还是稳当的。

像这类书店的黑幕有各式各样，写也写不尽。我总觉得书店是推进文化的先锋。不能真正为读者的利益而营书业，不能丢开生意眼而营书业，一味吮吸读者的血，欺骗读者，贻害读者，还是让她早关门大吉的好。书店，书店！天下多少罪恶，借汝之名以行！

（载《潮声》1943 年第 2 卷第 5 期）

# 昆明出版物现况

文凤之

昆明——抗战的前方与后方的重镇，在三十一年以前，缅甸尚未失陷时，它只是一个转运物资的枢纽地。在南洋战争失利，滇边屏障尽弃了的近半年来，昆明的商业势力在外貌上却已“今非昔比”了。这一战事的转变，在他方面固有所损失，而在文化方面却得到了一个“回生的转机”。于是以前拒绝，甚至不屑印刷刊物的印刷所，现在也都乐于承印了。虽然印费仍很高，但昆明的刊物却因此而得以各自站定了岗位，蓬蓬勃勃的努力起来了。姑不论其努力的成绩与方向如何，但这一热烈的现象，实是值得人兴奋鼓舞的。促成这种活跃的原因，除了印刷的便利外，还有是因为昆明的各家报馆都没有副刊，作家既缺地盘与机会来发表作品，读者也无适当的阅读机会；又由于社会上问题多端，很多青年学子和社会人士在生活上发生了不少无法解决的问题，所以征问困难的要求也很多，于是昆明的刊物——尤其是周刊等短期刊——便适应此种需要而产生，并且“信箱”一栏的增加也便具有特殊的要义了。又另一方面，几年以来，因为港沪等地的电影等类刊物，或因被禁，或因其他的关系不能到后方来，而昆明又是一个娱乐，消闲，时髦性的社会，所以各刊物为其自身的“继续生存”，便也不能不登载报导各种“游艺性质”的文字了。这也是促成各刊每系“综合性质”的另一原因。所以纯文艺的刊物除了西南联合大学文聚社所编的《文聚月刊》外，就找不出第二种来了。

（载《读书通讯》1943年第64期）

# 书林逸话（下）

莠　公

## 古书之翻印与旧书业的进步

尝闻东友汉学家桥川时雄（“东方文化事业委员会”总务主任）云：“前十年东京尚有旧书铺十余家，已不如清末杨守敬、黎庶昌、罗振玉诸人在东访求故籍时之盛（按黎氏以钦使地位，搜得善本孤本极多，回国后刊成《古逸丛书》，罗氏刊印亦多），至现在皆寥落无存，或改组为新书店。非无旧书也，盖旧书如古董，一天比一天希少，遂不能独立存在耳。再则内容仍旧，表面则由线装易成洋装矣。因旧书价昂，且页多字大，不便携带，当此印刷术昌明时，无论经济上便利上流通保存上，自然趋于重印一途。”本来我国图书的价格，最讲究板本，所谓板本之义有二。一为初印后印，按昔日刻书习惯，又云“灾梨祸枣”，取梨枣木坚，板不易坏。刊成后先以红色印刷，次乃用墨，以红印本分赠师友，墨印本送各地出售。初印即指红印本，或墨色中尚带红色，成深紫褐色。且字画骨厉，无缺笔断线，从美术上言，确有古色古香之致。但印刷愈多，字渐漶漫，年久板裂，文亦残缺，故后印者，常有字迹模糊不清之病，此一事也。一为补页重刻，补页者，书板或有损失，或已破坏，乃照原板样式刊印补足之。重刻者，其书本已刊行，或非佳本，或极难得，好事者乃取原文重刊之。亦可谓之翻印、翻版，普通则称之为重刻本。今之重印旧书，与以前翻版重刻，其性质完全一样。惟昔之重刻与初刊，在方法上经济上，同一艰难费事，今则不然，善本可用影印，次则可用铅字排印或石印，较之木雕，其难易相去云泥。故自清末以来翻印古籍，不知几千万种，最廉者如邓实诸人所印之《国粹丛书》，及申报馆所印之巾箱本（上两者今日皆不易购全）。最有名者如上海老同文之《廿四史》、《资治通鉴》、《十三经注疏》、《皇清经解》等，在昔每一书之购置，动需一二百两纹银，至是数十元即可全得，嘉惠士林，洵非浅鲜。迨民国后，如商务、中华两书局及中国图书公司、文明书局、扫叶山房等，皆有重印旧书之举，惟均普通诗文集，或属说部丛刻诸书。至十余年前，商务印书馆辑印《四部丛刊》，出至三集，又《涵芬楼秘笈》，亦出至十余函，其内容则经史百家，包罗万有，其价值则宋元善本，名家校藏。在昔时士庶之家，一部犹不可得者，至此以千余元即可集古今图书之精英，其有关学术文化之普及，与夫善本书籍之流传，影响之巨，不仅中外钦崇，实自乾隆时纂修《四库全书》而后，数百年来，无此大成绩也。宜其纸贵洛阳，中外竞购。于是中华以次各书局，继踵印行《四部备要》、《清吏列传》等，开明书局又印《二十五史》及《补编》等。风起云涌，争印古籍，其影响于旧书业者，至深且大。当时书贾谓余曰：照此情形，不到十年，全国旧书业将为商务诸家所侵并消灭，言下不胜叹息黯然。盖旧书价值，其第一义即物以希为贵，最著者如某书之单刻本，难得而价昂，吸收入某丛书内，其值立减。又如某名家之稿本遗著，当然为海内孤本，即传抄本亦足贵，及原稿刊出，则其手稿孤本，亦仅具古玩性质矣。

同时北方公私各处，亦大印旧籍，如北平图书馆所印善本遗稿至数十种。故宫博物馆亦影印《天禄琳琅丛书》及其他文献史料。他如北大、燕京、清华各校，亦有印行，每印出一种，旧书业即受一种影响与打击，如燕大近印《清代进士题名索引》，于是凡清之《馆选录》、《进士同年录》等，皆属无用。然书商之头脑活泼，资本较裕者，亦相率自印，不敢后人。最著者如文殿阁之《国学文库》，共出三十八种，每种皆旧书中极不易得或极贵者。惟书商所印，因受书之来源与资力学识限制，大都一星半点，远不如各文化机关所印之多，更不能比商务各馆之伟大广博。因此旧书业自不能挽回其颓局与厄运。老实说，自道光咸丰以后至清末，各藏书家及学人，辑刊丛书，成为风气，将数十种数百种有用之书，印成一函，买一部即可得数十百部，已为旧书业受病之始。今日所见丛书，不下数百种，许多秘本已被收入，不过《四部丛刊》等，不仅因翻印而得读原书，并因影印而获见古本，在昔有单刻本即不要丛书本，至今有影印古本原本，又不愿要单刻本矣。故无论在经济上实用上，皆无可抗衡与争也。综括言之，新的古本书一出，除买卖上旧书业受新书店之侵略外，其影响最明显，亦即促使旧书商本身进步者数事：本来书贾对于旧籍，均视为奇货，其心情莫不愿只此一家，别无分号。故翻印古书一事，无论系已印人作，皆彼等大大的不愿意者。但实逼处此，我不印人将捷手先印，亦只好择其可印者而印之，使书商的利己脑筋，渐渐开明，大家争印之下，于学术文化，裨益良多。其次是中国古今来所有图书，只要是白纸写成黑字的东西，都是他们整个遗产。今一旦大部分都被新书行侵占过去，不能不另辟园地，重建山河。另辟者即极力搜求平日不注意之书籍，与夫保守未侵夺之遗产。重建者即于旧书外，兼注意旧杂志、拓片及一切美术艺术上之软片等，推而广之，将来或将侵入古物商之范围，正所谓失之东隅，收之桑榆也。再其次，以前书商，凡稍明旧书目录者，即称博学，嗣后恐尚须熟读新书目，借知某书已印，何者未翻，不致以有书为孤本，以普通货为宝贝，而贻笑万家。一方面是范围缩小，一方面又工作加繁。同其他的事情一样，也是越来越不容易矣。

从书贾方面说，《四部丛刊》等，虽然内容广博，卷帙浩繁，究竟是贵族玩意，是大客厅的装饰，非寒士所能备。最可怕者，如商务的《万有文库》、《国学基本丛书》，真可谓物美价廉。在旧书中最普通而最贱者，如《廿二史考异》、《林文忠政书》等，也须三四元一部。但在基本书中，并仅拔数毛，不必动圆即足。到后来上海并有一折八扣书行世，诚如商业广告术语：贱中又贱，廉中又廉矣。其书印得并不坏，当时林语堂先生对一折八扣书极致推崇，谓花几块钱，买一大包好书，掣之上车，犹觉吃力，欣慰之情，溢于言表。然我们文化商人，手持金镶玉古本，睹此情形，实哭笑不得，真叫人没法子好想也。

## 旧书之收买与作法

以上各章所述，虽多关书行之事，本文所记，始为旧书之本来面目。所谓旧书商，当然是贩卖古籍，既然天天往出卖，则搜求货物，也是他们最重要的一面。说到此则北京这地方可谓神秘，因为它是文化中心，所以任何地方，凡售卖图书，无论好坏多少，都想送到北京来挂挂号，说明了就是想得高价，因为只有北京，绝不至孤负书的价值。同时任何处所，公私机关，凡收购图书者，也都先向北京要书目，索样本，因为北京的书最好最全，价亦不贵。无形中北京便成为全国旧书的一个吐纳总汇，而催促其循环者，则为旧书业。故书商对于文化之贡献，其功殊不可没，而其辛勤尤一言难尽。昔者胡适之曾向北平图书馆、北大等建议，谓购买旧书，不必再打折扣，较论锱铢，以恤商艰而保国粹，其说虽未能行，要属卓见。至于货底来源，约分数种，其数量与利润最大者，为派人到各地方去搜求，近如天津、太原，远如云南、广东，皆有彼等足迹，谓之“出外”。其人必须精明强干，且在柜上资格较深能作一点主者，则买货还价间，方可负责独断，否则尚须函件磋商，不胜其烦也。出外到达目的地后，其方法住于有名旅馆，有报纸则登广告，无报纸小邑，则写成小帖若干张，遍贴通衢，云北京某书店到此重价收书。如有所获先将目录寄柜，次将货物打包由邮寄回，倘不再往他处，则人亦随之而归矣。大约出外者，决不止一处，必附带顺道侦求，如到太原者必至汾县，赴济南者必往潍县是也。凡出外买书，其本钱差不多仅所用盘川，至于货价实微乎其微，若粗计之，最少亦须有十倍利方买也。

其次便是就地收买，因为北京的藏书家与夫世家巨族，均有书画古玩，等到经济拮据或后人败落时，又逐次卖出，后者尤为书贾所欢迎。盖破落户之寡妇幼子，只知变钱，焉知书之贵贱。而藏书家尝刻许多图记，如“子子孙孙，永久宝之”、“某氏家藏”、“凡卖书者，非我子孙”等誓词，实为多余，且太看不开也。书之名目册数且不知，何有于书之内容及印章耶？（陈金诏《观心室笔谈》云：“《读书敏求记》载：赵清常殁后，子孙鬻其遗书，武康山中，白昼鬼哭。聚必有散，何所见之不达耶。相传某世家故第，折卖之日，匠者亦闻柱中有泣声，千古痴魂，殆同一辙。纪文达公尝语董曲江曰：大地山河，佛氏尚以为泡影，区区者复何足云。倘图书器玩，散落人间，使赏鉴家指点摩挲曰：此纪晓岚故物，是亦佳话，何所恨哉！曲江曰：君作是言，名心尚在。余则谓消闲遣日，不能不借此自娱，至我已弗存，其他何有。故我书无印记，砚无识铭，正如好花朗月，胜水名山，偶与我逢，便为我有。迨云烟过眼，不复问为谁家物，何能镌号题名，为后人作记哉。所见尤洒脱也。”不佞原批云：虽如此说，然视珍本古物，安能恝然而舍之哉。余藏有纪晓岚砚二方，均极精，读氏此文，不禁黯然神往，想见前贤风格。）书贾尝云：只要吃进去一样，便可发财。一样者即指买卖两面而言也。吃进去者指交一好主顾，及得一藏书之破落户也。二者获一，均足致富。不过所谓吃进去意义殊深，必须秘密而有信用，不致半途为人所刨。余尝见旗籍后人，与某书铺交往售卖，至四五年犹未尽。余亦买得抄本数种及其书目。据书贾云：亦大不易，除逢迎其本主外，犹须接纳其仆婢，殷勤于内眷，无钱借钱，乏烟购烟（鸦片），始能做到吃进去之功夫，凡所有图书古物，不啻握之掌中矣。其最要方法，取蚕食不取鲸吞，盖整批卖时，必找多家，而售于出价大者。若物主不整卖，则书贾尝揣其需钱时而去，去必成交。惟似此大家近年亦鲜，事变以后，普通皆一两屋书，议价拉走，大皆西去缙绅教授之家所存，较之“旗门”，又降数等矣。

与上相反者，则属门口收买，因既有铺面招牌，又标明收售古今书籍，则卖书者自然而来，行话谓之“碰柜”，言自己碰来也。碰柜之货无大便宜，盖不知已售主碰若干次也。

除上述于京内外收买书籍外，尚有“封货”、“找货”之说。封货者拍卖也。盖现在书商有书业公会之组织，在前则有文昌会馆，公推执事人员，办理本行事务，凡书铺入会者，始得为会员。其最有益者莫如封货之举，因书行与其他各业同，出入账目，以夏历端阳、中秋、新年三节为结算期，年关尤为严重。平时不能要账，于是资本小者，或出外买得大批，而急欲归本者，或重复本与“架子货”太多者，或受外人委托而急卖者，乃将欲拍卖之书运至文昌馆请其封货。俟凑集相当数量（不止一家之货），馆中执事乃鉴定各书甲乙，配搭成堆，编列号目，依次环置于天井长凳上。手续既清，遂发通知于在会各书店，言某日封货。大约由第一号至五号，非大部头即善本，总之为较贵之书。封货时大家先检阅书堆，看某书正有用主好卖，某书现正时兴，凡欲买者将号数、封价、字号等书明秘封，交与馆中。至日落时当众拆封，谁出价大，即归谁买，此极公至平之善举也。封货后约一星期收款，凡有缺页补配均不管，以系廉价拍卖，且属先看明白，故好坏“就是他”矣。然此又有秘密之事焉，一日“检封”，检封者白检也，知某某号封者已多，其价必大，价小决封不来。于是乃侦其冷淡无人注意，而其中确有一二种稍好之书者，写一最低价钱封之，结果无人竞争，稳归己得，有如白拾也。一曰“拦封”，其义正与检封相反，因某书来本甚高，恐封货者不注意而遗漏蚀本。乃托同行知己封一相当价目，如有再多者当然卖去，否则亦将货拦回，不致为检封者所拾也。一曰“尾数”，封货既以出价大小为标准，尝有差一角一分之微，而好书不能到手，被人夺去者。于是多写尾数，如封二十元者，必写二十元零九角九分，实在付款时亦抹去，但封货时效力极大。惟未入会之书店不能封货，外人更无此权利。余亦常去，遇有可要者，则托书贾代封，虽然价廉，然有用不着者，因其每号一堆，至少亦在五种以上。

所谓找货，涵义更繁，一个人之书铺亦可谓之书摊，行话名之曰“耍人儿的”。每日清晨向各晓市（亦云小市）搜买残书零本，并与打小鼓收旧货者联络，运气好亦可碰见佳本稿本，以贱价售与大书铺，将其装订衬纸，转手之间，一入龙门，身价十倍矣。至于大书铺找货，一曰“搜集”，每日午后，各店书贾向四城小书店出发巡视，遇有较好者，用廉值取去，小店资本无多，有时明知货好利厚，因须“倒本”，亦只好忍痛售出，其中备受压迫拿捏，所谓大鱼吃小鱼是也。一曰“借将”，即顾主所指名购买之书，柜上适无有，不得不向同行搜求，然同行取书，最多八折，故对顾主云“找来的”，言其虽贵亦无可如何也。然用主若开单找书，差不多都系找来者，则其妙用亦可知矣。

书之来源略如上述，尚有其他方法，然不出以上范围，至其售卖作法，则分两种：一为“门市”，即不认识之人，由门市买去，此数极少，最大者则在寄走。事变以前中外各地皆向北京选购，凡大书店，每日必接购书函数十件，同时亦寄走数十包，生意佳者，每月只此“流水”，即至数十万元。近年以来，交通不便，外地亦鲜购书者，除同行交汇外，已形停顿。一为“送货”，即侦知京中公私机关与个人之买书者，托人介绍，持名片及书样去，问其欲购何种书籍，按时骑车送去，此中亦有尺寸，凡机关及大宅门或懂家，必派精明者，以便应对得体。买书少而外行者，则派徒弟去，略为对付足矣。

关于旧书业之买货售货情形，顺手写来，已觉不少，实则尚未尽其什一，异日有暇，当再补充。而买卖之间，道理尤多，总之不出欺诈手段，与外交词令。据书贾对余云：普通货看六成利，即售十元者其本为四元，实则岂止。如今日购彼十元之书，明日转售于彼，虽二三元彼亦不要。惟彼因图大利向吾辈指名某书找货，或单配大部头之一二种者，则属例外。因此含有要挟与所谓敲竹杠者之意存焉。

## 书业人材及其技巧

中国商业上之组织及发展，向以“帮”为分野，就北京言，如绸缎布匹与饭馆属山东籍，银钱业及米面油盐属山西人，百货洋货属天津人，与上海所称之申帮、扬帮及粤帮者完全相同。其组织之密，发展之广，孰谓中国人无创造能力与经营天才哉！北京旧书业人物，几清一色为冀南南宫冀州两县籍，间有保定人，为数极少，仅带经堂一二家而已。其在北京业此者，当然都是同乡，然在乡村，均系亲戚友好，一至北京，则同行是冤家矣。彼此营业情形，顾主多寡，向不告人，即书背所定暗号（即书价密码，大约均取两句诗，代表数字），亦不许泄之同道。其人之出身，先学徒五年，所学为装订旧书，熟读目录。学满后始挣薪水，年百余元，最大希望为分红利。昔年买卖兴隆，年终每人可得五六百元至千元。至于人材优劣，可分“识见”与“做事”两方面，识见者能出去买货，能将残缺之书卖出，并能以少卖多等。姑举一例，如松筠《西陲总统事略》，记新疆事，乾隆刻原版，二十年前已售至六七十元一部，后由书贾翻刻，每部八元。事变以后，其货渐缺，惟究属“冷门”，以其研究者少也。去年忽出一批廿余部，隆福寺某书商，竟以十元一部全数包去。未几此间有小亚细亚及西北学会之组织，于是此翻本书每部亦售至四五十元，且只此一家，如狠心多卖，则购者亦瞠目无可如何也。又如来薰阁之上海特派员，去年亦收得《聚学轩丛书》数十部，以南方十元之本在北京卖七十元，于同行尚不许多取，虑其将行市弄坏也。诸如此类，则在卓识，有时掌柜胆小不敢下手者，而伙友决断之，结果一如所料。又去岁余买得考古之籍一部，名颇罕见，各图书馆均无其目，喜获孤本。旋于友人家见一抄本，携归校对，竟短四卷之多，后闻其同事云：此书在柜上已搁多年，以其残本且无处配，视为废物。忽某人以余好搜史子两类书及考证古器物者，乃将目录裁去，重为装订，俨然善本，不意余竟“打眼”而上其当也。此皆关于识见，其大部分实属于欺诈。至于做事方面，近年以来显见退化，以前如装订作套，均系生徒分内工作，近则作套另成一行矣。现在装订技术除修文堂、文禄堂几家外，殊鲜能手，友人某君买得宋本《孟子》，因水蚀泥浸，硬如干饼，整理之后，不啻新书。余有《续说郛》数种，为《说郛》目录以外者，惟共一包，破碎不堪，迨装订压平，毫无粘补痕迹。似此繁难，非高手莫办。而今书贾只脑筋发达，其技巧将有失传之虑也。

装订之法各地不同，一见可辨，北京规矩紧严，上海喜用青蓝色书皮，订线亦窄。广东装订极佳，每册前后多置红黄色药纸一页，不特保护本书，亦颇美观。江浙装订与北京同，与上海异，或者北京即效江浙之法欤？

近十年来，旧书业中颇出了几位人材，有负盛名者，有无人知者，或以气魄大而能放手做去，或以“吃得精”而能另辟一途。前者如来薰阁之陈某，修绠堂之孙某，孙某在沪时，因联络应酬喜吃酒，一夕数千金无吝色，陈某在京，凡东西学者或文化团体之来游历者，交际之费，亦颇可观。虽为同行所讥评，然其生意固极兴隆也。后者如通学斋、群玉斋二孙，文禄堂之王某，专收冷僻版本，不走大路，以其能合时代，获利最丰。通学斋孙某曾受伦哲如（东家）熏陶，著有《丛书目录拾遗》、《贩书偶记》二种，极具价值。至于北京书业，自以隆福寺之文奎堂、修文堂，琉璃厂之来薰阁、邃雅斋等为最大，以城内保萃斋，城外松筠阁为最廉而较公平云。

总之从前书业不过做买卖通大路，近则不然，因范围日广，除几家大书店能兼容并包外，稍次者则如八股时代之各专一经，即所谓“各吃一路”。在昔不过略识字略习目录即可，现在则须通中外学术之趋势及新旧书籍之情形。以言学好，亦自不易。且此文化商人，与吾人固同立于一条阵线，皆太平盛世之点缀品，当此兵荒马乱之际，其生活尚不如一车夫厨役（老板除外），实际已离枵腹从公不远，故吾人虽苛责之，亦深同情之也。

## 买书谈

北京旧书业卖碑帖、售字画者，通名之曰“吃软片”。碑帖与字画之毛病尤大，挖补摩仿，几无真鼎，故世称碑帖为“黑老虎”，言其吃人也。虽同属软片，平心论之，仅旧书尚有真实性，其价值亦相去不远，且有目录定价可考，较之碑帖字画，见人索价满口胡云者，犹觉老实简单也。碑帖字画，今姑不论，只言买书。据不佞往来南北，与书贾交游最深，积二十年之经验，知买书欲得佳本，别无妙策，用现钱，出大价，好书自来，较之麻烦计较，结果仍上算也。因书商目的求利，毫无感情可言，用现钱者彼急于倒本，自然价廉。出大价者，因好书与吾人关系极巨，除“消闲遣日，借以自娱”外，大之供著述之参考采择，小之亦可作撰稿时之稽证，名利双收，则此区区者亦赚得出也。且好书仍在，收藏后摩挲可喜。北京财界某巨公，好收藏书籍字画，以其利大，恒给以开价之二三。后商人悉知其病，乃十倍开价，如一幅字画值十数元者，辄索百元。殆节下索账，给以三四十元，在画商已赚数倍，其余则为悬案。每节仍送账条，要来固属意外收获，要不来亦有希望。愈积愈多，将来总是问题，实则字画商已将现钱赚到手矣。然旧书业有目录之束缚，有习惯之限制，至多增至三倍，已属骇人听闻，绝无碑帖字画等如斯大利，偿以二三成则仅够本，故皆裹足不前。现闻某公所收罗者，大皆假画。真者值本昂，一石涛山水动须千万，再加十倍，更卖不上矣。余意买书为做学问，如系普通者，可购商务之基本丛书，影本尤佳。冷僻者先检丛书目录，若丛书未收，再买刻本，只要内容好，价昂何惜。且书贾定价亦有分寸，凡价大者，必有价大之理由，购买决不吃亏。若欲以廉值买好货，终系老牛破车，天下无是理也。又买书与办外交同，须痛快有信用，再熟目录之学，则书商自不敢欺矣。昔者中央研究院历史语言研究所及燕京大学，皆北京文化机关之后起者，然所藏佳本极多，即“钱痛快”之故。又北大教授朱大胡子（希祖）买书最豪，所谓“好书何必惜兼金”。然今日一言及明代史料，群推海盐朱氏为第一，虽公私图书馆，亦所弗逮。故余虽老生常谈，盖至理名言也。再选购时，最好于多家目录中索取，比其价值之高下，校其版本之优劣。如不得已开单指名找货，最好将书目单贴于书室或客厅内，凡来书商，自会抄去，有则送至，无则力寻。其索价亦不至要挟，盖你十元不卖，别人或五元即售。万不可专交某人，则彼必将此单视同奇货，虽属极普通之物，彼必以“找来的”对，黠者并谓是书专为你找的，价值若干已经垫付，则虽欲还价亦不可能，更无论退换也。

（载《古今》1943 年第 14 期）

# 北京的书业

侯甲峰

北京近数百年来，因是首都关系，所以成了全国文化中心，一切文物都由各地集中到这里来。但是，向国外流走也以北京为根据地。中国旧书便是这些集而复散，来而复去的文物中一大宗。现在把北京的旧书业以及新故书业的大概情形记载一下：

"旧书"两个字，单独说来有双重意义，一指用旧了的书而言，以别于新印未用过新书。又旧书系指旧日所印的古书而言，以别于当代编印的新书。为文字上的便利，我们把作故书解的旧书称为"旧书"，把作古书解的旧书称为"老书"。老书多半是旧书，而旧书不一定都是老书也。

老书首重版本，从前以宋版为重（宋版有监本、家塾本、书棚本、州郡官刻本，最次者为麻沙本），元版次之（版有家刻本与官刻本之分，家刻本有余氏勤有堂、双桂书堂、高氏日新堂、郑氏宗文书堂、刘氏南澜书堂，官候本有兴文署刻本，有外路儒学及书院刻本），明版又次之。

近来则宋元版并重，即明之经厂本书籍，字大纸白亦在重视之列了。清代殿版在现在也算有价值的老书（清武英殿刻本通称为殿版，康熙时刻有《图书集成》，乾隆时刻有《大清一统志》，又有聚珍版均极可重）。

本版以外有两部重要抄本书籍，一为明《永乐大典》，一为清《四库全书》。《永乐大典》共抄两部。清时，一部存于宫中，一部存于翰林院。在宫中者，庚子之役为联军分载而去，全部荡然。在翰林院者，继续为诸太史公携归太史第，迨清查时已仅余数十本了。

《四库全书》，原共抄七部，分藏于七阁，一宫内文渊阁，二奉天文溯阁，三热河文津阁，四圆明园文源阁，五扬州文汇阁，六镇江文宗阁，七浙江文澜阁。在圆明园者毁于英法联军，文汇文宗毁于洪杨之役。北京图书馆曾藏热河文津阁《四库全书》，故图书馆前街名“文津街”也。

北京经营收售老书之书店极多，最多者为琉璃厂，其次为隆福寺街。此外东西四大街、后门大街、宣武门大街，也各有数家，但比之隆福寺街老书肆则远不逮，更无论琉璃厂了。

经营书业的老板多为河北冀县、衡水、枣强、深县、束鹿等一带人为最多，收旧老书最有名的的是琉璃厂的保古堂、文友堂、来薰阁、直隶书局、富晋书社、翰文斋，隆福寺街文奎堂、修绠堂诸家。

往年各家均派专人到各省去搜罗善本书籍，运回北京再为出手。保古堂专走山西，直隶书局、富晋书社专走沿江各省，每年春秋二季，各去一次。此外则得到某地有书出售之消息时，立即派人前往采购。

上面已然说过，北京收售老书的书肆，以琉璃厂为第一，上自宋元精椠，下至明清善本，都在这里经过，劣本及过于没有价值的书在这里是轻易见不到的。其次为隆福寺街，再次是东安市场内的几家，至于东四以北至北新桥，西四以南至宣武门，后门大街，也都零零落落的有几家老书肆，那边是自郐以下了。

西单商场中书肆书摊不少，以新书及新版书为多，老书偶然有些，但都是极平常的东西，而且多断简残编，因为其来路多是堆论斤买来后，整理陈列的。

前数年宣武门内大街书摊颇多，后来宣外平民市场成立，移到那里去的不少。皆在路东大棚内，渐渐又复移去，原地皆改为售新旧木器的棚子，书摊则集中于西单商场中了。所以现在宣内大街只有三五家书肆，马路旁的书摊已然无一存者，这样也算得北京书业的一小沧桑。

新书局多集中于前门外，如商务印书馆、中华书局、世界书局、广益书局、北新书局、大东书局、开明书店、会文堂。此外如文化学社、建设图书馆、好望书店，以及新月、人文、昆仑、民智、新生命、良友等等，有的继续维持，有的已成陈迹了。

专卖外国文书籍的，西文新书有昔日王府井大街秀鹤图书馆，宣内法文南堂学校及中法大学图书馆皆可代办。现在则北京饭店内图书馆可算首屈一指的西文新书旧卖处了。

西文旧书以东安市场内为最多，有专售西文旧书者。其次是西单商场。此外一般的旧书肆旧书摊都有零星的西文旧书。

日文书肆事变后新设的很多，最大的是永增书店，初在打磨厂，现移至东四南路西。东单的春明堂，霞公府的北京堂，王府井的东京庄，宣内的国华是其大者。此外还有许多小些的书肆以及中国人经营专售日文新书杂志的书肆，如宣内的人人书店，东安市场的华盛书局，书摊也有几家。

日文旧书除日人开设的几家外，东安市场、西单商场中专售日文旧书的摊子也不少。

收售新旧书的地方，以东安市场和西单商场为集中地，所以说北京的书业应把这两处的书肆书摊详谈一下：

东安因历史较久，资格较深，所以各种买卖也殷实，西单则还不及东安，而且西单的书肆仅占十分之一，大部分皆为书摊，但两市场的书业都各有作风。

先说东安市场。

东安市场的书业集中于丹桂商场及畅观楼内，近年与正街平行的隔火巷内北端也有十几家书摊设立，此外则南花园有两处旧书摊，一处日文新书摊，杂技场旁大鸿楼前有两处旧书摊，隔火巷的南端一处旧书摊，但最后两处不大为人所注意，而殷实则以丹桂商场内为第一。

各书肆书摊的性格颇不一致。有专售木版老书的，间有精椠善本，顾客多外人及收藏家学者，如五洲等。有专售西文旧书的，以中原为巨擘，顾客多欧美人及大学校教授学生。有专售新教科书参考书的，以华盛为首屈一指，近则改变作风，以日文新书为主了。有中西文新书兼收并售的，其中性格又各自不同，有的以方志类掌故类为主，有的以总考书为主，有的以希罕的旧刊物杂志为主，有的以民情风俗的书籍为主。各有其不同的作风，各有其不同的顾客，老于此道的自知应去之所，否则便要沿门问津了。

书摊所售多为新书，或旧的新版书籍杂志。其中以杂志，新出版的小说，学生用书，碑帖。一般用的新版书为最多，西文日文的旧书旧杂志也很多。

隔火巷内和南花园的书摊皆是木版老书，只有两三个摊子是旧的新书。

西单商场的书摊，主要的为教科书、参考书、小说、消闲的读物，此外便是一般人可看的新旧书，以及不太有价值的书。各摊无性格可言。因为西单商场的游人，多为学生及有闲者，所以书籍一类也自然演成适合于这一种人的局面，有价值的木版老书或新版书在这里不太容易立足。

更有一事足以说明这一点的便是西单商场中有小说出租处，一间狭隘的板棚架上摆满了各种武侠以及社会言情等小说，定有章则出赁，这种营业是在东安市场所看不到的。由这一些又想到朝会或天桥等更低级一些的地方，出卖唱本、出租小人书的营业，那些营业究竟也不能不算是北京书业的一部分，而且这小部分与幼童及低级社会有莫大关系，这些人又要算社会的基础分子呢。

（载《三六九画报》1943 年第 20 卷第 9、11、12 期）

# 北京旧书肆

商鸿逵

北京的旧书肆区，在老年，就我所知，有一厂二寺。厂即琉璃厂，它是具有几百年历史的，迄今未衰，“厂肆”二字在中国藏书史上至少是免不了要提提的一个名词吧。二寺即慈仁寺与隆福寺，慈仁寺（今名报国寺，在宣武门外）在清初颇兴旺，顺康间入笔记中常见述及，如今却连一些书影儿也没有的了。隆福寺起初只是些书摊，每逢会期，赶来摊卖，现在发展的也不下二十家店肆了，其中还有几家规模够大的。记得有一年南方某书店来北京采购旧书，先到隆福寺，进入一家，骤睹琳琅满目，便拣选了一些，又进一家，又买了些，顷刻用去数千元。后来又到琉璃厂，见藏书之多且十倍于隆福寺，未见大买，囊资已尽，遂赞叹叫绝而返。

过去书中谈及厂肆等地方的很多，专记的有李文藻琉璃厂书肆记、缪荃孙后记、叶德辉买书行等，以击不引，只叶氏《书林清话》上有几句话："吾官京曹时，士大夫犹有乾嘉余韵，每于退值或休务曰，群集于厂肆，至日斜多挟数破帙驱车而归。"这种余韵，今日犹有，什么考究版本的鉴赏家，爱往旧书堆里钻的大学教授，附庸风雅的买书者，侨居我邦研究所谓"汉学"的洋人，等等，都算是厂肆的长期主顾。

书肆主人，以往都是江西金溪籍，兼有江浙籍，盖皆南人也。到现在却多换了别地方人了。这里面怎样一个衍递，不甚了了。或谓，在先之南人，多为进京会试，名落孙山的举子，赧颜归里，便思做生意，旁的生意不会做，只好卖书。念书人卖书，算是最接近的一行了。可是，虽然做生意，究系"由儒而贾"，难免要带点"酸狂气"，对于奉承，自然差忒。偏巧一般买书的达官贵人又好"奉承"这个调调，纯生意人于是便大得手了，主顾一到，装烟倒茶，躬出揖入，一味周旋，再加上他们的"负苦耐劳"精神，渐渐便夺去了江西人之席。就我所知，某书肆主人背包袱时，每串大宅第，常当人面从袋中取食黄粱窝，询以故，则诉曰："卖书能有多大赚头？不得不吃这个！"如是，人怜其苦，便不与他争值了。这套把戏，酸狂举子，怎末能扮得来！

说到做生意方法，旧书肆与新书出版家又大不相同。新书是要拉些有名作家作后台，旧书却全靠采访所得，大一些的书肆，差不多常年要派人到各省各县去收买，性质颇近古董商，有时可获利无算，像那部哄传一时的《金瓶梅词话》，在山西买来时才数十元，一转手便卖了数百元，再转到购主便千数百元了。

近年的刻版书价总都算涨，原刻或刻得精一点的都贵的了不得。宋元版不谈，即小说戏曲之类，一部《贯华堂水浒》就要五六十元，《清晖阁牡丹亭还魂记》非百元莫办。去冬我见着一部《十二律昆腔谱及京腔谱》想买，开口便索价四百。近年更有人搜罗淫词小说，两本《旧刊肉蒲团》也值二十元了。

书价的涨落也看风头，胡适之先生谈了谈"传记文学"，谈到汪辉祖的《病榻梦痕录》，《梦痕录》立刻涨价，林语堂先生表表袁中郎，《中郎集》又涨起。

县志近年价也大涨，大概是先有别国欲考索中国风土地理而采买。随着我们也感觉这个重要而争买，一部偏僻不经见的县志，论本头也须一二千元。前天一书贾向我说，要有一部《香河县志》（属河北）能卖八十元。

“禁书”也了不得，载在禁书目录的书，不消说是卖大价了，即现在还在禁的那部《清史稿》，原定价百元，现售至四五百元，书是不管好坏，一禁便贵。

传抄作假，更是旧书肆的拿手活。遇到罕见的书，不管刻本抄本，他们能用染制好了的旧样丝栏纸誊写上几部，有会当“传抄未刻本”卖。一捆子烂卷残稿，他们能描改挖补，装帧什袭，杜撰个名目，充“稿本”去骗买。前年有书贾持一旧纸影印《玉台新咏》，冒称明刊到某图书馆求售，结果居然被欺，用重价收下。

卖书还须有一种手腕，是攀交名流。要名流作甚呢？名流能替介绍主顾，凭他一言，书既可留，价且多给。名流也乐得接近他们，依赖能借着多见好些书，长长见识。二来，高明些的书贾，他那点“横通”工夫，却真也“颇有可以补博雅名流所不及者”（章实斋语）。原来旧书主顾，尤其好讲究点“版片”的，常离不开这些。规模大些的图书馆，中或外，或中外组织的学术团体，少数有力的收藏家，这些，非是名流在那儿主持，也和他有关联有友谊。

这般书贾的记忆力也特好，谁已有何书、谁尚阙何书、谁欲觅何书、谁不收何书，胸中都有个大概，他在收买时固早在留意，拏来时你也定会十九中肯。

截至今日止，旧书肆生意，总算不恶，不过，今而后，便不敢说了。图书馆以连续的收买，普通些的都有了；外邦人搜罗之勇，也大不似从前；私人收藏家又越来越少——最欢迎的自然是私人收藏，因私人资产的持久无把握，子弟的优劣无把握，无论到那个无把握时，书便会“流通”出来。图书馆藏书却是“一入侯门深似海”，永远不得再与“市”见，图书馆拍卖藏书，机会总少吧！这么一来，所谓“珍籍”，能经过书肆人之手者日稀，生意也便日稀了。

一般新出版家的影印旧书，也给打击非小。有了影印精版的，谁还肯买劣刻的，商务印书馆印了《各省通志》，《通志》只好落价。中华书局景印了铜活字本《古今图书集成》，谁还肯化五百元买那《集成》局两羼纸的匾字本？

以我看来，旧书肆今后若想发展，还须另寻途径。

（载《沙漠画报》1943 年第 6 卷第 12 期）

# 厂甸的书摊

朽　木

差不多在北平住过一年以上者，便会知道厂甸是个什么地方。他的位置恰恰在北平有名的文化街琉璃厂，每到新旧两新年便要热闹一阵子的，其情形也恰如白云观、大钟寺一样，但他这里却没有如大钟寺的大钟或白云观的佛殿，老人堂似的古迹，不过这里却也有他处所没有的东西，那便是书摊，无怪乎他是位于文化街。

名义上，厂甸等阳历年也开放，但总没有一点“年”味，而且书摊也没有几个，书棚则连一幢也没有，游人更是寥寥无几。因此今年的阳历就根本没有开放，可见商人是不愿赔钱的！

到得旧历新年，书摊之多简直难以数什，从出“和平门”的书摊开始，直达到厂甸门前，正正两排各列于街的两旁的便路上。游人恰如一列纵队，多是布衫阶级，人物则为老幼男女不等，他们一个摊子一个摊子地逡寻，像找什么宝贝者然。

关于书的种类大约可分为四类：其一为线装书类，论数目可占鳌位。但这种书一向没有定价，因此得以给予书商们胡乱索价的机会，像上海广益书局出版的《三国志演义》，他们竟索四元五角（联币），这真使人难以还价。其实那样的书在六七年前，人们在庙会上时常见到，只消二角五分，如今即使是新书也绝不至于涨到二十倍呀！这可见他们是怎样地向人“要慌价”。不慎者极易上当，但久走书摊也能够以极便宜的价格买到手的。访这类书摊者多为三四十岁以上的老学究们。

其次便是当代出版的铅字书了。比较起来是好的书太少，而教科本之类的书籍例比前两年增多起来，有些书商因为竞争而大喊着："三角钱一本，挑来！"果然却也招徕了不少顾主，咸往聚集，争相翻检，其中虽多为河流，但如细心也能检出一二珍珠。不过比较起在事变的时候真相差太远了，那时我曾以二分钱即五个铜元买了一册郭沫若著的《沫若诗选》，但那样的情形在现今可不易找得了。在这类书摊子中间转圈子的多为一般时代青年男女。

第三便是字帖摊子。举凡欧、柳、颜、赵各名家的手笔在这里均能寻到，也有成册的，也有的是好像从石碑上拓下而折成一大面的。但也如线装书，上面没有标明价格，一任他们胡乱索价。访他们者多为一般私塾教师，或读经的老先生以及"忠厚传家久、诗书继世长"的旧家子女们。

最末的一种便是新章回小说的书摊子了。这大抵是新书，摊子也比较得讲究，从老远看去，光怪陆离，眩人眼目。就是书名也极能吸引一般儿童、少年以及小家儿女们的注意；如武侠小说、言情小说、连环图书等。照顾他们者要属一般小学生，初中学生或"小家碧玉"型的女性为多。他们绝不吝惜金钱，只要为自己所喜，是不论多少钱也要买下的。希望为师长者，为家长者对他们的这种举止多所注意才好。

综观以上情形，好像这文化古城是在闹着和食粮问题相反的"精神食粮过剩"。但这怕是只看了外观，而没有看见里面的原故。因为如果在那文化街前走上一遭，便将若有所悟得不由得脱口而出道：原来精神食粮也在闹着恐慌！谁说不是呢？来源少，新书轻易看不见；旧书堆中的金玉就被人们掏走，至于买到手的好书又不愿意出手。（买还不易买到呢！）所剩下的书固还不少，但多为人们所不屑看的，书商们只得将顶破的选出打成"捆"称斤卖了。如此人们怎么能买到好书？

厂甸的书摊是"一年不如一年"了。买书的文人固然大为扫兴，可是卖书的商人也莫不叫苦连天呢！

（载《中华周报》1943 年第 39 期）

# 记武昌之旧书店区

莲 生

余每至一地，必访问其书店荟萃之所，尤其对于旧书店区，辄流连不忍去。苏州观前街，上海四马路、河南路，北平琉璃厂等处，虽曾一留足迹，惜均在忽促中过去，而逛旧书店之真正乐趣，并未领略饱足；且其时所携资斧不多，亦未能多所购求。原以此等地方，将来不患无机会再去，唯经过此番历史上未有之大变乱，将来重到，恐亦非当年景物矣。思之不禁怃然！

余与武昌之旧书店区结缘最深，以求学于斯，服务于斯，而又卜居于斯也。在求学期间起，即养成逛旧书店之癖性，如隔一二日不去，即忽忽如有所失。虽每度光临，未必惠顾，有时甚至遭书贾之白眼，然兴趣仍未尝稍减也。

武昌旧书店群集之所，为察院坡与横街头。此二处相接若丁字。旧书店合计尚不足二十家，大大小小，错落其间；而势力最大，生意较盛者，多为湖南人所设者，如尚德、益善等数家是。其中亦有以一老板而兼领两三家之牌头者（如益善斜对门某书肆，招牌已不复记忆，即与益善共一老板）。湖南帮以外，其余大概为湖北三黄两蕲人所设者，其门面、排场、货量，能与湖南帮抗衡者鲜矣。大抵后者所售以学校教科书及时下所出之铅印旧书为多，每届春秋二季，中小学始业前，生意最好。而前者所售以木刻本为多，其买主大多为专科以上学校教师学生，并经常接受各图书馆之定单，故贸易额亦较大。且其主持店务者不少明了目录版本之“老油子”，倘于此道阅历不深者，每为其所绐。余尝见某店陈有黄冈杜濬于皇《变雅堂集》之手抄本，店主人坚谓系杜氏原稿，余察其图记、纸张、墨色，均不类十七世纪遗物，因一笑置之。恐割首尾，易序目，伪刻图记，冒充宋版元椠以牟利之事亦所难免。

旧书店之特色有六：（一）所陈各书，种类复杂，有钞本，木刻本，石印本，铅印本；有古书今书，有中文西文，形形色色，蔚为大观。（二）过时之杂志，绝版之图书，尚未翻印之古本，禁止流通之刊物，在旧书肆中均可发见。（三）名为旧书，而其中仍有与新制无异者，且索价平均约低于新书二分之一至三分之一。（四）在旧书肆中辄遇有大家故宅散出之书，此类书中，常有著名藏书家辗转收藏之图记印章，或专家学者之朱点眉批，洵可宝贵。（五）旧书店之书大都任人翻阅，在未决定购买之先，可以从容略读，读后不买既无关系，买时而议价不合，犹可大方走出，不至有难以为情之感。（六）旧书店之老板如有精于版刻，趋慕风雅者尚可与其攀谈掌故，查考源流，久之可成朋友，以后前往阅书时，尚可蒙其享以茶，赐以坐。此六种好处，乃新书店中所未见或所不及者。

武汉外围战渐趋紧急时，闻武昌湖南帮之旧书店已有一二家将其较为值钱之书，运回湖南。湖北帮亦有一家迁重庆，设肆于天主堂街。据谈其书系由木船驳运来渝。唯其运来之书大部份均时下铅印本，无可观者。因久未问津，不悉其近作何状矣。

（载《今文月刊》1943年第2卷第1期）

# 论“立言之难”

钱实甫

以当代的人批评当代的事，或记述当代的历史，往往会遇着许多不易避免的顾忌。于是不少的有心人，便在“感于立言之难”的慨叹下，放弃了他们的意念。诚然，顾忌确是有的，但从事实上来说，这并不是一种如何大的阻力，更不足以指为即是妨碍工作进行的主要原因。假定世有“董狐其人”的话，任何困难都会被他的伟大人格和伟大精神所克服消除，何况这些区区的顾忌呢？更何况我们今日的客观环境，又断不是“董狐其人”呢？可见，“感于立言之难”的苦衷，大多数的成分乃是一种借口。

古人著书立说，有他特殊的理由，不外乎为的“明道”或“卫道”

两大任务。古时的所谓“道”，拿近代的话来说，便是“真理”的意思；“志于道”便是个人为其“信仰”而奋斗的意志。所谓“明道”，乃是“宣传真理”，所谓“卫道”，则是“维护真理”。著书立说的动机如此，完全是基于自己的信仰，所以能不避一切困难险阻而为之，甚至是不计自身的利害。万一不能“出而问世”的话，也不会因此灰心，大可以把一生的精力和结晶，“藏之名山，传诸后人”。自然，他们绝不会感到“立言之难”的苦恼，无一不可以秉笔直书，而可靠的材料得以保存，让我们在千百年后多少可以读到一些“信史”，便是其伟大的收获。他们的所谓“道”，内容如何，价值如何，由于时代的关系，颇有重加考虑的必要；但这种精神，把“志于道”当作是人生天职而生死以之的精神，的确值得我们去效法。从前是没有“稿费”可拿，更无“版税”可抽，著书立说之后，往往还要再赔印费，所以执笔之际，便不能不特别慎重。酬报制度实行以来，固然不足以伤害为真理、为信仰而从事于著书立说的尊严，却极不应谋度而引起阻碍。世人固非尽属“志于酬”的鄙夫，相信确有不少“志于道”的学人，正在埋头努力；不过从成就来看，实在有限得很。凡属不能立时发表而换取酬报的著述，似乎便没有人愿去执笔。

我们不可以忽视生活不安定所引起的妨碍，尤其不能够忘记在今日生活特别艰苦的情形之下，会减低各人的情绪。但物质的境遇，断不是决定精神活动的唯一条件，而知识分子尤其不宜忘却和境遇搏斗的任务。前人批评柳柳州的文章，是“穷而益工”，这足以说明愈在艰苦的境遇中，而且又在不如意的心情之下，反而使学问得更有进步的机会。三百年前，有一位民族革命的志士，也是一个大思想家、大学问家的王船山先生，亡国之后，逃避满清的捕拿，潜身于荒蛮的深山里面，到处拾起破旧账簿一类的废纸，大写其文章，其精其博与其量之多，都是少见的。我们今日的生活诚然不安定，诚然很艰苦，但和船山先生比较起来，恐怕要算是天堂般的生活了。可见境遇不佳的事实，决不足以解释为唯一的理由。

如此说来，我们便应该反求诸己，除了事实上的和生活上的某些困难以外，个人也另有许多不尽不实的地方。我们认为：利害观念重于是非观念，乃是目前最大的社会病态之一。这种病态，且是很大的危机，可以埋伏下绝大的祸乱因素，引起绝大的不幸来。只讲个人的利害，不问事情的是非，则正义感必将消失殆尽，社会上所有的自然只是黑气一团的烟瘴了。知识分子如此，其他的老百姓更会变本加厉，弄到人间尽是罪恶，完全找不出一点儿的光明影子来。

近来一般人常在慨叹着“文网太密”，我们不是身负审查责任的人，而且又同在被审之列，不便越俎代庖，有所解释。姑且假定审查也有它麻烦的地方，使编者和著者都有许多不便之处，却也不足以教人绝笔。古时有一个“恩威莫测”的皇帝在上头，他掌有生杀予夺的大权，一句话说得不如他的私意，甚至一个字写错，就可以丢官送命，甚至于把九族杀尽，将祖宗的骨头从坟墓里面挖出来。然而尽有一些不怕祸、不怕死的忠臣，早上一本，夕作一文，把“应该”说的话说将出来。这是甚么缘故呢？无非是“正义感”的冲动。历史上的清明时代，原因固然很多，“正义”的力量，也是不可以忽视的一个。现在的情形绝非昔比，最多不过是白写几个字而已，何曾会惹出天大的祸事来！如此而不写，则只能说是利害观念太重，是非观念太轻的缘故。

凡人并不尽是不可理喻的，也不是完全无过的；因此，我们即不宜把别人看成不可救药的坏东西，而自居于独立遗存的“另一种人”。

（载《正谊》1943 年第 1 卷第 4 期）

# 百分之四一点七

求

据中央图书杂志审查委员会的统计，去年全国将原稿审查付印或出版的图书，计三八七九种，杂志四一五三期；如将每期杂志作为一种“书刊”，则全年送审的书刊计八〇三二种。其中文艺书刊估百分之四一点七（包括诗歌、剧本、报告文学、创作等）。

这百分之四一点七所包括的文艺书刊的性质怎么样呢？这是值得注

意的问题。如果其中大部分真是全新而完整的，实际上又终于出版的文艺新书，那么，这个比率是可以使我们欣慰的。因为经过了我们抗战政府审查机关通过的全新的文艺作品，多少总该可以启示人生、鼓励抗战情绪的罢。这样的新书正是今日的中国所需要的，即使占到全国出版的书刊中间的半数也算不得多。“他山之石，可以攻错。”我们姑且看看欧美出版界的情形罢。欧美各国历年出版的文艺作品中间，单是“小说”一类就差不多占到新书总量的半数。因而各大书店的新书目录往往是把出版新书分为“小说”（Fiction）和“非小说”（Non fiction）两大类的。这种情形在当前的大战期间也没有改变。只要到英美大使馆的新闻处看一看新到的英美杂志上所刊载的书目就可以明白。

然而去年送审书刊统计中间，百分之四一点七这一个比率，实在也有我们觉得憾惜的几点。第一，其中的文艺新书，有大部分并不是全新的。譬如《红楼梦》、《水浒传》、《列国志》、《三国志》等等的侨兴版都在去年送审，当然列到那个统计的文艺门类。学艺、文化生活、良友等等出版社送审的文艺书，有大半还是抗战以前在上海出过的旧书的重版。有些小出版社送审的文艺新书，则往往从旧杂志上乱七八糟剪抄下来的杂拌儿。除了这几种，真是全新的文艺新书，无论创作或翻译，实际上都少得很。

第二，就是那些在去年送审通过的“新书”也有不少搁在书店或是印刷所的橱柜里，什么时候可以出版，是在不可知之数。侨兴的《三国志》和《列国志》不是直到今天还没有出版么？有些青年作家的稿件，在去年送审通过的，书店方面由于资金上及市场上的考虑，甚至永远不打算付印出版的，实际上也不在少数。

第三，百分之四一点七这个比率，是把页数少到十余页多到百余页的每期杂志计算在内的。据中央书审会的统计，去年送审通过的杂志期数多于新书种数，而在去年，文艺性质的杂志实际上又多于其他的杂志。就此可知，这个比率中间占着多数的还是一期期的杂志。

归纳上述三点来看，我们知道去年送审通过的文艺书刊，除了一期期的杂志和流产的新书，并不算多。至于我们看得到的真正全新而完整的文艺新书，则实在可以说寥寥无几。

因此中央书审会的统计对于我们出版界的启示，与其说是在量的方面，不如说是在质的方面，要求着我们对于文艺新书的注意。

（载《图书印刷月报》1943年第1卷第2期）

# 一年来的陕西图书杂志审查

方应溯

陕省之有图书杂志审查工作，以西安图书杂志审查委员会为嚆矢，三十年五月奉令改组成立陕西省图书杂志审查处，扩大组织、工作范围，遂逐渐开展，举凡书刊审查调查检查以及出版各项工作，莫不次第与办，以适应本省特殊环境之需要。三十一年度开始，除上诉各部门工作，仍照原定计划，予以加强实施外，又奉令接办戏剧审查工作，兹值年度终了，爰将一年来工作概况，扼要叙述如下：

## 一、审查

审查工作为本地业务中最重要部门之一，其要点在于原稿著述与已出版书刊之严密审查，前者目的在使本省印刷出版之书刊，非经审查颁发审查证后，不得付印，后者在使从外埠流入本省之书刊，非经审查颁发许可证后，不得发售，以求杜绝错杂思想之传播，与违禁作品之流行。因本省地邻战区，此项工作倍形重要也。

统计一年来所有检发原稿书刊及已出版书刊审查证许可证数目如下：

（甲）准印图书原稿，计二百十八种二千余万字。

（乙）准印杂志原稿，计一百二十一种约一千万字。

（丙）准许可发售图书，计五百九十九种五千余万字。

（丁）准许可发售杂志，计六十种约五百万字。

图书杂志审查认为违反中央颁布之审查标准，呈请拟予查禁或停止发行者，计一百余种，而业已奉令准予通行查禁者达八十三种之多，停止发行者七种，不准再版者二种，暂不处置者五种，此外送审书刊原稿中之局部不合，或分别予以删改者，亦达百余件之多。

至于审查谬误与反动作品之内容，约略分析言之，其中言论态度完全以派系私利为立场，足以妨碍民族利益高于一切之前提文为最多，鼓吹偏激思想强调阶级斗争者次之，诋毁三民主义，曲解误解本党历来宣言政纲政策与决议案者又次之，其他如披露军事、外交、经济建设各种秘密资料之文字，以及诲淫诲盗有碍社会善良风俗者，亦时多发现，此系指已出版之书刊而言，至于原稿送审之书刊，其内容完全反动或谬误者较少，而以局部不妥者为较多。

## 二、检查

抗战以还，本市成为后方交通枢纽，环境日增复杂，书刊出版及贩卖情形，亦复如是，此外由于书店、印刷店、出版社、杂志社之陆续增加，检查工作，自亦日益繁重，是故一年以来，此项工作之如何加强严密，几无时不在筹划予以加紧实行。统计查获违禁及暂扣手续不合书刊数目如下：

（甲）查获违禁书刊，计一七七种。

（乙）扣押手续不合或内容有不妥嫌疑书刊，计八〇七种。

以上所列违禁书刊，系指中央查禁有案者而言，至于应办申请许可手续而未办，或内容有不妥嫌疑者，均经本处派员暂予以扣押，提付审查，处置办法，其内容无大碍者，均予发还，并颁发许可证，其应查禁者，则转呈中央复核办理，如仅系手续不合，则视情形之轻重饬补办手续后予以发还，至于党政军机关出版含有机密性质之书刊流行市面，未便公开发售者，亦在扣押之列。

鉴于图书馆、民教馆及学校图书设备，关系学生思想至为重要，过去因出版物之庞杂，所购置图书刊物，或未能适合标准，爰特遵中央之意旨，分别派员予以检查，目下正作初步之清理，已发现违禁书刊不下数十种之多，惟因卷帙浩繁，全部竣事，尚须有待。

此外尚有足述者，即流行坊间之连环图书，此项读物，内容大都怪异奇离，为小学生所爱嗜，其影响为重大，亦经派员分别予以检查，除内容无碍，准予发还以外，一年来审查禁者，共选一百二十七种，均予汇扣焚毁。

调查方面，目前尚统计西京市书店计有五十四家，资本千元以上者三十余家，千元以下者二十余家，经售书刊过去多来自港沪，自太平洋战事爆发后，来货渐少，现多自行印刷各种书刊，印刷所七十家，资本在十万以上者一家，万元以上者五家，五千元以上者六家，千元以上者二十二家，余均在千元以下，承印范围多为簿籍等类，书刊较少，杂志社能经常出版者共十五家，其中研究西北问题者七家，阐扬本党主义与研究国际问题者二家，军事性质者一家，文艺性质者二家，此外均为一般综合性质之刊物，出版社计有十家，发行书刊范围颇为广泛。至于外县情形，南郑有书店八家，印刷所八家，出版物二种。城固有书店八家，印刷所九家，出版物五种。宝鸡有书店七家，印刷所有十一家。三原有书店四家，印刷所六家。渭南有书店六家，印刷所三家。以上各地文化均较为发达，其他县份文化水准较低，书店印刷所亦较少。

## 三、出版

本处自去年五月改组，胜利出版社亦同时奉令成立，以本处处长兼任社长，并成立丛书编辑委员会，聘请各界名流，担任编辑委员，从事编纂工作，以助长纯正言论，指导青年思想，本年度先后出版之丛书，计有《零等于零》、《红色舞台》、《中国共产党之理论与实践》等三种，连同以前出版之《中国共产党外交理论的分析》、《共产主义在中国》、《一国无产者的自传》、《苏日协定后的中国共产党》、《德苏战争后的中国共产党》、《回到人间》、《在西北原野》、《一个政府一个党》等八种，共计十一种之多。在付印中者有《与共产党人论三民主义》、《告少年》二种，各书内容有属于真理方面者，有属于时代问题或故事新编方面者。印刷册数，每种均在三千册左右，统计本年销售数目，共计七千二百余册，赠阅一千三百余册，此外尚有批发兰州、洛阳各地，一时未能结算，故尚未计算在内。盖本处之计划与目的，期以本省胜利分社为基点，发行丛书于西北重要各地，目前此类书籍，照其销路之迅速而观，可见社会需要之迫切，第以本省纸料昂贵，印刷费用日渐高涨，本处出版工作，不无稍受影响耳。

## 四、戏剧审查

戏剧审查，为新近划归本处办理之业务，自中央执行委员会通过《演出剧本审查办法》，中央图书杂志审查委员会复颁布《戏剧出版暨演出审查办法》，本处当即遵照接办，计经审查准予上演之戏剧，有冷波编《梅子姑娘》、《狂欢之夜》，樊仰山编《梅花岭》、《新和氏璧》、《红梅扇》、《青宫案》，樊粹庭编《为国纾难》、《楚红玉》、《孟香屏》、《笔架山》，郭道宣编《绝尘琚》，陈白尘编《结婚进行曲》，林柯编《沉渊》，陈铨编《野玫瑰》，徐筱汀编《郭子仪收复南京》，淡栖山编《英雄美人》，王显之编《委曲求全》，范紫东编《紫金冠》及《战地英雄》等十九种，计百余万字，经审查内容不妥转呈中央复核予以禁演者，有易水寒著《我们的良心》，洪起著《鞭》等二种，经局部修改准上演者，有徐筱汀著《陆文龙》一种，修改后再行送审者，有樊仰山著《抗战五部曲》一种，至于并无剧本、内容有碍社会善良风俗、经审有关机关会议予以表演者，有《女开店》、《枪毙小老妈》等二种。

本市剧院电影院外，计有黎明等十五家，其中京剧四家、秦腔五家、晋剧两家、评剧两家、清唱一家，剧团则有战干剧团等七家，其中话剧五家、豫剧两家，至外县之剧审事宜，亦正分别调查，以次举办。

综观一年来本省图书杂志审查工作，由于机构之调整，经费之增加，人力之补充，各部门工作，较过去均有显著之进步。尤以能由书刊之消极的审查取缔工作，进而从事积极之驳斥奖掖工作，出版书籍，前后计达数万册之多，而销售赠阅之数，亦几达万册，再次扩展业务于戏剧上演之审查，此足证明本处工作，莫不随时代之进展，环境之需要，日有进展。思想国防工作之重要，与前路之困难，均本处同人引为戒惧，而思如何努力，以冀无负层峰期望之殷情，与负托之重任也。兹当检讨一年度工作之时，爰列纲目及简要数字，以供参考，并盼热心文化工作之各界同志有以教之。

（载《陕政》1943 年第 4 卷第 5、6 期）

# 急待取缔的色情书报

惠

关于禁绝烟赌一事，报载有关当局正在计划中，实行之期当不远。除了烟赌，我们觉得禁绝色情书报的传播，也是一件急不容缓的事情，因为色情书报也和烟赌一样会使一个人日趋堕落和消沉。

在出版界的厄运下，由于纸涨墨贵，刊物往往不能按期出版，甚至只出两三期就停刊。可是这当儿色情书报的出版倒比以前繁荣了。报摊上除了色情报纸外，最近发现了许多报告文学的小册子，内容淫秽不堪，可说全是“嫖经”，字里行间都把肉麻当有趣，充满了兽欲的描写。据报摊书贩子说，这些书的销数非常可观，较一般的刊物还多。这些色情书报价钱非常贵，薄薄的几张订成本小册子，要卖三元四元，价钱比一般刊物贵得多，但销数反而多，这现象是很值得注意的。

更值得注意的是，这些色情出版物销售的对象大都是青年。青年们的生理、心理正在发育期，情欲很容易冲动，家庭、学校各方面又紧紧地压制他们，而不开导他们性的知识，于是这些色情书报，就满布着陷阱等待青年们掉下去. 它们会把一个色情的生疏者，引到色欲和罪恶的路上去。这些色情书报里，还登着许多根绝花柳病的良药和经验丰富“名医”的广告，这不是青年的陷阱是什么？青年跌到这些满布着的陷阱中后，毫无疑问的身体将因此毁伤，意志将因此颓废，对学问和事业失却进取的心理，同时淫乐的刺激还会很易把纯洁的、把持不住意志的青年人，引到赌博等许多其他罪恶的渊薮里去。总之，色情书报是青年人走向堕落和罪恶的桥梁。

我们希望贤明的人士，能注意到这一点，同时更希望当局能设法取缔“卖淫的”书报，难道我们可以眼看一大批的青年陷入陷阱，而不去抢救？固然，青年需要自己把警觉性提高起来，提防周围的陷阱，不过青年们有时偶然一念之错，投进了陷阱，与其说是青年们自甘堕落，还不如归罪于为青年们安下这种陷阱的人。

取缔色情书报是件急不容缓的事情！可是除了取缔色情书报外，还得注意健全的充实的精神食粮的供给，而性教育的建立也是抵制色情书报流毒的有力武器。

（载《申报》1943 年 8 月 28 日）

# 保护作家的健康

编 者

最近张天翼先生的病，沈硕甫先生的死，颇引起文艺界的悬念与哀悼，张、沈两先生都是在文坛或剧坛奋斗多年的人，于文艺有过卓著的贡献。而张先生现在卧病湘西，医药费艰难；沈先生死于川东，无以为葬。张氏的友好在自动地集资馈赠，俾其安心静养，早复健康。沈氏不幸于月前逝世，郭沫若、应云卫、陈白尘诸先生曾为其举行追悼会，会中有挽联云：“衣不求暖，食不求饱，剧人生活固如此也；病无以医，死无以葬，社会报酬应若是乎？”

我们读了这副挽词颇有怜人自怜之感，它不仅是沈氏的写照，不仅是今日剧人的写照，更是现在一般穷苦文人的写照！因此，我们联想到今后如何保护文人健康的问题，据我们所知的文人或剧人大都身体不健康，而卧病的也不少，王鲁彦先生、谢冰心女士现在都在与病魔作战。冰心最近给编者的信上说：“给您写信是个痛苦，每次都是惭愧而又自恨。老早就想为文学创作写点东西，无奈我的身体太坏（吐血），又无药可医，现在只好静养……”足见保护作者的健康也是今日文坛界一件刻不容缓的事情。

怎样保护文人的健康呢？

第一，应该使他们的生活安定，不要使他们有衣食之虑；积极的应该提高稿酬（至少要办到千字斗米的酬报），消极的要保障作者的权益，不要再有偷漏版税的情事。

第二，应请政府与社会拨专款接济贫苦作家，或以资助的形式，或以借款的方式，现在政府主办的文艺奖金的数目应该加增，范围应该扩大。

第三，应该减少作家精神上的打击，少予他们刺激。

第四，作家自己也应该保重。积极方面，实行各种足以增强健康的运动与行动；消极方面，革除过去所谓“文弱书生”的积习，摒弃一切足以妨害身体的嗜好。

（载《文学创作》1943 年第 2 卷第 2 期）

# 关于保障作家生活问题

荃　麟

我们通常所谓作家生活，是包括作家的精神生活和物质生活，而在作家来说，精神生活尤其重要。因为写作乃一种精神劳动，作者所追求的，不是个人物质上的享受，而是人类历史的真实与真理，他们所欲创造的乃人类新的现实或国民底新的精神。因此，作家对他的写作是看作一种为了人类新的幸福生活底创造事业，并不是把它看作一种谋生的手段，一种职业，虽然有所谓“职业作家”的名称，但这只是说，他的主要工作和生活是写作，和店员、工匠等借一种技能以糊口的所谓职业是不同意义的。一个作家对于其自己的作品，不管好歹，终不能把它看成一种可以金钱来衡量的商品。在一个出版商的口中，可以说这部稿子值几多钱，但这话，于一个作家是种侮辱。谁又能说托尔斯泰的《复活》究竟值几多钱呢？所谓“卖文为活”，对一个真实的作家说，是不应该的。

作家所追求的，既然是一种崇高的精神生活，因此对于自己的物质生活便少注意。一个作家往往不善处理其私人的物质生活，他们常常是陷于穷困与疾病之中。他们自甘于此，决不愿抛弃其笔，尤其是文艺作家如此。他们常常把整个精神贯注于其创作事业上，他们需要自由地去窥视和显示一切复杂的生活底秘奥，因此他们更迫切地要求有精神生活上的保障。然而这是否说，对于他们的物质生活就可以不管吗？当然不。精神生活决不能和物质生活分离的。一个作家固然自甘清苦，但决不能叫他饿着肚子去创作，也不能让他整天为柴米油盐去奔波。一部作品的创造，有时是需要一种安定生活，能够让作家专心一志于他自己的事业中，而因这就非要有物质生活上的保障不可；再则作家也是一个社会的人，他一样要求有生存、温饱和发展的权利。何况他又是为国民文化创造而劳动着，更应该得到国家社会对他们生活的一定保障。作家生活的保障问题的提出，并不仅是出版家与作家之间的问题，而应该是看作是社会的一个问题，国家文化事业上一个问题。它的意义，也不仅是为了解决作家的个人或家庭生活，而是为了促进国家与民族的文化创造底发展。

社会既然没有重视这个问题，作家便不得不为其自己的权益而说话了。作家为其自己权益而说话，绝非如商人论价般向出版商来争取锱铢。我已经说过，作家的作品绝非货币所能衡量的。现在用稿费或版税来计算报酬，实在是今天这社会中不得已的办法，我相信在将来的社会中，这些制度将被取消，一个有贡献的作家，将终身获得其创作生活上的种种荣誉、便利与保障，作品与货币将不再发生关系。现在这是不可能，但是我们至少不能在今天作家这样艰苦生活中，再让出版商把作家心血的作品，抡斤播两的去刮削，不能让市侩再从这种几乎说不上报酬的心血劳动中去吮吸不合理的利润。今天作家提出其自己权益问题，在作家们自己是痛心的。他们第一是为尊重和爱护自己的作品，第二是要求他们为了文化创作事业而努力所应有的最低微的生活权利，早已经降落到生活水平以下。只要看一看在物价增加到平均一百倍的今天，而作家稿费仅增加十倍（换句话说，即稿费比战前低落了十倍）这一事实，即不难明白今天中国作家是处在怎样的一种物质生活环境之中，那末，对于这个问题的提出，也就绝不应有所怀疑了。

常常有种种论调，以为作家应该清高一点，不应为增加几元稿费或百分之几的版税而闹到面红耳赤，或甚至如陈铨教授所说，“我们应该沉默”，“大家不应谈生活的困难”，说这样话的人，不仅是不了解今天一般作家实际生活状况，并且也不理解一个作家，他们是把作家要求生活保障问题，看作是“商贾争一钱”的把戏了。这实在是近乎侮辱。不仅在当前的抗战中间，从事文化创作工作者，知道他们应该怎样刻苦耐劳，即在战前，他们又何尝重视其自己的物质生活。他们可以忍受最刻苦的生活，但他们却不能容忍自己的权益无端被损，不能忍受，辛勤劳动的结果，而使子女挨饿忍寒；一个作家是有他自己的骄傲和自尊的，社会应该尊敬他们这种骄傲和自尊。一个近代国家的社会，大抵都能知道重视文化工作者，在中国，似乎还没有这个习惯。中国出版市场的混乱情形，恐怕是世界上所稀有的。在这种情形下，尚欲以“清高”、“沉默”责备作家，其结果恰将助长另一方面市侩主义猖獗的现象，那是很显然的。另一种论调，以为为了维护及促进文化或出版事业的发展，作家应该有所容忍，这种说法似颇堂皇，然而却是本末倒置。无论文化或出版事业的发展，首先条件即为文化创作上有更辉煌的成就与收获，而这一条件，就不得不联系到作家的生活的保障问题。外国的出版界，常有以巨金供给作家从事研究创作之举，在中国固然谈不上这点，但是使作家获得较能安心创作之机会，以产生更充实的作品，这对于出版或文化事业有利的事实，无论如何总应该被承认罢。

今天作家生活保障问题的提出，其意义决不局限作家私人生活的救济。我们必须从更远一点去认识这一问题。首先，在今天，为了抗战建国的需要，以及为了文化发展的前途，不仅需要安定文化岗位，并且要求更深入，更切实的研究与创造，因此必须更养成文化人埋头实干的作风，以扫除过去浮泛粗糙的毛病。为了这，作家的生活，无论在精神上或物质上，必须为我们所重视。目前显然有种危机，即出于生活过高的压迫，使若干文化工作者有被迫脱离岗位的可能，而另一方面有助长文化或文艺界本身中投机取巧的市侩主义的倾向。为了积极地创造新的风气和消极地与此种倾向作斗争，作家生活保障问题，应该是更广远地被认为文化建设上一个重要的实际课题。

其次，在作家权益保障的问题上，显然也包含着一个出版界的整饬风气与出版界与作家团结的问题。目前出版偷税的及剪编抄袭的市侩风气，已经形成出版界一最卑劣的现象。这种嚣张的风气，将使战时中国文化事业蒙受极大的损害，而使文化市场日益被无耻的市侩所操纵，这不仅是作家的损失，而同样也是忠实的出版商的不利。此种风气的延续，并且更易增加作家与出版家之间的对立与纠纷，唯有加强对于此种市侩主义的打击，确保作家应有的权益，一方面是健全了出版事业的本身，而另一方面在整饬出版界风气这一点上，必然会增进了作家与出版家之间的感情，而使文化界的团结更形巩固。有人疑心作家生活保障问题提出，将易招致作家与出版界间之纠纷，这实是杞忧。其实什么事情，只要能泾渭分明，反容易澄清。因为作家生活的安定，在基本上对于出版界乃是有利而不是有损的啊。

作家与出版家的先天矛盾，是存在于一则是把作品看为作品，一则是看为商品。这是文化与商业的矛盾，但是这矛盾未始不能克服，即是强健文化本身的领导力量（目前常常发生此种矛盾，即由于文化本身领导力量的薄弱）使出版界的营业方针自然地服从于文化界的创作方向。文化界所重视者，亦即出版界所重视者。文化出版事业的根基乃是在作家的创造。出版界必须从这点上来认识他们自己事业的前途，也必须在这一观点，来重视作家的生活与权益的问题。作家生活保障问题的提出，绝不是片面的，消极的，而是对当前整饬整个文化界风气直接有关的一个积极问题。

自然，作家生活保障问题，绝不限于作家与出版界之间，上面已经说过，这是一个社会的问题，国家文化事业的问题。它的范围也不仅限于物质生活，更主要还是精神生活方面。因此更积极的，是需要政府与社会团体能重视这一问题，譬如研究机关的建立，大规模的出版计划的实施，文艺科学各种奖金之设立，作家死亡与贫病的救济，创作研究生活的合法保障，出版事业的扶植与奖励等等，都是更重要的工作，但是因为目前更容易发生的实际问题，往往还在作家与出版家之间，所以本文的论列也就多偏在这一面。不过无论如何，我们必须认识，这一问题，并非仅仅关于作家的生活问题，它的着眼点乃是在抗战中整个的文化建设运动。

（载《半月文萃》1943 年第 2 卷第 1 期）

# 评桂林出版社的英文书

仲　实

太平洋战争爆发后，上海和香港相继沦陷，一向供给大后方各学校所需要的英文书的主要来源，顿告中断，内地学英文的人感到很大的不方便，为了适应内地的需要，大后方编印英文书的事业，遂应时而起。以目前的情形而言，大后方出版英文书的中心有三个：桂林、成都、长沙。

桂林出版的英文书可以分为两类，一类是上海寄来的纸型，在桂林再版；一类是在桂林编印的。就书的内容来说，又可分为两类：一类是英汉对照的小册子，一类是英文书信、作文、会话之类的东西，英汉对照的小册子亦可分为两类，一类是从汉文译成英文，如鲁迅的《高老夫子》，姚雪垠的《差半车麦秸》，柔石的《为奴隶的母亲》；另一类是从英文译成汉文，如《男性的友情》、《意外的惊愕》、《名人逸事》、《天性的研究》、《铁蒂姨母》。整个来说，从汉译英的书，英文很多成问题的地方，尤其是因为翻译者的英文修养不够，翻出来的英文有许多是中国式的英文，初学英文的人辨别不清，很容易受害。所以严格的说，从汉译英的对照书，就目前已经出版的而论，英文水准高的很少。至于从英译汉的对照书，英文方面比较可靠，因为这种英文是英美人自己写的，而且写的人又是相当有名望的人，所以水准比较高。对于学英语的人的帮助比较大。

已经出版的英汉对照书有一个共同的缺点：偏重文艺方面而忽视了一般性的读物，尤其是自然科学方面的读物。

至于那些“模范会话”、“模范作文”、“模范书信”之类的东西内容颇多问题，不仅谈不上“纯正”的英文，有些文句连文法还没有弄通呢！例如在一本“模范作文”中，随手一翻，看到了这样的句子：

1. The bees are hoveing and are being busily in picking honey.

2. Any kind of foods are easily be decied.

3. If we want to aviod of the sickness, we must ofserve Sanitation.

4. We must batre every day and let ther body to be clean.

5. We can rid off Sickness in Summer If we keep above rules.

这种句子根本文法上就没有弄通。然而还自命“模范”！真是天晓得！

在大批的英文书中，有些是偷印的翻版书。例如上海竞文书局出版，葛传槼编的《怎样读通英文》，在桂林被人偷印翻版，将书名改为“怎样阅读英文”，著者葛传槼改为“曹志成”了。从上海寄来纸型在桂林再版的英文书，内容水准很低，在上海是所谓“一折八扣”的书，而且为害甚大，一本《英文成语八千句》中有这样不通的句子：

1. How many oclock it is now?

2. I shall meet you at three o'clock in this ofternoon.

3. The idle pupils Sleep the classroom.

4. I am Very like the little birds.

5. No, I have no lover write a love letter.

有一本所谓《标准英文问答百日通》的书全用中文字注英文的发音，例如：

one（混）、two（土）、three（雪利）、four（福）、five（发埃无）、six（薛克司）、seven（失文），这简直是误人子弟！尤其是对于初学英文的人。因为发音弄错了后，以后要改正亦很困难，这是学英语的人所宜当心的。

自然，桂林出版的英文书，好的未始没有。适合学生及一般人阅读的亦随时可以发现。在这方面，我们愿意推荐两本书：

一本书是《中国见闻杂记》（*On A Chinese Scream*），一本是杨承芳选注《最新中学精读英文选》（*Selected English Readings for Advance*

*Students*)。《中国见闻杂记》的著者是穆谟（Somrrst Mangham）是当代英国有名的戏剧家和散文家，文笔轻松优美。二十多年前他曾经来过中国。《中国见闻杂记》内容包括散文五十多篇，全部描写他在中国的所见所闻。正因为他所描写的是中国的事物，所以我们读起来格外亲切，而且穆谟的文笔流利精炼，值得中国学生的摹仿。

《最新中学精读文选》，正如它的名称所示，是一本最新的英文选，而且因为是精读的文选，所以所选的文章很严格，这本书和普通东拼西凑的所谓文选不同，它有三个特点：

第一，这本书是根据新的语言学和教育学原理编辑的，所以教材与编制都是从中国学生学习英语的立场为出发点，根据语言学与学习心理，引导学生走到精通英文的康庄大道。

第二，这本书包括五十篇文章，每篇都是当代名人的作品。在形式方面包括故事、诗歌、小说、随笔、杂文、会话、戏剧、评论、报告文学、书信、传记、书评、议决案、广播演说、游记等。在内容方面涉及英语学习法、现代英语的趋势、青年修养、学校生活、工作生活与学习诸问题，政治、经济、军事、地理、历史、国际时事、自然科学各部门。所以读了这本书后，一方面可以了解英文文章中各种不同的文体；一方面可以获得各科的新知识。这样就英语的学习来说，读者所学得的文体和语汇是多方面的，而且是现代的，学了就能用，足以应付现代生活各方面的需要。就发展青年的常识方面来说，读者能够从这本书中吸取各种宝贵的经验和知识。

第三，这本书是针对着中国学生的学习环境而编辑的，所以它所选的文章很能适合中国学生的兴趣和需要，书尾附有详细的中文注释，对于自修的人尤为便利。

在目前，大后方的学生和自修英语的人都一致感觉缺少优良的英语读物。学校所用的英语教科书内容陈旧不堪，而且大多数是所谓“文艺作品”的故事、小说，这些故事和小说的主题又与现代生活——尤其是战时的青年生活和一般社会生活一隔离得太远，因此读了英文不能用，要用的英文又没有读到。

《最新中学精读英文选》这本书正足以打破这种困难，高级中学和大学初年级采作教本或课外读物，自修的人用作自修读本，都是非常相宜的。

（载《文化通讯》1943 年第 29 期）

# 儿童读物的商榷

杨绚霄

据本月五日报载："上海儿童图书馆因阅览儿童日益增多，原有大陆商场馆址不敷分配，近购得威海卫路林村十二号双开间三层楼房屋，充作新馆舍之用；并定本月十二日（总理诞辰）举行开幕典礼。"这一事实之对于儿童，是含有重大的意义的。

有人说，十九世纪是妇女的时代，二十世纪是儿童的时代。的确，儿童乃是民族的奠基，国家的柱石，社会的中坚。民族，国家以及社会的将来，是有赖于儿童的建设和推进，因此，儿童就必须受着优良的教育，俾作将来担负重任的张本。美国前总统胡佛说得好："儿童是国家的资本，倘能善为教养，那末，国家的前途是有莫大希望的。"因而要图五十年后中国的富强，那就该对现今的一般儿童施上一番教育的功夫，使他们觉悟本身职责的重大，而力图奋发进取。

在儿童教育的意义和价值上，儿童读物的重要性是不能忽视的。我们知道：儿童本身既有穿衣吃饭和独自睡觉的能力，那末，同样地，他们有利用他们的书籍底能力。书籍之对于儿童，正如食粮之对于儿童，是在帮助他们达于完成；那就是说，书籍能使儿童发挥优秀的能力。但是我们要希望儿童爱读书籍，并希望他们由阅读而获致生活的经验，那末，我们就得提供儿童以一些具有永久价值的作品才行；可是在现今坊间刊行的一大堆的儿童读物当中，究竟那些可以提供儿童的阅读呢？不是一些散播封建意识的有害说教，便是一些宣扬妖魔鬼怪的荒诞奇谈，尽可能地把黑暗和罪恶的成份，灌注到纯洁无瑕的儿童底脑海里，使他们和现实的世界远阂，这是一件多末痛心而值得注意的事！

慕尔氏（Moore）说："儿童应使他们从书本中成长起来，对于那些书本的选择，必须着重于人生的各方面，同时更须吻合儿童之天然的兴趣，而绝不应含有奢侈的质料。最重要的是该注意他们心智上和精神上的发育合理化，这正和给予良好的营养以维持他们的身体如出一辙。"的确，封建意识的残骨以及妖魔鬼怪的遗骸，已经因了时代大轮的转动而失去了他们存在的可能性；换言之，我们应该站在时代的最前哨，一方面对那些戕害儿童心灵，摧残儿童智能的读物，毫不留情地作一普遍化的肃清运动，一方面更以崭新的观点和艺术的技巧来积极创造富有科学涵义和正确思想之合乎教育原则的标准读物。这，无疑地，是当前儿童教育的重要课题。

在这里，我们敢大胆地提出："启发儿童的精神意识"是理想的儿童读物之基本要件。法国的洛克（Locke）曾经说过，儿童生来本像一页空白的纸，具着一个无疵的身体以及柔软得象白蜡似的心灵，等待着我们随时去描画印刷。行为派心理学家华生（Watson）也说："一切常态的儿童，只要有适宜的环境和教养，都能来为一个专家，姑不论其才能、嗜好、意趋、职业以及其祖先的种族如何。"由此可知：儿童生来本是纯洁的，既无所谓成见，也不辨是非曲直善恶等。因而理想的儿童读物，应使儿童能够正确地把握现实社会之伦理和道德的种种意识，启发他们爱群、爱民族、爱国家、爱社会的情绪。我们必须以利他克己、服务牺牲的道德生活为内容的新读物，来替代那些以升官发财、利己享乐的物质生活为题材的旧读物；以勤俭进取、急公好义为内容的新读物，来替代那些以富贵利达、骄奢虚荣为题材的旧读物；以判断人的价值在于一人对于人群文化幸福有无特殊贡献为内容的新读物，来替代那些以判断人的价值在于攫取金钱的多寡并享受权位的高低为题材的旧读物；以目的在"与"为内容的新读物，来替代以目的在"取"为题材的旧读物。我们必须以这样良好的理想读物来使儿童潜移默化；老实说，唯有这样，才能产生优秀的儿童。

理想的儿童读物之第二个条件，就是在于培养儿童的智能。我们知道：人类生活是非常广大而繁赜的，而且又是变化无定。我们要使儿童在广大繁赜并变化无定的生活当中，求得满足和快乐，那就要将他们生活上所接触的一切事物详细地指示他们，使他们具有适应环境的能力；这原是因为在这个生存竞争的社会里，一个人的适应力愈强就愈不容易被淘汰；这就是儿童读物中必须散植日常生活的普通常识的缘故。同时，更因为儿童能够在书本上找到他们所需要的常识，所以无形中就能减少他们向父母或教师提出的许多疑问。不但如此，儿童读物更应提供一些实用上的技能，使儿童在未入社会之前，而在他们的纯真活泼的脑海里已经预先汇积着一些为将来生活依据之真确的技能成果。

"帮助儿童身体的发展"是理想儿童读物的第三个条件。我们在上面已经说过，儿童乃是民族、国家和社会的中流砥柱，但是要使他们完遂这种巨大的使命，那末，就必须使他们有强健的身体，因为有了强健的身体，才会有忍苦耐劳的精神，才能担负艰巨的工作而创造伟大的事业来。所以良好的儿童读物，必须使儿童养成卫生的习惯，锻炼抵抗环境的能力，俾他们的活力得以源源不绝地表现。此外，在某种程度上，更应将正确的性智识注入儿童的脑海，使他们不致秘密地亢奋地去干自戕的勾当。总之，健康是教育的成功之母，羸弱的儿童既不易于学习，更难施以训练。体既不健，心亦紊乱，精神也将时时感到困疲，而对于教导，也必然地没有良好的反应，试问这样怎能成为一个理想的公民？又怎谈得到国运勃兴民族昌荣呢？

理想的儿童读物之第四个条件，就是文字和文体必须生动而活泼，通俗而趣味。儿童原是非常爱好书籍的。笔者曾在某个学校的图书馆里看见两个学生，他们在课余之暇总是把他们的时间消耗在图书馆里。有一次，一个学生因了别的事情仓忙地跑到馆外去，却把桌上的一本书籍摔到地上，当时就被另一个学生拾了起来，小心地把书籍放在桌上，并且还很郑重地责备那个同学道："下次不可以这样，书是好东西。"这一个事实，不啻是儿童爱好书籍的铁证；同时，假使我们再闭目想想那个学生在说这句话时的情景，该是多末地有味哟！不过，现今为什么还有时常逃学怠读的儿童呢？关于这点，我们不得不归咎于读物本身的干燥无味。所以笔者深以为理想的儿童读物，必须要以那些足以引起儿童兴趣之一切自然的社会的现象为题材，而文笔又须生动活泼，不可陷于严肃呆板；这样，一般为父母的以及负有教育职责的，既不必强迫儿童阅读，而儿童也绝不会再把读书当做是件苦闷的事了！

上列四个基本原则的达成，是有赖于著作家和出版界的协作的。这种协作，必须极度彻底，使著作家方面不再以撰述欺骗和麻醉儿童的稿件为业，出版界不再以刊行欺骗和麻醉儿童的书籍为务。他们应该站在时代文化的本位，为我们未来的主人翁写些并刊些合乎教育原则的良好读物，不可再钻在牛角尖里专为稿费和利润来打算，否则就难逃“国家妖孽”的罪名；这原是因为只有一些良好的读物才能肩起教养儿童的责任，才能为民族造成健全的幼苗，才能为国家陶冶有用的公民。此外，那些身为儿童教育者的父母和师长，以及儿童图书馆的负责人，在他们遴选儿童读物的时候，也要加上一番，周详缜密的考虑使儿童能够从读物中得到自然和社会上的各种智识以及丰富的生活技能并处世的经验。

总之，儿童除了以日光、空气和粮食作为他们的营养资料而外，更需要书籍来调剂——书籍帮助他们的生活从家庭的狭小范畴走向庞大的世界，使他们的身心获得整个的完善的正确的以及美满的发展，走上人生的康庄大道。当我们看到天真的儿童，手里拿着纸张洁白印刷富丽之灿烂夺目的书籍，坐在碧绿的草坪上或者是幽静的图书馆里，消遥自在地翻阅并浏览时的情景，该是一幅多末生动活泼而值得钦羡企慕的画面呀！

（载《女声》1943 年第 2 卷第 8 期）

# 儿童读物的贫乏

风　家

也许是自己的孤陋寡闻，或是没有多大注意，在战时的重庆的出版界，有关儿童的读物，不免有贫乏之感。不但贫乏，而且是“荒”。其荒的程度也真够教儿童们一无可读了。

“儿童是国家未来的主人翁”，这话在十多年前自己正是儿童的时候就听教师们说过，现在呢，自然只要是儿童，还是“国家的未来的主人翁”，此外，似乎还可以加上“幸福的”吧。但可惜这“幸福”却在遥远的未来，不啻是一张空头支票，即使能一日兑现，岁月无情，儿童也已经成为成人了，一特他们成人之后，无疑地也会大言不惭的说：“儿童是国家未来的主人翁”，这名副其实的叫做“一代欺骗一代”！

作为时代宠儿的儿童，我们尽管把他们捧到天上去，但始终脱不了玩猢狲的意味。一遇到募捐振款，便需要他们冒着冷风寒雨在街头奔跑，有时也少不了他们列队欢迎这个欢送那个，说不定还要唱一个歌，跳一个舞，以资点缀。幸而它如举行掷瓶典礼，开幕剪彩之类，还是影星名媛的专业，没有轮到他们的头上去；否则，“天下兴亡”，要变为“儿童有责”了。

在我个人以为，儿童总是儿童，有些属于成人的担子，我们似乎可以不必硬要他们去挑在肩上。即使在这抗战建国期间，各种社会活动他们也没有参加的义务的。语云：“百年树人。”那末，化十年时间去教养一个儿童总不嫌太迟吧？因为问题在于使儿童怎样才能做一个健全的“国家的未来的主人翁”，并不需要成人们在幕后牵线，把他们当做杂要！所以，第一，必须使儿童有安心受到良好教育的机会；对于他们的智能的培植，身心的健全，这些才是我们应该关切而义不容辞的。然而，我们的“国家的未来的主人翁”们，却好像道旁的野生花，自以为爱护它的便将它折下来放进暖室里去，不然，便对它取淡漠的态度，让它自生自灭，所以，儿童读物在当前的贫乏，究其渊源，也并非偶然的。

儿童节不久快要到了，自然，届时一定要热闹一阵，但我总希望不只是嚷嚷就此了事，如果我们能对儿童读物的贫乏现象给予注意，然后对症下药，以补其不足，解决他们的精神食粮的饥荒，这似乎与事实多少有些裨益吧。

（载《文艺先锋》1943 年第 2 卷第 3 期）

# 关于初中国文教材

明　之

## 一

在初中国文教科书第一册里，我们常看见一些历史人物的传记，特别是少年时代的传记。这是很好的，因为我们对一些十二三岁的孩子们说，像华盛顿、林肯、瓦特和我们的国父孙中山先生等，他们的少年时代是怎样怎样的，你们呢？——这问话一定可以收效的，每一个学生都会面红；虽然也会有例外，他们说："那些都是伟人呀，书上都说少有大志的。"这时候，做老师的如果再问他："难道你不想做伟人，你不想立志吗？"即使最顽皮的学生到这时候也会笑着点头的，于是，教育效果是有了。（至于有了多少，不是本题，从略。）由此推论，这种类的教材还是有价值的，它的价值在使学生们读了这一篇文章奋发立志。因此，教育的意义是不成问题的了，现在我们却不妨从文章的本身来，谈一谈对于这一种类的教材的取舍。

譬如我们的国父孙中山先生，他给一般青年学生的印象早就很深，一个伟大的革命人物，他艰辛的奔走革命，推翻满清，创建民国，他一生的事迹很多，即就他的少年时代而论，也有着许多值得传述的。可是，摆在我们面前的一本教科书，第一课便选了一篇这样的文章，题目是《孙中山先生的幼年时代》。现在只能就文论文，我的愚见却以为这一篇文章选得并不十分恰当，尤其作为精读教材更颇有考虑的必要。这篇文章记述的是国父在乡居的幼年时代，满清政府的官吏及衙役突来强占村中一富户的房屋，并以莫须有的罪名判房屋的主人死刑，村中人都敢怒而不敢言，而国父那时虽还是一个童子，竟挺身而出到那房屋去声色俱厉的责骂守兵，结果却因守兵大怒拿刀来刺他，他才避出。作者在篇末的结论是"后来中山先生不忍中国之受人侵掠，毅然起来努力革命，就是幼时不畏强御主张公道的精神扩充出来的"。——对全文的意义，我没有什么意见，但就文章来说却是不敢恭维了。即以如上所引结论一小节来作例：“不畏强御”颇费解，“御”字或是“暴”字排印之误；“侵掠”的“掠”也可能是笔误；而“扩充出来的”这个“扩充”却有点不好解，如果改做“发展”那就明白得多了。

这不过是个例子。在国文教材的选取这一方面，我个人的愚见觉得不能只着眼于意义方面，编选者尤其不应因为主观上自己规定必须有一篇这类的文章，便顺手拾来即编选上去，只求整齐划一以符合内容标准。退一步说，如果编选者肯认真，多方搜求，关于国父幼年时代的文章一定会有较本篇佳的。因为在符合内容标准之外，我们还必须注意的是我们编选的是国文精读教材。今日的国文老师常常苦于教材缺乏，最大的原因恐怕还是过去的教科书编选者并没有完全客观地根据教学经验，与学生的学级程度，来选校编订的缘故。各人有各人的见解，各人有各人的爱好，结果却苦了国文老师和学生了。

（附记）本篇写成是在一个小城镇，事隔一月后的今天，又找到另一本教科书上的同一篇选文，发觉篇中的文句与以前看的很有差别，即如上面引的篇末结论一段，最后一句却是“也何尝不是这种‘浩然正气’的扩充作用呢”？语气改换了，“扩充出来”也变了“扩充作用”，后来发现的这一篇文章似较前一篇好一点，但我却不知那一篇较近于原文，因为许多教科书编选家常常削足就履式的涂改原文的。目前既无法寻得作者刊于《人物评述》上的原文，只好附记如上，以作存疑。

## 二

把古人的事迹编成教材，拿来给学生读，给学生做模范，这也是一般初中国文教材里所常遇到的。其实这方法已很古老，像一般书香之家常课给子弟的七十二孝图，便是采用这方法的。今天我们在教科书所常见的有两类，第一类是以王冕、匡衡和武训等的故事来教育初中第一学年的学生，其目的在劝人向学；第二类则介绍历史上的民族英雄，如岳飞、文天祥和史可法等等，其目的在陶冶德性，养成忠勇贞节的精神。这一种类的教材在今天毋宁说是非常重要的。

但是，也因为是在今天，在抗战了六七年，已看见胜利的远景的今天，却觉得颇有商讨的余地。

到今天，恐怕已很少有人不去怀疑七十二孝的那种“孝”的价值了吧？因为中华民国在国父孙中山先生手里奠基以后，新的道德观已淘汰了陈腐的狭义的忠孝。这是必然的，而且是进步的，以同样的论据去看这一种类的教材，也许会发见不少的新问题。譬如上面所列举的第一类：王冕是自学成功的模范，在失学的学龄青年还占大多数的今天，和在还侧重注入式教学的学校里，如果给予他以一番新的解释，他还是有他的意义的；再于匡衡，苦学精神还有可说，凿壁偷光的办法却万万行不得；武训的事迹更离得远，一个乞丐行乞学习，如真有其事，予以表扬是很应该的，但放进教科书去做教材却大可不必了。手头的一本国文教科书第一册，便有武训一课，作者是梁启超，其中颇多古字，如“市粗馒自养”，如“僦庙为学舍”等更不适宜初中第一学期的学生阅读。梁先生的文章好的甚多，为什么必选此篇，真有点不可解。

即就第二类的民族英雄的传记来说，在抗战前还可勉强适用，今天却实在应该废弃的了。首先，过去的民族英雄都是失败的英雄，岳飞的愚忠不必说，文天祥、史可法虽然都死得壮烈，但他们的死到底于历史无补，回光一现还是沉了下去。这一种事迹可以做历史的教训是不成问题，但今天教给学生们做模范的似乎应该有一批新的民族英雄，他们是抗战建国的英雄，是成功的英雄，而且英雄的事迹也不必一定要求他壮烈，更不必一定要求他死。拿活人做模范不是更好吗！——近来有些教育家颇主张国文教材最好选古人写的文章，而且是完人的文章，或者是完人的传记。这即是不是死了的完人便不好选他的文章或他的传记。这里说的完人，大概是指已有定评的，或已盖棺论定的。不过这也很难说。在正史里记载人物，总是本朝史官记本朝的人都好的。像秦始皇，因为秦朝亡得快，他便变成一个暴虐的人；像曹操，《三国志》上面的那付奸雄相也确讨厌。总之，完人也没定论，如果因为人而拘泥文章，那么清朝后期的三大功臣曾国藩、李鸿章、左宗棠之辈的文章也不必读了。（鸦片战争以后的许多不平等条约便是李鸿章签订的。）至于说教材要选死人的文章，那更不大妥当。——可是，由这一点，我们可以稍稍窥到有一些选家的成见，他们拘泥着一些死的陈腐的教材，而不管时代如何进步，他们还是捧着那些古老的东西以为满足。于是，我们的父亲读中学时是那些教材，到儿子读书还可以用那本教科书，这如何可以进步呢？

我们打了六七年的国仗，在这一页崭新的历史上，难道没有更好的新的材料，可以编进教科书去的吗？一本浩瀚的抗战史也该写起来的时候，而教育着未来的建国者的国文教材还是武训、岳飞，这是怎么说的呢？

## 三

名人的家书在我们的国文教科书，也和名人的传记同样的被选家们看重的。——曾国藩的《谕子纪鸿》，是许多本教科书和许多学校的国文老师都选的一篇，听说曾经有一次甄别试验还拿这篇的一段做文言翻译白话的试题，于是大家更看重它了。

这里先抄一段原文：

> 凡富贵功名，皆有命定，半由人力，半由天事；惟学作圣贤，全由自己作主，不与天命相干涉，吾有志学圣贤，少时欠居敬工夫，至今犹不免偶有戏言、戏动。尔宜举止端庄，言不妄发，则入德之基也。

这是全篇最后一段，应该是下结论的了，而谕子的还不过是“举止端庄，言不妄发”八个大字，自省的是“欠居敬工夫，至今犹不免偶有戏言、戏动”。这是儒家的正统的待人接物方法，发展下去便必然是“非礼勿言，非礼勿视，非礼勿听”，等等。——这对于一个正是发育时候的天真的儿童，是怎样的一种反应呢？如果必须要选这一类的家书，我是只有选左宗棠的《寄子书》的。因为它责备得严，讲述得详，还不失为一篇很好的读书方法论，虽然还有些地方微嫌旧一点，而那有名的“口到、目到、心到”这三到的方法，还是很用得着的。尤其那种声色俱厉切中一般学生通弊的“身在案前，耳目不知用到何处”、“尔等读书好像是答应别人的工夫，欺哄别人的勾当”……这一类的句子既警醒又通俗，对学生阅读与写作方面都较有帮助。

另一篇也常出现在试题上当做范文去考试的，是包公毅的《亚美利加之幼童》。本篇的出处是《馨儿就学记》，包公毅就是包天笑，上海的小说家。我不十分明白，为什么拿这一篇文章当作文言文来读，而且拿这一篇当作范文来考学生的文言翻译白话？为了说明方便意见，还是抄一段：

> 初，某岁之夏，某小学校将放暑假，教师率学生游行海滨；夕阳红如火，清风徐来，暮景苍然。俄见一大军舰乘风破浪而至，小学生大喜跃，咸拍手欢迎之。师曰：“汝曹乐乎？”佥曰：“乐甚。”师曰：“汝曹宁不能造此巨舰，以拥护国家乎？”群叹然曰：“先生许哉！我等年幼力弱，乌足以办此，矧一舰之费几何？请先生诏示我等。”师曰：“少可百万圆。”则皆咋其舌。师曰：“汝曹勿慎慑！有志者竟成。吾试析其理以语汝等。”则皆应之曰：“愿闻。”师曰：“汝曹于日食果饵之中，月节若干，积而贮之，则事可为矣。”学生曰：“是戋戋者乌克有济？”师曰：“未已也；今我美国之生徒，全国可八百万，说人人如是者，不及一年，若是之军舰，可成其四矣！”

读了这一段，大概可以省掉许多笔墨。就文章来说，很像一个放脚的小脚女人走路——对话本来是可以写得传神的，这种呆板的记录有什么感情？而且是这样的一种文言，就是连最主张用文言作文的人也不会赞成这种文言的吧？但，这竟也成为初中第一学期的学生必读的精读教材，好像我国这长远的历史以来，这许多名家名文都是多余的了，学生进了中学便只好拿这样的文章做文言的范文，捧着它朗读、背诵、默写和翻译。——中学生的国文程度低落了啊！——我们的教科书选校家们听到没有？

## 四

有些国文老师还是喜爱从《论语》、《孟子》里抽出一节或一句来编进初中国文教材里去，最大的目的是借圣人的文句教训学生。——教材必然是教训的。可是，虽然是为了教训，但也得看文章，首先是看是否适合初中的国文程度，譬如在初中一年级的国文教材里，选着下面这些：

一、士见危致命，见得思义！祭思敬，丧思哀，其可已矣！（《论语》）

二、士不可以不弘毅，任重而道远。仁以为己任，不亦重乎！死而后已，不亦远乎！（《论语》）

这些都是很好的教训，不错的。在一个中学生刚踏进中学这阶段，便先给他这个教训，使他们当得起一个“士”，这也可见教育者的一番苦心。只是这可难为了那些十二岁的小孩子们了。他们刚离开小学，刚离开串句和作简单的短文的国文学习，我们便强把他们送入这样艰深的文句里，他们能获得多少呢？再说，国文到底还是训练学生们阅读与写作的，而且这两方都不能偏废，像这样格言式的文句，能帮助初中学生在写作上的进步吗？

还有一种选校家，那简直是为教训而教训的选文。譬如劝人刻苦耐劳，他便选这样的文句：

三、士志于道，而耻恶衣、恶食者，未足与议也。（《论语》）

四、天将降大任于是人也，必先苦其心志，劳其筋骨，饿其体肤，空乏其身，行拂乱其所为；所以动心忍性，曾益其所不能。（《孟子》）

又譬如，为了劝人专心向学，还特别选了《弈秋》一节。

五、今夫弈之为数，小数也，不专心致志，则不得也。弈秋，通国之善弈者也。使弈秋诲二人弈；其一人专心致志，惟弈秋之为听；其一人虽听之，一心以为有鸿鹄将至，思援弓缴而射之，虽与之俱学，弗若之矣。(《孟子》)

比较例三、例四，例五是浅显得多了。它是一节文章，而且有明白的譬喻，至少学生们读了，不似上四例的只留得几句格言，格言之外空无所有。虽然如此，我的愚见还是以为不必选进初中国文教材去，尤其是不必编进初中第一学期的教材里去。遗憾得很，上述五个例子竟都见于第一学期的教材的。

以前很像看过部颁标准，初中阶段的国文教学，在文体的编配上，初中第一年宜注意描写文，至于文言白话的比例仿佛是文三白七的。这目的是很明显的，因为国文是训练学生活用中国的语言文字来表达情意的学科，因此思想训练固然重要，语文训练却毋宁说是更为重要的。

对喜爱选《论语》、《孟子》给初中第一学期的学生读的国文老师们，我以为，如下的《孟子》一节是可以值得我们三省的：

宋人有闵其苗之不长而揠之者，芒芒然归，谓其人曰："今日病矣！予助苗长矣。"其子趋而往视之，苗则槁矣。天下之不助苗长者寡矣。以为无益而舍之者，不耘苗者也；助之长者，揠苗者也。非徒无益，而又害之。(《孟子》)

一九四三年六月黎塘

（载《自学》1943 年第 5 期）

# 中学国文教材问题

朱惟一

中学生国文程度的江河日下，那是多年来的事实。

这种现象的发生，其原因固不止一端；我们且撇开了一切，单就中学国文教材来说，早有仔细检讨的必要。

过去，各书局所编的中学国文教科书，究竟怎样去选择教材的？内容怎样？我们不妨略举几种，简明地列表如下：

| 出版书局 | 书名 | 册数 | 年级 | 编辑者 | 出版年份 | 选文篇数 | | 古文内容 | | | | | | 文法 |
|---|---|---|---|---|---|---|---|---|---|---|---|---|---|---|
| | | | | | | 古文 | 语体文 | 经 | 史 | 子 | 古韵文 | 清前古文 | 清及近人古文 | |
| 商务 | 新学制国语教科书 | 第六册 | 初中三年 | 顾吉尔<br>叶绍钧 | 十三年 | 三六 | 一〇 | 五 | 五 | 四 | 十二 | 五 | 五 | 无 |
| 世界 | 高中国文 | 第一册 | 高中一年 | 朱剑芒<br>徐蔚南 | 十八年 | 一五 | 九 | | 一 | | 一 | 九 | 四 | 无 |
| 北新 | 北新文选 | 第一册 | 初中一年 | 姜亮夫<br>赵景深 | 二十年 | 三一 | 二一 | 五 | | 四 | 七 | 七 | 八 | 无 |
| 商务 | 初中国文 | 第二册 | 初中一年 | 傅东华 | 二十二年 | 一五 | 二五 | 一 | 四 | 一 | 一 | 一 | 七 | 有 |
| 中学生 | 高中当代国文 | 第二册 | 高中一年 | 江苏教育厅 | 二十三年 | 二四 | 一〇 | | 三 | | 三 | 八 | 一〇 | 无 |
| 正中 | 初中国文 | 第三册 | 初中二年 | 叶楚伧<br>孟宪承<br>汪懋祖 | 二十三年 | 二三 | 一七 | 二 | | | 一 | 五 | 一五 | 无 |
| | 国定初中国文 | 第三册 | 初中二年 | 教育部 | 三十年 | 一八 | 二四 | 三 | | | 二 | 三 | 一〇 | 无 |

从上面的表上，我们可以看到几个要点：

（一）所选的文章，大都古文多于语体文。虽语体文的数量有逐渐增加的趋向，但没有能超出三分之二以上的。

（二）所选古文的内容，范围广泛，除普通古文外，经（《左传》、《论语》、《礼记》居多数）及古韵文（诗赋词曲，门类尤多），占次要地位。

（三）教本中绝少有附带讲文法的。

其次，我们得追究，编者为什么这样编？我可以说，那是受了胡适《中学国文的教授》一文的影响。这篇文章的发表，虽远在民国九年，然而历来编中学国文教科书的，都奉为准绳。现在把这篇文章中有关的要点摘录下来：

（一）中学毕业生国文程度的理想标准：

（1）人人能用国语（白话）自由发表思想——作文，演说，谈话——都能明白通畅，没有文法上的错误。

（2）人人能看平易的古文书籍，如《二十四史》、《资治通鉴》等。

（3）人人能作文法通顺的古文。

（4）人人有懂得一点古文学的机会。

（二）中学国文的课程：

（1）年一——国语文一，古文三，语法与作文一，共五。

（2）年二——国语文一，古文三，文法与作文一，共五。

（3）年三——演说一，古文三，文法与作文一，共五。

（4）年四——辩论一，古文三，文法与作文一，共五。

国语文只有两时，其理由有二：

（甲）第二、三年的演说和辩论，都是国语文的实习，故这两年可以不用国语文了。

（乙）我假定学生在两级小学时，已有七年的国语，可以够用了。

（三）中学国文的教材：

（1）国语文的教材

（甲）白话小说。

（乙）白话戏剧。

（丙）长篇议论文与学术文。

（2）古文的教材

（甲）第一学年——梁任公、康长素等近人的文章。

（乙）第二、三、四年——多读古人的古文。

（丙）选本——选二三百篇，从《老子》、《论语》、《檀弓》、《左传》，一直到姚鼐、曾国藩，每一个时代文体上重要变迁，都应该有代表。

（丁）自修书——（史）《资治通鉴》或《四史》。（子）《孟子》、《墨子》、《荀子》、《韩非子》、《淮南子》、《论衡》等。（文学）诗经必读，其他如陶潜、杜甫、王安石、陈同甫之类。

（四）中学国文应讲文法。

（1）第一年——国语的文法。

（2）第二、三、四年——古文的文法。

我们看了胡适所定的各项标准后，暂且把时代与学制不同的问题，搁过一旁；先将他的影响说一说。

（一）中学国文为什么古文的为数要占三分之一以上？这是求达到（一）（3）“人人能作文法通顺的古文”，和相信了（二）（乙）“学生在两级小学时，已有了七年的国语，可以够用”的假定。

（二）中学国文为什么要教经史子和诗赋词曲？甚至把枚乘《七发》等也选进去！（商务《新学制国语教科书》第六册）这便是（一）（4）所谓：“人人有懂得一点古文学的机会。”（三）（丙）明明规定：“每一个时代文体上重要变迁，都是该有代表。”

（三）中学国文为什么不附讲文法？这点似乎与胡适主张不符，但是我们该知道，胡适在当时说：“国语文法，他正在编的《国语文法草案》，尚未成书。古文文法，要算《马氏文通》最好，但有些错误矛盾的地方，不可盲从。”编书者在没有好文法书之前，何必去做那种吃力而未必讨好的事呢。傅东华先生例外，但孤掌难鸣，中学国文还是不讲文法的。

这三点便可证明我所说的：历来中学国文教科书的编纂，都是受了胡适那篇文章的影响。所以，我们要检讨中学国文的教材，先得检讨胡适那篇文章，根本上有没有错误？是否仍适用于现在？然后我们再来谈，中学国文应如何选取教材。

胡氏的那篇文章，最诧异的是中学毕业生国文程度标准的（3）、（4）两条。

要中学毕业生，“人人能作文法通顺的古文”。为什么？胡氏是提倡语体文的先锋，他不是说：“古文是死人的话，死的文字；白话是活人的话，活的文字。活人该说活人的话，写活的文字。”但在这篇文章里，竟倒戈自杀，要活的中学毕业生，人人能写已死的古文。这不能不算一件怪事！

要中学毕业生，“人人有懂得一点古文学的机会”。怎样叫做一点？一篇赋、两首诗，数量不多是否就算懂得古文学？还是从这一篇赋、两首诗的启发，便真能使他们有机会去了解古文学？这也很玄妙了。

他的出发点先错误了，自然一路错误下去。每周五时的中学国文课，为求能作文法通顺的古文，要有懂得一点古文学的机会，怎得不排上三时的古文；教材方面，怎能不把经史子和诗赋词曲等，都插一点下去。

这里我们惟一可以为胡适辩护的，只有一个时代的问题。在当时，语体文的推行，尚未普遍，骤然要彻底改变过来，不无困难；于是权用折衷的办法，作为过渡。然而，历来的编者，竟一直折衷到现在，把中学的国文教科书编成非驴非马的东西。

现在，我们丢过理论，再来看一看中学国文教学的实际情形。一般中学所用的课本，当然尽是那些古文与语体文折衷下来的东西。这种课本，在教师，学生，家长抱什么观念？

教师——古文是好的，应该精读的；语体文是平易的，作为辅助的读物。

学生——古文是艰深的，多读几篇古文是光荣的；语体文是浅薄的，先生的讲解，不听也没有什么大不了，反正自己看得懂。

家长——古文是重要的，将来在社会上可以应用的；语体文的好不好，那是无所谓的。

从这三方面综合来看，便可知道现在中学的国文，实际上还是以古文为主，语体文为宾。

教材以古文为主，而学生的写作十分之八九是语体文。写得如何？十分之一二通顺的。家长说教师拆烂污，教师说学生不用心，学生说我对于国文最认真，《醉翁亭记》、《孔雀东南飞》我都背得上口。中学生国文程度下降的症结，究在那里？我且举一个例：

> 一队新兵的训练，发给他们的武器，全是最新式的自动步枪。教官来上操了，立正！少息。教官沉思了一下："训练新兵？不能不让他们知道一些我国古代的名将吧。不错，司令也吩咐我，要激发他们猛勇的精神。"主意打定，他便滔滔地讲演着"刘关张三战吕布"。
>
> "刘皇叔的双股剑，美髯公的青龙刀，张翼德的丈八矛，丁字儿围住了吕布。……八十一路刀法，七十二路枪法……"教官满脸是汗，新兵直站着，两腿发酸，足足两个钟点才下操。
>
> 三个月训练期满，新兵开赴前线。敌人的子弹来了，新兵还没知道子弹从那儿上膛！丢了枪就跑。
>
> 人民骂司令糊涂，司令骂教官混蛋，教官骂新兵……新兵跑了。

中学生国文程度下降的症结，就在这一回"刘关张三战吕布"上。中学生没有两个脑袋，怎能叫他们新旧兼容？中学国文教科书的编纂者，虽苦心孤诣地把古文语体文折衷得这样至当，无奈还缺少一架大镕炉。

埃及的木乃伊，在文化史上仅有其可宝贵的价值，但我们决不能叫木乃伊去开汽车，打电话。我国的古文学，仅有许多美丽的，漂亮的，但我们希望于中学生的是：能运用适当文字来表达他们思想。

一首词比一篇语体论文难读得多吧！与其化了许多精力去啃那不切实用的东西，不如多读几篇语体文，这不会有人说是降格相求吧。

初中学生决不应该再读古文，这是我们要觉悟的。至于高中，我以为高中应分科。非文科的学生，在初中时代能把语体文写通顺，不怕不够应用，国文钟点不妨减少一些。文科学生，高的目标，预备将来进入大学文科，作专门研究；其次的目标，能自己看古籍，可以认识吾国古来的文化，国文钟点应加多。

末了，中学国文应兼授文法，那是不可少的。胡适发挥得很透彻，不必再说。教本问题，初中如黄洁如的《文法与作文》，未尝不可用；高中学生，不妨就读《马氏文通》。

现在，我大胆地把胡适所定的标准修改一下，是否妥当，请各方面多多指正。

（一）中学毕业生国文程度的标准

（1）初中——人人能用语体文自由发表思想，都能明白通畅，没有文法上的错误。

（2）高中非文科——人人能用语体文自由发表思想，并有较强之表达能力。

（3）高中文科——（甲）人人能用语体文自由发表思想，并有充分之表达能力。（乙）人人有自己看古籍的能力。

（二）中学国文的课程

（1）初中——语体文四，语体文文法与作文一（每星期作文一次），共五。

（2）高中非文科——语体文二，作文一（两星期作文一次），共三。

（3）高中文科——语体文二，历代文选二，历代诗选二，古文法一，作文一（每星期一次），共八。

附注：

（甲）语体文文法，在初中时代教毕，故高中非文科国文中无文法钟点。

（乙）高中文科学生讲授历代文选诗选，目的不是要他们能作古文古诗，只要他们知道古文古诗怎样组成的，怎样读法的。

（丙）高中文科，应另设“文学史”、“文字学”等科目，不包括在国文钟点内。

（三）中学国文的教材

（1）语体文——现在语体的议论、记事、抒情等文章，在质量上，都不愁缺乏。只是与学生国文程度的配合，很有些讨论的余地。例如周树人的《沉默》，是否初中学生所能完全理解，却是问题。这里不能多说，留着有机会再讨论。

(2) 历代文选——由清明元宋上推至周秦诸子。

(3) 历代诗选——由《诗经》、《楚辞》下及南北曲。

(4) 文法——初中（语体文文法）。高中文科（古文文法）。

（载《江苏教育》1943 年第 6 卷第 2 期）

# 中学教科书应速改编

编者先生：

关于中等学校教科书的改编问题，我以为有一谈的必要。

目前用的中学教科书实在与时代隔得太远了。

周逆作人的作品不准读，为甚么不抽去？汪逆精卫的文章要不得，为甚么不割掉？说是杜甫的非战诗歌暂时不应课授，为甚么不改用文天祥、史可法或屈原等的诗文？抗战已快满六周年，这六周年中，文艺的收获也算很少，能精选若干论文、诗歌、小说编入教科书，青年学子一定受惠。再如政府的文告（如对日宣战文告等），党国要人的言论，盟军伟大首领的宣言或谈话，尽多是入选的材料，为甚么有些书局还没有注意到？我们学校里，因为上课听不到好教材，学生都偷看别的小说，或打瞌睡，再不然便互相调笑，这是多么伤心的事！

国文课如此，其他各科也是一样，譬如历史，当然应加强以民族主义为中心，以明耻教战为目的。日本是我们的大敌，大家要深切认识他，但一般教科书对日本历史都非常简单。印度是我们的邻邦，是我们的挚友，但是，可怜，历史课本关于印度记载太少了！南洋的历史，澳洲的历史，我们都感记载得不够，苗、傜、黎、倮㑩等民族名字的书写和称呼，固然要改正；“主”、“奴”之见的记载也应扬弃得十干九净。

此外，地理中，似应给“国防”、“经济”、“生产”以稍多的纪述和地位。和历史的联系，必得益加密切。又如，理化课本中，简单说明国防军需工业品制造法，当是应该。算术，以某铁路和航空线的长短为课题，以航程长短为课题，以飞机速率、大炮射程为课题，以炸弹毁坏力，以至于主力舰、潜水艇的威力为课题，以大平原、三角洲等的面积为课题，以各种矿产或其他主要物产的数字为课题，以各款国耻史的年代为课题，好好的把他运到“加”、“减”、“乘”、“除”等习题身上去，不独是题材新鲜，为青年学子所欣喜，更可以增加学生们的各课常识，不是很好的么？

在抗战前后，我在广州市一中和市高中教书，便有着这么的苦恼，苦于无法解决。有时只有苦了自己，临时编些教材来塞责。近年，改在地方教育行政机关服务，随时督导各级学校，大家的苦恼，一样的是教科书已落伍，而失了时间性，大部已到了不适用的一个问题。这个问题，不是小事，如何补救，应得赶快想想办法，课外补充读物，虽然是有，毕竟是零碎的。而且一边读课本，一边翻翻补充教材，物资与精神的浪费，实在太大。唯一的方法，是改编课本。这固然不是易事，可是总得去做，马上去做。中学生的地位多么重要，中学生的数字多么大，假使一仍旧贯的以旧教科书教人，那不仅是中学生的不幸，简直是国族的损失。

张清水　三二·六·十一，翁源

（载桂林《大公报》1943年6月19日）

# 中学国文教材问题

沈圣时

关于“中学国文教材问题”，我以前曾零零碎碎说过一点话，觉得这是一个大可讨论的问题。自五四以来，时有人研讨这问题，有价值的建议也不少，而实际上仍没有获得解决。并且中国的情形，向来理论自理论，方法自方法，在施教所采用的教材仍因人而异，守旧者仍主张读经，敷衍者仍从《古文观止》上选出几篇古文，以应付教材。至于教科书，所采选的材料，检讨起来问题也多得很。

我以前曾说过国文的教材问题，似乎向来有两派主张：一是注重内容的，以为国文的材料要注意思维的灌注，这是主张“文以载道”的；一是注重形式的，提出用技术来做选文的标准，这是主张“技术第一”的。

这两派主张的着眼点是不同的，倘能兼顾，自然是更高的理想。而实际上有不少的困难。第一，是前人的作品里，思想和现代不合的很多，其间颓唐，厌世以及乐天安命的乐观思想尤占多数，鲁迅先生生前极端不主张青年读古文，就因为古文的内容，害处太多之故。第二，倘不顾思想问题，而专着眼于形式，从古人的文章里去学习作文的方法，这看法本来是极对的，不过也有一点渺茫，要青年从古文中去参悟作文章的方法，实在也近乎是隔靴抓痒的，所以我的主张是——

（一）初中一、二年级的教材，应尽量采用近代人的作品，初中学生大抵自己还没有选择能力，也缺乏批判眼光，并且历史的知识还不够去理解古代社会所影响于文人的思想，但现有的教科书所选的近人文章，如胡适的《新生活》，梁启超的《纳尔逊传》，朱光熊的《新柳》等文字，不论其议论记叙，都没有精彩独到的地方，把这种拙劣幼稚的东西，作为教材，大无意思。

（二）在初中一、二年级，在采用教材的方法上我以为宜用文体分类，使学生容易悟解文章的作法，和体制的异同，使之先获得文章的概念，然后进而探究对于国文的各部分的知识，如体制、文法、修辞、风格、布局等。

（三）到初中三年级采用教材的方法可依时代而追溯，可使学生容易明了文学和学术思想的变迁，或依文学史的线索去选历代的名作亦好，以作品为主脑，口讲的材料作为辅佐，这无如授学生以简略的文学史，这样到高中时读文学史，对于各时代文体的重要变化和思想的变迁，也有了一点实际的概念。

（四）在教室内的教材之外，鼓励学生于课外多读近代人已有定评名作，此外讲述国文全体知识的书，如夏丏尊、叶绍钧两先生所编的《文心》，初中学生于课外可以看看。

关于国文教材的问题，要作全盘的讨论是讲起来极冗长的，前人的建议，也大有可以加以再讨论的，这样的大文章，不想我来做。

以上我提及的几点，仍然是零碎的意见，自然未能及于问题的全体，现在中学生缺乏合理的语文知识的营养，可说是普遍存在的现实，所以希望由这次的讨论，得到一个统合的办法，以求全体的改善。

一九四二·八·一七

（载《江苏教育》1943 年第 5 卷第 1 期）